Guttentagsche Sammlung

Nr. 22. Deutscher Reichsgesetze. Nr. 22.

Textausgaben mit Anmerkungen.

Patentgesetz

vom 7. April 1891.

Nebst Ausführungsbestimmungen, völkerrechtlichen Verträgen und Patentanwaltsgesetz,

unter eingehender Berücksichtigung der Rechtsprechung des Reichsgerichts und der Praxis des Patentamts.

Von

R. Lutter,

Geh. Regierungsrat im Reichspatentamt.

Achte völlig neubearbeitete Auflage.

Berlin und Leipzig 1920.

Vereinigung wissenschaftlicher Verleger

Walter de Gruyter & Co.

vormals G. J. Göschen'sche Verlagshandlung — J. Guttentag, Verlagsbuchhandlung — Georg Reimer — Karl J. Trübner — Veit & Comp.

Die Bearbeitung der achten Auflage ist abgeschlossen am

31. Mai 1920.

Der Verfasser.

Inhalt.

Abkürzungen.

Ausf.G. z. FV. = Ausführungsgesetz zum Versailler Friedensvertrag.

AV. = Ausführungs-Verordnung zum Patentgesetz vom 11. VII. 91.

Bek. = Bekanntmachung.

BGB. = Bürgerliches Gesetzbuch.

BGBl. — RGBl. = Bundes- — Reichsgesetzblatt.

Bl. f. P., M. u. ZW. = Blatt für Patent-, Muster- und Zeichenwesen.

BV. = Bundesrats-Verordnung.

DJZ. = Deutsche Juristen-Zeitung.

Fr.Ger.Ges. = Gesetz über die Angelegenheiten der freiwilligen Gerichtsbarkeit vom 17./20. V. 98 (RGBl. S. 189, 771).

FV. = Versailler Friedensvertrag.

GRUR. = Zeitschrift Gewerblicher Rechtsschutz und Urheberrecht.

HGB. = Handelsgesetzbuch.

JWSchr. = Juristische Wochenschrift.

KG. = Preuß. Kammergericht; siehe PA.

Kom.Bericht = Bericht der Kommission des Reichstags.

Mitteil. = Mitteilungen vom Verband Deutscher Patentanwälte.

M. u. W. = Zeitschrift Markenschutz und Wettbewerb.

OHG. = Entscheidung des Reichs-Ober-Handelsgerichts.

OLG. = Oberlandesgericht, siehe PA.

PA. = Entscheidung des Patentamts; die hier beigefügten Zahlen bedeuten den Jahrgang des Patent-Blattes (bis 1894) und des Blattes für Patent-, Muster- und

Zeichenwesen (von 1894/95 an) und die Seite des Jahrgangs; deckt sich die Zahl des Jahrgangs mit dem Jahr der Entscheidung, so ist nur die Seitenzahl angegeben.

PG. = Patentgesetz.

RG. = Reichsgericht; siehe PA.

RGStr. = Entscheidung des Reichsgerichts in Strafsachen; die Zahlen bedeuten Band und Seite.

RGZiv. = desgl. in Zivilsachen.

StGB. = Strafgesetzbuch.

StPO. = Strafprozeßordnung.

Z. f. JR. = Zeitschrift für Industrierecht.

ZPO. = Zivilprozeßordnung.

Einleitung.

Auf dem Gebiet des gewerblichen Rechtsschutzes steht das Patentrecht an erster Stelle. Der Schutz technischer Erfindungen ist für die Volkswirtschaft von hoher Bedeutung. Überall hat sich gezeigt, daß das Gedeihen der Industrie zum nicht geringen Teil durch die Gewährung eines gerechten und wirksamen Patentschutzes bedingt ist.

Bald nach der Gründung des Reichs ist man in Deutschland an die gesetzliche Regelung des Patentrechts herangetreten. Die geringfügigen Anfänge, die sich in einzelnen Landesgesetzgebungen finden, hatten keine wesentliche Bedeutung. Die Frage, ob an die Stelle der unübersichtlichen Landesrechte ein reichsgesetzlicher Schutz treten solle, wurde im Reichstag im Jahre 1872 zum ersten Male Gegenstand der Erörterung; diese führte unter dem 10. Mai 1872 zu dem Ersuchen, baldigst eine einheitliche Patentgesetzgebung herbeizuführen. Inzwischen entfalteten die industriellen Kreise eine lebhafte Agitation für die Einführung des Patentschutzes. Diese Einflüsse führten im Jahre 1876 zu einer Anhörung sachverständiger Persönlichkeiten und auf deren Befürwortung zur Aufstellung des Entwurfs eines Patentgesetzes, der am 24. Februar 1877 dem Reichstag vorgelegt wurde. In den von einem schriftlichen Kommissionsberichte begleiteten Verhandlungen erhielt der Entwurf, unter vielfachen Abänderungen in Einzelheiten, die Zustimmung des Reichstags. Als Patentgesetz wurde er unter dem 25. Mai 77 erlassen (RGBl. 501). Bald zeigte es sich jedoch, daß das Gesetz den Erwartungen und Bedürfnissen der rechtsschutzsuchenden Industrie nicht entsprach. Insbesondere gaben Verfahren und Einrichtung des Patentamts zu mannigfachen Bemängelungen Anlaß, die schließlich den Erfolg hatten, daß im Jahre 1886 eine Versammlung hervorragender Sachverständiger auf dem Gebiete der Technik, der Industrie und der Wissenschaft einberufen wurde, deren Beratungen die Umgestaltung des Patentwesens zum Gegenstand hatten. Ein auf ihrer Grundlage aufgestellter Entwurf zu einem neuen Patentgesetz wurde am 25. Nov. 1890 dem Reichstage vorgelegt und von letzterem in der Sitzung am 4. Dezember 1890 einer Kommission überwiesen. Nach Beratung durch die Kommission wurde der Entwurf vom Reichstag und vom Bundesrat genehmigt und als neues Patentgesetz unter dem 7. April 1891 mit Gesetzeskraft vom 1. Oktober desselben Jahres erlassen (RGBl. S. 79).

Im Gegensatz zu dem einer Reihe von ausländischen Patentgesetzen zugrunde liegenden Anmeldungssystem, das den Schutz zufolge einer formal ordnungsmäßigen Anmeldung entstehen läßt und die Prüfung seiner Berechtigung im Streitfalle den Gerichten überläßt, beruht das deutsche Patentgesetz auf dem Vorprüfungssystem, wonach vor Erteilung des Patents eine Prüfung auf Patentfähigkeit durch die erteilende Behörde stattfindet. Die von ihr ausgesprochene Patenterteilung ist für die Gerichte maßgebend. Ihnen liegt lediglich die Anwendung und Auslegung des erteilten Patentes ob. Erweist sich die patentierte Erfindung als nicht patentfähig, so kann die Beseitigung des Patents nur im Wege der Nichtigkeitserklärung durch das Patentamt und in zweiter Instanz durch das Reichsgericht geschehen. Das Vorprüfungssystem des deutschen Patentgesetzes kennzeichnet sich hinsichtlich der Art der Prüfung als ein gemischtes. Es verbindet die amtliche Prüfung mit einem Aufgebotsverfahren. Hat das Patentamt seine Erkenntnisquellen erschöpft, so wird durch Bekanntmachung der Anmeldung der Allgemeinheit Gelegenheit gegeben, sich durch Einspruch an der Prüfung zu beteiligen, um auch den dem Patentamt verborgen gebliebenen technischen Besitzstand und die praktischen Erfahrungen der Industrie vor der Entscheidung über die Erteilung des Patents zur Berücksichtigung gelangen zu lassen. Das deutsche Patentgesetz gewährt das Patent nicht dem ersten Erfinder, sondern dem ersten Anmelder. Dem Erfinder, dem seine Erfindung von dem Anmelder entnommen worden ist, bleibt die Wahrung seiner Rechte mittels Einspruchs gegen die Patenterteilung oder mittels gerichtlicher Klage überlassen.

Die Bestimmungen des Patentgesetzes haben teils dauernde, teils vorübergehende Abänderungen erfahren. Ersteres durch das Gesetz betreffend den Patentausführungszwang vom 6. Juni 1911, das die Zwangslizenz eingeführt und die Zurücknahme des Patents zu einem Kampfmittel gegen die ausländische Industrie ausgestaltet hat; letzteres durch eine Reihe von Verordnungen und Gesetzen, die aus Anlaß des Krieges ergangen sind. Auch soweit diese nur als Kriegsvorschriften gedacht waren, sind sie zum großen Teil bis auf weiteres in Geltung geblieben. Auf dem Gebiet der Einrichtung des Patentamts liegt die Bundesratsverordnung über Vereinfachungen im Patentamt vom

9. März 1917, die das bedeutsame Institut der mit einem einzelnen Mitgliede besetzten Prüfungsstelle einführt und das Kollegium der Beschwerdeabteilung verkleinert. Wichtige Erleichterungen bieten den Beteiligten die Bundesratsverordnungen vom 10. September 1914, 31. März 1915 und 13. April 1916 durch die Gewährung der Stundung von Patentjahresgebühren und der Wiedereinsetzung in den vorigen Stand, welche letztere noch durch das neuerdings erlassene Gesetz betreffend eine verlängerte Schutzdauer bei Patenten und Gebrauchsmustern sowie die Wiedereinsetzung in den vorigen Stand usw. vom 27. April 1920 einen weiteren, die dauernde Friedensregelung einleitenden Ausbau erfahren hat. Am durchgreifendsten wirkt auf diesem Gebiet der Versailler Friedensvertrag und das Ausführungsgesetz dazu, vom 31. August 1919. Nach ihnen leben verfallene Rechte ohne weiteres wieder auf und Handlungen zur Wahrung einer gesetzlichen Frist, die während des Krieges versäumt worden sind, können nachgeholt werden. Besonders entspricht den Wünschen der beteiligten Kreise das genannte Gesetz vom 27. April 1920, dem zufolge auf Antrag des Inhabers die Dauer eines Patents, das während des Krieges nicht hat ausgenutzt werden können, derart verlängert werden kann, daß die Zeit vom 1. August 1914 bis zum 31. Juli 1919 nicht angerechnet wird. Die Art der Zahlung der Gebühren erleichtert schließlich die Bundesratsverordnung betreffend die Zahlung patentamtlicher Gebühren, vom 8. März 1917, indem sie die Vorteile des bargeldlosen Zahlungsverkehrs auch für die Zahlungen an das Patentamt nutzbar macht.

Der Patentschutz ist ein nur territorialer, er bewegt sich nur innerhalb der Grenzpfähle desjenigen Staates, der ihn verliehen hat. Anderseits sind, wie auf den Gebieten der Wissenschaft und der Kunst, auch die Ideen, die der Technik entströmen, international, sie beherrschen, sofern sie von epochemachender Bedeutung sind, den ganzen Erdball. Von besonderer Wichtigkeit ind daher für das Patentwesen die zwischenstaatlichen Abmachungen, die es den Erfindern erleichtern, für ihre technischen Errungenschaften auch im Ausland den gesetzlichen Schutz zu gewinnen und aufrechtzuerhalten. Dieser Aufgabe dient in erster Linie die Pariser Übereinkunft vom 20. März 1883 zum Schutze des gewerblichen Eigentums, die in Brüssel im Jahre 1900 und dann in Washington im Jahre 1911 revidiert worden ist. Dem hierdurch begründeten Verbande, der „Union", ist Deutschland mit Wirkung vom 2. Mai 1903 beigetreten. Ihre Angehörigen haben das wichtige Recht, für Erfindungen, die sie in einem Unionsstaate angemeldet haben, bei der späteren Anmeldung in einem anderen Unionsstaate die Priorität der ersten Anmeldung zu beanspruchen, so daß Zwischenereignisse ihnen nicht entgegenstehen. Neben dem Kollektivvertrag der Union bestehen noch Sonderabkommen zwischen Deutschland und einzelnen Staaten, die dem Unionsvertrage gegenüber nur untergeordnete Bedeutung haben und, soweit das Patentrecht in Betracht kommt, größtenteils der Regelung des Ausführungszwanges gewidmet sind. Solche Abkommen sind getroffen worden mit Italien, der Schweiz, Österreich, Ungarn und den Vereinigten Staaten von Amerika.

I.

Patentgesetz.

Vom 7. April 1891.

(RGBl. 1891 Nr. 12, S. 79—90.)

Wir Wilhelm, von Gottes Gnaden Deutscher Kaiser, König von Preußen &c.

verordnen im Namen des Reichs, nach erfolgter Zustimmung des Bundesrats und des Reichstags, was folgt:

Artikel I.

An Stelle der §§ 1 bis 40 des Patentgesetzes vom 25. Mai 1877 (Reichs-Gesetzbl. S. 501) treten folgende Bestimmungen.

Das Patentgesetz von 1891 stellt keine Ergänzung, sondern einen Ersatz des früheren dar. Hieran ändert die stillschweigende Übergehung der §§ 41—44 des früheren Gesetzes nichts; diese betrafen die Behandlung der damals noch bestehenden Landespatente und haben mit deren allmählichem Erlöschen in der Folgezeit ihre praktische Bedeutung verloren. Die Vorschriften des neuen Gesetzes erstrecken sich auf die Behandlung auch der vor seinem Inkrafttreten endgültig erteilten Patente; nur in Art. II (S. 300) ist eine Übergangsbestimmung getroffen.

Das Patentgesetz zerfällt in 4 Abschnitte: 1. das materielle Patentrecht, d. h. die materiellen Bestimmungen über die Erlangung, die Aufrechterhaltung und den Inhalt sowie andererseits über die Wiederaufhebung, Vernichtung, Beschränkung und Zurücknahme des Patentschutzes (§§ 1—12); 2. die Bestimmungen über die die Patente erteilende und verwaltende

Behörde (Patentamt) (§§ 13—19); 3. das formelle Patentrecht, d. i. das Verfahren vor dem PA. und vor dem Reichsgericht als Berufungsgericht im Nichtigkeits-, Zwangslizenz- und Zurücknahmestreit (§§ 20—34); 4. die zivil- und strafrechtliche Verfolgung des Patentschutzes (§§ 35—40). Den Schluß bildet eine Vorschrift für die Überleitung des früheren Patentgesetzes in das neue Gesetz (Art. II) und die Bestimmung des Tages des Inkrafttretens (Art. III).

Erster Abschnitt.

Patentrecht.

§ 1.

Patente werden erteilt für neue Erfindungen welche eine gewerbliche Verwertung gestatten.

Ausgenommen sind:

1. Erfindungen, deren Verwertung den Gesetzen oder guten Sitten zuwiderlaufen würde;
2. Erfindungen von Nahrungs-, Genuß- und Arzneimitteln, sowie von Stoffen, welche auf chemischem Wege hergestellt werden, soweit die Erfindungen nicht ein bestimmtes Verfahren zur Herstellung der Gegenstände betreffen.

1. **Allgemeines. Begriff der Erfindung.** Ein Patent wird erteilt als Entgelt für die Hingabe eines Geheimnisses an die Allgemeinheit. RG. 13. I. 00 (148, 151).

Die Erteilung des Patents stellt nicht die Gewährung einer Vergünstigung (eines Privilegs) dar, sondern eine behördliche Rechtshandlung, auf die jeder Patentsucher, sofern er nur die vom Gesetz vorgeschriebenen materiellen und formellen Voraussetzungen erfüllt, einen Rechtsanspruch hat.

Voraussetzungen sind nach § 1: eine Erfindung, Neuheit der Erfindung, und Möglichkeit ihrer gewerblichen Verwertung.

Die Erfordernisse einer patentfähigen Erfindung sind lediglich objektiver Art. Es kommt nicht auf Umstände, die in der Person des Erfinders oder in der Tätigkeit des Erfindens liegen, sondern allein auf solche an, welche die Erfindung, d. h. das Erfundene betreffen.

Das Gesetz hat keine Definition des Begriffs „Erfindung“ gegeben und die Auffindung der Begriffsmerkmale der Wissenschaft und Rechtsprechung überlassen (Motive zu dem Patentgesetz v. 1877 S. 16). Eine Definition ist vielfach versucht worden, indessen in keinem Falle mit dem Erfolge weiterer Anerkennung. Es genügt die Ermittlung der Hauptmerkmale des Begriffs.

2. **Technische Erfindung.** „Erfindungen“ im allgemeinen Sinne von Erzeugnissen freier Geistesschöpfung kommen auf vielen Gebieten menschlicher Tätigkeit (Literatur, bildende Kunst, Tonkunst, Handel, Gewerbe, Technik) vor. Das Patentgesetz schützt nur technische Erfindungen, d. h. solche, die willkürliche menschliche Einwirkungen auf die Kräfte der leblosen Natur betreffen, PA. 12. VI. 14 (257); 3. II. 15 (31). Nur solche Erfindungen können Gegenstand eines Schutzes sein, wie ihn das Patentgesetz gestaltet, da nur sie eine sichere, stets in gleicher Weise zu erzielende Beziehung zu den Dingen der Außenwelt schaffen, die von dem Berechtigten ausschließlich genutzt, von anderen nachbenutzt werden kann.

Nicht technisch und daher vom Patentschutz ausgeschlossen sind Erfindungen, die sich der körperlichen oder geistigen Funktionen lebender Organismen zur Herbeiführung des erstrebten Erfolges bedienen.

Nicht patentfähig sind daher Beeinflussungen des menschlichen und tierischen Körpers: z. B. Heilverfahren, operative Eingriffe, österr. PA. 30. XII. 10 (12, 110), Massage, Haarpflege, Regulierung schiefgewachsener Zähne, PA. 1. III.

06 (215), Ausnutzung der Sauerstoffentwicklung gewisser Substanzen zu Badezwecken, PA. 30. XII. 04 (05, 4), Brunnenkur (für Tiere), PA. 3. II. 15 (31), Tiererzeugung und -pflege. Dem tierischen Körper ist das von ihm abgetrennte Ei gleichzustellen, soweit es sich um biologische Vorgänge handelt, z. B. künstliche Brütung, PA. 3. II. 15 (31). Auch das Pflanzenleben ist nicht Gegenstand der Technik; daher sind nicht patentfähig z. B. Pflanzenzüchtung, Veredelung, landwirtschaftliche Kulturverfahren, PA. 18. III. 14, Mitteil. 1915, 5.

Außerhalb des Gebiets der Technik liegen Erfindungen, bei denen im wesentlichen geistige Kräfte wirksam werden: z. B. Schöpfungen der Literatur, der Musik, der bildenden Künste, der Wissenschaften, wirtschaftliche und kaufmännische Kombinationen, eine Notenschrift, eine Kurzschrift, ein Schiffriersystem, eine Methode der kaufmännischen Buchführung, Lehrmethoden, ein Signalverfahren, PA. 20. VI. 99 (238), eine Art der Ausnutzung des Baulandes, der Anordnung von Fluchtlinien, PA. 16. VI. 05 (06, 6), eine Art der Reklame, PA. 26. II. 98 (121), druckschriftliche Darstellungen, die zu bestimmten Gedankenoperationen reizen sollen, PA. 29. I: 06 (130), ein Etikettierungssystem, PA. 21. XI. 98 (251), Spielregeln (— Spielmittel können dagegen patentfähig sein, s. österr. PA. 23. V. 11 (12, 304) —), Schnittmuster, Tabellen, Skalen (— insofern lediglich der geistige Inhalt in Betracht kommt; dies war nicht der Fall in PA. 12. III. 13, M. u. W. 1912/13, 421 —), ein Tierdressurverfahren. Hierher gehören auch die lediglich an den Schönheitssinn sich wendenden Geschmacksmuster; für sie gilt das Ges. betr. d. Urheberrecht an Mustern und Modellen vom 11. I. 76 (RGBl. S. 11).

Erfordernis einer technischen Erfindung ist nicht, daß sie zu einem körperlichen Ergebnis führt. Technisch kann z. B. ein Untersuchungs-, Prüfungs-, Meßverfahren sein, z. B. ein Verfahren zur Ermittlung des Nutzeffekts von Feuerungen durch Messung, s. Patent 228784. Insbesondere sind auch analytische Untersuchungsverfahren, denen von PA. 29. XII. 10 (11, 135); 8. II. 11 (136) die Patentfähigkeit mangels Hervorbringung wirtschaftlich verwertbarer Erzeugnisse abgesprochen worden ist, technische Verfahren, die bei Vorhandensein der gewerblichen Verwertbarkeit (s. Anm. 8) dem Patentschutz zugänglich sind.

3. **Menschliches Schaffen.** Zum Begriff der Erfindung gehört die Herbeiführung eines Erfolges durch menschliche Tätigkeit. Hierin unterscheiden sich Erfindung und Entdeckung. Eine Entdeckung macht, wer lediglich etwas Vorhandenes aufdeckt, eine Erfindung, wer etwas bisher nicht Vorhandenes schafft. RG. 20. III. 89 (209), 28. VI. 90 (369). Eine bloße Entdeckung liegt daher vor, wenn jemand ein Erzeugnis der Natur, dessen Existenz man bisher nicht kannte (z. B. ein Mineral, das im Schoße der Erde verborgen gelegen hatte), oder eine neue Eigenschaft oder Brauchbarkeit eines vorhandenen Gegenstandes (z. B. die Brennbarkeit eines Stoffes, den man bisher nicht für brennbar gehalten hatte) auffindet. PA. 27. XI. 79 (80, 81), RG. 18. X. 05 (06, 42). Erst wenn menschliche Tätigkeit zur Nutzbarmachung des Erkannten entwickelt wird, kann eine Erfindung zustande kommen. RG. 20. III. 89 (209), 28. VI. 90 (369), 18. X. 05 (06, 42), 4. III. 03 (252), 7. XII. 98 (99, 316), 30. V. 00 (302); österr. PA. 11. XI. 08, Z. f. JR. 1909, 247; PA. 12. VI. 14 (257). So macht z. B. eine Erfindung, wer eine neue Brauchbarkeit einer bekannten Einrichtung dadurch gewinnt, daß er sie in einer von der bisherigen abweichenden Art benutzt und hierdurch eine neue technische Wirkung erzielt; auf das neue Verfahren, mit der bekannten Einrichtung umzugehen, kann er Patentschutz erlangen, RG. 18. X. 05 (06, 44). Dagegen liegt lediglich eine Entdeckung vor, wenn jemand eine bekannte Einrichtung in derselben Weise wie bisher, und infolgedessen auch mit derselben Wirkung, aber zu einem anderen Zweck benutzt. Vgl. aber PA. 23. XII. 16, Mitteil. 1916, 102; österr. Pat.gerichtshof 28. X. 11, Z. f. JR. 1912, 103,

österr. PBl. 1912, 191. Bei der Entscheidung über das Vorliegen einer patentfähigen Erfindung sind die Bereiche der Entdeckung und Erfindung nicht streng abzusondern; vielmehr ist die Gesamtleistung maßgend, so daß die Annahme einer patentfähigen Erfindung dadurch nicht ausgeschlossen wird, daß das Mittel ein von selbst gegebenes war. RG. 28. VI. 90 (369).

Mangels einer schaffenden Tätigkeit ist auch die Feststellung wissenschaftlicher Lehrsätze, Prinzipien usw. keine Erfindung. Als solche kommt auch hier nur ihre Überführung in das praktische Leben durch Wahl geeigneter Mittel in Betracht. PA. 5. II. 04 (262). Dasselbe gilt auch von der Erkennung eines Bedürfnisses und der Stellung der Aufgabe zu dessen Befriedigung.

4. **Lösung einer Aufgabe.** Erst die Lösung der Aufgabe enthält die zum Begriff der Erfindung gehörende schaffende Tätigkeit. Die Erkennung eines Bedürfnisses und die Stellung der Aufgabe mögen unter Umständen verdienstvoller sein, eine Erfindung machen sie an sich nicht aus. Auch hier ist bei den Prüfung der Erfindungseigenschaft die Lösung der Aufgabe nicht getrennt zu betrachten, sondern nur als Glied der Gesamtleistung; es kann daher, wenngleich die Stellung der Aufgabe an sich keine Erfindung ist, ihre Bedeutung für den erfinderischen Gehalt der Gesamtleistung ausschlaggebend sein. RG. 30. XI. 95 (96, 5); 18. X. 05 (06, 42).

Es ist zu unterscheiden Zweck, Aufgabe und Lösung. Der Zweck ist die vorgestellte und begehrte Befriedigung eines sozialen Bedürfnisses. Aus ihm ergibt sich die Aufgabe als die Vorstellung eines technischen Vorganges oder einer technischen Einrichtung, womit der Zweck erfüllt wird. PA. 27. III 15 (246). Die Lösung der Aufgabe besteht in der Auffindung der äußeren Mittel, welche den technischen Vorgang oder die technische Einrichtung verwirklichen. Ohne Angabe bestimmter Mittel liegt die Offenbarung einer Erfindung nicht vor. RG. 15. V. 89 (339), 30. XI. 95 (96, 5).

Ist etwa, wenn die Aufgabe angegeben ist, das Mittel zur Lösung für jeden Sachverständigen von selbst gegeben, so ist die ausdrückliche Offenbarung des betreffenden Mittels in der Patentanmeldung ausnahmsweise entbehrlich.

An einer Lösung der gestellten Aufgabe fehlt es, wenn der erstrebte Erfolg nicht erreicht wird. Ist daher die Idee unausführbar (z. B. im Falle des Perpetuum mobile), so liegt eine Erfindung nicht vor. RG. 16. II. 91 (181). Es reicht aus, daß die Wirkung der Regel nach eintritt; ein gelegentliches Versagen kann die Patentfähigkeit nicht beeinträchtigen. PA. 27. XII. 13, Z. f. JR. 1914, 34. Eines Nachweises des Eintritts der behaupteten Wirkung bedarf es im Patenterteilungsverfahren meist nicht. Ist das PA. von dem Nichteintritt der Wirkung überzeugt, so liegt dem Anmelder der Gegenbeweis ob, s. § 22 Anm. 4.

Die Lösung der Aufgabe muß eine derartige sein, daß eine beliebige Wiederholung gesichert ist, RG. 4. III. 03 (252); PA. 12. VI. 14 (257). Es muß feststehen, daß ein bestimmtes Mittel regelmäßig zu dem bestimmten erstrebten Erfolge führt. Demgemäß wird die Erfindung vielfach als eine Regel für technisches Handeln bezeichnet, vgl. z. B. RG. 18. X. 05 (06, 42). Es muß also der Kausalzusammenhang zwischen Mittel und Erfolg aus den Angaben des Erfinders erkennbar sein. RG. 4. VII. 00 (368), 4. III. 03 (252). Das Erfordernis dieser Erkennbarkeit des Kausalzusammenhangs setzt selbstverständlich das Erkannthaben seitens des Erfinders voraus, letzteres ist aber kein selbständiges Erfordernis der Erfindung. (Vgl. Anm. 1 Auf.) Die Erfindung ist fertig zum Ausdruck gebracht, wenn im wesentlichen das, was den Erfolg herbeiführt, offenbart ist; ziffernmäßige, ins Einzelne gehende Angaben sind nicht nötig. RG. 3. XII. 04 (05, 123). Es genügt, wenn die praktische Durchführung dem Fachmann mit den offenbarten oder sonst geläufigen Mitteln möglich ist; die Bedingungen für einen fabrikmäßigen Betrieb brauchen nicht angegeben zu sein. Die Offenbarung ist daher auch dann als vollständig anzusehen, wenn es zur Ausführung noch eines jedem Sachverständigen geläufigen Ausprobierens bedarf. Es ist unerheblich, ob der Erfinder die in Wirksamkeit tretenden Naturgesetze theoretisch erkannt und richtig beurteilt hat; eine falsche Angabe der Anmeldung in dieser Hinsicht ist unschädlich, wenn nur die behauptete Wirkung tatsächlich eintritt, RG. 20. XI. 05 (06, 190); 15. II. 08 (155). Die sämtlichen möglichen Vorteile und Brauchbarkeiten des Erfundenen brauchen nicht angegeben zu sein; es genügt, wenn der Erfinder der Allgemeinheit zeigt, daß und wie ein fortschrittliches Ergebnis zu erzielen ist. Demgemäß ist ein Patent im Nichtigkeitsverfahren aufrechtzuerhalten, wenn der in der Patentschrift angegebene Vorteil nicht eintritt, wohl aber ein anderer, der die Erteilung des Patents gerechtfertigt hätte. RG. 26. V. 13, Mitteil. 1913, 109; früher anders RG. 23. IX. 96 (97, 69); JWSchr. 1896, 613; 9. XI. 87 (97, 70 u. PBl. 88, 65), Bolze, Praxis V, Nr. 185, wonach bei der Beurteilung einer Erfindung nur die von dem Anmelder erkannten und offenbarten Eigenschaften des Erfundenen berücksichtigt wurden.

5. **Geistesschöpfung.** Die schaffende Tätigkeit des Erfinders ist eine geistige Tätigkeit, ihr Produkt eine Geistesschöpfung, etwas Abstraktes. Die Erfindung stellt sich daher als ein Gedanke dar. Als solcher haftet sie nicht an den konkreten Gegenständen oder Maßnahmen, in denen der Erfinder seinen Gedanken verkörpert, sondern sie ergreift alle Ausdrucksformen des Gedankens. Die einzelne in der Anmeldung angegebene Ausführungsform ist regelmäßig nur ein Beispiel, und es ist daher bei Prüfung der Patentfähigkeit einer Erfindung stets auf die Ermittlung des durch das Beispiel nur veranschaulichten geistigen Gehalts des Erfindungsgedankens Bedacht zu nehmen. Hierin unterscheidet sich von der Erfindung das — dem Schutze des Ges. betr. d. Schutz von Gebrauchsmustern vom 1. VI. 91 (RGBl. S. 290) unterstehende — Modell, dessen Wesen in der Form besteht.

Der Erfindungsgedanke kann sich betätigen entweder im Raum oder in der Zeit. Er kann sich danach richten entweder auf einen Gegenstand oder auf ein Verfahren. Der Gegenstand kann sein ein Erzeugnis oder ein Arbeitsmittel (Gerät oder Maschine). Beim Erzeugnis ist nur wesentlich, wie es beschaffen ist, nicht wie es geschaffen ist. Die Art und Weise des Schaffens kennzeichnet ein Verfahren. Beim Arbeitsmittel ist wesentlich, wie es wirkt. Vgl. PA. 28. I. 05 (98)

Naturprodukte können nicht als Erzeugnis unter Patentschutz gestellt werden, da sie nicht Erzeugnisse menschlicher Arbeit sind. Zu ihnen gehören insbesondere auch unbewegliche Sachen. Grundstücke, Gebäude sowie deren wesentliche Bestandteile (§ 94 BGB.), z. B. Decken (vgl. RG. 31. III. 97 [148]), können nicht patentiert werden.

6. **Fortschritt.** Nicht jede schaffende Tätigkeit ist eine erfinderische. Wer nichts weiter tut, als eine Veränderung vorzunehmen, die sich aus dem Können eines jeden Sachverständiger von selbst ergibt, macht keine Erfindung; seine Handlung ist nur ein Glied der naturgemäßen Fortentwicklung der Technik. Zur Erfindung gehört, daß etwas Eigenartiges geschaffen wird, das außerhalb der bisherigen Bahnen liegt. RG. 17. XII. 04 (05, 125), 7. XII. 98 (99, 316). Dieses Erfordernis ist jedoch kein subjektives, in dem Sinne, daß es wesentlich sei, welches Maß von Geisteskräften aufzuwenden war, ob die Lösung der Aufgabe nahe gelegen hat usw. Ob eine Erfindung vorliegt, bemißt sich lediglich objektiv nach dem Erfolg. Dieser muß eine Bereicherung der Allgemeinheit einen Fortschritt bedeuten, der über die naturgemäße Fortentwicklung der Technik hinaus sprunghaft zu einer höheren Stufe des technischen oder wirtschaftlichen Lebens führt. Ist durch bewußte Lösung einer Aufgabe ein Fortschritt dieser Art erzielt, so liegt regelmäßig eine Erfindung vor. PA. 24. IX. 13 (297); 27. III. 15 (246); 25. I. 16, GRUR. 1916, 59. Vgl. auch österr. Pat.gerichtshof 26. I. 12, Z. f. JR. 1912, 259, österr. PBl. 1912, 875. RG.

3. XII. 04 (05, 10) nimmt an, daß der Fortschritt nicht unerheblich sein darf, vgl. aber RG. 7. X. 99 (00, 21). Das Moment des Sprunghaften in dem Fortschritt schließt das der Überraschung für die Fachwelt in sich, das häufig als selbständiges Erfordernis einer patentfähigen Erfindung hingestellt wird.

Die Frage des Fortschritts ist im Einzelfall unter Würdigung des Standes der Technik des fraglichen Sondergebiets, ihrer gewöhnlichen Entwicklung und ihrer Bedürfnisse zu beantworten. Das Fortschrittliche kann entweder in dem Ergebnis der angewandten Maßnahmen oder in der Art dieser Maßnahmen liegen. Ersteres ist der Fall, wenn eine dem Bekannten gegenüber neuartige technische Wirkung, sei es mit neuen oder mit bekannten Mitteln, hervorgebracht wird, RG. 10. I. 91 (65); 30. XI. 95 (96, 237); 26. I. 97 (145); aber, auch dann, wenn eine unverhältnismäßige Steigerung einer bekannten Wirkung eintritt. Letzteres, wenn zur Erzielung einer bekannten Wirkung neue Mittel angewendet werden. Sind schon viele Mittel, die zu derselben Wirkung führen, bekannt, so liegt in der Regel in der Hinzufügung eines weiteren Mittels, das lediglich dasselbe leistet wie die bisherigen, keine Bereicherung der Allgemeinheit, wogegen im umgekehrten Fall die bloße Tatsache, daß noch ein zweiter Weg zu demselben Ziele angegeben wird, einen Fortschritt ausmachen kann. PA. 8. VII. 05 (180). Auch darin kann ein Fortschritt begründet sein, daß Schwierigkeiten, die der Erlangung des angestrebten Ergebnisses entgegenstanden, überwunden worden sind. Diese werden meist auf technischem Gebiet liegen; sie können aber auch theoretischer Art sein, so z. B. in der Widerlegung eines herrschenden Vorurteils, insbesondere der allgemein bestehenden Auffassung von der Untauglichkeit des benutzten Mittels bestehen, RG. 7. X. 99 (00, 21); 16. XII. 11 (12, 136); PA. 29. XII. 10 (11, 135). Bei der Prüfung, ob ein Fortschritt vorliegt, ist die Gesamtleistung für das Gewerbe zu berücksichtigen, Vorteile und Nachteile gegeneinander abzuwägen; das Vorliegen eines

Fortschritts ist zu verneinen, wenn als Begleitumstände solche Nachteile auftreten, daß der Gebrauchswert der Neuerung dadurch so beeinträchtigt wird, daß sie keinen Nutzen ergibt. PA. 29. V. 18 (89).

Eine Erfindung liegt in der Regel nicht in lediglich handwerksmäßigen Vorkehrungen, die dem Sachverständigen durch die technische Erfahrung ohne weiteres an die Hand gegeben sind, RG. 7. XII. 98 (99, 316); 17. XII. 04 (05, 125), in baulichen, die Wirkung nicht berührenden Maßnahmen, in Mengen-, Größen-, Gewichts-, Formveränderungen, PA. 7. VII. 99 (190), 24. I. 06 (249), 25. IX. 07 (08, 11), in dem Ersatz eines bisher angewandten Mittels durch ein äquivalentes (d. h. ein Mittel, das in bezug auf die Lösung der Aufgabe, wie nach dem Stande der Technik bekannt ist, gleich wirkt), in der bloßen Nebeneinanderstellung bekannter Mittel, RG. 3. II. 06 (253), in der Übertragung solcher Mittel auf verwandte Anwendungsgebiete, RG. 7. X. 99 (00, 21), 3. II 06 (253), 17. XII. 04 (05, 125), usw. Wird durch eine derartige Maßnahme nichts weiter erzielt, als was nach dem Stande der Technik ohne weiteres auf der Hand liegt, so ist eine Erfindung nicht vorhanden. Erreicht z. B. jemand durch die Vergrößerung eines bekannten Maschinenteils um das doppelte lediglich die doppelte Wirkung, so ist dieser Erfolg selbstverständlich und nicht fortschrittlich. Ebenso wenn jemand z. B. einen bekannten Schornstein und einen bekannten Schornsteinaufsatz nebeneinander verwendet und dadurch nur erreicht, daß deren beide Wirkungen nebeneinander zur Geltung kommen. So ist eine Erfindung ferner zu verneinen bei bloßer kinematischer Umkehrung der wirkenden Mittel (z. B. bei der Herstellung von Perlenschnüren wird nicht, wie bisher, der Faden durch Drehung der Unterlage aufgewickelt, sondern der Faden um die Unterlage gedreht, RG. 26. X. 01 [02, 154]). So liegt auch in dem bloßen Materialaustausch keine Erfindung, daher auch z. B. nicht in den sogenannten Analogieverfahren, d. h. solchen chemischen Verfahren, die einen zur Erzielung der betreffenden Wirkung bereits bekannten Stoff durch einen anderen verwandten ersetzen, der dazu noch nicht benutzt ist, von dessen Anwendung aber nach den vorliegenden Erfahrungen dasselbe Ergebnis vorauszusehen war. Vgl. RG. 6. XI 93 (687), PA. 10. II. 05 (120).

Immer ist jedoch festzuhalten, daß das Vorliegen einer fortschrittlichen Erfindung durch den Erfolg bedingt ist. Auch Maßnahmen, die in der Regel keinen Fortschritt zu bedeuten pflegen, können sich daher im Einzelfalle bei Erzielung einer bedeutsamen neuen Wirkung oder bei Überwindung von Schwierigkeiten als patentfähige Erfindungen darstellen. Bei solcher Sachlage kann z. B. eine Übertragung einer bekannten Maßnahme auf ein verwandtes Gebiet eine Erfindung sein, PA. 19. II. 14 (15, 121), desgleichen ein chemisches Verfahren, das ohne die Erfindung als Analogieverfahren angesehen werden würde, wenn eine von der zu erwartenden verschiedene, neue Wirkung eintritt. So kann ferner die Zusammenstellung zweier bekannter Elemente sowohl dann eine fortschrittliche Erfindung enthalten, wenn durch wechselseitige Beeinflussung der Einzelwirkungen eine neue Gesamtwirkung entsteht (Kombination), als auch dann, wenn zwar nur die Einzelwirkungen isoliert nebeneinander zur Geltung kommen (Aggregation), aber behufs ihrer Vereinigung Schwierigkeiten zu überwinden waren und die Vereinigung für das Gewerbe (z. B. wirtschaftlich) von Wichtigkeit ist. RG. 17. IV. 80 (89); 6. II. 93 (163); 11. I. 96 (112); insbesondere 4. I. 13, Z. f. JR. 1913, 160; PA. 26. VI. 13 (291); 24. IX. 13 (292); 25. I. 16, GRUR. 1916, 59.

7. **Neuheit.** Das Gesetz stellt den Begriff der Neuheit neben den der Erfindung. Beide greifen ineinander über.

Der Begriff der Neuheit schließt eine Vergleichung in sich; der Maßstab für diese ist verschieden je nach dem Gegenstande, um dessen Neuheit es sich handelt. Der Maßstab für die Neuheit einer Erfindung ist daher aus dem Begriff der Erfindung zu entnehmen. Nicht diejenige Erfindung ist daher neu, die irgendwie von dem bisherigen abweicht, sondern die, deren Abweichung von dem bisher vorhandenen etwas Erfinderisches enthält. Als zurzeit vorhanden kommt nach dem Gesetz nicht alles in Betracht, was bereits bekannt ist, sondern nur das, was durch Beschreibung oder Benutzung gemäß § 2 zur Kenntnis der Allgemeinheit gebracht ist.

Das Erfordernis der Neuheit ist kein subjektives, sondern lediglich ein objektives. Ob die Erfindung dem Erfinder neu war, ist unerheblich, wesentlich ist nur, ob sie der Allgemeinheit (gemäß § 2) neu war.

8. **Gewerbliche Verwertbarkeit.** Eine neue Erfindung ist nur dann patentfähig, wenn sie eine gewerbliche Verwertung gestattet. Das Patentgesetz hat nicht die Bestimmung, die reine Theorie um neue Methoden zu bereichern, sondern es verfolgt den Zweck, den Erfindergeist für das Gewerbe in nutzbringender Weise anzuregen. RG. 20. III. 89 (209).

Mit dem Erfordernis der gewerblichen Verwertbarkeit ist nicht das Erfordernis einer gewinnbringenden Nutzbarkeit aufgestellt. Die Frage nach der Patentfähigkeit ist von der nach der Rentabilität unabhängig. Erforderlich ist nur, daß die Erfindung eine gewerbliche Anwendung durch Herstellung oder Gebrauch gestattet. Die Erfindung gestattet eine Verwertung, wenn die Möglichkeit ihrer Anwendung besteht. Ob die tatsächliche Anwendung in einem Gewerbe zu erwarten ist, ist unerheblich; daher auch, ob der Erfindung noch Unvollkommenheiten anhaften, die eine gewerbliche Aufnahme der Erfindung in unveränderter Gestalt unwahrscheinlich machen. RG. 6. XII. 93 (149); vgl. auch Motive z. Ges. v. 1877 S. 17. „Gewerblich" bedeutet lediglich: in gewerblichen Betrieben im weitesten Sinne, u. a. auch im Bergbau, in land- und forstwirtschaftlichen Betrieben (vgl. dagegen den Begriff der Gewerbsmäßigkeit in § 4 Anm. 10). Gewerblich verwertbar sind daher nicht Erfindungen, die ausschließlich wissenschaftliche Feststellungen bezwecken (Untersuchungs- Meßverfahren o. dgl., die außerhalb jedes gewerblichen Zweckes liegen, z. B. Verfahren astronomischer Messung), ferner Erfindungen, die ausschließlich für behördliche Zwecke verwendbar sind (z. B. Denaturierungsverfahren der Zollbehörden), sowie Erfindungen, die kein ernsthaftes menschliches Bedürfnis des gegenwärtigen Wirtschafts- und Kulturlebens zu befriedigen bestimmt sind (z. B. technologische Spielereien, Verfahren, nach dem Mars zu signalisieren u. dgl.). PA. 12. VI. 14 (257).

Es gibt hiernach Erfindungen, die zwar technisch (Anm. 2), aber nicht gewerblich verwertbar sind (z. B. wissenschaftliche Untersuchungen, die sich technischer Mittel bedienen), wie auch umgekehrt gewerblich verwertbare Erfindungen, die nicht technisch sind (z. B. die Behandlung des menschlichen Körpers im Friseur-, Masseurgewerbe u. dgl.).

9. **Vom Patentschutz ausgeschlossene Erfindungen.**

a) Gesetzwidrige oder unsittliche Erfindungen. Erfindungen, deren gewerbliche Anwendung gesetzwidrig oder unsittlich sein würde, sind im öffentlichen Interesse vom Patentschutz ausgeschlossen. Für die Beurteilung der Gesetzwidrigkeit oder Unsittlichkeit ist nicht der Zeitpunkt der Anmeldung, sondern der der Patenterteilung maßgebend. PA. 28. X. 19 (20, 52). Die Möglichkeit der Benutzung einer Erfindung auch zu einem gesetzwidrigen oder unsittlichen Zweck genügt nicht, vielmehr muß ihre bestimmungsgemäße Anwendung mit Notwendigkeit zu einem Verstoß gegen das Gesetz oder die Sittlichkeit führen. RG. 25. VI. 02 (04, 35). Unter diesem Gesichtspunkt sind z. B. nicht patentfähig Einbrecherwerkzeuge, Gegenstände, die unmittelbar beim Geschlechtsverkehr betätigt werden, vgl. Präs.-Entsch. 17. XII. 15 (248), die den Nahrungsmittelschutzgesetzen (§ 367 Nr. 7 StGB., RGes. betr. d. Verkehr mit Nahrungsmitteln v. 14. V. 79, BB. v. 26. V. 16 u. 18. I. 17) zuwiderlaufende Herstellung von Backwaren (Zusatz von aufgeschlossener Zellulose). PA. 28. X. 19 (20, 52).

b) Nahrungs-, Genuß- und Arzneimittel. Diese Mittel sind vom Schutz ausgeschlossen, um ihre Zugänglichkeit im Interesse der Volkswohlfahrt und Gesundheitspflege nicht zu erschweren und um anderseits einem Mißbrauche ihres Schutzes mit marktschreierischen Mitteln unter Irreleitung der Bevölkerung vorzubeugen. (Motive zum Ges. v. 1877 S. 17.)

Nahrungsmittel sind Mittel, die dem Körper zu seiner Ernährung zugeführt werden. Auch die Futtermittel für Tiere fallen hierunter. S. aber Mitteil. 1905, 42 und PA. 28. X. 19 (20, 52).

Genußmittel sind Mittel, die dem menschlichen Körper zur Anregung des Geschmacks-, Geruchs- oder Gefühlssinns zugeführt werden, z. B. Konfitüren, Tabakfabrikate, Parfüms, nicht aber z. B. kosmetische und ähnliche Mittel. Die Begriffe Nahrungs- und Genußmittel gehen vielfach ineinander über. Vgl. über sie § 370 Nr. 5 StGB. und RGes. betr. d. Verkehr mit Nahrungsmitteln, Genußmitteln und Gebrauchsgegenständen vom 14. V. 79 (RGBl. S. 145).

Arzneimittel sind Mittel, die dem Körper zum Zwecke seiner Heilung zugeführt werden. Inbegriffen sind sowohl äußerliche wie innerliche Mittel; wesentlich ist nur, daß sie von dem Körper aufgenommen, mithin beim Gebrauch verbraucht werden. Keine Arzneimittel sind daher z. B. ärztliche Werkzeuge, Verbandstoffe, Bruchbänder, künstliche Gliedmaßen. Unter Arzneimittel fallen auch solche für Tiere, PA. 31. X. 10 (11, 116).

c) Auf chemischem Wege hergestellte Stoffe. Die Ausnahme bezüglich dieser Stoffe ist gemacht, um nicht durch die Patentierung eines solchen Stoffes das wissenschaftliche und praktische Bemühen, ihn auf praktischerem und billigerem Wege herzustellen, zurückzudrängen. (Kom.Bericht 1877 S. 9.) Eine Herstellung auf chemischem Wege liegt vor, wenn die dabei benutzten Körper eine stoffliche Veränderung erfahren (Analyse oder Synthese). Im Gegensatz dazu steht das mechanische oder physikalische Verfahren, das die verwendeten Körper in ihrer stofflichen Zusammensetzung unverändert läßt. Das Ergebnis eines derartigen Verfahrens kann Stoffschutz genießen, z. B. durch bloßes mechanisches Mischen gewisser Substanzen entstandene Firnisse, Lacke, Sprengstoffe, Klebmittel u. dgl.

d) Verfahren. Während die Nahrungs-, Genuß- und Arzneimittel und die chemischen Stoffe an sich dem Patentschutze nicht zugänglich sind, sind die zu ihrer Herstellung führenden Verfahren patentfähig. Für die chemischen Stoffe kommen nur chemische Verfahren, für die Nahrungs-, Genuß- und Arzneimittel sowohl chemische wie mechanische Verfahren in Betracht. Ein bloßes mechanisches Zusammenmengen ist kein Verfahren: von Bedeutung ist hier nicht sowohl die Art und Weise des Mischens, als vielmehr die Zusammensetzung des Mischungsproduktes, so daß nur ein Erzeugnispatent in Frage kommen kann. Ein solches aber ist für Nahrungs-, Genuß- und Arzneimittel ausgeschlossen.

Das Gesetz will nur ein bestimmtes Verfahren zur Herstellung der unter Nr. 2 genannten Gegenstände zum Patentschutz zulassen. Es hat damit ausgedrückt werden sollen, „daß eine individuelle neue Methode der Herstellung vorliegen müsse" (Kom.Bericht 1877 S. 9). RG. 28. VI. 90 (369) legt den Ausdruck „bestimmt" dahin aus, daß nach dem Verfahren müsse gearbeitet werden können, ohne daß erst der Sachverständige neue Erfindungen zu machen brauche. In beiden Bedeutungen sagt der Ausdruck nichts anderes, als was Erfordernis jeder Erfindung ist. Es ist selbstverständlich, daß allgemeine Methoden, bloße chemische Reaktionen (Umsetzungen, die sich durch das Zusammentreffen gewisser Stoffe von selbst ergeben) u. dgl. nicht patenfähig sind; ebenso versteht es sich von selbst, daß, wenn nach der Angabe eines Verfahrens nicht gearbeitet werden kann, eine fertige Erfindung nicht offenbart ist. Nach einer Resolution des Vereins z. Wahrung d. Interessen d. chem. Industrie Deutschlands v. 1884 (Chem. Industrie 1884, Nr. 10, S. 318) ist ein „bestimmtes" Verfahren die Anwendung einer oder mehrerer miteinander verbundener chemischer Reaktionen auf einen bestimmten Fall zur Erreichung eines bestimmten gewerblichen Zwecks mit bestimmten Mitteln oder deren Ersatzmitteln" Vgl. dazu Ztschr. f. angewandte Chemie 1912, 2629; 1918, 234; GRUR. 1912, 36 u. 289.

Ein auf die Herstellung eines Gegenstandes gerichtetes Verfahren muß regelmäßig durch die Angabe des Ausgangsproduktes, der vorgenommenen Maßnahmen und des Endprodukts gekennzeichnet sein. Die Einzelheiten der Durchführung des Verfahrens brauchen nicht notwendig eigenartig zu sein, das Patentfähige kann auch in der Wahl der Ausgangsstoffe liegen. RG. 13. XII. 11 (12, 255). Die Bestimmung der Eigenschaften des Endproduktes ist notwendiges Erfordernis des Erfindungsnachweises; die bloße Darstellung einer chemischen Verbindung, für welche die Brauchbarkeit nicht offenbart wird, kann nicht patentiert werden. PA. 17. III. 05 (121). Gegebenenfalls sind zum Nachweis des Erfolges Proben des Endprodukts einzureichen. PA. 23. I. 90 RG. 1. XI. 90 (581). Vgl. § 20 Abs. 1 letzter Satz und Anm. 10 dazu. Anderseits kann, da das Gesetz die Patentierung chemischer Stoffe nicht gestattet, ein Verfahren nicht etwa durch das Endprodukt allein charakterisiert werden. RG. 28. VI. 90 (369).

Ein chemisches Verfahren zur Herstellung eines Arzneimittels kann nicht nur patentfähig sein, wenn die Verfahrensvorgänge Besonderheiten bieten, sondern auch, wenn sich ein Erzeugnis ergibt, das nachweislich wertvolle therapeutische Eigenschaften hat. Anders ein bloßes mechanisches Mischverfahren. Dieses kann regelmäßig nur Patentschutz erlangen, wenn die Art und Weise des Mischens eigenartig ist; die Wirkung der Mischung kann die Patentfähigkeit nicht begründen, da die Mischung nichts anderes ist, als die Summe der Stoffe, bezüglich jedes einzelnen Stoffes aber die therapeutische Wirkung nach dem Gesetz für die Patentfähigkeit keine Rolle spielt, vielmehr Arzneimittel vom Schutz ausgeschlossen sind. Entsprechendes gilt auch für Nahrungs- und Genußmittel.

Bezüglich der rechtlichen Bedeutung des Verfahrenspatentes s. § 4 Satz 2, § 35 Abs. 2 und § 1 Anm. 5, § 4 Anm. 11, § 35 Anm. 7.

§ 2.

Eine Erfindung gilt nicht als neu, wenn sie zur Zeit der auf Grund dieses Gesetzes erfolgten Anmeldung in öffentlichen Druckschriften aus den letzten hundert Jahren bereits derart beschrieben oder im Inlande bereits so offenkundig benutzt ist, daß danach die Benutzung durch andere Sachverständige möglich erscheint.

Die im Auslande amtlich herausgegebenen Patentbeschreibungen stehen den öffentlichen Druckschriften erst nach Ablauf von drei Monaten seit dem Tage der Herausgabe gleich, sofern das Patent von demjenigen, welcher die Erfindung im Auslande angemeldet hat, oder von seinem Rechtsnachfolger nachgesucht wird. Diese Begünstigung erstreckt sich jedoch nur auf die amtlichen Patentbeschreibungen derjenigen Staaten, in welchen nach einer im Reichs-Gesetzblatt enthaltenen Bekanntmachung die Gegenseitigkeit verbürgt ist.

1. Rechtsvermutung der Nichtneuheit. Gemeingut der Technik.

Die Bestimmung des § 2 ergänzt die des § 1, indem sie feststellt, welche Tatumstände die Neuheit einer Erfindung ausschließen. Ohne sie müßte einerseits alles das als nicht neu gelten, was der Allgemeinheit aus irgendeiner Erkenntnisquelle bekannt geworden ist, anderseits nur das, was ihr tatsächlich bekannt geworden ist. Sichere Feststellungen würden hierüber oft schwer zu treffen sein. Um eine zuverlässige Grundlage für die Neuheitsprüfung zu gewinnen, greift in beiden

Richtungen die unwiderlegliche Rechtsvermutung (PA. 12. II. 04 [169]) des § 2 ein: einerseits gilt nur das als bekannt, was die beiden Erkenntnisquellen der Vorbeschreibung und Vorbenutzung gemäß § 2 ergeben, anderseits gilt ihr Ergebnis auch dann als bekannt, wenn es in der Tat nicht Gemeingut aller geworden ist (vgl. RG. 1. IV. 14 [15, 32], Z. f. JR. 1914, 202). Die Vorschrift erschöpft den Begriff der Neuheit. Sie bestimmt nicht nur, in welchen Fällen jedenfalls die Neuheit zu verneinen ist. Alles, was nicht gemäß § 2 vorbeschrieben oder vorbenutzt ist, hat bei der Prüfung, ob eine neue Erfindung vorliegt, auszuscheiden. So ist trotz allgemeinster Kenntnis als neu zu erachten, was nur durch mündliche oder andere nichtdruckschriftliche Mitteilungen oder nur durch offenkundige Benutzung im Auslande bekannt geworden ist.

Die Tatsache der Vorbenutzung oder Vorbeschreibung ist in dem Patenterteilungsverfahren dem Anmelder von dem Patentamt zu beweisen (s. § 22 Anm. 4). Tatsachen, die notorisch sind, bedürfen keines Beweises (vgl. § 291 ZPO.). Was erfahrungsgemäß jeder Fachmann macht, kann ohne weiteres als offenkundig vorbenutzt unterstellt werden. Nur muß es sicher sein, daß es sich dabei nicht um eine vermutliche Kenntnis der Fachwelt, sondern um eine Benutzung im Sinne des Patentgesetzes (s. Anm. 6a) handelt, denn auf die Kenntnis als solche kommt es nicht an. In der Regel wird allerdings beides sich decken, da die Industrie das, was sie weiß, auch ausführen wird.

Der im patentamtlichen Erteilungsverfahren und im gerichtlichen Patentverletzungsstreit wichtige „Stand der Technik" ist nichts anderes als alles das, was nach § 2 als Summe des Vorbeschriebenen und Vorbenutzten in Frage kommt. Ein anderer als dieser fingierte Stand der Technik ist in keiner Hinsicht zu beachten, weder als Vergleichsmaterial noch als Maßstab für die Prüfung, ob das Angemeldete dem Bekannten gegenüber von erfinderischer Bedeutung ist, noch auch insbesondere bei der Auslegung eines erteilten Patents und der Bemessung seines Schutzumfangs im Verletzungsstreit. Vgl. RG. 1. IV. 14 (15, 32), Ziv. 84, 362, Z. f. JR. 1914, 202.

2. **Beschreibung und Benutzung der Erfindung.** Von wem die vorbeschriebene oder vorbenutzte Erfindung herrührt, ist gleichgültig. Der Tatbestand des § 2 ist erfüllt, wenn eine dem Anmeldungsgegenstand entsprechende Erfindung durch Beschreibung oder Benutzung bekannt geworden ist.

Das Vorbeschriebene oder Vorbenutzte muß eine fertige Erfindung sein. Hierzu gehört, daß eine abgeschlossene Lösung einer Aufgabe vorliegt, insbesondere daß die beliebige Wiederholung der den Erfolg herbeiführenden Maßnahmen gesichert ist. Nur auf diesen objektiven Tatbestand kommt es an, nicht darauf, ob der Beschreibende oder Benutzende die Erfindung, d. h. den Kausalzusammenhang zwischen Mittel und Erfolg erkannt hat. (Anders die herrschende Meinung: RG. 20. III. 02 [03, 246]; 25. XI. 03 [04, 171]; 3. I. 14 [156], vgl. auch österr. Pat.Ger.hof 26. I. 12, österr. PBl. 1912, 875, Z. f. JR. 1912, 259). Auch im übrigen ist nicht entscheidend, was sich der Urheber einer Druckschrift oder der Veranstalter einer Benutzung dabei gedacht hat, sondern was der sachverständige Leser oder Beobachter am Tage der Anmeldung unter Würdigung des gesamten Standes der Technik daraus entnehmen kann. Gibt die Druckschrift, z. B. infolge eines Druckfehlers, etwas anderes wieder als gewollt ist, so ist ersteres maßgebend. Umgekehrt würde eine Vorbenutzung dann nicht vorliegen, wenn die vom Anmelder vorgeschlagenen Maßnahmen erkennbar nur zufällig einmal infolge eines Fabrikationsfehlers, Versehens oder dergleichen vorgenommen worden sind und unbeabsichtigt die jetzt vom Anmelder erstrebte Wirkung ergeben haben. Vgl. OLG. Jena 11. VI. 14, Z. f. JR. 1915, 19. Auch eine mißlungene Ausführung der Erfindung ist regelmäßig keine neuheitsschädliche Vorbenutzung, da die Erfindung dadurch nicht offenbart ist; sie kann es unter besonderen Umständen sein, z. B.

dann, wenn das Mißlingen nur durch zufällige, aber erkennbare Nebenbedingungen veranlaßt worden ist, welche die regelmäßig zu erwartende Wirkung ausgeschlossen haben. RG. 3. I. 10 (192). Sind dagegen die den Anmeldungsgegenstand bildenden Maßnahmen absichtlich, aber zur Lösung einer anderen Aufgabe und in Unkenntnis der dabei stets eintretenden, von dem Anmelder jetzt erstrebten Nebenwirkung vorgenommen worden, so ist der Tatbestand der Vorbenutzung erfüllt. Anders RG. 17. V. 99 (263); 3. I. 14 (156).

Aus dem Erfordernis, daß die beschriebene oder benutzte Erfindung fertig sein muß, folgt, daß die Vornahme von Versuchen behufs Vollendung der Erfindung keine Benutzung der Erfindung ist, auch dann nicht, wenn hierbei der Erfindungsgegenstand in der vom Erfinder erstrebten Vollendung zutage tritt. Ob in der Vornahme von Versuchen mit dem Gegenstand der vollendeten Erfindung eine Benutzung der Erfindung gesehen werden kann, hängt davon ab, ob die Probeausführung etwa gleichzeitig der Nutzbarmachung der Erfindung dient (s. Anm. 6a, § 4 Anm. 8). Vgl. (z. T. anders): PA. 13. II. 79 (81, 29); 22. I. 80 (81, 73), RG. 18. XI. 97 (258), 9. I. 09 (Ztschr. f. JR. 1909, 173), 7. IV. 13 (298), österr. Patentgerichtshof 26. I. 12 (Österr. PatBl. 1912, 875, Z. f. JR., 1912, 259); PA. 17. IV. 15 (168); 1. X. 14 (15, 169). Für den Charakter der Ausführungshandlung als erfindungsvorbereitender Versuch oder als Erfindungsbenutzung ist maßgebend, was der Beschauer dem Vorgang entnehmen mußte. Die nicht zutage getretene Auffassung des Ausführenden ist belanglos. Vgl. dagegen RG. 8. VI. 98 (207), wonach eine Probeausführung der fertigen Erfindung in der ersten Herstellung des Erfindungsgegenstandes zu erblicken ist, wenn der Erfinder die Erfindung schon durch seine zeichnerische Tätigkeit als vollendet betrachtete und ihr nicht erst durch einen praktischen Versuch ihre endgültige Gestalt geben wollte.

3. **Übereinstimmung des Beschriebenen oder Benutzten**

mit dem Anmeldungsgegenstand. Fast niemals deckt sich die angemeldete Erfindung völlig mit dem Vorbeschriebenen oder Vorbenutzten. Regelmäßig besteht ein Unterschied, und es handelt sich dann bei der Prüfung auf Patentfähigkeit darum, ob das unterscheidende Merkmal die Bedeutung einer Erfindung hat (§ 1 Anm. 7). Eine solche liegt daher nicht vor, wenn das, worin der Anmeldungsgegenstand vom Bekannten abweicht, nur eine Entdeckung oder eine nichtschöpferische (konstruktive od. dergl.) Maßnahme ist (vgl. § 1 Anm. 3, 6).

Entscheidend ist die Übereinstimmung der Erfindungsgedanken. Die offenkundige Vorbenutzung einer einzelnen Ausführungsform eines Erfindungsgedankens beseitigt daher die Patentfähigkeit für alle anderen Ausführungsformen, soweit nicht etwa eine oder die andere besondere technische Wirkungen erzielt. RG. 19. V. 13 (Z. f. IR., 1913, 192).

Die Neuheitsprüfung muß sich auf den Zustand vor der Anmeldung der Erfindung versetzen und unter Ausschaltung der erst durch sie verschafften Erkenntnis ermitteln, ob aus den Vorgängen, so wie sie beschrieben oder benutzt sind, der Erfindungsgedanke erkannt werden konnte. Eine Prüfung in der Art, daß die einzelnen Merkmale, die in ihrer Verbindung die Erfindung ausmachen, aus verschiedenen Quellen zusammengesucht und in einer dem damaligen Stand der Technik nicht entsprechenden Weise in Verbindung gesetzt werden, widerspricht dem Gesetz. Vgl. PA. 26. VI. 13 (291), 10. III. 14 (156).

4. **Zeitpunkt.** Nur Vorgänge, die vor der Anmeldung liegen, kommen als neuheitsschädlich in Betracht.

Unter der „auf Grund dieses Gesetzes bewirkten" Anmeldung ist die Anmeldung im Sinne des § 3 Abs. 1 Satz 1, zu verstehen. Die Zeit der Anmeldung ist also derjenige Tag, an dem der Antrag auf Patenterteilung einer Erfindung gestellt und die Erfindung derart offenbart ist, daß danach ihre Identität festgestellt werden kann. Der Tag, an dem zum erstenmal sämtliche Erfordernisse der Anmeldung gemäß § 20 erfüllt sind, ist nicht maßgebend.

Der für die Neuheitsprüfung kritische Zeitpunkt bildet jederzeit (z. B. im Nichtigkeitsverfahren) den Gegenstand freier Beurteilung. S. § 7 Anm. 1, § 10 Anm. 3.

Der herrschenden Meinung, daß der Anmeldetag als Zeiteinheit anzusehen ist und daß mithin alles, was an diesem Tage geschieht, gleichzeitig mit der Anmeldung geschieht und nur das, was vor diesem Tage beschrieben oder benutzt ist, neuheitsschädlich ist, PA. 29. X. 85 (86, 69), 17. IV. 15 (168), kann nicht zugestimmt werden. Einen allgemeinen Rechtssatz, daß der Tag die kleinste Zeiteinheit ist, gibt es nicht. Was nachweislich vor dem Eingang der Anmeldung, wenn auch an demselben Tage, geschehen ist, ist grundsätzlich geeignet, die Neuheit vorwegzunehmen. Praktisch ist dies jedoch nahezu bedeutungslos, da kaum jemals dem Anmelder der Nachweis der ihm ungünstigen Zeitfolge zu führen sein wird.

Die Beurteilung der Neuheit einer Erfindung hat nach einem früheren Zeitpunkt als dem Anmeldetag zu erfolgen, 1. wenn die Priorität einer dieselbe Erfindung betreffenden ausländischen Anmeldung auf Grund des Art. 4 des Unionsvertrages (s. IV, 1 u. § 3 Anm. 4) mit Recht geltend gemacht wird, 2. wenn der Anmelder sich auf das Gesetz betreffend den Schutz von Erfindungen, Mustern und Warenzeichen auf Ausstellungen vom 18. III. 04 (181) (s. V) berufen kann.

5. **Öffentliche Druckschrift.** Neuheitsschädlich ist ausschließlich diejenige Beschreibung, die in einer öffentlichen Druckschrift erfolgt.

a) Unter Druckschriften sind alle Erzeugnisse der Buchdruckerpresse sowie alle anderen durch mechanische oder chemische Mittel bewirkten Vervielfältigungen von Schriften und bildlichen Darstellungen mit oder ohne Schrift zu verstehen. Vgl. § 2 des Gesetzes über die Presse v. 7. V. 74 (RGBl. S. 65). Demgemäß fallen darunter, was für die Prüfung auf technischem Gebiet besonders wichtig ist, auch bloße Zeichnungen, PA.

15. V. 80 (147), 27. XI. 79 (80, 81), 9. VI. 81 (225) und Photographien, PA. 20. IV. 82 (83, 41), da eine Beschreibung nicht nur durch Worte, sondern auch auf jede andere sinnfällige Weise geschehen kann. RG. 7. X. 99 (00, 21). Vervielfältigungsarten, die nicht der Verbreitung des Schriftwerks dienen, wie z. B. in der Regel Schreibmaschinenschrift, gehören nicht zu den druckschriftlichen Wiedergaben.

Von dem bei der Bekanntmachung einer Patentanmeldung gemäß § 23 Veröffentlichten wird danach nur dasjenige öffentliche Druckschrift, was als wesentlicher Inhalt des in der Anmeldung enthaltenen Antrages im Reichsanzeiger abgedruckt wird (s. § 23 Anm. 4), nicht aber die gesamte Anmeldung, da sie nicht abgedruckt, sondern nur öffentlich ausgelegt wird (§ 23 Abs. 3). Ihr Inhalt steht daher, auch wenn er infolge der Auslegung in weiteste Kreise gedrungen sein sollte, der Neuheit einer später angemeldeten, dasselbe betreffenden Erfindung nicht entgegen. PA. 5. VII. 80 (205), RG. 20. V. 81 (215). Dasselbe gilt von der Veröffentlichung der Gebrauchsmuster (§ 3 des Gesetzes betreffend den Schutz von Gebrauchsmustern v. 1. VI. 91): von dem Inhalt einer älteren Gebrauchsmusteranmeldung kommt daher nur der im Reichsanzeiger veröffentlichte Titel als öffentliche Druckschrift gemäß § 2 in Betracht, die nicht gedruckte Beschreibung und Zeichnung ist dagegen bei der Neuheitsprüfung in keiner Weise, auch nicht einmal unterstützend, heranzuziehen. PA. 14. XI. 07 (08, 28), vgl. die dort besprochene Entsch. des RG. 15. III. 05 (181), PA. 5. XII. 08 (09, 11). S. auch RG. 7. X. 99 (00, 21).

In welcher Sprache, an welchem Ort der Welt die Druckschrift erschienen ist, ist gleichgültig; ebenso, von wem sie herrührt. Auch die eigenen Veröffentlichungen des Anmelders über die Erfindung beseitigen deren Neuheit. PA. 13. II. 79 (81, 29).

Mündliche Mitteilung, z. B. ein über die Erfindung gehaltener Vortrag, ist nicht neuheitsschädlich. RG. 22. IV. 03 (227). PA. 16. VI. 82 (83, 125).

b) Öffentlich sind solche Druckschriften, die durch Verbreitung dem Publikum zugänglich geworden sind, im Gegensatz zu denen, die nur einem Kreise bestimmter Personen mitgeteilt sind. Als Verbreitung ist auch das Anschlagen, Ausstellen oder Auslegen der Druckschriften an Orten, wo sie der Kenntnisnahme durch das Publikum zugänglich sind, anzusehen (vgl. § 3 des Gesetzes über die Presse). Neben der Verbreitung im Buchhandel kommt daher namentlich die Auslegung in jedermann offenstehenden Bibliotheken des In- und Auslandes (z. B. in der des Patentamts) in Betracht. RG. 26. X. 85 (86, 21).

Den Tatbestand der Öffentlichkeit erfüllt ferner die Versendung von Zirkularen, Prospekten, Ankündigungen unter Umständen, die auf eine Bekanntgabe an die Allgemeinheit schließen lassen, insbesondere also die Versendung an jeden beliebigen aus dem Publikum, PA. 2. XI. 82 (83, 85). Geschieht jedoch die Versendung unter Umständen, die erkennen lassen, daß nur eine vertrauliche Mitteilung gemacht wird, also insbesondere an bestimmte einzelne Personen, so ist die Öffentlichkeit in der Regel zu verneinen. RG. 20. III. 15 (Z. f. JR. 1915, 172). Bei der Versendung von Zirkularen und dergleichen entscheidet der Zeitpunkt des Zugangs an den Adressaten. Hat daher die Absendung vor, der Zugang nach der Anmeldung stattgefunden, so ist die Neuheit der angemeldeten Erfindung dadurch nicht beseitigt.

Die Öffentlichkeit ist von der Möglichkeit der Kenntnisnahme im Inlande nicht abhängig. Auch Druckschriften, die (z. B. infolge Kriegssperre) nicht nach Deutschland gelangen konnten, sind öffentlich, wenn die Zugänglichkeit für einen unbestimmten Personenkreis im Auslande vorgelegen hat. Vgl. PA. in dem Aufsatz GR. und UR. 1917, 116; anderer Ansicht der Aufsatz selbst S. 114ff.

Ausschlaggebend ist die Tatsache, daß die Druckschrift dem Publikum allgemein zugänglich geworden ist, unerheblich dagegen, ob die Absicht des Urhebers darauf gerichtet gewesen ist (Anders Motive zum Gesetz v. 1877 S. 18). Auch die allgemeine Verbreitung einer Druckschrift ohne oder gegen seinen Willen, macht sie zu einer öffentlichen, PA. 13. V. 80 (189); ebenso ist es unerheblich, ob die Verbreitung mit Recht oder widerrechtlich geschah. Die bloße Tatsache, daß die Schrift ursprünglich „als Manuskript gedruckt" ist, entscheidet — entgegen der Ausführung in den Motiven zum Gesetz v. 1877 S. 18 — nicht, weil dieser Ausdruck von den Schriftstellern aus den verschiedenartigsten Gründen nicht selten auf Werke gesetzt wird, die dem Publikum durchaus zugänglich und käuflich sind. PA. 13. II. 79 (81, 29), 20. IV. 82 (83, 41), vgl. auch PA. 9. VI. 81 (225).

Von den öffentlichen Druckschriften sind von besonderer Wichtigkeit die in- und ausländischen **Patentschriften** (vgl. § 19 Abs. 4 Anm. 6). Sie sind durchweg öffentliche Druckschriften, mit alleiniger Ausnahme der älteren, d. h. vor dem Gesetz v. 11. I. 71 in wenigen Exemplaren gedruckten und nur auf dem Patent Office erhältlichen amerikanischen Patentschriften. RG. 21. V. 83 (297).

Bezüglich des Zeitpunkts des Erscheinens (der Ausgabe) der Patentschriften als öffentliche Druckschriften ist zu bemerken: Auf den deutschen, österreichischen, ungarischen, schweizerischen, schwedischen, norwegischen und dänischen Patentschriften wird der Tag der Ausgabe durch Aufdruck vermerkt. Die amerikanischen Patentschriften weisen den — mit dem Tage der Ausgabe übereinstimmenden — Tag der Datierung auf. Bei den britischen Patentschriften muß dagegen der Ausgabetag aus den im Official Journal erlassenen Bekanntmachungen festgestellt werden.

c) Nur diejenigen Druckschriften sind neuheitshindernd, die **aus den letzten hundert Jahren vor der Anmeldung** stammen. Über die Berechnung der Frist vgl. § 8 Anm. 4. Diese Zeitbemessung soll vermeiden, daß die Ergebnisse der wichtigen Erfindungsperiode, wie sie in der Mitte des vorigen Jahrhunderts zutage getreten ist, bereits jetzt zum Gegenstande neuer Erfindungen gemacht werden und daß anderseits bei der Neuheitsprüfung auf völlig veraltete und in Vergessenheit geratene Druckschriften zurückgegriffen wird. (Kom.Bericht 1891 S. 4.)

6. **Offenkundige Vorbenutzung.** Während öffentliche Druckschriften zeitlich beschränkt (aus den letzten hundert Jahren), örtlich unbeschränkt die Neuheit ausschließen, ist die offenkundige Benutzung zeitlich unbeschränkt, dagegen örtlich beschränkt (nur im Inlande) neuheitsschädlich. Nach den Motiven des Gesetzes v. 1877 S. 18 liegt der Grund der Verschiedenartigkeit der Behandlung in örtlicher Beziehung vornehmlich darin, daß Druckschriften eine leichtere und ausgedehntere Verbreitung gestatten. Wegen der zeitlichen Beschränkung s. Anm. 5 Schluß. Die Vorbenutzung ist nur neuheitsschädlich, wenn sie offenkundig und im Inlande, d. h. im Gebiete des Deutschen Reichs, erfolgt ist. War sie nicht offenkundig, so begründet sie unter Umständen nur ein Vorbenutzungsrecht nach § 5.

a) Benutzung. Im Gegensatz zu der der Erkenntnis dienenden Beschreibung führt die Benutzung die Erfindung in das reale Leben ein. Erst wenn die Erfindung in die Praxis übertragen ist, kann von einer Benutzung die Rede sein. Die Benutzung einer einen körperlichen Gegenstand betreffenden Erfindung setzt daher regelmäßig dessen erstmalige Herstellung voraus. PA. 29. III. 00 (230), RG. 7. X. 99 (00, 21); 23. IV. 13 (Z. f. JR. S. 170); PA. 7. XI. 14 (15, 6), 21. XII. 15 (16, 75), Z. f. JR. 1916, 74; vgl. RG. 20. III. 15, Z. f. JR. 1915, 172. Eine Betätigung einer Maschine nur im Leerlauf, zu Demonstrationszwecken, ist keine Benutzung. Auch eine nur modellmäßige Darstellung fällt in das Gebiet der Beschreibung, nicht der Benutzung; noch weniger ist die Herstellung von Zeichnungen, auch der für die Praxis angefertigten Werkstattzeichnungen, eine Benutzung. Vgl. die eben genannten Entscheidungen. Neuheitsschädlich kann schließlich eine Benutzung nur dann sein, wenn der Benutzungsvorgang selbst dem Beobachter die Erfindung enthüllt; eine Mitteilung über die Benutzung fällt in das Gebiet der Beschreibung.

Was das Gesetz unter „Benutzen" versteht, ergibt sich aus §§ 35, 36 in Verbindung mit § 4. Vgl. RG. 9. V. 92 (427), 20. III. 15 (Z. f. JR. 1915 S. 172). Es ist nicht anzunehmen, daß das Gesetz demselben Wort einen verschiedenen Inhalt hat geben wollen. Als Benutzungshandlungen stellen sich hiernach dar: Das Herstellen, Inverkehrbringen, Feilhalten und Gebrauchen. Vgl. hierüber § 4 Anm. 8. Was nach § 4 Benutzungshandlung ist, ist es auch nach § 2. Als Benutzung im Sinne des § 2 ist jede Tätigkeit der genannten Art anzusehen; eine Beschränkung auf gewerbsmäßige Handlungen (§ 4) besteht hier nicht, so daß auch die private, häusliche Benutzung (vgl. § 4 Anm. 10) als Vorbenutzung zu gelten hat. Ebenso ist kein Unterschied hinsichtlich der Rechtmäßigkeit der Benutzung zu machen; auch die widerrechtliche Benutzung steht, wenn sie offenkundig geschieht, der Neuheit entgegen.

Ist aus der Beschaffenheit eines Erzeugnisses zu erkennen, wie es hergestellt worden ist, so ist bei offenkundigem Inverkehrbringen, Feilhalten oder Gebrauch des Erzeugnisses das Herstellungsverfahren keine patentfähige Erfindung, weil keine schöpferische Leistung, sondern nur die Gewinnung einer Erkenntnis (Entdeckung) vorliegt. Vgl. PA. 6. I. 81 (203).

b) Die Vorbenutzung ist nur dann neuheitsschädlich, wenn sie **offenkundig** erfolgt. Darunter ist nicht eine öffentliche, d. h. in der Öffentlichkeit vor sich gehende sondern nur eine solche Benutzung zu verstehen, die die Kenntnis der Erfindung der Allgemeinheit preisgibt. RG. 7. XI. 17 (18, 51).

Wie es bei der Öffentlichkeit der Druckschriften nur darauf ankommt, ob das Publikum Kenntnis nehmen kann, so genügt es zum Begriff der Offenkundigkeit, daß für die Allgemeinheit die Möglichkeit der Kenntnisnahme besteht. Ob die Kenntnis tatsächlich erlangt ist, ist unerheblich.

Auf die Anzahl der Personen, denen die Benutzungshandlung wahrnehmbar ist, kommt es nicht an. Entscheidend ist, ob die betreffenden Personen gegenüber der Benutzungshandlung sich lediglich als Glieder der Allgemeinheit, als beliebige Dritte darstellen. RG. 11. XII. 95 (96, 97); 9. V. 92 (427); PA. 1. X. 14 (15, 169); RG. 5. V. 15 (170), 10. III. 15 (171).

Welche Personen als beliebige Dritte in Betracht kommen, ist nach den Umständen des einzelnen Falles, unter denen ihnen die Möglichkeit der Kenntnisnahme von der Erfindung gegeben wird, zu beantworten. Vgl. RG. 1. X. 87 (379) gegen PA. 1. VI. 82 (83, 129).

In der Regel sind als beliebige Dritte nicht anzusehen alle diejenigen, die bei der Benutzungshandlung selbst unmittelbar oder mittelbar beteiligt sind. Sie erhalten Kenntnis von der Erfindung mit Rücksicht auf ihre Mitwirkung. Zu diesem Kreise gehören in erster Linie alle Angestellten und Arbeiter der Fabrik, Werkstätte usw., in denen die Benutzung geschieht. Nach der allgemeinen Verkehrsauffassung haben solche Personen zufolge des Treuverhältnisses zu dem Arbeitgeber die außerhalb des Rahmens des Alltäglichen liegenden Betriebsvorgänge ohne weiteres geheimzuhalten, ohne daß es dahinzielender Maßnahmen des Unternehmers (Fabrikordnung, Abschließung der bei der Ausführung der Erfindung benutzten Räume, Zutrittsverbote oder dergleichen) bedarf. RG. 17. V. 13 (278), 10. III. 15 (171), 5. V. 15 (170), 12. VII. 15 (213), 7. XI. 17 (18, 51); PA. 19. III. 95 (94/95, 221), 1. VI. 99 (01, 9), 1. X. 14 (15, 169). Als beliebige Dritte sind ferner in der Regel nicht anzusehen Handwerker, Lieferanten und dergleichen, die zur Ausführung der Erfindung beitragen (z. B. durch Lieferung von Einzelteilen zu einer Maschine nach Anweisung des Erfindungsbenutzers). Vgl. RG. 25. XI. 03 (04, 171), 5. V. 15 (170), 10. III. 15 (171).

Andere Personen erscheinen nicht als beliebige Dritte, wenn sich aus den Umständen ergibt, daß ihnen die Kenntnis von der Erfindung nur auf Grund besonderer Verhältnisse anvertraut wird (z. B. Verschenken des Erfindungsgegenstandes an einen Verwandten, Vorführung vor einem Geschäftsfreund, PA. 8. I. 80 (79), Bekanntgabe nur gegen Zusicherung der Geheimhaltung oder nach Mitteilung der Absicht der Anmeldung zum Patent oder Gebrauchsmuster usw.) Vgl. RG. 26. IX. 98 (252), 25. XI. 03 (04, 171), 11. III. 05 (1[illegible]), 5. V. 15 (170); PA. 1. X. 14 (15, 169), 22. VI. 15 (22[illegible]). Ob die Zulassung fremder Besucher zur Besichtigung einer Fabrik die Offenkundigkeit begründet, hängt davon ab, ob sie nach Belieben Zutritt erhalten, oder nur unter besonderen Vorsichtsmaßregeln (z. B. Prüfung ihrer Persönlichkeit durch die Fabrikleitung, Auferlegung der Geheimhaltung, Abschließung der der Benutzung der Erfindung dienenden besonderen Räume oder sonstige Verwahrung des Erfindungsgegenstandes) oder unter sonstigen Umständen, aus denen sie die Verpflichtung zur Verschwiegenheit auch ohne deren ausdrückliche Auferlegung entnehmen mußten. Vgl. PA. 6. I. 31 (203); RG. 8. VI. 98 (207), 22. IV. 03 (227), 12. VII. 15 (2 3).

Die Anzahl der Benutzungsfälle ist an sich nicht maßgebend für die Bejahung oder Verneinung der Offenkundigkeit, grundsätzlich kann schon eine einmalige Benutzung den Charakter der Offenkundigkeit in sich tragen. Vgl. PA. 27. X. 06 (325): einmalige Lieferung einer Maschine. RG. (u. a. 26. I. 84 [102]) macht die Entscheidung darüber, ob der Verkauf einer größeren oder geringeren Zahl nötig oder ausreichend ist, wesentlich von der Beschaffenheit und der häufigeren oder selteneren Benutzung des betreffenden Handelsartikels abhängig und nimmt an, daß z. B. die Herstellung und der Verkauf einer einzigen Maschine ausreicht, dagegen der Absatz einer größeren Zahl zu verlangen ist, wenn es sich um Artikel handelt, bei denen auf einen Absatz in großer Zahl gerechnet ist. Dem ist nicht zuzustimmen. Der Verkauf eines Massenartikels in einigen wenigen Fällen an beliebige Käufer erfüllt den Tatbestand der offenkundigen Benutzung. Eine solche würde nur dann nicht vorliegen, wenn etwa diese vereinzelten Verkäufe unter solchen besonderen Umständen stattfanden, daß sich die Käufer nicht als unbestimmte Personen, sondern als Vertrauenspersonen des Verkäufers darstellten.

Die Benutzungshandlung selbst muß den Charakter der Offenkundigkeit an sich tragen und hierdurch den Grund für die Möglichkeit der Kenntnisnahme durch die Allgemeinheit bilden. Hat der Benutzende alles, was möglich ist, zur Ausschließung beliebiger Dritter von der Kenntnis der Erfindung getan, so ist die Benutzung nicht offenkundig und wird dies auch nicht, wenn trotz der getroffenen Vorkehrungen eine Kunde von der Erfindung nach außen dringt; so, wenn sich Dritte durch Täuschung oder Gewalt Zutritt verschaffen, und besonders auch dann, wenn ein zur Geheimhaltung Verpflichteter die Erfindung verrät. Erlangt das Publikum auf diese Weise Kenntnis, so beruht diese nicht auf der Benutzung, sondern auf der Mitteilung, mithin auf einer Beschreibung. Diese aber ist unschädlich, sofern sie nicht in öffentlicher Druckschrift erfolgt. Wird etwa die durch den Vertrauensbruch erlangte Kenntnis dazu benutzt, die Erfindung nachzuahmen, so liegt hierin, wenn dies offenkundig geschieht, eine offenkundige Benutzung der Erfindung, aber eine selbständige, die den geheimen Charakter der früheren nicht berührt. PA. 1. VI. 82 (125, besonders 129), 19. III. 95 (94/95, 221), 1. VI. 99 (01, 9). Vgl. dagegen RG. 28. V. 00 (01, 12). Ebenso ist es für den Charakter des Inverkehrbringens durch Lieferung eines Gegenstandes belanglos, wie der Käufer mit diesem verfährt. Geschah die Lieferung offenkundig, so ist die Neuheit ausgeschlossen, gleichviel ob der Käufer das Kaufobjekt offenkundig oder geheim gebraucht. RG. 28. I. 99 (113), PA. 27. X. 06 (325). Umgekehrt ist offenkundige Benutzung auch dann gegeben, wenn die bei der Lieferung vereinbarte Geheimhaltung beim Gebrauch der Sache von dem Käufer nicht beobachtet wird. RG. 8. VI. 98 (207), PA. 11. XII. 79 (80, 193).

Der Verrat des Benutzungsvorgangs kann jedoch für die Frage der Offenkundigkeit insofern von Bedeutung sein, als unter Umständen daraus die Ungeeignetheit der getroffenen Vorkehrungen zu entnehmen sein kann.

Der Charakter einer Benutzungshandlung als offenkundig oder geheim wird durch spätere Ereignisse nicht berührt. Eine offenkundige Benutzung kann nicht durch spätere Maßnahmen zu einer geheimen werden. Ebensowenig aber kann umgekehrt eine geheime Benutzung diesen Charakter durch spätere Ereignisse (z. B. die Entbindung von der Verschwiegenheit) verlieren. Wird die Benutzung nach Eintritt derartiger Ereignisse nicht mehr fortgesetzt, so ist eine offenkundige Benutzung überhaupt nicht gegeben; wird die Benutzung danach fortgesetzt, so wird sie von nun an zur offenkundigen, nicht aber kann rückwärtshin die geheime Benutzung eine offenkundige werden. Dies ist wichtig für den Fall, daß die Änderung sich nach der Patentanmeldung vollzieht. Anderer Ansicht RG. 14. VII. 97 (207).

c) Nur die im **Inland** erfolgte offenkundige Benutzung schließt die Neuheit aus. Unter **Inland** ist das Gebiet des Deutschen Reiches zu verstehen. Darüber, wann eine Benutzung im Inlande vorliegt, vgl. § 4 Anm. 2. RG. 17. IV. 80 (87) verneint mit Unrecht die offenkundige Benutzung bei Verkauf eines Gegenstandes vom Ausland nach dem Inland, weil nicht erhelle, daß der Empfänger davon im Inlande offenkundigen Gebrauch gemacht habe. Dagegen erachtet PA. 27. X. 06 (125) es zur Begründung des Tatbestandes des Inverkehrbringens im Inlande für genügend, daß der Gegenstand im Inlande angeliefert ist, und für unerheblich, ob die Lieferung vom Inland oder Ausland aus erfolgt ist.

7. **Die Möglichkeit der Nachbenutzung.** Die Beschreibung muß so geartet und die Offenkundigkeit der Benutzung eine solche sein, „daß danach die Benutzung durch andere Sachverständige möglich erscheint". Dieser Satz bestimmt, wie der gleichlautende Satz des § 20 Abs. 1, das Maß der Erkennbar-

keit der Erfindung und regelt dies dahin, daß nur diejenige Bekanntgabe der Erfindung an die Allgemeinheit die Neuheit ausschließt, welche die Möglichkeit der Nachbenutzung eröffnet. Und zwar genügt es, wenn ein anderer, d. h. von der Person des Beschreibenden oder Benutzenden verschiedener Sachverständiger in der Lage ist, die Erfindung unmittelbar an der Hand des Beschriebenen oder unmittelbar auf Grund des Benutzungsvorgangs („danach") nachzumachen. Die Möglichkeit, die Erfindung nachzumachen, ist für den Sachverständigen nicht allein dann vorhanden, wenn diese ohne weiteres durch den Augenschein erkennbar ist, sondern auch dann, wenn sie durch Untersuchung, ohne Aufwand erfinderischer Tätigkeit erkannt werden kann. RG. 17. I. 80 (53); PA. 9. VI. 81 (225); RG. 28. VI. 90 (369); PA. 9. II. 82 (61). Es muß aber im einzelnen Falle von dem die offenkundige Vorbenutzung Behauptenden dargetan werden, inwiefern zur Vornahme einer Untersuchung Anlaß vorgelegen hat, sowie ferner, daß die Benutzungshandlung eine solche Untersuchung ermöglicht hat. Ist eine Maschine so kompliziert, daß ein Sachverständiger sie ohne Auseinandernehmen nicht nachmachen kann, so liegt eine neuheitsschädliche Benutzung nicht vor, wenn ihm nur Gelegenheit zu einer äußeren Besichtigung, z. B. bei einer Vorführung, geboten war. PA. 11. XII. 79 (80, 193), 6. I. 81 (203), 22. VI. 15 (226).

Die vorbehaltlose Lieferung eines Gegenstandes macht die Erfindung in weitestem Maße erkennbar, da der Käufer das Kaufobjekt jeder beliebigen Untersuchung unterziehen kann. RG. 17. I. 80 (53) [Verkauf von Klavieren mit verborgen liegendem Resonanzboden].

Die Form der Gegenwart „möglich erscheint" deutet auf die Zeit der Anmeldung hin. Konnte sich bis zum Zeitpunkt der Anmeldung eine die Benutzung ermöglichende Erkenntnis noch nicht entwickeln, so wird die Neuheit nicht zerstört. So hat das PA. 18. V. 97 (225) in einem Falle, wo die Vorführung eines Zauberapparats zwei Stunden vor Beginn des Anmeldetages erfolgt war, die offenkundige Vorbenutzung verneint, weil selbst Sachverständige ohne Erklärung sich nicht binnen zwei Stunden ein richtiges Bild von dem Vorgang machen konnten. Vgl. auch RG. 25. XI. 03 (04, 171).

8. **Sonderbestimmung bezüglich der ausländischen Patentschriften.** Die Bestimmung des Abs. 2 bezweckt dem Inhaber eines ausländischen Patents die Möglichkeit der inländischen Anmeldung noch nach der Ausgabe der ausländischen Patentschrift zu geben, ohne daß durch letztere die Erfindung der Neuheit verlustig geht. Sie ist bisher ohne praktische Bedeutung geblieben, da eine Bekanntmachung der fraglichen Art nicht ergangen ist. Mit dem Prioritätsrecht des Unionsvertrages (s. IV, 1) hat die Vorschrift nichts zu tun. PA. 5. IX. 04 (326). Wegen des Unionsprioritätsrechts vgl. oben Anm. 4. Dieses macht die Bestimmung für die Angehörigen der Unionsstaaten überflüssig.

§ 3.

Auf die Erteilung des Patents hat derjenige Anspruch, welcher die Erfindung zuerst nach Maßgabe dieses Gesetzes angemeldet hat. Eine spätere Anmeldung kann den Anspruch auf ein Patent nicht begründen, wenn die Erfindung Gegenstand des Patents des früheren Anmelders ist. Trifft diese Voraussetzung teilweise zu, so hat der spätere Anmelder nur Anspruch auf Erteilung eines Patents in entsprechender Beschränkung.

Ein Anspruch des Patentsuchers auf Erteilung des Patents findet nicht statt, wenn der wesentliche Inhalt seiner Anmeldung den Beschreibungen, Zeichnungen, Modellen, Gerätschaften oder Einrichtungen eines anderen oder einem von diesem angewendeten Verfahren ohne Einwilligung desselben entnommen und von dem letzteren aus diesem

Grunde Einspruch erhoben ist. Hat der Einspruch die Zurücknahme oder Zurückweisung der Anmeldung zur Folge, so kann der Einsprechende, falls er innerhalb eines Monats seit Mitteilung des hierauf bezüglichen Bescheides des Patentamts die Erfindung seinerseits anmeldet, verlangen, daß als Tag seiner Anmeldung der Tag vor Bekanntmachung der früheren Anmeldung festgesetzt werde.

1. **Persönlichkeits- und Vermögensrecht an der Erfindung.** Die Schaffung einer Erfindung hat für das Rechtsleben eine doppelte Bedeutung: 1. eine persönliche, insofern der Erfinder als Urheber einer Geistesschöpfung in Betracht kommt (Individualrecht an der Erfindung), 2. eine sachliche, insofern er durch die schöpferische Tat ein Vermögensgut geschaffen hat (Immaterialrecht an der Erfindung). Für das Individualrecht haben sich anerkannte Grundsätze nicht entwickelt, wohl aber für das Immaterialrecht, das sogenannte Erfinderrecht.

2. **Erfinderrecht.** Der Erfinder erwirbt schon vor der Patentanmeldung durch den erfinderischen Schaffensakt ein absolutes, eigentumsähnliches Recht, dessen Gegenstand ein unkörperliches Vermögensgut, die Erfindung, ist. Er ist allein befugt, über das Schicksal seiner Erfindung zu bestimmen, sie geheimzuhalten oder zu veröffentlichen, insbesondere aber sie zum Patent anzumelden. Dieses Recht erstreckt sich nur auf die von ihm herrührende Geistesschöpfung, nicht auf den Erfindungsinhalt als solchen. Es versagt daher gegenüber der gleichen Erfindung eines anderen. Ein ausschließliches Benutzungsrecht hat der Erfinder nicht, weder an der Erfindung als solcher, noch an seiner Geistesschöpfung. RG. 11. IV. 96 (00, 174); 25. IX. 11 (12, 8); 2. V. 17, Z. f. IR. 1917, 136. Das Erfinderrecht kann neben dem Patentrecht an der Erfindung nicht bestehen; mit dessen Begründung erlischt es. RG. 14. XII. 03 (04, 362); 13. II. 11 (218), JWSchr. 1911, 374; 25. IX. 11 (128).

Abgesehen von der Haftung aus einem die Erfindung betreffenden Vertrage (z. B. Anvertrauen nur zur Erprobung, Werkvertrag u. dgl.), RG. 11. IV. 96 (00, 174), ist das Erfinderrecht nur gegen schuldhafte Verletzung durch unerlaubte Handlung, §§ 823, 826 BGB., vgl. auch §§ 1, 17 ff. Unlaut.Wettbew.Ges., geschützt. RG. 28. V. 92 (577), Ziv. 29, 49; 19. II. 96 (115); 25. IX. 11, Ziv. 77, 81; 2. V. 17, Z. f. JR. 1917, 136; 11. IV. 96 (00, 174), Ziv. 37, 41. Der Anspruch aus der unerlaubten Handlung geht nur gegen deren Verüber selbst und gegen denjenigen Rechtsnachfolger, der sich der Teilnahme daran schuldig macht (§ 830 BGB.) oder der durch den Erwerb des Rechts einen Verstoß gegen die guten Sitten begeht (§ 826 BGB.), nicht gegen den schuldlosen Erwerber, RG. 13. II. 11 (218). Der Anspruch des Verletzten ist auf Schadensersatz gerichtet; dieser kann in der Übertragung der widerrechtlich bewirkten Patentanmeldung oder des darauf erteilten Patents, in der Zurücknahme der Anmeldung oder dem Verzicht auf das Patent oder auch in anderer Schadloshaltung, z. B. durch Geldzahlung, im Falle der widerrechtlichen Benutzung in deren Unterlassung bestehen (§ 249 BGB.). RG. 13. III. 12 (224).

Verletzt jemand durch Patentanmeldung wissentlich das Erfinderrecht, so haftet er auch gemäß § 687 Abs. 2 BGB. aus dem Gesichtspunkt der Geschäftsführung ohne Auftrag auf Herausgabe alles dessen, was er durch die Anmeldung erworben hat. RG. 14. I. 14 (175), Ziv. 84, 49.

Bei gutgläubiger Verletzung des Erfinderrechts findet ein Anspruch des Erfindungsberechtigten nicht statt, auch nicht auf Herausgabe ungerechtfertigter Bereicherung. RG. 2. V. 17, Z. f. JR. 1917, 136.

Das Erfinderrecht ist vererblich und übertragbar, und unterliegt, mit Einschränkung, der Zwangsvollstreckung, s. § 6 Anm. 1 und 6.

Neben dem eigentumsähnlichen Recht an der Erfindung steht der Besitz an ihr, den derjenige hat, der kraft seiner

Kenntnis von ihr über sie tatsächlich zu verfügen in der Lage ist, z. B. der Eigentümer oder Besitzer der sie darstellenden Beschreibungen, Zeichnungen, Modelle. Der Erfindungsbesitzer wird nach Maßgabe der Vorschriften des BGB. gegen Störungen in seinem Besitzstande geschützt.

Das Patentgesetz erkennt ein Recht des Erfinders an der Erfindung nicht unmittelbar an. Den Anspruch auf Erteilung des Patents hat nach § 3 Abs. 1 der Anmelder. Der Inhaber des durch seine Anmeldung verletzten Erfinderrechts oder Erfindungsbesitzes kann aber den Anspruch durch Erhebung des Einspruchs oder der Nichtigkeitsklage zu Falle bringen, s. §§ 3 Abs. 2 (widerrechtliche Entnahme), 10 Nr. 2, 24, 28.

3. **Anspruch auf Patenterteilung. Priorität.** Entsprechend dem Grundsatz, daß das Patent als Entgelt für die Hingabe der Erfindung an die Allgemeinheit erteilt wird (vgl. § 1 Anm. 1), gibt das Gesetz den Anspruch auf die Erteilung des Patents demjenigen, der die Erfindung zuerst behufs Patenterteilung offenbart, d. h. dem ersten Anmelder. Eine Prüfung, ob dieser der Erfinder ist, findet nicht statt.

Der Anspruch geht auf Vornahme einer behördlichen Handlung, ist also öffentlich-rechtlicher Art, indessen gemäß § 6 Gegenstand des Privatrechtsverkehrs. Der Anspruch auf Patenterteilung ist dadurch bedingt, daß er in dem gesetzlich geregelten Verfahren zur Anerkennung gelangt. Durch endgültige Erledigung der Anmeldung ohne Patenterteilung (Zurücknahme, Zurückweisung der Anmeldung, Versagung des Patents) kommt er in Fortfall. Irgendwelche Rechte können nicht mehr daraus hergeleitet werden. Liegen spätere Anmeldungen auf denselben Gegenstand vor, so rücken diese vor und die früheste von ihnen wird nun zur ersten. RG. 13. I. 00 (148); 4. V. 12 (228), Ziv. 79, 330, Z. f. JR. 1913, 20.

Der Anspruch wird durch eine Anmeldung nach Maßgabe des Patentgesetzes begründet. Eine solche liegt nicht erst dann vor, wenn die Formvorschriften für die prozessuale Anmeldung erfüllt sind (§ 20), sondern schon dann, wenn die Erfindung mit dem Antrag auf Patenterteilung dergestalt zur Kenntnis des Patentamts gebracht worden ist, daß die Identität festgestellt werden kann (zivilistische Anmeldung). Hierzu sind alle Stücke der Anmeldung dienlich; neben dem wörtlichen Ausdruck in der Beschreibung und der Darstellung in der Zeichnung ist auch die Veranschaulichung durch Modelle und Probestücke zu berücksichtigen. RG. 9. VII. 98 (00, 55); 12. IV. 97 (118); 30. XI. 03 (04, 173); PA. 5. II. 01 (115) vgl. § 20 Anm. 1. Bezüglich der Erfordernisse und Voraussetzungen der zivilistischen Anmeldung im übrigen s. § 20 Anm. 2 f.

Die Tatsache der Einreichung der Anmeldung schafft ein bestimmtes, unverrückbares Rangverhältnis (Priorität) gegenüber anderen Anmeldungen und Begebenheiten. Da lediglich diese Tatsache entscheidend ist, ist die Priorität der Verfügung des Anmelders und der Behörde entzogen. Eine „Verlegung" der Priorität auf einen früheren oder späteren Zeitpunkt ist ausgeschlossen. PA. 15. IV. 10 (180); 6. V. 10 (182). Die Nachprüfung der Frage, welche Priorität einer Anmeldung zusteht, ist jederzeit zulässig und geboten, vgl. § 7 Anm. 1, § 2 Anm. 4, § 10 Anm. 3. Die Priorität erwächst im Umfange des Antrages auf Patenterteilung und dieser richtet sich im Zweifel auf alles in der Anmeldung enthaltene Patentfähige, nicht etwa nur auf den Inhalt der Patentansprüche, die in der Anmeldung nur einen unverbindlichen Versuch der Formulierung des Erfindungsgegenstandes darstellen. PA. 6. XII. 00 (01, 38); 17. XII. 00 (01, 40); 5. II. 01 (114).

Wer zuerst angemeldet hat, ergibt sich aus dem Zeitpunkt des Eingangs der Anmeldung beim Patentamt, s. § 20. Wie bei § 2 (Anm. 4) kommt es hier auf den Zeitpunkt innerhalb des Anmeldetages an. Von zwei an demselben Tage eingegangenen Anmeldungen gilt bis zum Beweise des Gegenteils diejenige als später eingegangen, welche die höhere Geschäftsnummer trägt, § 27 AB. vgl. § 20 Anm. 3. Eine frühere Priorität kann von dem Anmelder in Anspruch genommen werden auf Grund des Unionsvertrages (s. IV, 1), sowie auf Grund des Gesetzes, betreffend den Schutz von Erfindungen, Mustern und Warenzeichen auf Ausstellungen, vom 18. III. 04 (181), s. V.

4. **Unionspriorität.** Der Anmelder kann für die Anmeldung gemäß Art. 4 des Unionsvertrages (s. IV, 1) die Priorität einer früheren Anmeldung in einem Unionsstaate beanspruchen. Dieses Recht steht dem Anmelder zu, wenn er Staats- oder Gebietsangehöriger eines der zur Union gehörigen Staaten ist (Art. 2, 4 des UV.); ein Verzeichnis dieser Staaten s. unten hinter IV, 1. Die Anmeldung der Erfindung durch eine solche Person in irgendeinem Unionsstaate begründet das Prioritätsrecht für das ganze Unionsgebiet. Soviel Unionsstaaten vorhanden sind, soviel besondere Prioritätsrechte entstehen. Es ist unerheblich, in welchem Unionsstaate der Anmelder zuerst anmeldet; er erwirbt auch das Prioritätsrecht, wenn er zuerst im Ausland anmeldet PA. 3. VII. 09 (10, 5), vgl. 17. VI. 96 (291). Sowohl die erste wie die zweite Anmeldung müssen zur Zeit der Zugehörigkeit der beiden in Betracht kommenden Staaten eingereicht sein. Da Deutschland der Union mit Wirkung vom 1. V. 03 beigetreten ist, konnte also für eine deutsche Anmeldung die Unionspriorität nur beansprucht werden, wenn nicht nur sie, sondern auch die ausländische Erstanmeldung nach diesem Zeitpunkt angemeldet war. PA. 29. II. 04 (167); 25. III. 05 (118); s. aber RG. 9. XI. 12 (13, 275), wonach, wenn die deutsche Anmeldung nach, die ausländische dagegen vor dem 1. V. 03 liegt, dieser Tag als Prioritätstag maßgebend ist.

Das durch die Erstanmeldung für jeden einzelnen Unionsstaat begründete Prioritätsrecht besteht selbständig und unabhängig von jener Anmeldung. Es wird durch ihren späteren Untergang (Zurückziehung, Zurückweisung oder sonstige Erledigung ohne Patenterlangung) nicht berührt. Es kann daher auch den Gegenstand selbständigen Rechtsverkehrs bilden, insbesondere auf einen anderen übertragen werden, der daraufhin die Erfindung unter Beanspruchung der Priorität der Erstanmeldung in Deutschland anmelden kann. Erforderlich ist natürlich, daß die Übertragung vor Ablauf der Prioritätsfrist erfolgt. PA. 3. VII. 09 (10, 5); 16. XII. 05 (06, 127); 16. I. 07 (128).

Die Prioritätsfrist beträgt 12 Monate. Eine inländische Anmeldung, die mehr als 12 Monate nach der ausländischen Erstanmeldung eingeht, genießt ein Prioritätsrecht nicht mehr. Wegen Verlängerung der Prioritätsfrist mit Rücksicht auf den Krieg s. die BV. v. 7. V. 15, RGBl. 1915, S. 272; Bl. f. PM. u. ZW. 1915, S. 142 und Art. 308 des FV. (s. III, 5) Die Frist läuft von der Einreichung derjenigen Anmeldung an, die die Erfindung zum erstenmal im Unionsgebiet vorschriftsmäßig anmeldet; spätere Anmeldungen derselben Erfindung begründen kein Unionsprioritätsrecht. PA. 3. VII. 07 (08, 109); 11. IV. 08 (180); 21. I. 10 (134); österr. PA. 22. I. 13 (290); abweichend PA. 27. VI. 13, Z. f. IR. 1913, 183, Mitteil. 1913, 160.

Voraussetzung für die Beanspruchung der Priorität der Erstanmeldung für die Nachanmeldung ist Identität der Person der Anmelder und der angemeldeten Erfindungen. Bei Mehrheit der Anmelder müssen alle prioritätsberechtigt sein. PA. 18. II. 04 (259); österr. PA. 24. XI. 03 (05, 23). Die Identität kann durch Übertragung des Prioritätsrechts hergestellt werden. Identität der Erfindungen ist vorhanden, wenn das, was im Inlande angemeldet wird, auch im Auslande angemeldet ist; die deutsche Anmeldung kann daher auch nur einem Teil der ausländischen Anmeldung entsprechen, wie auch umgekehrt mehrere ausländische Anmeldungen in einer deutschen vereinigt werden können. Im letzteren Falle haben die einzelnen Teile der deutschen Anmeldung verschiedene Unionsprioritäten. Diese können beansprucht werden ohne Angabe, auf welchen Teil der deutschen Anmeldung sich die einzelne Priorität bezieht.

Die Unionspriorität muß von dem Anmelder in Anspruch genommen werden. Dies geschieht durch Abgabe einer Erklärung über die Zeit und das Land der Erstanmeldung. Art. 4d des UV., s. IV, 1. Gemäß Art. II des Ges. z. Ausführung des Unionsvertrages vom 31. III. 13 und der Bek. des Reichskanzlers dazu vom 8. IV. 13 (s. IV, 1 a u. 1 b) muß diese Erklärung bei der Anmeldung des Patents in Deutschland abgegeben werden, widrigenfalls der Prioritätsanspruch für diese Anmeldung verwirkt ist. Ein völliger Verlust des Prioritätsrechts tritt also bei Unterlassung der Erklärung nicht ein; dem Anmelder ist nicht verwehrt, die Anmeldung unter Beanspruchung der Priorität zu wiederholen. Das Gebot der Angabe von Zeit und Land der Erstanmeldung ist eine zwingende Formvorschrift; die Angabe kann z. B. durch Bezeichnung einer Patentschrift, aus der sich das Anmeldedatum ergeben soll, nicht ersetzt werden. PA. 24. IX. 17 (121); vgl. PA. 25. IV. 14 (219).

Die Wirkung der berechtigten Inanspruchnahme der Priorität einer Voranmeldung besteht darin, daß die deutsche Anmeldung allen inzwischen eingereichten Anmeldungen vorgeht, und daß inzwischen eingetretene Tatsachen nicht neuheitsschädlich sind. In allen übrigen Beziehungen (Vorbenutzung nach § 5 Abs. 1, s. dort Anm. 2, Dauer des Patents, § 7 Abs. 1, Fälligkeit der Jahresgebühren, § 8 Abs. 2) bleibt der deutsche Anmeldetag maßgebend.

5. **Nur einmalige Patentierung einer Erfindung.** Einer der wichtigsten Grundsätze des Patentgesetzes ist, daß für eine Erfindung nur ein Patent erteilt werden darf. Eine Erfindung kann nur einmal der Allgemeinheit offenbart werden. Demgemäß kann auch nur einmal der Entgelt für die Offenbarung gewährt werden, § 1 Anm. 1, § 3 Anm. 1. RG. 13. I. 00 (148).

Daraus folgt, daß die spätere Anmeldung einer bereits durch Patent geschützten Erfindung zurückzuweisen ist. Ist versehentlich auch auf die spätere Anmeldung ein Patent erteilt worden, so unterliegt dieses der Nichtigkeitserklärung gemäß § 10 Nr. 2. Sollten etwa mehrere gleichzeitige Anmeldungen verschiedener Personen auf dieselbe Erfindung vorliegen, — was nur bei Beanspruchung einer gleichen Unionspriorität vorkommen kann, vgl. § 20 Anm. 3 —, so bleibt trotz des Verbots der Doppelpatentierung nichts übrig, als für jede das Patent zu erteilen, da keine die spätere ist. Stammen jedoch die Anmeldungen von demselben Anmelder, so ist nur ein Patent zu erteilen. PA. 10. II. 05 (120). Ein solcher Fall kann z. B. vorliegen, wenn zwei Teile, die als verschieden angesehen worden sind, aus einer Stammanmeldung ausgeschieden worden und in besonderem Verfahren, jeder für sich, weiter verfolgt worden sind, hinterher aber sich als übereinstimmend herausstellen (vgl. § 22 Anm. 3). Sind auf die mehreren gleichzeitigen Anmeldungen desselben Anmelders Patente erteilt, so ist eine Nichtigkeitserklärung eines von diesen gemäß § 10 Nr. 2 nicht angängig, da keines das ältere ist. PA. 27. IV. 05 (227).

Nur die Patentierung der älteren Erfindung schließt die Erteilung eines Patents auf die jüngere aus. Erledigt sich die ältere ohne Patenterteilung, so rückt die jüngere Anmeldung vor und kann ein Patent erlangen, es sei denn, daß der Grund für die Erfolglosigkeit der älteren Anmeldung auch sie zu Falle bringt. Auf eine schwebende ältere Anmeldung kann sonach Zurückweisung einer jüngeren nicht erfolgen, und es muß daher die Behandlung der jüngeren Anmeldung bis zur Entscheidung über die ältere ausgesetzt werden. Die Prüfung der jüngeren Anmeldung darf sich nicht auf die Frage der Übereinstimmung mit dem Gegenstande der älteren Anmeldung beschränken, sondern muß alle sonstigen Gründe, welche dieser entgegenstehen, erschöpfen. Eine Aussetzung kann daher erst dann stattfinden, wenn ohne Vorliegen der älteren Anmeldung Bekanntmachung (§ 23) zu beschließen wäre. PA. 14. XII. 99 (00, 19), 4. I. 04 (33). Auch wenn die Bekanntmachung der älteren Anmeldung noch nicht geschehen ist, hat der jüngere Anmelder Anspruch darauf, vor der Aussetzung zu erfahren, ob Übereinstimmung mit der älteren Anmeldung im ganzen oder nur zu einem Teile und, gegebenenfalls, welchem besteht. PA. 14. XII. 99 (00, 19).

Gemäß dem Grundsatz, daß ein Entgelt für die Offenbarung eines Erfindungsgedankens nur einmal gewährt werden kann, schließt ein älteres Patent die Patentierbarkeit desselben Gegenstandes auf eine neue Anmeldung für immer aus, gleichviel, ob es noch besteht oder nicht. Der abermaligen Patentierung steht auch die Erwägung entgegen, daß der Patentschutz im Interesse der Allgemeinheit nur zeitlich begrenzt (§§ 7, 8, 9) gewährt wird und daher der Allgemeinheit das Recht auf freie Benutzung nach dem Erlöschen des erteilten Patents nicht vorenthalten werden darf. RG. 13. I. 00 (148); 20. III. 12 (276). Es macht auch keinen Unterschied aus, ob das ältere Patent für nichtig erklärt ist. PA. 31. III. 04 (327).

Die Bestimmung des § 3 Abs. 1 bezieht sich nur auf ein älteres Patent. Das Verhältnis von Patent und Gebrauchsmuster regelt § 5 des Gesetzes, betreffend den Schutz von Gebrauchsmustern v. 1. VI. 91. RG. 21. X. 05 (06, 257).

6. **Identität.** Die später angemeldete Erfindung kann Patentschutz nicht erlangen, wenn sie Gegenstand des älteren Patents ist. Gegenstand des Patents ist dasjenige, wofür das Patent erteilt ist. Von diesem unmittelbaren Gegenstand des Patents ist wohl zu unterscheiden der — der Entscheidung der ordentlichen Gerichte unterliegende — Schutzbereich des Patents, der sich gemäß der Tragweite der Erfindung über den Gegenstand hinaus erstrecken kann (§ 4 Anm. 4 ff). RG. 13. IV. 08 (10, 188); PA. Mitteil. 1914, 22; 2. III. 07 (175). Ist Gegenstand des älteren Patents eine Kombination mehrerer Elemente, so kann eines von diesen auf Grund einer jüngeren Anmeldung patentiert werden, obwohl das Einzelelement in den Schutzbereich des Kombinationspatents fällt. RG. 13. IV. 08 (10, 188). Ebenso ist, wenn ein Verfahren patentiert ist, Gegenstand des Patents nur das Verfahren, und das Patent steht der Patentierung des Erzeugnisses nicht entgegen, während sich der Schutz auch auf die durch das Ver-

fahren unmittelbar hergestellten Erzeugnisse erstreckt. (§ 4 Satz 2) PA. 2. III. 07 (175); 28. I. 05 (98). Verschieden von der Frage, ob eine Erfindung Gegenstand eines älteren Patents ist, ist daher auch die Frage nach der Abhängigkeit des jüngeren von dem älteren Patent. Vgl. § 4 Anm. 3 PA. 13. III. 08 (260). Ferner ist wohl zu beachten, daß bei der Prüfung aus § 3 Nr. 1 von dem Inhalt der Patentschrift des älteren Patents nur das berücksichtigt werden darf, was den Gegenstand des Patents zum Ausdruck bringt, also in erster Linie der Patentanspruch, und im Falle seiner Unklarheit, was die Beschreibung und Zeichnung zu seiner Erläuterung bieten, vgl. PA. 2. III. 07 (175), 7. V. 09 (10, 4), während alles das, was die Patentschrift darüber hinaus an beschreibenden Angaben enthält, auszuscheiden hat und nur als neuheitsschädlich gemäß § 2 in Betracht kommt. Dieser Unterschied ist wichtig in denjenigen Fällen, in denen die Patentschrift des älteren Patents erst nach der jüngeren Anmeldung als Druckschrift ausgegeben worden ist.

Identität der angemeldeten Erfindung mit dem Gegenstande des älteren Patents ist gegeben, wenn die Erfindung technisch im wesentlichen dieselbe ist. Der Unterschied zwischen der älteren und der jüngeren Erfindung braucht nicht von erfinderischer Bedeutung zu sein, insbesondere nicht einen technischen Fortschritt herbeizuführen. RG. 1. II. 05 (10, 187); 13. IV. 08 (10, 188); 5. II. 10 (190), M. u. W. 1909/1910, 302. Früher anderer Ans. PA. 29. I. 03 (04, 8). Identität liegt dagegen vor, wenn die Abweichungen nur konstruktiver Art sind, s. § 1 Anm. 6; denn in solchem Falle kehrt lediglich die alte Erfindung in neuem Ausführungsgewand wieder. PA. 29. I. 03 (04, 8). Lediglich um eine andere Darstellung der nämlichen Erfindung handelt es sich z. B., wenn, nachdem das Verfahren der Herstellung eines Farbstoffes patentiert ist, Patentschutz begehrt wird für das Färbeverfahren unter Verwendung dieses Farbstoffes. PA. 10. II. 05 (120); 17. III. 05 (121); 31. X. 06 (325). Dagegen schließt das Patent auf eine Vorrichtung, die ein bestimmtes Verfahren voraussetzt, die Patentierung des letzteren nicht aus. PA. 13. III. 08 (260). Die Grundsätze über Äquivalenz können im Verhältnis zwischen der älteren und jüngeren Erfindung nicht Anwendung finden. PA. Mitteil. 1914, 22. Anderer Ans. RG. 1. II. 05 (10, 187); 13. IV. 08 (10, 188), Mitteil. 1908, 86; 5. II. 10 (190), M. u. W. 1909/1910, 302. Nach der letztgenannten Entscheidung besteht trotz Verschiedenheit der Mittel zur Lösung der Erfindungsaufgabe Identität, wenn die jüngere Erfindung sich für Sachverständige ohne weiteres (d. h. ohne Untersuchungen) als äquivalent ergibt.

Bei der Bestimmung des Wesens der zu vergleichenden Erfindungen ist nicht der Wortlaut der Darstellung in der Patentschrift, sondern der Sinn maßgend. Ein Verfahrenspatent kann daher mit einem Vorrichtungspatent identisch sein, wenn die Erfindung in beiden Fällen dieselbe ist und nur in einem der Fälle eine unrichtige Formulierung gefunden hat. RG. 20. III. 12 (276).

7. **Teilweise Identität.** Stimmen die beiden Erfindungen nur teilweise überein, so ist nur der entsprechende Teil der jüngeren von dem Patentschutz ausgeschlossen, während für den Rest das Patent zu erteilen ist. Dies setzt voraus einerseits, daß die neue Erfindung aus mehreren einer selbständigen Existenz fähigen Teilen besteht anderseits, daß der verbliebene Rest ein patentfähiger Erfindungsgedanke ist. Vgl. PA. 29. I. 03 (04, 8). Besteht teilweise Übereinstimmung, so ist die Beschränkung des angemeldeten Patents — nicht anders als bei einer durch neuheitsschädliche Umstände (§ 2) gebotenen Beschränkung — in der Weise festzustellen, daß der Teil, der bereits Gegenstand des älteren Patents ist, ausgeschieden und der verbleibende Rest selbständig festgestellt wird. PA. 9. VII. 00 (301). Die Beschränkung trifft hiernach nur den Gegenstand der Patenterteilung, nicht aber kann sie deren Wirkung treffen. Ein Abhängigkeitsverhältnis darf im Erteilungs- oder Nichtigkeitsverfahren in keiner Weise [etwa

durch Bezugnahme auf ein älteres Patent im Patentanspruch des jüngeren, PA. 9. VII. 00 (301), oder durch Bezeichnung der jüngeren Erfindung im Patentanspruch als Ausführungsform eines älteren Patents, RG. 26. IX. 98 (00, 195)] festgestellt werden.

8. **Entnahme.** Die Bestimmung des Abs. 2 schafft gegenüber dem Grundsatz, daß der erste Anmelder das Patent erhält, einen Ausgleich zugunsten desjenigen, dessen Verfügung über die Erfindung durch die unstatthafte Patenterwirkung beeinträchtigt ist. Vgl. RG. 23. X. 80 (81, 37). Der Verletzte kann die Versagung des Patents und die Nichtigkeitserklärung des bereits erteilten Patents (§ 10 Nr. 3) verlangen.

Es genügt, daß die angemeldte Erfindung mit dem Inhalt der Beschreibungen usw. des andern im wesentlichen übereinstimmt. Besteht Übereinstimmung nur zum Teil, so kann der Anmelder ein auf den etwaigen erfinderischen Überschuß beschränktes Patent erlangen. RG. 25. IV. 04 (294).

Der Begriff der Entnahme ist ein objektiver. Er ist erfüllt, wenn der Inhalt der Anmeldung aus den Beschreibungen usw. eines andern stammt. Auf die Handlung, durch die der Anmelder die Erfindung erlangt hat, kommt es nicht an; die Entnahme geschieht in dem Augenblick, wo der Anmelder sich die fremde Erfindung zum Zweck der Patenterwirkung aneignet, d. h. im Augenblick der Anmeldung. RG. 23. X. 80 (81, 37) und PA. 17. II. 04 (187). Es ist daher gleichgültig, wie die Kenntnis der Erfindung gewonnen ist, ob gutgläubig oder bösgläubig, befugt oder unbefugt, mit oder gegen den Willen des Besitzers. RG. 23. X. 80 (81, 37). Entnahme kann also auch derjenige begehen, dem die Erfindung von dem Besitzer behufs Ausprobierung oder Benutzung mitgeteilt worden ist. RG. 23. X. 80. Sie liegt ferner vor, wenn der Erfindungsberechtigte die Erfindung einem andern mitgeteilt hat und dieser dem Anmelder unter Einwilligung zur Patentanmeldung Kenntnis von der Erfindung gibt. Vgl. RG. 28. X. 80, PA. 29. IX. 81 (82, 27) und PA. 20. IV 82 (83, 41). Der Tatbestand der Entnahme ist auch gegenüber dem gutgläubigen Rechtsnachfolger des Entwenders begründet.

Die Aufzählung „Beschreibungen", „Zeichnungen" usw. ist nicht erschöpfend, sondern nur beispielsweise. Alles, worin eine Erfindung sinnlich wahrnehmbaren Ausdruck findet, kann die Quelle der Entnahme sein. Also auch eine mündliche Mitteilung. RG. 25. XI. 03 (04, 171); 8. I. 08 (09, 11).

Die Entnahme aus einer Beschreibung usw. setzt voraus, daß in ihr ein fertiger Erfindungsgedanke offenbart ist, und nicht nur eine bloße Idee ohne Angabe der Mittel zu ihrer Verwirklichung enthalten ist. Gab die Beschreibung nur die Richtung an, in der die Lösung der Aufgabe zu suchen sei, nicht die Lösung der Aufgabe selbst, so hat ihr der Anmelder höchstens die Anregung zu der Erfindung, nicht aber die Erfindung selbst entnommen. RG. 25. XI. 03 (04, 171), 29. X. 06 (07, 106), 26. XI. 04 (05, 284). Bei einer Kombinationserfindung (§ 1 Anm. 6) ist die Entnahme zu verneinen, wenn nur ein Glied der Kombination entnommen ist. RG. 29. X. 06 (07, 106). Der Mangel der Neuheit des Beschriebenen schließt den Tatbestand der Entnahme aus; denn, was schon der Allgemeinheit angehört, kann nicht den Beschreibungen eines einzelnen ohne dessen Einwilligung entnommen sein.

Besonders häufig sind die Fälle der Entnahme, in denen der Anmelder eine Erfindung anmeldet, die zwar sein Geistesprodukt, aber nicht sein Eigentum ist, indem infolge der vertraglichen Beziehungen der Beteiligten die Erfindung mit ihrer Entstehung in das Vermögen eines anderen fällt.

a) So kann die Sache beim Werkvertrag mit einem unabhängigen Gewerbetreibenden liegen: Was in Ausführung eines Auftrages, eine Erfindung zu machen, von dem Auftragnehmer ersonnen ist, fällt unmittelbar, ohne besondere Übertragung dem Auftraggeber zu. RG. 2. II. 87 (89, 119); 28. III. 17, M. u. W. 1917/18, 55, Z. f. JR. 1917, 88; PA. 29. VI. 05 (261). Hierbei ist aber vorausgesetzt, daß der Auftrag dahin ging, eine Erfindung für den Auftraggeber zu machen. Bei

Aufträgen an unabhängige Gewerbetreibende (Handwerker, Fabrikanten usw.) wird es sich meist um die Bestellung einer Sache oder einer Arbeit handeln, bei der es nur auf die Lieferung des Verlangten ankommt, während es dem Bestellungnehmer überlassen bleibt, auf welche Weise, ob mit oder ohne Entwicklung einer erfinderischen Tätigkeit, er dem Auftrag gerecht werden will. Macht der Bestellungnehmer hierbei eine Erfindung, so gehört sie ihm. RG. 25. III. 95 (94/95, 147).

b) Der wichtigste Fall der fraglichen Art ist der der Erfindung eines Angestellten eines gewerblichen Unternehmens. Eine während des Laufes eines Dienstvertrages von dem Angestellten gemachte Erfindung geht, abgesehen von ausdrücklicher Vereinbarung im Dienstvertrage oder der Erteilung eines besonderen Auftrages, nach dem zu unterstellenden stillschweigenden Vertragswillen der Parteien dann auf den Geschäftsherrn über, wenn sie ihrer Art nach im Rahmen der dienstlichen Obliegenheiten des Angestellten liegt und die Verpflichtung auf Erfindungen der fraglichen Art für den Geschäftsherrn bedacht zu sein, sich aus der Art der vertraglichen Dienstobliegenheiten ergibt. In diesem Fall ist davon auszugehen, daß der Angestellte dem Geschäftsherrn dergestalt seine Tätigkeit hingegeben hat, daß auch deren Ergebnis, die Erfindung, ohne weiteres, ohne Übertragungs- oder Aneignungsakt, auf den Geschäftsherrn übergeht. RG. 2. II. 87 (89, 119); 22. IV. 98 (142); 2 VI. 99 (00 838); 27. IV. 99 (00, 337); 14. XII. 03 (04, 362), Ziv. 56, 226; 25. IV. 04 (294); 25. IV. 04 (298); 12. II. 13, Z. f. JR. 1913, 157; 28. III. 17, M. u. W. 1917/18, 55, Z. f. JR. 1917, 88; 9. VII. 19 (132); PA. 2. XII. 97 (98 140); 17. II. 04 (187).

Wann eine Dienststellung der letztgedachten Art vorliegt, ist Tatfrage. Sie wird anzunehmen sein, wenn der Angestellte eine technische, nicht, wenn er eine nur kaufmännische oder verwaltende Stellung einnimmt; ferner wird es darauf ankommen, ob die Tätigkeit eine leitende und geistige (Fabrikdirektor, Ingenieur, Konstrukteur) oder eine nur untergeordnete und mechanische (Werkmeister [RG. 17. IV. 07 (176); 22. IV. 98 (142)], Arbeiter) ist. Da die Erfindung um deswillen mit ihrer Entstehung ohne weiteres Bestandteil des Vermögens des Geschäftsherrn wird, weil sie das Produkt der ihm gehörenden Tätigkeit des Angestellten ist, ist es unerheblich, ob letzterer die Erfindung während der Dienststunden oder außerhalb dieser, in den Diensträumen oder in seiner Privatwohnung, unter Zuhilfenahme von Materialien, Einrichtungen, Arbeitskräften des Dienstherrn oder ohne diese gemacht hat. RG. 25. IV. 04 (294), 25. IV. 04 (298); 9. VII. 19 (132); PA. 17. II. 04 (187).

Voraussetzung für das Eigentum des Geschäftsherrn ist daß die Erfindung während des Laufes des Dienstvertrages vollendet und in irgendeiner Weise in die äußere Erscheinung getreten ist. Hat der Angestellte in dem Dienst nur die Anregung zur Erfindung empfangen, diese selbst aber erst später zur Reife gebracht, so gehört sie ihm. PA. 28. V. 85; RG. 10. VII. 86 (87, 55).

Liegen die Umstände so, daß der Angestellte selbst das Recht an der Erfindung erwirbt, so können aus dem kontraktwidrigen Verhalten des Angestellten, der Entziehung von Arbeitskraft der Benutzung von Materialien u. dgl. dem Geschäftsherrn Ansprüche nach Maßgabe des bürgerlichen Rechts erwachsen. RG. 2. II. 87 (89, 119); PA. 2. XII. 97; RG. 22. IV. 98 (140).

Dieselben Grundsätze, wie für Privatangestellte, gelten auch für öffentliche Beamte in entsprechender Stellung. Ihre Erfindungen werden ohne weiteres Eigentum des Staats usw.

Eine Erfindung, die in einem Betriebe durch gemeinsame Arbeit mehrerer Angestellter gemacht ist, ohne daß feststellbar ist, von wem sie stammt (Etablissementserfindung), gehört dem Geschäftsherrn. Unter „Etablissementserfindung" wird vielfach auch die Angestelltenerfindung (zu b) verstanden, vgl. z. B. RG. 12. II. 13, Z. f. JR. 1913, 157.

Derjenige, dessen Beschreibungen usw. der Inhalt der Anmeldung entnommen ist, wird in §§ 24 Abs. 2 und 28 Abs. 2 als der „Verletzte" bezeichnet. Hierbei handelt es sich nicht um eine Rechtsverletzung, sondern schlechthin um eine Benachteiligung, die schon darin zu finden ist, daß die bis dahin mögliche Verfügung über die Erfindung durch die Patentenwirkung beeinträchtigt ist. OHG. 27. V. 79 (309); RG. 23. X. 80 (81, 37). In diesem Sinne benachteiligt ist nicht nur der Erfinder oder Eigentümer der Beschreibungen usw., sondern auch derjenige, welcher vermöge der in seinem Besitz befindlichen Beschreibungen usw. tatsächlich über die Erfindung zu verfügen imstande, gleichsam im Besitz der Erfindung ist (vgl. Anm. 2 Schluß). RG. 23. X. 80 (81, 37).

Die Abtretung der aus der Entnahme erwachsenden Rechte ist zulässig. „Verletzter" ist dann der Zessionar. PA. 12. IV. 05 (06, 246).

Die Anmeldung durch einen von mehreren Mitberechtigten ist keine Entnahme der Erfindung aus den Beschreibungen eines „anderen" im Sinne des § 3 Abs. 2. Es würde über den Rahmen ihrer der Teilhaberschaft entsprungenen Rechte hinausgehen, wenn auf ihren Einspruch die Versagung des Patents des anmeldenden Mitberechtigten, auf ihre Nichtigkeitsklage die Nichtigkeitserklärung sollte ausgesprochen werden. Die Teilhaber sind daher auf die gerichtliche Auseinandersetzung angewiesen.

Die Entnahme hindert den Erfolg der Anmeldung nur, wenn sie ohne Einwilligung des Berechtigten erfolgt ist. Die Einwilligung muß also zur Zeit der Anmeldung gefehlt haben. RG. 27. VI. 07, Recht 1907, 994. Diese Voraussetzung ist nicht erst dann gegeben, wenn eine Untersagung der Patentanmeldung stattgefunden hatte, sondern schon dann, wenn eine Einwilligung weder ausdrücklich noch stillschweigend erteilt ist. In der bloßen Mitteilung der Erfindung kann die Gestattung der Patentanmeldung nicht gefunden werden. RG. 23. X. 80 (81, 37).

9. **Geltendmachung der Entnahme.** Die Entnahme wird von Amtswegen nicht berücksichtigt. Sie kann zur Versagung des Patents nur führen, wenn sie durch rechtzeitigen Einspruch (§ 24) vom Verletzten geltend gemacht wird. Ist das Patent erteilt, so kann der Verletzte die Nichtigkeitserklärung fordern (§§ 10 Nr. 3, 28 Abs. 2). Außer diesen Rechtsbehelfen des Patentgesetzes stehen dem Verletzten die aus den obwaltenden Rechtsverhältnissen sich nach bürgerlichem Recht ergebenden Befugnisse zu. Insbesondere kann der Verletzte in der Regel Übertragung der Patentanmeldung oder des Patents beanspruchen, s. Anm. 2. Die Geltendmachung des zivilrechtlichen Anspruchs auf Übertragung der Patentanmeldung bietet gegenüber dem patentgesetzlichen Rechtsbehelf des § 3 Abs. 2 Satz 2 den Vorteil, daß der Verletzte die Anmeldung mit der ursprünglichen Priorität, nicht erst mit der Priorität des Tages vor der Bekanntmachung erlangt.

10. **Prioritätsrecht der Anmeldung des Verletzten.** Der Verletzte, dessen Einspruch Erfolg hat, kann, wenn er seinerseits die Erfindung anmeldet, die Priorität vom Tage vor der Bekanntmachung der früheren Anmeldung verlangen. Voraussetzung ist, daß gerade der auf die Entnahme gestützte Einspruch die Zurücknahme oder die Zurückweisung der Anmeldung zur Folge gehabt hat. Lagen mehrere Einsprüche vor, so hat der prioritätsbegehrende Anmelder nachzuweisen, daß gerade sein Einspruch diese Folge gehabt hat. Die Anmeldung des Verletzten muß innerhalb eines Monats seit der Mitteilung des Patentamts von der Zurücknahme der Anmeldung oder von der Rechtskraft der Versagung des Patents eingehen. Die Stellung des Prioritätsverlangens ist an keine Frist gebunden. Die Bestimmung findet, wenn auf den Einspruch die Anmeldung nur teilweise zurückgenommen oder zurückgewiesen ist, für den betreffenden Teil Anwendung. Die neue Anmeldung unterliegt abgesehen von der Prioritätsbestimmung, den allgemeinen Regeln. PA. 5. VI. 03 (04, 8).

Auf die Prioritätsvorschrift kann ein Anspruch des wegen Entnahme Einsprechenden, daß auch im Falle der Nichtpatentfähigkeit der Erfindung über die Entnahme entschieden werde, nicht gegründet werden. PA. 11. I. 08 (132).

§ 4.

Das Patent hat die Wirkung, daß der Patentinhaber ausschließlich befugt ist, gewerbsmäßig den Gegenstand der Erfindung herzustellen, in Verkehr zu bringen, feilzuhalten oder zu gebrauchen. Ist das Patent für ein Verfahren erteilt, so erstreckt sich die Wirkung auch auf die durch das Verfahren unmittelbar hergestellten Erzeugnisse.

1. **Wirkung des Patents. Allgemeines.** § 4 bestimmt, welche Wirkungen ein vom Patentamt erteiltes Patent hat. Wie über die Voraussetzungen der Erteilung ausschließlich das Patentamt, so hat über die Wirkungen ausschließlich das Gericht zu entscheiden.

Die Wirkung des Patents beginnt mit seiner endgültigen Erteilung (§ 27). Sie tritt gemäß § 23 einstweilen bereits mit der Bekanntmachung der Anmeldung ein. S. § 23 Anm. 3, § 35 Anm. 2a.

Die Wirkung des Patents hört auf mit Eintritt eines der Endigungsgründe vgl. darüber § 9 Anm. 1. Über den Einfluß der Nichtigkeitserklärung vgl. § 9 Anm. 1, § 10 Anm. 1 und § 35 Anm. 2a.

Jedes Patent entfaltet die Wirkung des § 4. Voraussetzung ist lediglich, daß ein Patent rechtskräftig erteilt ist. Liegt ein solches Patent vor, so darf ihm jene Wirkung niemals versagt werden. Die Gerichte dürfen ein bestehendes Patent weder wegen Fehlens der Patentfähigkeit, RG. 29. I. 94 (250), 1. X. 94 (94/95, 225), noch auch wegen formaler Mängel der Entstehung als ungültig behandeln. Vgl. § 10 Anm. 1 und 3.

Eine Ausnahme gilt nur insofern, als ein auf eine nichtige (von einem Kinde, einem Geisteskranken herrührende) oder — infolge Zurücknahme oder Zurückweisung — nicht mehr bestehende Anmeldung erteiltes Patent absolut nichtig und daher im Rechtsleben nicht zu beachten ist. Vgl. § 10 Anm. 1.

2. **Territorialitätsprinzip.** Das Patentgesetz schützt nur ein von dem deutschen Patentamt erteiltes Patent. Ein in einem ausländischen Staate erteiltes Patent findet in Deutschland keinen Schutz, auch nicht gemäß §§ 823, 826 BGB. So kann sich z. B. jemand, der eine im Ausland hergestellte Sache nach Deutschland einführt und hier vertreibt, gegenüber Ansprüchen wegen Verletzung eines deutschen Patents nicht darauf berufen, daß ein ausländisches Patent die Herstellung schütze. RG. 18. VI. 90, JWSchr. 1890, 280; 15. X. 92 (754). Ziv. 30, 52, JWSchr. 1892, 485; 2. V. 02, Ziv. 51, 263; 4. IV 14, Ziv. 84, 370.

Der W i r k u n g s b e r e i c h eines deutschen Patents ist das G e b i e t des D e u t s c h e n R e i c h s. Dem Patentschutz unterstehen daher solche Benutzungshandlungen, die den Gegenstand der Erfindung in eine örtliche Beziehung zu dem Reichsgebiet bringen, ohne Rücksicht auf die Staatsangehörigkeit oder den Wohnsitz des Benutzenden. Siehe die vorstehend genannten Entscheidungen.

Ein deutsches Patent wird daher verletzt z. B. durch Anfertigung wesentlicher (d. h. der Verwirklichung des Erfindungsgedankens dienender) Teile des Erfindungsgegenstandes in Deutschland, deren Zusammenfügung dann im Auslande geschieht, RG. 18. IX. 97 (229), Ziv. 40, 79, s. § 4 Anm. 6, durch Einfuhr nach Deutschland zur alsbaldigen Wiederausfuhr (in der Originalverpackung), RG. 2. XII. 99 (00, 167), Ziv. 45, 147.

Eine Patentverletzung begeht dagegen weder derjenige, der den Gegenstand nur im Auslande herstellt oder vertreibt oder der zu dieser ausländischen Benutzung im Inlande lediglich

Beihilfe leistet (z. B. durch Ausfuhr von Teilen, die auch für andere Zwecke verwendbar sind, in der Absicht der Verwendung zu dem patentierten Gegenstand im Auslande), noch derjenige, der im Inlande Handlungen vornimmt, deren tatsächliche Wirkungen sich auf das Ausland beschränken (z. B. rechtsgeschäftliche Verfügungen, bloßes Erbieten der Anfertigung im Auslande). RG. 15. X. 92 (754), Ziv. 30, 52, JWSchr. 1892, 485; 28. XII. 10, Ziv. 75, 128, JWSchr. 1911, 227, Z. f. JR. 1911, 116; L. G. Hamburg, 16. IV. 07 (09, 17); RG. 20. IX. 13 (326); 17. II. 13 (225), M. u. W. 1912/13, 466, Mitteil. 1913, 81, JWSchr. 1913, 550; 12. XII. 08, Mitteil. 1909, 60, 63; 22. XI. 13, Z. f. JR. 1914, 134.

3. **Inhalt des Rechts des Patentinhabers. Seine Grenzen.** Das Patent gibt dem Patentinhaber das Alleinrecht zur wirtschaftlichen Ausnutzung der Erfindung. Mit der Patenterteilung tritt an die Stelle des unvollkommen absoluten Erfinderrechts (s. § 3 Anm. 2) ein vollkommen absolutes Recht. Während das Erfinderrecht nur gegen schuldhafte Störungen des Genusses der Geistesschöpfung des Erfinders reagiert, gewährt das Patentrecht ein Alleinrecht an dem Gegenstand der Erfindung an sich, also auch gegenüber jemandem, der seinerseits auf denselben Erfindungsgedanken gekommen ist. In dem Alleinrecht zur gewerbsmäßigen Benutzung des Gegenstandes der Erfindung liegt das Recht der Ausschließung aller anderen von dieser Benutzung.

Ist ein patentierter Gegenstand einmal von dem Patentberechtigten in den Verkehr gebracht worden, so ist bezüglich dieses Gegenstandes der Patentschutz erschöpft. Er ist gemeinfrei geworden. Patentrechtlich unterliegt er keinen weiteren Beschränkungen. OLG. Karlsruhe 16. IX. 04 (05, 142); RG. 26. III. 02 (180), Ziv. 51, 139; 16. VI. 15 (200); vgl. auch RG. 18. IX. 09, M. u. W. 1909/10, 142. Dem Abnehmer von dem Patentberechtigten gesetzte Bedingungen für die Weiterveräußerung wirken nur obligatorisch zwischen beiden, nicht aber gegen weitere Erwerber des Gegenstandes, auch nicht wenn sie die Bedingungen kannten. Anderer Meinung RG. 24. III. 02 (157).

Das ausschließliche Benutzungsrecht findet seine Schranken

a) in dem öffentlichen Recht. (Wird z. B. die Herstellung eines Gegenstandes gesetzlich verboten, so trifft dieses Verbot auch den Inhaber eines auf den Gegenstand erteilten Patents)

b) in den Vorschriften des § 5,

c) in kollidierenden gewerblichen Schutzrechten anderer:

Ist eine und dieselbe Erfindung entgegen dem § 3 Abs. 1 mehreren patentiert, so kann der Inhaber des jüngeren Patents die Erfindung ohne Einwilligung des Inhabers des älteren nicht benutzen; denn das Ausschließungsrecht des letzteren kann durch spätere Ereignisse nicht verkümmert werden.. Die Wirkung des jüngeren Patents erschöpft sich — sofern nicht seine Vernichtung gemäß § 10 Nr. 2 herbeigeführt wird — in der Ausschließung Dritter von der Benutzung, jedoch nicht solcher, die ihre Benutzung von dem älteren Patentinhaber ableiten. RG. 7. VII. 94 (481), Ziv. 33, 149 ff., 154; 19. II. 02 (130). Vgl. dagegen bzgl. des Zeichenrechts RG. 16. IV. 18 (66); 17. IX. 18 (102).

Dasselbe gilt, wenn ein Patent in ein älteres Gebrauchsmuster eingreift, § 5 Abs. 2 Ges. betr. d. Schutz von Gebrauchsmustern v. 1. VI. 91 (RGBl. S. 290). Vgl. RG. 21. X. 05 (06, 257).

Ähnlich liegt der wichtige Fall der Abhängigkeit eines jüngeren Patents von einem älteren. Diese liegt vor, wenn die jüngere Erfindung nicht ohne Benutzung der älteren benutzt werden kann; z. B. dem älteren ist ein Verfahren, dem jüngeren eine Maschine zur Ausübung dieses Verfahrens patentiert, oder dem älteren ist ein Werkzeug, dem jüngeren eine Verbesserung dieses Werkzeuges patentiert. Die Gegenstände dieser Patente sind verschieden, so daß § 3 Abs. 1 der Erteilung des jüngeren Patents nicht entgegenstand; nur bei der Ausübung kollidieren die Patente. Die öffentlich-rechtliche Frage, ob die Gegenstände sich decken, hat ausschließlich das Patentamt, die privatrechtliche Frage, ob die Benutzungen kollidieren, ausschließlich das Gericht zu entscheiden. RG. 7. VII. 94 (481). Voraussetzung für die Abhängigkeit ist, daß der spätere Anmelder wesentliche Erfindungsgedanken des älteren benutzt hat. RG. 20. IX. 13 (326); 6. XII. 13 (14, 133); 23. VI. 13, Z. f. JR. 1913, 237. Abhängigkeit kann daher auch bei teilweiser Benutzung und bei Benutzung mit Abänderungen vorliegen RG. 15. IV. 08, JWSchr. 1908 S. 437, ebenso nach der Rechtsprechung des Reichsgerichts bei Weiterentwicklung eines selbständig geschützten Kombinationselements, RG. 4. XI. 12 (13, 125). Die bloße Möglichkeit, daß das jüngere Patent in einer Weise ausgeführt wird, die das ältere verletzt, genügt nicht zur Abhängigkeit; es ist erforderlich, daß wenigstens eine in der Patentschrift ausdrücklich vorgesehene Ausführungsform des jüngeren notwendig zu einer Patentverletzung führt, RG. 2. XI. 10 (11, 15). Der Inhaber des abhängigen Patents kann die Benutzung der ihm patentierten Erfindung jedem, auch dem Inhaber des Patents, von dem seines abhängig ist (RG. 29. XII., 08 Str. 42, 127) verbieten. Er kann auf Feststellung der Abhängigkeit nur in Anspruch genommen werden, wenn eine Gefährdung der Rechtslage des Inhabers des älteren Patents durch sein Verhalten vorliegt oder droht, RG. 30. IV. 19, M. u. W. 1919/20 S. 31, Ziv. 95, 304. Die Entscheidung des Gerichts über die Abhängigkeit begründet nicht bloß obligatorische Beziehungen zwischen den Parteien, sondern bestimmt den Inhalt der Patentrechte selbst und wird nach Maßgabe des § 325 Abs. 1 ZPO. für die Nachfolger in diese Patentrechte wirksam. RG. 6. VII. 01 (277).

d) Das ausschließliche Benutzungsrecht des Patentinhabers versagt ferner, wenn der Benutzer zu der Benutzung nach bürgerlichem Recht befugt ist (z. B. als Nießbraucher, Lizenznehmer usw.) oder wenn die Rechtsverfolgung den Grundsätzen des BGB., welche den Schutz gegen illoyale Handlungen im Verkehrsleben bezwecken, zuwiderläuft. Diese Grundsätze (§§ 226 [Schikane], 826 [Verstoß gegen die guten Sitten], vgl. § 249) sind auch auf dem Gebiet des Patentrechts allgemein anwendbar. Vgl. RG. 11. IV. 01 (Ziv. 48, 114); 30. I. 07 (dgl. 62, 321); 21. VI. 07 (JWSchr. 07, 507). Das illoyale Verhalten des Patentinhabers begründet nicht nur einen Einwand gegen einen von ihm gemäß § 4 erhobenen Anspruch, sondern gibt dem durch dies Verhalten Beeinträchtigten auch das Recht, seinerseits Unterlassung und Schadensersatz zu fordern. Vgl. die angezogenen Entsch. des RG. Die arglistige Erschleichung eines nichtigen Patents (§ 10 Anm. 3) kann einen Einwand gegen die Rechtsverfolgung um deswillen nicht begründen, weil dessen Voraussetzung, die Nichtigkeit, von dem Gericht nicht festgestellt werden kann (s. oben Anm. 1). Wohl aber kann nach erfolgter Nichtigkeitserklärung wegen der geschehenen Geltendmachung eines solchen Patents Schadensersatz gefordert werden. Anders die Rechtsprechung des Reichsgerichts. Danach ist derjenige, der auf betrügerische Weise ein Patent erwirkt hat, nach Ablauf der Frist des § 28 Abs. 3 gemäß §§ 826, 249 BGB. verpflichtet, sich seiner Ausübung zu enthalten; seine Geltendmachung unterliegt dem Einwand der Arglist und begründet Schadensersatzpflicht. RG. 25. X. 02 (03, 5); 25. III. 11, Ziv. 76, 67, Z. f. JR. 1911, 818, JWSchr. 1911, 493; vgl. RG. 7. III. 14 (223). — RG. 21. X. 05 (06, 257) nimmt an, daß, wer — ohne den Tatbestand der Patenterschleichung — lediglich den Ablauf der Frist des § 28 Abs. 3 abwartet, bevor er gegen Patentverletzungen vorgeht, innerhalb der ihm zustehenden Befugnis handelt.

4. **Gegenstand der Erfindung. Auslegung des Patents.** Das alleinige Nutzungsrecht des Patentinhabers ergreift die konkrete Verkörperung der als Erfindung unter Schutz gestellten technischen Vorstellung, also den sie verwirklichenden Gegenstand, das sie verwirklichende Verfahren. Wer unbefugt einen solchen Gegenstand, ein solches Verfahren benutzt, ver-

letzt das Patent. Bei dem Fehlen fester Grenzen eines Vorstellungsinhalts einerseits und bei der Möglichkeit mannigfaltiger Formen seiner Verkörperung anderseits bereitet die Beantwortung der Frage der Patentverletzung nicht selten Schwierigkeiten.

Die Erfindung ist so geschützt, wie sie vom Patentamt patentiert worden ist. Lediglich das Patentamt ist zur Begründung des Patentschutzes zuständig. Ausschließlich von seiner Entscheidung ist es daher abhängig, was patentiert worden ist. Darüber, welche Wirkung das erteilte Patent hat, befinden ebenso ausschließlich die Gerichte. Vgl. insbesondere PA. 16. XII. 12 (322).

Indem Patenterteilungsbeschluß gibt das Patentamt an, welche Erfindung unter Patentschutz gestellt wird. Anderweite Erklärungen des Patentamts hierüber haben keine bestimmende Bedeutung. Ist im Erteilungsverfahren die Auffassung des Patentamts geäußert worden, die Erfindung müsse beschränkt werden, eine entsprechende Einschränkung aber in den Erteilungsunterlagen (Patentschrift) nicht zum Ausdruck gekommen, so besteht das Patent ohne die Einschränkung. Entsprechendes gilt von Äußerungen des Anmelders, die dieser etwa im Patenterteilungsverfahren abgegeben hat, es sei denn, daß damit die Anmeldung ganz oder zum Teil zurückgezogen und dann das Patent antragswidrig erteilt worden ist. Erklärungen der fraglichen Art können aber natürlich in Zweifelsfällen als Auslegungsmittel für den Inhalt der Patenterteilung in Betracht kommen. Zur Zuständigkeit des Patentamts gehört nur die Bestimmung der Erfindung, die patentiert werden soll. Erklärungen, die nur die Wirkung des Patents betreffen, kann das Patentamt mit maßgebender Bedeutung nicht abgeben. Wird z. B. in der Patentschrift gesagt, daß die vom Anmelder gelöste Aufgabe neu sei, so ist darum das Patent noch nicht ein alle Lösungen der Aufgabe umfassendes sog. „Pionierpatent“. Erweist sich im Verletzungsprozeß, daß die Aufgabe schon früher gestellt und gelöst war, so hat das Gericht ihm trotz der Erklärung in der Patentschrift nur den Schutz auf die einzelne Ausführungsform zuzusprechen.

Im Verletzungsstreit hat das Gericht das erteilte Patent lediglich anzuwenden und auszulegen. Es hat zwei Aufgaben: einmal, zu ermitteln, was das Patentamt patentiert hat, und sodann, zu entscheiden, welche Wirkung dem Patent beizumessen ist. In ersterer Hinsicht ist für das Gericht dasjenige, was klar und zweifelsfrei in der Patentschrift als Erfindung gekennzeichnet ist, unbedingt maßgebend; es muß das Patent so hinnehmen, wie es erteilt worden ist, wenn es auch von der Nichtpatentfähigkeit der Erfindung überzeugt ist. RG. 5. IV. 11 (272), Z. f. JR. 1911, 187; 2. XII. 12 (13, 38); 3. V. 16, Z. f. JR. 1916, 166. Bestehen Unklarheiten, so ist nach der für die Auslegung von Willenserklärungen überhaupt geltenden Grundsätzen (§ 133 BGB.) zu erforschen, was nach dem Willen des Anmelders und des Patentamts unter Schutz gestellt werden sollte. Hierbei bieten sich als Auslegungsmittel dar der Inhalt der Erteilungsakten und besonders der Stand der Technik zur Zeit der Anmeldung (s. § 2 Anm. 1), da davon ausgegangen werden kann, daß das patentiert werden sollte um was der Anmelder die Technik bereichert hat. Die Auslegung, die das Patent in den Gründen eines Nichtigkeitsurteils gefunden hat, ist für den Verletzungsrichter nicht maßgebend. RG. 20. V. 03 (306); 27. IV. 04 (329); s. § 10 Anm. Die Auslegung kann zu einer Einschränkung oder Ausdehnung der Erfindung gegenüber dem zu Zweifeln Anlaß bietenden Wortlaut der Patentschrift führen. Ist so von dem Gericht die patentierte Erfindung festgestellt, so ist ihr Verhältnis zu der angeblichen Verletzungshandlung zu untersuchen und zu prüfen, ob die Tragweite der Erfindung eine solche ist, daß sie den in dieser Handlung verkörperten technischen Vorgang mit umgreift. Bei dieser Prüfung kommt es nicht auf den Willen des Anmelders und des Patentamts an, sondern auf die objektive Bedeutung, die die Erfindung für die Technik hat. Die Grundlage dieser Prüfung muß daher regelmäßig der Stand der Technik (s. § 2 Anm. 1 Schluß) bilden. Nach ihm entscheidet es sich, ob und welche anderen Lösungen der Aufgabe der Patentinhaber als unter seinen Schutz fallend beanspruchen kann, ob die Nachahmung eines Teils des Erfindungsgegenstandes in das Patent eingreift usw.

Über die Grundsätze für die Auslegung eines Patents besteht seit langer Zeit in Schrifttum und Rechtsprechung Streit. Meist wird zwischen der bei der Patenterteilung unmittelbar gekennzeichneten Erfindung und ihrem Schutzbereich unterschieden (Isay: „Gegenstand des Patents" und „Umfang des Patentschutzes"; Schanze: „Gegenstand des Patents" und „akzessorische Wirkungen des Patents"). Nach der seit der grundlegenden Entscheidung RG. 9. II. 10 (157), Ziv. 80, 57, JWSchr. 1910, 299 ständigen Rechtsprechung des Reichsgerichts ist es Sache des Patentamts, in der Patentschrift den unmittelbaren Gegenstand der Erfindung zu bezeichnen und darüber hinaus den Schutzumfang, soweit tunlich, abzugrenzen. Tut es letzteres, so sind die betreffenden Festsetzungen neben der Bestimmung des unbedingt Schutz genießenden unmittelbaren Gegenstands der Erfindung für die Tragweite der patentierten Erfindung maßgebend und für den Verletzungsrichter bindend. Bestehen Unklarheiten über den Gegenstand der Erfindung oder über den Schutzbereich, so wird, ausgehend von dem Satz, daß der Anmelder im Zweifel den Schutz beanspruchen kann, der ihm nach dem Stande der Technik gebührt, der Schutz nach diesem bemessen, und zwar gleichviel, ob er dem Anmelder oder dem Patentamt vollständig bekannt war. Die Auslegung nach dem Stande der Technik findet jedoch in unzweideutig erklärten Verzichten des Anmelders und absichtlich von dem Patentamt verfügten Einschränkungen ihre Grenze. Als Einschränkungen werden hierbei nach RG. 12. XII. 14, Z. f. IR. 1915, 80, GRUR. 1916, 25 nicht bloße Feststellungen des Patentamts (z. B. über die Nichtneuheit eines Einzelelements einer Kombinationserfindung) angesehen, sondern nur Entscheidungen (insbesondere durch Aberkennung eines Unteranspruchs). Vgl. u. a. RG. 23. V. 14 (298), Z. f. JR. 1915, 44; 4. III. 14, JWSchr. 1914, 594; 20. IX. 13 (326), Ziv. 80, 57; 24. III. 09 (288); 30. XII. 08 (09, 117), Mitteil. 1909, 49; 20. III. 16, Z. f. JR. 1916, 124; 29. VI. 10, M. u. W. 1910/11, 380; 9. V. 10 (11, 267), Z. f. JR. 1912, 17; 2. XII. 12 (13, 38), Z. f. JR. 1913, 92; KG. 9. VII. 10 (318); LG. Leipzig 11. XII. 11 (13, 42), GRUR. 1912, 370.

5. **Erfindungsgedanke. Äquivalent.** Das Patent schützt die Erfindung, also einen Gedankeninhalt. Es erstreckt daher seine Wirkung auf alles das, was als Verkörperung des Erfindungsgedankens anzusehen ist. Die in der Patentschrift angegebene Ausführungsform stellt sich in der Regel nur als ein Beispiel hierfür dar. RG. 15. V. 89 (357); 13. VI. 99 (247); 9. III. 01 (231); 24. IV. 04 (330). Der Erfindungsgedanke muß auch dann zur Geltung kommen, wenn die in der Patentschrift gekennzeichnete Verkörperungsform nicht ausführbar ist; trotzdem kann eine ausführbare Konstruktion in den Bereich des Erfindungsgedankens fallen und das Patent verletzen. RG. 1. II. 09, Z. f. JR. 1909, 259, M. u. W. 1908/09, 248; 1. II. 02, Z. f. JR. 1909, 101.

Bei der Prüfung auf Patentverletzung ist der Erfindungsgedanke losgelöst von nebensächlichem Beiwerk maßgebend. Alle Nachbildungen, die ihn im wesentlichen wiedergeben, verletzen trotz Abweichungen im übrigen (z. B. in Größen- oder Mengenverhältnissen) das Patent. RG. 29. III. 92 (346). Demgemäß liegt auch Verletzung eines Kombinationspatents vor, wenn zwar nicht die Gesamtheit aller Teile, aber dennoch das Wesen der Kombination nachgebildet ist. RG. 7. XII. 98 (99, 33). Die Abweichung kann ihrerseits eine fortschrittliche Neuerung enthalten, für die ein Patent erteilt werden kann. Dieses ist aber, solange in der jüngeren Erfindung der ältere Erfindungsgedanke verkörpert ist, von dem älteren Patent abhängig. RG. 18. II. 99 (195).

Der technische Lösungsgedanke als solcher beherrscht das

Patent. Tritt die Wirkung ein, so ist es für den Patentschutz unerheblich, zu welchem Zweck sie herbeigeführt wird. Der Patentinhaber ist also hinsichtlich der Verwendbarkeiten und Vorteile des Erfundenen auf die Angaben in der Patentschrift nicht beschränkt; sie fallen alle in den Schutzbereich des Patents, und zwar auch diejenigen, die sich erst später herausgestellt haben. RG. 23. IX. 99 (308); 17. X. 13, Mitteil. 1914, 168, GRUR. 1915, 168; 23. V. 14 (298), Z. f. JR. 1915, 44. Es ist daher für den Schutzbereich auch unerheblich, wenn die Brauchbarkeitsangabe der Patentschrift sich hinterher als unzutreffend erweist. RG. 7. X. 16 (17, 9), vgl. RG. 26. V. 13, Mitteil. 1913, 109; s. § 10 Anm. 4a.

Je nachdem, ob der Erfindungsgedanke einen weiteren oder engeren Bereich hat, ergreift der Schutz mehr oder weniger verschiedene Ausführungsformen des Gedankens. Vgl. u. a. RG. 30. XII. 08 (09, 117), Mitteil. 1909, 49; 20. XII. 10 (11, 216), Str. 44, 185, Z. f. JR. 1911, 114. Ist der Anmelder der erste, der die fragliche Aufgabe gestellt und gelöst hat, so erstreckt sich der Schutz dieser seiner „Pioniererfindung" nicht nur auf die in der Patentschrift angegebene einzelne Ausführungsform, sondern auf alle sonstigen Lösungen der Aufgabe, auch wenn seine Erkenntnis sie nicht umfaßt hat und nach dem damaligen Stande der Technik gar nicht umfassen konnte. Findet jemand eine in diesen Kreis fallende Lösung, die einen besonderen technischen Fortschritt bedeutet, so kann er zwar hierfür seinerseits ein Patent erhalten, dieses ist aber von dem älteren allgemeinen Patent abhängig. Ist dagegen bereits eine Lösung der Aufgabe bekannt, so muß die Wirkung des auf eine zweite Lösung erteilten Patents sich eben auf diese Lösungsform beschränken. S. u. a. RG. 18. II. 99 (195); 9. VII. 10 (11, 267), Z. f. JR. 1912, 17; 3. I. 12, Mitteil. 1912, 21.

Der Schutz des Erfindungsgedankens greift regelmäßig Platz, wenn ein Mittel durch ein anderes, für die Lösung der fraglichen Aufgabe gleichwertiges (äquivalentes) Mittel ersetzt ist. RG. 26. X. 01 (02, 154); 24. IV. 04 (330). Dies gilt auch für Kombinationspatente. RG. 4. VII. 91 (426). Darauf, ob die Anwendbarkeit des äquivalenten Mittels zur Zeit der Anmeldung für den Fachmann erkennbar war, kommt es nicht an. Der Schutz erstreckt sich auch auf erst später erkennbar gewordene Äquivalente. Die Äquivalenz eines Mittels wird dadurch nicht ausgeschlossen, daß es neben der gleichartigen technischen Wirkung auch noch eine verbesserte ausübt. Letzteres kann die Erteilung eines Patents begründen, das dann von dem anderen abhängig ist. RG. 19. II. 02 (130); 3. X. 08 (12, 135). Auch dann besteht Äquivalenz, wenn die Nachbildung die Wirkung der patentierten Erfindung in geringerem Maße oder in schlechterer Beschaffenheit erzielt. RG. 16. X., 3. XI. 00 (01, 131, bes. 134); 5. V. 09 (306). Ein Äquivalent fällt nicht unter den Patentschutz, wenn es im Sinne des § 2 vorbeschrieben oder vorbenutzt war, sofern eine verschiedene Wirkung der verschiedenen Mittel als Grundlage für die Patenterteilung in Frage kommen konnte. Ist dies nicht der Fall, so kann der Patentinhaber auch die Benutzung des bekannt gewesenen Mittels verbieten, und es bietet sich als Abhilfe nur die Nichtigkeitserklärung. RG. 3. I. 12, Mitteil. 1912, 21; 2. III. 12 (159), Ziv. 79, 186, JWSchr. 1912, 599, Z. f. JR. 1912, 279, Mitteil. 1912, 71; 8. X. 13 (381); 3. II. 15 (144).

Die Bearbeitung oder Verarbeitung entzieht den Gegenstand der Erfindung nicht dem Patentschutz. Dieser ergreift ihn, solange er in seiner Individualität noch erkennbar ist (z. B. der Nagel im Schrank, der Faden im Kleidungsstück, nicht aber z. B. die Milch im Käse, der Pflanzendünger im Obst) s. dagegen Anm. 11.

6. **Teilschutz. Kombinationspatent.** Um den Tatbestand der Patentverletzung zu erfüllen, bedarf es nicht der Benutzung des ganzen Gegenstands der Erfindung. Ein Eingriff in das Patent wird schon durch Nachahmung eines für den Erfindungsgedanken wesentlichen Teils verübt. Die Wesentlichkeit

des Teils ist dadurch bedingt, daß er in dem Gefüge der patentierten Erfindung eine greifbare Teilwirkung hervorruft und mittels dieser zur Erreichung des erfinderischen Endeffekts bestimmend mitwirkt. Er muß daher eine dem Erfindungsgedanken entsprechende eigenartige Gestaltung haben, also diesen insofern verkörpern und demgemäß zu seinem Teil neu und erfinderisch sein. RG. 15. IV. 08, JWSchr. 1908, 437; 7. II. 12 (157); sowie ferner 18. IX. 97 (229), Ziv. 40, 78; 29. XII. 98 (99, 127); 28. II. 00 (197); 29. III. 92 (346);. 20. XII. 10 (11, 216), Str. 44, 185, Z. f. JR. 1911, 114. So liegt z. B. Patentverletzung in der unbefugten Benutzung eines Ventils, das für die erfindungsgemäße Wirkung der patentierten Maschine von maßgebender Bedeutung ist. Eine teilweise Benutzung eines chemischen Verfahrens enthält, da hier stets das Endergebnis maßgebend ist, nur dann eine Patentverletzung, wenn sie denselben Stoff, wie das patentierte Gesamtverfahren ergibt. RG. 16. X., 3. XI. 1900 (01, 131) [Jonon-Patent]; vgl. LG. I Berlin 23. IV. 07 (08, 185); 30. XII. 03 (06, 37).

Diese Grundsätze gelten für Teile des Erfindungsgegenstandes schlechthin. Sie sind daher auch auf Kombinationspatente anwendbar. Auch sie können Teilschutz in diesem Sinne für ihre Elemente genießen; in dem einzelnen Element wird die patentierte Erfindung geschützt. Darüber hinaus besteht kein Anspruch auf Schutz. Denn Gegenstand des Schutzes ist die Erfindung, wie sie von dem Patentamt patentiert ist. Ist nur ein Patentanspruch aufgestellt, der die kombinierten Elemente bezeichnet, so ist eben diese Verbindung patentiert. Steckt in der Kombination ein neues und erfinderisches Glied, das selbständig hätte patentiert werden können, so hätte ein besonderer Anspruch dafür aufgestellt werden müssen. Ist dies nicht geschehen, so ist als Gegenstand des Patents die Verbindung der Elemente anzusehen. Das bedeutet aber nicht, daß der Schutz nur da zur Geltung kommt, wo sämtliche Elemente verbunden auftreten. Es gelten vielmehr die Regeln über den Teilschutz, die auch neuen und erfinderischen Einzelelementen zugute kommen, soweit in ihnen die patentierte Erfindung zutage tritt.

Das Reichsgericht ist in ständiger Rechtsprechung anderer Ansicht; ihm folgt die herrschende Meinung. Danach ist auch das einzelne Element einer Kombinationserfindung, falls es neu und erfinderisch und nicht schon seinerseits einem andern patentiert ist, als unter selbständigen Schutz gestellt anzusehen, wenn nicht in der Patentschrift deutlich zum Ausdruck gebracht ist, daß die Erfindung nur in der Kombination als solcher besteht. Das Einzelelement ist aber nur in der gleichen funktionellen Bedeutung geschützt, die ihm in der Kombination zukommt. RG. 18. I. 90 (92, 458), JWSchr. 90, 71; 30. XII. 08 (09, 117), Mitteil. 09, 49; 15. I. 12 (107) u. a. Auch die Kombination einzelner Elemente ist geschützt, wenn sie neu und patentwürdig ist und sich im Rahmen des durch die Gesamtkombination erstrebten Zweckes hält. RG. 20. III. 16, Z. f. JR. 1916, 124.

Ein Unteranspruch stellt sich in der Regel als Kombination der in ihm angegebenen Merkmale mit denen des Hauptanspruchs dar. RG. 5. XII. 08, Z. f. JR. 1909, 126; vgl. RG. 30. XII. 08 (09, 117), Mitteil. 1909, 49. Dasselbe gilt auch bezüglich eines Zusatzpatents. S. österr. Pat.gerichtshof 29. III. 12 (13, 302). Dagegen nimmt RG. 15. XI 13, GRUR. 1914, 148 an, daß aus der in dem Zusatzpatent gemachten Bezugnahme auf das Hauptpatent weiter nichts hervorgehe, als daß die Erfindung an der Einrichtung des Hauptpatents gemacht ist und daß sie zunächst zu ihrer Verbesserung dienen sollte. Vgl. auch RG. 28. V. 13, Z. f. JR. 1913, 205; österr. PA. 28. I. 14, österr. PBl. 1915, 123, Z. f. JR. 1915, 154.

7. **Patentschrift.** In erster Linie ist für die Erkenntnis des Gegenstandes des Patents der Patentanspruch maßgebend; er soll seiner gesetzlichen Bedeutung nach angeben, was als patentfähig unter Schutz gestellt worden ist (§ 20). RG. 20. XII. 10 (11, 216), Str. 44, 185, Z. f. JR. 1911, 114; 28. VI. 11

(274); 2. XII. 12 (13, 38), Z. f. IR. 1913, 92; RG. 9. VII. 10 (318). Zu seiner Erläuterung ist der Inhalt der Beschreibung und der Zeichnung heranzuziehen. Dieser kann unter Umständen zu einer weiteren oder engeren Auslegung des Anspruchs führen. Vgl. RG. 10. VII. 12 (13, 123). Selbstverständlich ist der Sinn der Patentschrift, wie er sich für einen das fragliche Gebiet der Technik überschauenden Fachmann zu erkennen gibt, nicht ihr Wortlaut maßgebend. Dieser letztere hindert trotz anscheinender Klarheit nicht eine einschränkende oder ausdehnende Auslegung. RG. 29. IV. 11 (289); 30. XII. 08 (09, 117), Mitteil. 1909, 49. Die Patentschrift ist nicht nach dem Sprachgebrauch der Theorie, sondern nach dem der beteiligten Verkehrskreise auszulegen. RG. 24. V. 11 (310).

8. **Benutzung.** Der Patentinhaber ist ausschließlich befugt, den Gegenstand der Erfindung herzustellen, in Verkehr zu bringen, feilzuhalten und zu gebrauchen. Diese Handlungen faßt das Gesetz an anderen Stellen (§§ 35, 36, 2) unter der Bezeichnung „Benutzung" zusammen. Vgl. RG. 19. IV. 04 (266). Es ist damit der Lauf gekennzeichnet, den die Verkörperung des Erfindungsgedankens im Wirtschaftsleben von der Entstehung bis zur Erreichung des Endzwecks nimmt. Der praktische Nutzen, den dabei der der Erfindung entsprechende konkrete Gegenstand, das ihr entsprechende Verfahren ergibt, ist dem Patentinhaber vorbehalten.

a) Herstellung. Benutzt wird die Erfindung in erster Linie durch die Herstellung des Gegenstandes. Vgl. RG. 11 XII. 95 (96, 97). Herstellen ist die gesamte Tätigkeit, durch die der Gegenstand geschaffen wird. In den Bereich der Herstellung fällt, als ihr Beginn, die Anfertigung wesentlicher Teile, in denen der Erfindungsgedanke zutage tritt (s. Anm. 6), als ihr Abschluß die Zusammenfügung der Teile zu dem ganzen. RG. 18. IX. 97 (229); 21. XII. 05 (06, 166). Voraussetzung ist, daß ein wirtschaftlich brauchbarer Gegenstand hergestellt wird, nicht z. B. ein bloßes Modell.

Ob Reparatur als Herstellung anzusehen ist, hängt davon ab, ob sie die Anfertigung wesentlicher Teile ergreift.

b) Das Inverkehrbringen macht den hergestellten, gebrauchsfähigen Gegenstand dem Kreis der Gebraucher zugänglich. Es erfordert, daß jemand einem anderen die gegenwärtige Möglichkeit, über die körperliche Sache zum Zweck des Gebrauchs zu verfügen, verschafft; Eigentumsübertragung ist nicht erforderlich, es genügt jede anderweite Überlieferung. RG. 21. XII. 05 (06, 166); 19. IV. 09, Z. f. JR. 1909, 211; 1. VII. 10 (12, 219), JWSchr. 1911, 250; 19. IV. 04 (266). Inverkehrbringen ist also z. B. Lieferung des Gegenstandes an einen Käufer, Übergabe an einen Mieter oder Entleiher, Einfuhr und Ausfuhr; nicht dagegen Übergabe zur Aufbewahrung oder zur Reparatur, die bloße Durchfuhr durch das Inland (Transit), vgl. aber RG. 25. X. 90 (91, 163), 2. XII. 99 (00, 167), Vorzeigung, Ankündigung in Annoncen, ebensowenig der bloße Abschluß eines Kaufvertrages, RG. 26. IX. 98 (252); 28. I. 99 (113); PA. 27. X. 06 (325); RG. 1. II. 09, Z. f. JR. 1909, 81; 28. XII. 10, JWSchr. 1911, 227, Z. f. JR. 1911, 116, vgl. auch RG. 15. X. 92, Ziv. 30, 52. Die Vorlegung von Proben eines nach einem patentierten Verfahren hergestellten Erzeugnisses behufs Gewinnung von Käufern wird aber von RG. 25. X. 11 (12, 29), JWSchr. 1912, 86, Z. f. JR. 1912, 68 schon für genügend gehalten, gegen OLG. Hamburg 31. V. 10, Z. f. JR. 1910, 260.

In den Verkehr gebracht werden kann nur ein körperlicher Gegenstand, nicht ein Verfahren. Ein solches kann nur durch die Ausübung, also durch Gebrauch benutzt werden. PA. 22. X. 19, Mitteil. 1919, 85. Anders die herrschende Ansicht, insbesondere die ständige Rechtsprechung des RG. 22. IV. 03 (227); 19. IV. 04 (266); 7. III. 00, Ziv. 46, 16; 28. II. 00 (197). Hiernach kann ein Verfahren durch entgeltliche Mitteilung des Rezepts in Verkehr gebracht werden, wobei als entgeltlich nicht nur die gegen besondere Bezahlung, sondern auch die zur Erlangung anderer gewerblicher Vorteile erfolgende Mitteilung angesehen wird. Dem steht entgegen, daß eine solche Handlung nicht den Gegenstand der Erfindung selbst, sondern nur die Kenntnis von der Erfindung auf einen anderen überträgt. Ein solcher Akt aber fällt in das Gebiet der Beschreibung, nicht der Benutzung. Auch unter dem Gesichtspunkt einer Anmaßung eines Rechts zur Lizenzgewährung hat die Mitteilung nicht die Bedeutung einer Benutzung des Erfindungsgegenstandes, da das Rechtsgeschäft der Lizenzgewährung diesen Gegenstand selbst unberührt läßt und nur das durch das Patent begründete Ausschließungsrecht betrifft.

c) Feilhalten ist das Angebot der entgeltlichen Übertragung der Verfügungsgewalt an dem hierzu bereitgehaltenen Gegenstand auf einen anderen. Es setzt das Vorhandensein der betreffenden Ware voraus, da die dem Patentberechtigten vorbehaltene Nutzung die Verwertung des körperlichen Erfindungsgegenstandes im Wirtschaftsleben ist. RG. 1. II. 09, Recht 1909 S. 944, Z. f. JR. 1909, 81; vgl. aber RG. 20. III. 15, Z. f. JR. 1915, 172 sowie 9. VI. 18 (81), wonach das RG. neuerdings anscheinend dazu neigt, das Anbieten der Herstellung eines Gegenstandes unter Mitteilung von Zeichnungen als Feilhalten anzusehen. Ist in Verhandlungen über künftige Lieferung überhaupt ein Feilhalten zu erblicken, so liegt darin eine patentverletzende Benutzung, auch wenn die Lieferung im Auslande oder nach Ablauf der Patentdauer erfolgen soll. Vgl. dagegen RG. 28. XII. 10, Ziv. 75, 128; 19. VI. 18 (81). Daß der Besitzer die Ware anderen ausdrücklich anbietet, ist nicht erforderlich; es genügt, daß er die Verkäuflichkeit der dazu bereitgehaltenen Ware dem Publikum zu erkennen gibt und ihm dadurch Gelegenheit bietet, Kaufanträge zu stellen. Dies geschieht z. B. durch Aufstellen im Schaufenster oder sonst im Laden, in Anzeigen und Offerten bezüglich eines zur Veräußerung bereitstehenden Gegenstandes, im Auslegen auf gewerblichen Ausstellungen. In der Vorführung bei einem Vortrag kann ein Feilhalten liegen, wenn die Umstände (z. B. die Beteiligung gewerblicher Interessenten) erkennen lassen, daß sie erfolgt, um den Erwerb des Gegenstandes zu empfehlen. RG. 22. IV. 03 (227); 22. X. 08, Str. 42, 22.

Wie ein Verfahren nicht in Verkehr gebracht werden kann, so kann es auch nicht feilgehalten werden. S. oben unter b). Auch hier bejaht die herrschende Meinung diese Möglichkeit. RG. 11. V. 98 (144); 28. II. 00 (197).

d) Gebrauch ist jede Anwendung des patentierten Gegenstandes, bei der die technische Wirkung der Erfindung wirtschaftlich nutzbar gemacht wird. Auf den Zweck, zu dem die Anwendung geschieht, kommt es nicht an. Auch wenn in der Patentschrift ein bestimmter Zweck der Erfindung angegeben ist, ist der Schutz auf die Verwendung hierzu nicht beschränkt. Auch solche Zwecke, die erst später infolge neuer Bedürfnisse hervortreten und erreichbar werden, fallen in den Rahmen des Patents. RG. 23. IX. 99 (308); 17. X. 13, Mitteil. 1914, 168, GRUR. 1915, 168; 23. V. 14 (298), Z. f. JR. 1915, 44. Außerhalb des Patents liegt eine Verwendung des patentierten Gegenstandes für einen neuen Zweck, die eine neue technische Wirkung ergibt. Vgl. § 1 Anm. 3.

Gebrauch liegt nur vor, wenn eine wirtschaftliche Verwertung der Erfindung erfolgt; die Vorführung einer Maschine zur bloßen Veranschaulichung ihrer Wirkungsweise ist daher kein Gebrauch.

9. **Benutzung durch mehrere.** Bei der Benutzung des Gegenstandes der patentierten Erfindung können, insbesondere bei Kombinationserfindungen, mehrere Personen beteiligt sein. Verfertigen und vertreiben solche Personen einzelne Teile des Gegenstandes, so ist zu unterscheiden, ob es sich um Bestandteile handelt, die ihrer objektiven Beschaffenheit nach speziell für den Erfindungsgegenstand eingerichtet sind, oder um solche, die allgemein verwendbar sind.

Die Benutzung ersterer ist nach den für die Nachahmung wesentlicher Teile des Erfindungsgegenstandes geltenden Grundsätzen (Anm. 6 Absatz 1) Patentverletzung, gleichviel was bezüglich der übrigen Teile und des Ganzen geschieht. RG. 18. IX. 97 (229), Ziv. 40, 79; 12. XII. 08, Mitteil. 1909, 60, 63; 17. II. 13 (225), M. u. W. 1912/13, 466, Mitteil. 1913,

81, JWSchr. 1913, 550; 22. XI. 13, Z. f. JR. 1914, 134; RG. 8. XI. 16, Z. f. JR. 1917, 150 (Herstellung und Lieferung eines Ersatzteils).

Dagegen verletzt die Benutzung neutraler Teile an sich nicht das Patent. Jedermann kann z. B. Schrauben gewöhnlicher Art zum Zusammenbau einer Eisenkonstruktion frei liefern. Ob er dies zum Zwecke der Herstellung eines patentierten Gegenstandes tut, ist an sich gleichgültig; es kommt nur auf die objektive Beschaffenheit der Teile, nicht auf die subjektive Bestimmung an. RG. 17. II. 13 (225), M. u. W. 1912/13, 466, Mitteil. 1913, 81, JWSchr. 1913, 550; 12. XII. 08, Mitteil. 1909, 60, 63; 22. XI. 13, Z. f. JR. 1914, 134. Die Benutzung neutraler Teile kann nur dadurch zur Patentverletzung werden, daß sie zur Vollendung einer solchen durch einen anderen mitwirkt. Dies kann dadurch geschehen, daß der Lieferant des Teils sich als Mittäter, Anstifter, Gehilfe (s. § 35 Anm. 5) an der patentverletzenden Handlung eines anderen beteiligt. Voraussetzung ist hierbei, daß er nicht nur weiß und will, daß der andere die Benutzung vornehme, sondern auch, daß dieser dies unter Verletzung des Patents, also ohne Erlaubnis des Patentinhabers, tue. RG. 5. V. 88 (201), Ziv. 22, 165; 15. XI. 90 (91, 20), JWSchr. 91, 19; 26. I. 07 (130); 2. II. 07 (151), Ziv. 65, 160; 20. IX. 13 (326); 26. I. 09 (257), Str. 42, 151. Die Ausführung neutraler Teile nach dem Ausland behufs dortiger Verwendung für den Erfindungsgegenstand enthält danach keine Patentverletzung, da die ausländische Benutzung nicht unter den Patentschutz fällt. S. Anm. 2. Die mehreren bei einer Patentverletzung Beteiligten haften zivilrechtlich ohne Unterschied (§ 830 BGB.), strafrechtlich nach Maßgabe der §§ 47, 48, 49 StGB., s. § 35 Anm. 5, § 36 Anm. 2.

Die bezüglich der neutralen Teile geltenden Grundsätze finden auch auf die Lieferung von Geräten und Stoffen, die außerhalb des Rahmens der patentierten Erfindung liegen, Anwendung; z. B. Lieferung einer zur Ausführung eines patentierten Verfahrens bestimmten Maschine, RG. 26. I. 07 (130); 2. II. 07 (151), Ziv. 65, 157, Lieferung von Holzmehl, dessen Verwendung als Backstreumittel patentiert ist, an Bäcker, RG. 26. I. 09 (257), Str. 42, 151; 26. I. 07 (130); 11. I. 13, M. u. W. 1912/13, 334.

In solchen Fällen kommt unter Umständen mittelbare Täterschaft des Lieferanten in Frage. Diese liegt vor, wenn der Dritte, dessen Tätigkeit der Täter zur Herbeiführung des Erfolges benutzt, zwar rechtswidrig handelt, aber des Täterwillens entbehrt. Der Lieferant von Holzmehl verübt also als mittelbarer Täter allein die Verletzung des auf das Einstreuen der Backgerätschaften erteilten Verfahrenspatents, wenn er durch die Lieferung den Bäcker, der von dem Patentschutz nichts weiß und dessen Unkenntnis dem Lieferanten bekannt ist, dazu bestimmt, das Mehl zum Einstreuen zu verwenden. RG. 11. VI. 06, Str. 39, 37; 3. XII. 06, Str. 39, 298; 26. I. 09 (257), Str. 42, 151; 2. VII. 09, GRUR. 1910, 46; 11. V. 14, Z. f. JR. 1915, 268; 15. V. 15 (172) [jemand bedient sich gutgläubiger Dritter, in denen er den Glauben erweckt, daß sie mit dem Erwerbe eines Metalls auch die Erlaubnis zu seiner Verwendung in Zündapparaten erhielten, als seiner Werkzeuge zur Begehung der Patentverletzung].

10. **Gewerbsmäßigkeit.** Nur die gewerbsmäßige Benutzung ist dem Patentinhaber vorbehalten. Im Gegensatz dazu steht der Gebrauch für den persönlichen oder häuslichen Bedarf, RG. 31. III. 97 (148); 1. VII. 10 (12, 219), JWSchr. 1911, 250; RG. 2. V. 08, Z. f. JR. 1909, 140. Gewerbsmäßig ist daher jede anders geartete Benutzung, wenn sie auch nicht für die Zwecke eines Gewerbes erfolgt, daher auch z. B. die Benutzung einer Glockenläutevorrichtung durch eine Kirchengemeinde für gottesdienstliche Zwecke, RG. 29. V. 07 (217), Ziv. 66, 164, einer Einrichtung im Dienste der öffentlichen Wohlfahrt, Krankenpflege, Landesverteidigung usw. Daß eine besondere Beziehung der Erfindung zu dem Gewerbebetriebe besteht, in dem sie benutzt wird, daß sie auf eine

Förderung oder Erleichterung gerade dieses Betriebes abzielt, fordert das Gesetz nicht, RG. 31. III. 97 (148). „Gewerbsmäßig" wird daher auch z. B. eine Beleuchtungsvorrichtung in einer Buchhandlung, ein Gardinenhaken in zu Vermietungszwecken dienenden Räumen, RG. 1. VII. 10 (12, 219), JWSchr. 1911, 250, ein Staubabsorbierungsmittel zur Reinigung eines Geschäftslokals, RG. 2. V. 08 cit. benutzt. Es kommt nur auf die Art der Benutzung an; die persönlichen Verhältnisse des Benutzenden sind nicht maßgebend: der Gebrauch eines in sein Gewerbe einschlagenden Gegenstandes seitens eines Gewerbetreibenden zu privaten Zwecken ist frei. RG. 13. I. 87 (65).

Daß die Benutzung wiederholt geschehen ist, ist nicht erforderlich, auch eine einzelne Handlung kann „gewerbsmäßig" sein, RG. 13. I. 87 (65).

11. **Unmittelbares Erzeugnis eines Verfahrens.** Das auf einen Gegenstand erteilte Patent schützt den Gegenstand, gleichviel wie er entstanden ist. Jedes Verfahren seiner Herstellung fällt unter das Patent. Im Gegensatz dazu schützt das Verfahrenspatent zunächst nur die betreffenden Verfahrensmaßnahmen, ohne auch ihr Ergebnis zu ergreifen. Es könnte also jeder die Erzeugnisse des Verfahrens gewerblich ausbeuten, wenn er nur nicht das Verfahrenspatent verletzt, z. B. wenn er die Anfertigung der Erzeugnisse im Ausland vornimmt. Diese Rechtslage ließe den Schutz des Verfahrens nicht genügend zur Wirkung kommen. Es ist daher der Schutz für das Verfahren dadurch erweitert worden, daß die Wirkung des Patents auch auf die durch das Verfahren unmittelbar hergestellten Erzeugnisse erstreckt worden ist. Es darf also kein anderer als der Patentinhaber das Erzeugnis in Verkehr bringen, feilhalten oder gebrauchen. Dies bezieht sich aber nur auf einen Gegenstand, der mittels des patentierten Verfahrens hergestellt worden ist. Will der Patentinhaber ein im Verkehr auftretendes Erzeugnis als Ergebnis seines Verfahrens verfolgen, so muß er den Nachweis für diese Entstehung führen. Eine Befreiung von der Beweislast genießt

der Patentinhaber, wenn den Gegenstand des Patents ein Verfahren zur Herstellung eines neuen Stoffes bildet, s. § 35 Anm. 7.

Das Erfordernis der Herstellung des Erzeugnisses durch das patentierte Verfahren ist in dem Sinne auszulegen, daß die Entstehung des Gegenstandes auf der Anwendung des Verfahrens beruht. Daß er ihr ausschließlich sein Dasein verdankt, ist nicht erforderlich. Es können auch mehrere Verfahren nebeneinander in Wirksamkeit getreten sein. Vgl. RG. 20. XII. 13 (14, 136). So kann z. B. ein Stiefel das Ergebnis einer ganzen Reihe von Verfahren sein (Aufnähen des Oberleders auf der Sohle, Anfertigen der Absätze, Befestigen der Ösen für die Schnürsenkel usw.). Die Auslegung des RG. 15. X. 12 (13, 124), wonach unter Herstellung nur das „Neu-Schaffen" eines Gegenstandes, also z. B. eines Tisches, nicht aber auch sein Polieren, zu verstehen ist, ist zu eng. Der polierte Tisch ist ebensogut das Erzeugnis des Polierverfahrens, wie das des Aufbaues aus bestimmten Holzteilen.

Nur ein unmittelbar durch das Verfahren hergestelltes Erzeugnis nimmt am Patentschutz des Verfahrens teil. Diese Voraussetzung trifft zu, solange nicht aus dem aus der Anwendung des Verfahrens hervorgegangenen Gegenstande durch spätere Maßnahmen der Be- oder Verarbeitung oder Verbindung mit anderen Gegenständen nach der Anschauung des Verkehrs eine neue Sache gemacht worden ist. Unmittelbares Erzeugnis eines Schmiedeverfahrens sind also z. B. die Nägel, nicht aber der Schrank, in den die Nägel als unselbständige Bestandteile verarbeitet worden sind. Unmittelbares Erzeugnis eines Spinnverfahrens sind ferner z. B. die Fäden, nicht aber das aus ihnen gefertigte Gewebe. RG. 31. III. 97 (148), Ziv. 39, 32; 24. V. 09 (10, 8), Str. 42, 357, Z. f. JR. 1910, 64. Daß das Verfahren in dem Erzeugnis wahrnehmbar ist, ist kein Erfordernis für die Anwendung der Bestimmung; diese schützt auch Erzeugnisse, die auf verschiedene Weise hergestellt sein können. RG. 20. XII. 13 (14, 136).

12. Geltendmachung des Patentrechts. Von den Folgen der Patentverletzung regelt das Patentgesetz nur die Entschädigungspflicht, § 35 (bei Wissentlichkeit oder grober Fahrlässigkeit) und die Strafbarkeit, § 36 (bei Wissentlichkeit). Im übrigen ist das allgemeine bürgerliche Recht maßgebend, RG. 24. I. 06 (221), s. § 35 Anm. 1. Aus diesem ergibt sich z. B., ob ein Anspruch auf Rechnungslegung besteht, s. § 35 Anm. 3, ob der Patentinhaber die Vernichtung der Nachahmungen und der darauf bezüglichen Drucksachen verlangen kann, RG. 30. I. 07, Ziv. 62, 321.

Abgesehen von der Schadensersatzklage stehen dem Patentberechtigten zu Gebote:

1. Die Unterlassungsklage (Abwehrklage, negatorische Klage). Sie verbietet auf Grund des § 4 PG. in entsprechender Anwendung des § 1004 BGB. den Eingriff in das Patent durch Benutzung der patentierten Erfindung. Voraussetzung ist die durch Tatsachen gerechtfertigte Besorgnis, daß ein solcher Eingriff beabsichtigt ist oder vorbereitet wird. RG. 20. II. 00 (291); 12. V. 03 (04, 249); 2. II. 07, Recht 1907, 585 Nr. 1245 bis 1248; 18. XI. 16 (17, 51), JWSchr. 1917, 222. Die Besorgnis wird in der Regel begründet durch die bereits geschehene Verübung eines Eingriffs. Dem gegenüber muß der Beklagte beweisen, daß Wiederholungsgefahr nicht besteht, vgl. OLG. München 5. XII. 13 (14, 354). Aus mündlichen oder schriftlichen Äußerungen, durch die ein anderer das Patent bestreitet oder ein eigenes Benutzungsrecht gegenüber dem Patent in Anspruch nimmt, kann die Absicht eines Eingriffs entnommen werden, wenn nach Lage der Sache anzunehmen ist, daß mit der Erklärung der Entschluß, entsprechend zu handeln, verknüpft ist. RG. 12. V. 03 cit., vgl. 11. V. 98 (144). Ohne solche Erkennbarkeit einer bevorstehenden Patentverletzung können Mitteilungen, Berühmungen u. dgl. an sich mit der Unterlassungsklage nicht verboten werden.

Die Patentverletzung kommt hier nur als objektiv widerrechtlich, nicht als unerlaubte, schuldhafte Handlung (Delikt) in Betracht. Unrichtige Mitteilungen und Kundgebungen über das Patent, die eine schuldhafte Verletzung des Rechts des Patentinhabers enthalten, können gemäß § 823 Abs. 1 BGB. einen Anspruch auf Schadensersatz begründen. Hierzu gehört unter Umständen der Widerruf der rechtsverletzenden Behauptungen. RG. 12. I. 20, Recht 1920 Rechtsprechung Nr. 647, 648.

Während die Schadensersatzklage gemäß § 35 aus einer zur Zeit des Bestehens des Patents vorgekommenen Verletzung auch nach der Beendigung des Patentrechts angestellt werden kann (§ 35 Anm. 2a), kommt die Unterlassungsklage nur während des Bestehens des Patents in Frage. Bei Beendigung des Patentrechts während Schwebens des Rechtsstreits ist die Klage für erledigt zu erklären, bei Nichtigkeitserklärung (und ebenso bei Versagung des Patents, § 27 Abs. 2), da diese rückwärtshin wirken, abzuweisen, s. § 10 Anm. 5, § 23 Anm. 3, § 35 Anm. 2a. Tritt der Untergang des Patents erst in der Revisionsinstanz ein, so ist er — als Tatsache — nicht zu berücksichtigen. Anders RG. 4. IV. 06 (271), Ziv. 63, 140; 16. III. 07 (153), Ziv. 65, 303; 29. IV. 09 (181), Str. 42, 340.

Aktiv legitimiert ist der Patentinhaber, von mehreren jeder einzelne, § 1011 BGB. Hat eine Änderung in der Person des Inhabers stattgefunden, so ist gemäß § 19 Abs. 2 ausschließlich berechtigt der in der Rolle eingetragene Inhaber. Es bedarf mithin zur Legitimation des klagenden Rechtsnachfolgers der Umschreibung in der Rolle. Diese kann während Schwebens des Verletzungsstreits, aber nicht mehr in der Revisionsinstanz (abweich. Ans. RG. 14. XI. 84 [97, 205]; 5. VII. 97 [204]), nachgebracht werden (s. § 19 Anm. 4). Die Geltendmachung des Rechts steht ferner jedem zu, dem das Benutzungsrecht mit ausschließender Wirkung gegen Dritte von dem Patentinhaber übertragen ist, insbesondere also dem Inhaber einer ausschließlichen Lizenz, § 6 Anm. 5.

Die Geltendmachung des Patentrechts durch einen im Auslande wohnenden Patentinhaber hat die Bestellung eines Vertreters im Inlande zur Voraussetzung (§ 12).

Passiv legitimiert ist der Verletzer; von mehreren jeder einzelne. Handelt er im Auftrage oder in Vertretung eines anderen, einer Gesellschaft oder juristischen Person, so ist sowohl diese wie auch der Handelnde (als der Störer im Sinne des § 1004 BGB.) passiv legitimiert. RG. 30. IX. 99 (292); 30. I. 03, JWSchr. 1903, 128; 18. XI. 16 (17, 51), JWSchr. 1917, 222.

Die Klage und demgemäß der Tenor des Urteils ist nicht allgemein auf Unterlassung der Patentverletzung, sondern auf Unterlassung einer bestimmt bezeichneten gewerblichen Handlung zu richten, z. B. auf die Herstellung einer Maschine, die die Merkmale X, Y, Z aufweist. RG. 11. XI. 08 (09, 12); 26. X. 01 (02, 154); 2. II. 07, Recht 585 Nr. 1245f.

Der Einwand der Nichtigkeit des klägerischen Patents ist nicht zulässig, s. Anm. 1. Ist die Nichtigkeitsklage erhoben, so kann das Gericht mit Rücksicht auf die Rückwirkung der Nichtigkeitserklärung das Verfahren bis zu ihrer Erledigung aussetzen (§ 148 ZPO.). Nach der ständigen Übung der Gerichte findet eine Aussetzung jedoch nur statt, wenn die Wahrscheinlichkeit der Vernichtung glaubhaft gemacht wird. RG. 22. IX. 97, JWSchr. 1897, 532; 20. XI. 97, JWSchr. 1898, 4; KG. 27. II. 09, Z. f. JR. 1909, 76; 25. XI. 11 (12, 80). Entsprechendes gilt, wenn auf Grund des einstweiligen Schutzes (§ 23) geklagt wird, in bezug auf die Versagung des Patents. s. § 23 Anm. 3. Durch das Schweben einer Zurücknahmeklage (§ 11) wird die Aussetzung eines Unterlassungsrechtsstreits nicht gerechtfertigt. RG. 20. II. 09, Z. f. JR. 1909, 188.

Der Gerichtsstand für die Unterlassungsklage regelt sich nach §§ 13 ff. ZPO. Der Gerichtsstand der unerlaubten Handlung, § 32 ZPO., ist nicht gegeben, da der Anspruch auf Unterlassung nicht aus einer schuldhaften Handlung, sondern aus der objektiv widerrechtlichen Verletzung des Patentes hergeleitet wird. Dagegen kann die Klage, die den Anspruch auf Unterlassung und den auf Schadensersatz verbindet, mit Rücksicht auf die Einheitlichkeit des geltend gemachten Tatbestandes einer schuldhaften Verletzungshandlung, im Gerichtsstand der unerlaubten Handlung angestellt werden. S. § 35 Anm. 6.

2. Die Feststellungsklage.

a) Die materiellrechtliche Feststellungsklage. Die Unterlassungsklage des Patentinhabers geht nach materiellem Recht immer mit auf Feststellung des Nichtrechts des Beklagten. Die Klage kann daher auch auf letztere eingeschränkt werden. Der Patentberechtigte kann also stets Feststellung der Patentverletzung durch den Beklagten fordern, wo die Voraussetzungen der Unterlassungsklage gegeben sind. RG. 31. III. 97 (148), vgl. 24. VI. 89, JWSchr. 1889, 367. Eines Nachweises eines Interesses des Klägers an alsbaldiger Feststellung (§ 256 ZPO.) bedarf es daher hier nicht. RG. 9. XII. 99, Ziv. 45, 59. Die Klage kommt z. B. zur Vorbereitung einer Schadensersatzklage, die bis zur Berechnung des entstandenen Schadens verschoben wird, in Frage. In dem Übergang von der Unterlassungsklage zu dieser Feststellungsklage liegt keine Klageänderung. Der Kläger, der allein auf Unterlassung geklagt hatte, kann also z. B., wenn das Patent während des Rechtsstreits erlischt, den Klageantrag auf Feststellung der Patentverletzung richten.

b) Die prozeßrechtliche Feststellungsklage gemäß § 256 ZPO. kann der Patentberechtigte bei Vorliegen eines rechtlichen Interesses an der alsbaldigen Feststellung eines streitigen Rechtsverhältnisses erheben. Das Rechtsverhältnis muß durch tatsächliche Ungewißheit gefährdet sein. Meist ist dies der Fall, wenn jemand dem Patentrecht des Klägers tatsächlich oder wörtlich entgegentritt, durch Bestreiten des Patentrechts seinem Bestande oder Umfange nach oder durch Anmaßung eines entgegenstehenden Rechts. Die Absicht einer entsprechenden Benutzung der streitigen Erfindung braucht hier nicht vorhanden zu sein. Der Hauptfall dieser Klage ist die Abhängigkeitsklage, die die Feststellung fordert, daß ein jüngeres Patent von dem klägerischen bhängig ist, s. Anm. 3c, vgl. RG. 30. IV. 19 (114), Ziv. 95, 364.

Im übrigen finden bezüglich der Klage des Patentberechtigten auf Feststellung seines Rechts gegenüber dem Beklagten (positive Feststellungsklage) im wesentlichen die für die Unterlassungsklage angegebenen Grundsätze entsprechende Anwendung.

Unter Umständen, besonders behufs schleuniger Herbeiführung der Unterlassung der Verletzung, kann gemäß §§ 935 ff., bes. § 940 ZPO. der Erlaß einer einstweiligen Verfügung beantragt werden. Vgl. RG. 20. I. 94 (303), s. M. u. W. 1908/09, 121.

Vor der Anrufung der Gerichte wird der Verletzte häufig zu Warnungen, Drohungen oder derartigen außergerichtlichen Mitteln greifen.

Gegen Beeinträchtigung durch ungerechtfertigte Inanspruchnahme eines Anspruchs aus dem Patent (z. B. in öffentlichen Kundgebungen, Mitteilungen an die Kunden u. dgl.) kann sich der davon Betroffene seinerseits durch Klage oder durch Ausbringung einer einstweiligen Verfügung wehren. Er kann die Klage in der Regel stützen auf das durch § 1 der Gewerbeordnung gewährleistete allgemeine Recht auf freie Verwertung seiner Einsicht und Mittel im Gewerbebetriebe. RG. 24. VI. 89, JWSchr. 1889, 367. Die Klage kann auf Unterlassung, Schadensersatz (§ 823 BGB.) oder auf Feststellung (§ 256 ZPO.) gerichtet sein, daß dem Patentinhaber das beanspruchte Verbietungsrecht nicht zusteht (negative Feststellungsklage). Wird nach Anstellung der negativen Feststellungsklage die Unterlassungs- oder Schadensersatzklage erhoben, so ist wegen Fortfalls des Interesses an alsbaldiger Feststellung erstere abzuweisen. RG. 29. I. 16 (76), vgl. RG. 5. IV. 09, Ziv. 71, 68; 12. V. 09, JWSchr. 1909, 417; 5. IV. 09, JWSchr. 1909, 316. Gegenüber einer Klage wegen ungerechtfertigter Störung mittels des Patentrechts hat der Patentinhaber das Vorliegen einer Patentverletzung zu beweisen, behufs Erlaß einer einstweiligen Verfügung dagegen der Antragsteller die Nichtverletzung glaubhaft zu machen. RG. 24. VI. 89 cit.; 21. III. 96 (179); 24. II. 04 (293); 19. X. 07, JWSchr. 07, 750; vgl. aber RG. 4. XI. 96 (340).

§ 5.

Die Wirkung des Patents tritt gegen denjenigen nicht ein, welcher zur Zeit der Anmeldung bereits im Inlande die Erfindung in Benutzung genommen oder die zur Benutzung erforderlichen Veranstaltungen getroffen hatte. Derselbe ist befugt, die Erfindung für die Bedürfnisse seines eigenen Betriebes in eigenen oder fremden Werkstätten auszunutzen. Diese Befugnis kann nur zusammen mit dem Betriebe vererbt oder veräußert werden.

Die Wirkung des Patents tritt ferner insoweit nicht ein, als die Erfindung nach Bestimmung des Reichskanzlers für das Heer oder für die Flotte oder sonst im Interesse der öffentlichen Wohlfahrt benutzt werden soll. Doch hat der Patentinhaber in diesem Falle gegenüber dem Reich oder dem Staate, welcher in seinem besonderen Interesse die Beschränkung des Patents beantragt hat, Anspruch auf angemessene Vergütung, welche in Ermangelung einer Verständigung im Rechtswege festgesetzt wird.

Auf Einrichtungen an Fahrzeugen, welche nur vorübergehend in das Inland gelangen, erstreckt sich die Wirkung des Patents nicht.

1. **Allgemeines.** Der § 5 vereinigt drei Fälle, in denen das durch das Patent begründete ausschließliche Benutzungsrecht (§ 4) versagt, in denen also die Befugnisse, die der Patentinhaber sonst ausüben könnte, eine Einschränkung erleiden, und zwar 1. im Interesse der Erhaltung des bestehenden wirtschaftlichen Besitzstandes (Vorbenutzungsrecht), 2. im Interesse

des öffentlichen Wohls (sog. Patententeignung, 3. im Interesse des internationalen Verkehrs.

Die Einschränkungen kommen sowohl gegenüber dem endgültig durch die Patenterteilung (§ 4) als auch gegenüber dem einstweilen durch die Bekanntmachung der Anmeldung (§ 23 Abs. 1) begründeten ausschließlichen Benutzungsrecht zur Geltung. Insbesondere greift auch das Enteignungsrecht gegen eine bekanntgemachte Anmeldung Platz.

2. **Vorbenutzungsrecht.** Das Vorbenutzungsrecht schützt den Besitzstand zur Zeit der Anmeldung des Patents gegen dessen Ausschließungswirkung. Es gibt die Befugnis, die vorher vorgenommenen Benutzungshandlungen trotz des Patents fortzusetzen. Es kommen daher für seine Begründung nur solche Handlungen in Frage, die an sich unter den Patentschutz fallen würden.

I. Voraussetzungen für die Entstehung des Vorbenutzungsrechts. a) Zeit. Die Benutzungshandlungen brauchen nicht gerade in die Zeit der Anmeldung zu fallen. Voraussetzung ist nur, daß, als die Anmeldung geschah, die Benutzung überhaupt stattgefunden hatte und nicht endgültig wieder aufgegeben worden ist. RG. 25. II. 11 (DJZ. 1911 S. 761), 12. X. 12 (13, 51).

Als Anmeldung kommt nur die Anmeldung auf Grund des Patentgesetzes (§ 3) in Betracht. Die durch die frühere Anmeldung der gleichen Erfindung im Auslande etwa begründete Priorität spielt hierbei keine Rolle. Für die Anerkennung des Vorbenutzungsrechts handelt es sich daher lediglich darum, ob die Benutzung der Erfindung vor der deutschen Anmeldung stattgefunden hat. Vgl. RG. 5. X. 09 (10, 113). GRUR. 1904 S. 113, Z. f. J. 1911 S. 182; LG. I Berlin 12. II. 18, GRUR. 1919 S. 208.

b) Inland. Nur die Benutzung der Erfindung im Inland kann ein Recht auf Weiterbenutzung trotz des späteren Patents begründen, für die ja nach dem Grundsatz der Territorialität des Patentrechts (§ 4 Anm. 2) auch nur das Inland in Betracht kommt.

Es ist nicht nötig, daß die ganze gewerbliche Betätigung des Vorbenutzers bezüglich der Erfindung in den Grenzen des Inlandes geblieben ist. Es genügt, daß eine der Benutzungshandlungen im Inlande stattgefunden hat. Auch der ausländische Fabrikant, der nach Deutschland importiert erwirbt das Vorbenutzungsrecht an der in der Ware verkörperten Erzeugniserfindung. GRUR. 1911 S. 233; RG. 24. VI. 12 (280), JWSchr. 1912 S. 921, Z. f. J. 1912 S. 234, GRUR. 1913 S. 16.

c) Besitz der Erfindung. Nicht das subjektive Erfinderrecht sondern der in der Benutzung betätigte Besitz der Erfindung bildet die Grundlage des Vorbenutzungsrechts. Es ist also gleichgültig, ob der Vorbenutzer die Erfindung selbst gemacht hat oder nicht. RG. 25. I. 08 (188), JWSchr. 08, 247; vgl. auch RG. 14. XII. 03 (04, 362).

Im Besitz der Erfindung ist nur, wer weiß, wie der erfinderische Erfolg erzielt wird. Wer dies nicht weiß, kann wohl durch sein Tun zufällig auf die Wirkung der Erfindung gestoßen sein, die Erfindung, als eine Regel für technisches Handeln, hat er damit nicht benutzt. Nur der Erfindungsbenutzer aber soll geschützt werden. Voraussetzung ist sonach die Erkenntnis der Erfindung, d. h. die Kenntnis des Zusammenhanges von Mittel und Erfolg. RG. 11. II. 99 (131, insbes. 136) 15. II. 02 (180), 28. X. 05 (06, 9), 25. I. 08 (188), 29. IV. 11 (289). Hiernach ist nicht nur die Frage zu beantworten, ob überhaupt eine Erfindung besessen ist, sondern auch, in welchem Umfange sie besessen ist. Wer lediglich bezüglich der von ihm benutzten konkreten Ausführungsform die erfinderische Erkenntnis gehabt hat, hat trotz dem Umstande, daß das Benutzte nur eine Erscheinungsform eines allgemeineren Erfindungsgedankens ist, nur die eine Verwirklichung dieses Gedankens besessen. Alle Verwirklichungen dagegen hat in der benutzten einen Ausführungsform besessen, wer den generellen Erfindungsgedanken erkannt hat. RG. 29. IV. 11 (289), Z. f. J. 1911 S. 210, Das Recht 1911 Nr. 13 S. 2476. Unerheblich ist es, ob der Vorbenutzer die Erfindung für patentfähig gehalten hat. RG. 28. X. 05 (06, 9).

Nicht erforderlich für die Benutzung einer Erfindung ist dagegen die wissenschaftliche Erkenntnis des Zusammenhanges von Mittel und Wirkung und die Einsicht in den Erfindungscharakter des Benutzten. RG. 11. II. 99 (131, bes. 136), 25. I. 08 (188).

Die Vorbenutzung setzt die Vollendung der Erfindung voraus; ein Versuch, der erst hierzu führen soll, genügt nicht. RG. 26. IX. 03 (04, 73), 14. XII. 03 (04, 362), 26. IV. 12 (RGStr. 46, 80).

Wie der Erfindungsbesitz erlangt ist, ist im allgemeinen unerheblich. Das Gesetz hat in erster Linie den Fall der Doppelerfindung im Auge, d. h. den Tatbestand, daß die vorbenutzte und die patentierte Erfindung auf verschiedene Urheber zurückzuführen ist. Auf die Umstände des Besitzerwerbs durch den Vorbenutzer (Rechtmäßigkeit, Gutgläubigkeit) kommt es hierbei nicht an. RG. 25. I. 08 cit. Das Vorbenutzungsrecht entsteht aber auch dann, wenn der Vorbenutzer den Erfindungsbesitz von dem späteren Patentinhaber oder dieser von dem Vorbenutzer ableitet. RG. 22. III. 12, JWSchr. 1912, 697; vgl. auch RG. 11. IV. 96 (00, 174); 10. I. 00 (172). Den Vorbenutzer in den entsprechenden Fällen lediglich auf Delikts- oder Vertragsansprüche gegen den Patentinhaber zu verweisen, besteht kein Anlaß. Diese Ansprüche können ihm neben dem Vorbenutzungsrecht zustehen.

Nur da ist ein Vorbenutzungsrecht nicht anzuerkennen, wo der Besitzstand des Vorbenutzers gegenüber dem Patentinhaber unrechtmäßig erlangt ist, sei es, daß er gegen vertragliche Abmachungen verstößt oder auf einer Verletzung des Erfindungsbesitzes des späteren Patentinhabers beruht. Denn niemand kann ein Recht gegenüber dem Verletzten durch widerrechtliche Handlung erwerben. RG. 28. XI. 95 (96, 3);

14. XI. 08 (Leipziger Zeitschr. f. Handels-, Konkurs- u. Versicherungsrecht 1909 S. 235), 22. III. 12 cit.

Bei Veräußerung des Patents an einen anderen behält der bisherige Inhaber, der die Erfindung vor der Anmeldung benutzt hatte, kein Vorbenutzungsrecht, da § 5 Abs. 1 nur von Dritten im Gegensatz zu dem Patentinhaber und dessen Rechtsnachfolgern handelt. RG. 9. XI. 82 (101).

d) Benutzung. Die Voraussetzung des Vorbenutzungsrechts ist, daß die Erfindung in Benutzung genommen ist oder die erforderlichen Veranstaltungen dazu getroffen sind. Sie ist in Benutzung genommen, wenn eine derjenigen Handlungen vorgenommen worden ist, die durch § 4 Satz 1 und 2 dem Patentinhaber vorbehalten sind, wenn also der Gegenstand der Erfindung hergestellt oder in Verkehr gebracht oder feilgehalten oder gebraucht worden ist. RG. 25. II. 95 (RGStr. 27, 52), 14. XII. 03 (04, 362), RGZiv. 56, 226; 24. VI. 12 (280). Eine Beschränkung nur auf Herstellung und Gebrauch oder nur auf die von dem Hersteller vorgenommenen Benutzungshandlungen ist unberechtigt. Das Vorbenutzungsrecht erwerben bezüglich derselben Sache selbständig nebeneinander der Fabrikant, der Händler und der den Gegenstand gebrauchende Abnehmer. Bei Verfahrenserfindungen wird auch durch die Benutzung des unmittelbaren Erzeugnisses das Vorbenutzungsrecht an dem Verfahren begründet. Es kann also der Importeur des Erzeugnisses eines im Auslande ausgeübten Verfahrens trotz des späteren Patents auf das Verfahren dieses im Inlande ausüben. RG. 24. VI. 12 cit.

Auch die private Benutzung im Gegensatz zur gewerbsmäßigen im Sinne des § 4 sichert das Vorbenutzungsrecht; der private Benutzer kann zur gewerbsmäßigen Benutzung übergehen. RG. 20. IX. 02 (246); vgl. aber RG. 24. VI. 12 (280).

Die Benutzung muß für eigene Zwecke und im eigenen Interesse stattgefunden haben. Dies ergibt sich aus dem Grundgedanken der gesetzlichen Bestimmung: Wer vor der

Anmeldung den Erfindungsgedanken in die Tat umgesetzt hat, soll befugt bleiben, die Erfindung für die Bedürfnisse seines eigenen Betriebes auszunutzen. RG. 28. VI. 02 (03, 187), 26. I. 07 (130). Benutzt ein kraft seiner dienstlichen Stellung dazu berufener Angestellter die Erfindung im Betrieb eines Arbeitgebers, so erlangt hierdurch letzterer das Vorbenutzungsrecht. Vgl. RG. 4. III. 12 (275). Hatte er jedoch dem Angestellten eine von diesem für den Betrieb gemachte Erfindung zur eigenen Ausnutzung überlassen, und ist diese dann im Betriebe des Arbeitgebers mit dessen Zustimmung erfolgt, so erwächst nicht dem Arbeitgeber, sondern dem Angestellten hieraus ein Vorbenutzungsrecht. RG. 14. XII. 03 (04, 362).

Ob die Vorbenutzung geheim oder offenkundig geschieht, ist unerheblich. Vgl. aber Mitt. v. V. d. PAnw. 1912 S. 61ff., dagegen 1912 S. 80. Die offenkundige Vorbenutzung begründet außerdem die Nichtigkeit des Patents (§§ 2, 10 Nr. 1).

e) Veranstaltungen. Veranstaltungen sind technische Maßnahmen zum Beginn einer beabsichtigten sofortigen Ausführung der Erfindung. RG. 17. X. 87 (387), Str. 16, 414; 14. I. 93 (104), Ziv. 30, 63; 20. I. 96 (115); 10. I. 00 (172), Ziv. 45, 116; 25. I. 08 (188), JWSchr. 08, 247; 4. III. 12 (275), JWSchr. 12, 648; 24. V. 16, Z. f. JR. 1916 S. 178. Welche Handlungen hiernach als Veranstaltungen anzusehen sind, ist Tatfrage. Eine Veranstaltung zur Benutzung wird zu sehen sein in dem Bau einer Fabrik, wenn die sonstigen Umstände ergeben, daß sie für die Benutzung der Erfindung bestimmt ist; in der Erprobung der Tauglichkeit eines Verfahrens für den industriellen Großbetrieb in der Absicht, im Falle des Erfolges das Produkt zu verwerten. RG. 11. II. 99 (131, bes. 136); ferner in der Herstellung von Zeichnungen, Berechnungen u. dgl., welche die unmittelbare Unterlage für die Ausführung bilden sollen (Werkstattzeichnungen), sowie in der Anfertigung der als Vorbild für die Arbeit dienenden Modelle. RG. 25. I. 08 cit.; RG. 23. XI. 83 Ziv. 10, 94.

Als nicht genügend wird in der Regel zu gelten haben die Anfertigung von bloß vorbereitenden Zeichnungen oder die theoretische Darstellung der Erfindung (Kom.Bericht Ges. 1891 S. 14). Der Ansicht des RG. 27. IX. 11 (313), Z. f. I. 1912 S. 41, wonach in einem besonderen Falle schon in der Beteiligung an einem Wettbewerb, insbesondere in der Einreichung der unmittelbar für die Ausführung der Anlage bestimmten Zeichnungen und Beschreibungen eine Benutzungsveranstaltung gesehen wird, wird nicht beizustimmen sein, weil es noch völlig ungewiß ist, ob die betreffende Erfindung jemals zur Ausführung gelangen wird. Auch wirtschaftliche Maßnahmen, z. B. Kauf einer für die Ausnutzung der Erfindung geeigneten Fabrikanlage, Bestellung einer die Erfindung verkörpernden Maschine) genügen nicht, RG. 10. I. 00 cit.; 25. I. 08 cit. Mit Unrecht hält LG. Frankfurt a. M. 5. XII. 08 (Z. f. I. 1912 S. 257) schon die Einforderung einer Offerte über einen Maschinenteil von der besonderen für die Ausübung der Erfindung erforderlichen Beschaffenheit für ausreichend.

Nicht entscheidend ist die Größe der Aufwendungen an Kraft, Zeit oder Geld. RG. 25. I. 08 cit.

II. Rechtliche Natur und Inhalt des Vorbenutzungsrechts. Das Vorbenutzungsrecht ist ein absolutes Recht auf Benutzung der Erfindung trotz des Patents. Es kann durch Klage und Einrede nicht nur gegenüber dem Patentinhaber und denen, die von ihm ihr Recht ableiten (insbesondere Lizenznehmern), sondern auch gegenüber Dritten, die es stören, zur Geltung gebracht werden (s. § 823 BGB.); vgl. GRUR. 1919 S. 30. Ein Ausschließungsrecht steht dem Vorbenutzer nicht zu. Er kann daher auch nicht anderen die Benutzung gestatten.

Der Gegenstand des Vorbenutzungsrechts wird durch den Umfang der vorbenutzten Erfindung bestimmt. Für seine Ermittlung gelten dieselben Gesichtspunkte, wie für die des Umfangs einer patentierten Erfindung (§ 4 Anm. 4 ff.). Der Vorbenutzer kann daher nach der Patenterteilung von einer

Ausführungsform einer generellen Erfindung zu einer anderen, von einer Kombinationserfindung zu einem einzelnen erfinderischen Element, von einem Äquivalent zu einem anderen übergehen und die Erfindung mit Veränderungen und Verbesserungen benutzen; alles, sofern darin nicht eine anderweite Erfindung liegt. So auch im wesentlichen RG. 29. IV. 11 cit.; 20. IX. 02 (246); vgl. aber RG. 21. V. 13 (Z. f. J. 1913, S. 205).

In der Art und im Umfang der Benutzung ist der Vorbenutzer frei; ihm ist „eine beliebige Erweiterung der Ausnutzung für die Zwecke seines Betriebes gestattet" (Motive zum Ges. v. 1891 S. 17). Er hat das Recht, alles zu tun, was sich nach dem Patentgesetz als eine Benutzung der Erfindung darstellt. Er kann also nicht nur jeder der vier Benutzungshandlungen (Anm. 2 I d) sich zuwenden, gleichviel welche von ihnen er vorher vorgenommen hatte, sondern auch den Umfang seines Betriebes beliebig erweitern. So kann z. B. ein Gewerbetreibender, der in seinem Geschäftslokal sich einer Beleuchtungsanlage bedient hatte, später zu deren Fabrikation und Vertrieb übergehen. RG. 20. IX. 02 (246).

Das Vorbenutzungsrecht ist nicht der Person des Vorbenutzers schlechthin gegeben, sondern an seinen Betrieb geknüpft. Nur mit ihm ist es vererblich und veräußerlich. Die Erfindung braucht aber nicht ausschließlich in dem Gewerbebetriebe benutzt zu werden, der Berechtigte kann auch für den Betrieb in fremden, von diesem unabhängigen Werkstätten arbeiten lassen, vgl. RG. 25. I. 08 (188, 191).

Die Gegenstände, bezüglich deren das Vorbenutzungsrecht ausgeübt worden ist, sind ein für allemal von dem Patent frei. Das Ausschließungsrecht des Patentinhabers versagt ihnen gegenüber nicht nur in der Hand des Vorbenutzers, sondern auch in der dritter Personen. Solche Gegenstände dürfen daher unbeanstandet von jedermann feilgehalten, in Verkehr gebracht und gebraucht werden. RG. 20. IX. 02 cit. Vgl. § 6 Anm. 5 (Schluß).

b) „Patententeignung". Um aus Gründen der Landesverteidigung oder überhaupt im Gesamtinteresse des Landes von einer patentierten Erfindung unverweilt Gebrauch machen zu lassen (Mot. zum Gesetz von 1877), ist im Abs. 2 ein sog. Patententeignungsrecht aufgestellt worden. Um eine eigentliche Enteignung handelt es sich hierbei nicht, da das Eigentum an dem Patent dem Patentinhaber nicht entzogen wird, sondern nur um die Begründung eines von der Wirkung des Patents freien Benutzungsrechts an der Erfindung, einer Lizenz, die je nach der Bestimmung des Reichskanzlers einen größeren (z. B. alleinige Ausnutzung mit Ausschließungsrecht) oder geringeren Inhalt haben kann. Die Begründung der Lizenz wird durch einen Erlaß des Reichskanzlers ausgesprochen. Von diesem Rechtsinstitut ist nur während des Krieges in wenigen Fällen Gebrauch gemacht worden.

Auch ohne besondere Bestimmung des Reichskanzlers greift die Vorschrift über die Enteignung Platz, wenn diese tatsächlich dadurch stattfindet, daß das Reich oder der Staat eine patentierte Erfindung in Ausübung eines Hoheitsrechts in Benutzung nimmt. Der Patentinhaber hat daher in solchem Falle schlechthin, ohne die Voraussetzungen des § 35 (die nur bei Patentverletzung Anwendung finden), Anspruch auf Vergütung. RG. 19. VI. 12 (278), Mitteil. 1912, 113; von demselben Tage, Z. f. JR. 1912, 212, DJZ. 1912, 1186; 22. VI. 12 (13, 119), Ziv. 79, 429, JWSchr. 1912, 879. Für eine Klage auf Unterlassung einer solchen Benutzung durch das Reich oder den Staat ist der Rechtsweg unzulässig. RG. 19. VI. 12, 22. VI. 12 cit. KG. 27. X. 09 (11, 314). — Handelt das Reich oder der Staat nur als Unternehmer auf fiskalischem Gebiet, so gelten die gewöhnlichen Regeln. Der Fiskus steht der Klage auf Unterlassung, Entschädigung usw. wie ein privater Verein gegenüber, vgl. §§ 31, 89, 831 BGB.

c) Beschränkung im Interesse des internationalen Verkehrs. Im Interesse des internationalen Verkehrs ist der Patentschutz in der im Abs. 3 festgesetzten Art beschränkt. Unter

Fahrzeugen sind Wasser-, Land- und Luftfahrzeuge aller Art zu verstehen. Nicht geschützt sind Gegenstände, die auf den Fahrzeugen sich befinden, ohne mit letzteren verbunden zu sein, z. B. Werkzeuge auf Schiffen, wohl aber Maschinen, Anker usw. Schiffe deutscher Heimat mit regelmäßiger Fahrt nach deutschen Häfen fallen nicht unter Abs. 3. RG. 20. X. 87 (387).

§ 6.

Der Anspruch auf Erteilung des Patents und das Recht aus dem Patent gehen auf die Erben über. Der Anspruch und das Recht können beschränkt oder unbeschränkt durch Vertrag oder durch Verfügung von Todes wegen auf andere übertragen werden.

1. **Das Recht aus der Anmeldung und das Recht aus dem Patent.** Das Gesetz regelt die Frage des Übergangs der materiellen Rechte, die es an die Anmeldung und die Patenterteilung knüpft, auf andere. Diese Rechte, ebenso wie das aus der Schaffung der Erfindung für den Erfinder erwachsene Recht, das Erfinderrecht, s. § 3 Anm. 1 sind Vermögensrechte und als solche Gegenstand der gesetzlichen Erbfolge wie auch des rechtsgeschäftlichen Verkehrs unter Lebenden und von Todeswegen. [Bezüglich des Rechts aus der Anmeldung vgl. RG. 3. X. 02 (03, 138).] Es gelten in dieser Hinsicht die Bestimmungen des bürgerlichen Rechts. Unter derselben Voraussetzung wie andere Rechte, nämlich bei sicherer Bestimmbarkeit des Gegenstandes, können auch künftige Patentrechte übertragen werden. RG. 13. II. 11 (218), Ziv. 75, 225; 1. X. 07, Ziv. 67, 166; 29. V. 18 (19, 5).

Der Ort, an dem sich die genannten Vermögensrechte befinden, ist der Wohnsitz oder die Niederlassung des Berechtigten. RG. 7. XI. 08 (Z. f. JR. 1909 S. 10); vgl. RG. 2. X. 86, Ziv. 18, 31; OLG. Wien 9. II. 09 (10, 13). Anders RG. 3. V. 93 (358), das das aus der Patenterteilung für das Deutsche Reich erwachsende Recht als eine in diesem befindliche Sache ansieht, PA. 12. VI. 11 (215), das in einem Patent ein auf dem Territorium des erteilenden Staates gelegenes Immobile sieht. Der Gerichtsstand des Vermögens wird für Ausländer gemacht § 12 durch den Wohnsitz des Vertreters oder den Sitz des Patentamts begründet s. § 12 Anm. 5 und § 6 Anm. 6.

2. **Übertragungsakt — Übertragungsvertrag.** Es ist zu unterscheiden zwischen der den Rechtsübergang unmittelbar mit sich bringenden Einigung, gewissermaßen der Übergabe des Rechts und dem diesem Übertragungsakt zugrunde liegenden Rechtsgeschäft. Erstere wirkt binglich, letztere nur obligatorisch. In der Regel werden beide zusammenfallen. Das Patentgesetz hat mit der Bestimmung über die Übertragbarkeit der Rechte nur erstere im Auge. Auch für die Umschreibung (§ 19) kommt es nur auf den Übertragungsakt an; dieser führt die Änderung in der Person des Patentinhabers (§ 19 Abs. 2) herbei. Das zugrunde liegende Rechtsgeschäft kann den verschiedensten Inhalt haben: Kauf, Tausch, Schenkung, Einbringung in eine Gesellschaft usw.

Die Form des Übertragungsaktes richtet sich nach den Vorschriften des bürgerlichen Rechts. Vgl. §§ 398, 413 BGB. Die Übertragung bedarf danach regelmäßig keiner Form. Die bloße Einigung bewirkt den Rechtsübergang. Die Umschreibung in der Patentrolle ist dazu nicht erforderlich; einen etwaigen Mangel der Übertragung kann sie nicht heilen. § 19 Anm. 3. RG. 13. II. 11 (218), Ziv. 75, 225; 29. V. 18 (19, 5). Geschieht jedoch bei Änderung in der Person des Patentinhabers die Umschreibung nicht so bleibt der frühere Patentinhaber nach Maßgabe dieses Gesetzes berechtigt und verpflichtet. § 19 Abs. 2; s. dort Anm. 4. Der Erwerber hat gegen denjenigen, auf den das Patent später auf Grund eines materiell unwirksamen Erwerbsgrundes in der Rolle umgeschrieben ist, Anspruch auf Bewilligung der Umschreibung. OLG. Hamm 15. I. 18 (107), Rechtsprechung der Oberlandesgerichte Bd. 37 S. 175.

3. Übertragung des Patentrechts. Wird das Patentrecht seinem ganzen Inhalt nach auf einen anderen übertragen, so tritt dieser materiellrechtlich an die Stelle des Veräußerers. Er kann das Patent weiter veräußern, darauf verzichten, Lizenzen bestellen usw. Zur Ausübung der Rechte und Pflichten des Patentinhabers im patentamtlichen und gerichtlichen Verfahren ist er dagegen erst nach der Umschreibung legitimiert. Er ist, wenn nicht ausnahmsweise etwas anderes vereinbart ist, befugt, von dem Veräußerer die Schaffung der Voraussetzungen für diese zu verlangen. RG. 3. V. 93 (358).

Bei der Übertragung des Vollrechts aus dem Patent wird es sich meist um Kauf handeln. Es greifen daher im allgemeinen die Grundsätze der §§ 433ff. BGB. Platz. Hierbei ist jedoch die besondere Natur des Kaufgegenstandes zu berücksichtigen. Der Patentinhaber darf sich auf die staatliche Erteilung seines Rechtes verlassen und kann unmöglich die verschiedenartigen Verhältnisse, die auf seinen Bestand und seine Durchführbarkeit von Einfluß sein können, kennen und übersehen. Seine Haftung muß demgemäß eine beschränkte sein. Vgl. RG. 3. II. 12 (222), Ziv. 78, 363, JWSchr. 1912 S. 478, Z. f. J. 1912 S. 210. In diesem Sinne ist der Patentkauf ein gewagtes Geschäft. RG. 10. VI. 11 (11, 250), 3. II. 12 cit. Der Verkäufer hat daher gemäß § 440 BGB. (Haftung für Erfüllung des Kaufvertrages) nach den Regeln der §§ 320–327 BGB. dafür einzustehen, daß das Patent erteilt und noch nicht erloschen ist, daß die Erfindung technisch ausführbar ist und daß keine Lizenzen bestehen, nicht aber dafür, daß das Patent nicht nichtig, nicht von einem älteren Patent abhängig ist, daß kein Vorbenutzungsrecht (§ 5) besteht, noch weniger dafür, daß die Ausübung der Erfindung nutzbringend ist. Wohl aber kann, wenn nach der Übertragung sich ein Umstand herausstellt, der den Wert oder die Ausübungsmöglichkeit des Patents erheblich beeinträchtigt (Vorbenutzungsrecht, Abhängigkeit), der Käufer nach den Grundsätzen der §§ 459ff. BGB. über die Gewährleistung wegen Mängeln Herabsetzung des Kaufpreises und unter Umständen sogar Rückgängigmachung des Kaufes verlangen (§ 462 BGB.). Bei Nichtigerklärung kann der Käufer weder Schadensersatz wegen des für die Zukunft wegfallenden Patentschutzes noch auch, da ja das Patent tatsächlich, wenn auch zu Unrecht, eine Zeitlang bestanden und ihm die Möglichkeit der Gewinnziehung gegeben hat, Rückerstattung des ganzen Kaufpreises verlangen, sondern nur einen entsprechenden Abzug davon machen. RG. 3. III. 88 (141), 12. II. 90 (117), vgl. 3. II. 12 cit. Dasselbe gilt bezüglich einer erst bekanntgemachten Anmeldung bei Versagung des Patents (§§ 23, 27). RG. 26. I. 05 (287). Der Verkäufer ist, falls die Patentschrift nicht die sämtlichen erforderlichen Erläuterungen enthält, sondern es zu nutzbringender Anwendung noch besonderer Kunstgriffe bedarf, zu deren Mitteilung verpflichtet. RG. 7. VI. 93 (481).

4. **Beschränkte Übertragung.** Eine reale Teilung des Patentrechts nach Gegenständen, Distrikten, Benutzungsarten usw. ist ausgeschlossen. Etwaige Abmachungen in dieser Richtung bei einer Übertragung haben keine dingliche, sondern nur obligatorische Wirkung.

Dagegen kann das Patentrecht zu einem ideellen Anteil auf einen anderen übertragen werden, so daß dieser Miteigentümer daran wird (s. § 19 Anm. 3).

Das Patent kann auf eine bestimmte Zeit übertragen werden mit der Wirkung, daß es nach deren Ablauf an den Veräußerer zurückfällt. Eine Umschreibung in der Rolle auf Zeit ist aber nicht zulässig. Die Umschreibung setzt eine glatte Übertragungserklärung voraus. S. § 19 Anm. 2.

5. **Lizenz.** Die Lizenz besteht in der Überlassung der Ausbeutung eines gewerblichen Schutzrechts an einen anderen. In der Regel geschieht diese gegen Entgelt, das entweder in der Form einer einmaligen Zahlung oder, wie meist, in der einer fortlaufenden Abgabe (Lizenzgebühr) entrichtet wird. Auch hier sind — vgl. Anm. 2 — der Akt der Lizenzerteilung und der über diese abgeschlossene Lizenzvertrag

zu unterscheiden. Im praktischen Verkehr werden allerdings beide in der Regel zusammenfallen.

Früher wurde, u. a. auch vom Reichsgericht, angenommen, daß die Erteilung der Lizenz auf eine patentierte Erfindung nur einen Verzicht des Patentinhabers auf sein Verbietungsrecht zugunsten des Lizenznehmers bedeute und daher nur obligatorische Beziehungen zwischen beiden erzeuge, nicht aber eine dingliche Wirkung äußere, so daß der Lizenznehmer nur Rechte gegen den Lizenzgeber, nicht aber auch gegen Dritte habe Vgl z. B. RG. 17. XII. 86 (99, 35). Diese Auffassung ist in neuerer Zeit in richtiger Würdigung der Verkehrsbedürfnisse, die nach einer Sicherstellung des Lizenznehmers hindrängen, fast allgemein aufgegeben und hat der Annahme Platz gemacht, daß eine Lizenz mit quasi-dinglicher Wirkung erteilt werden kann.

Wie sich das Recht des Lizenznehmers gestaltet, hängt im einzelnen Falle ganz von den Bestimmungen des Vertrages ab, in denen die Kontrahenten vollkommen frei sind (vgl. GRUR. 1914 S. 229). Im Zweifel wird den Verkehrsbedürfnissen entsprechend anzunehmen sein, daß ein quasidingliches Benutzungsrecht begründet werden sollte. RG. 16. I. 04, Ziv. 57, 38; 1. III. 11 (270), Ziv 75, 400, Z. f. J. 1911 S. 199.

a) Die ausschließliche Lizenz. Sie liegt vor, wenn jemandem das Recht auf alleinige Verwertung der patentierten Erfindung überlassen wird. Ihre rechtliche Natur besteht darin, daß ein quasi-dingliches Recht auf Ausübung des Patentrechts auf den Lizenznehmer übertragen wird. In ihrem Wesen ist daher die Ausschließlichkeit der Benutzung der Erfindung begründet. Der Lizenznehmer übt sonach, wie ein Patentinhaber, ein absolutes, gegen jedermann wirkendes Recht aus. Sein Recht bleibt einerseits von der Veräußerung des Patents an einen anderen Inhaber unberührt und kann nach Maßgabe der Vorschriften des BGB. (§§ 858, 1004) gegen Störungen durch Dritte verteidigt werden. Es ist in der Regel vererblich und veräußerlich, RG. 1. X. 13, M. u. W. 1913/14, 143, entweder ganz oder zeitlich, räumlich oder sachlich beschränkt. Anderseits entfaltet es die speziellen Wirkungen des Patents (§ 4): Der Lizenznehmer verfolgt kraft eigenen Rechts Patentverletzungen mit den Klagen des bürgerlichen Rechts und mit Strafantrag. RG. 16. I. 04 (220), Ziv. 57, 38; 4. VII. 05 (06, 8); 5. I. 07 (130); 17. IX. 13 (324), Ziv. 83, 93, JWSchr. 1913 S. 1152; 5. V. 14 (259), Z. f. JR. 1914 S. 215. Diese Befugnis ist unabhängig davon, ob der Patentinhaber, der ihm die Lizenz eingeräumt hat, in der Rolle eingetragen ist oder nicht; die Beschränkung des § 19 Abs. 2 gilt nur für den Patentinhaber. RG. 1. XI. 16 (153). Auch der Patentinhaber begeht, wenn er die Erfindung trotz der Lizenz benutzt, Patentverletzung. Nur der Lizenznehmer kann in seinem Bereiche Unterlizenzen erteilen. RG. 31. III. 09, Leipz. Zschr. 1909 S. 547; 26. II. 16, GRUR. 1916 S. 178, Z. f. JR. 1916 S. 111. Handelt es sich dagegen um das Patentrecht selbst, so ist lediglich der Patentinhaber berechtigt und verpflichtet. Er ist im Nichtigkeits-, Zwangslizenz- und Zurücknahmeverfahren der Beklagte; er ist in einem Streit um die Abhängigkeit des Patents von einem älteren Patent oder eines jüngeren Patents von dem Lizenzpatent aktiv oder passiv legitimiert. LG. I Berlin 8. I. 07 (154), vgl. RG. 7. VII. 94 Ziv. 33, 157. Der Patentinhaber ist aber in der Verfügung über das Patent durch die Lizenz insofern beschränkt, als er ohne Zustimmung des Lizenznehmers nicht wirksam auf das Patent verzichten kann (§ 9 Anm. 2).

Ergibt sich die Befugnis zur selbständigen Verfolgung von Patentverletzungen ohne weiteres aus der Ausschließlichkeit der Benutzung, so muß sie hinfällig werden, wenn mit Zustimmung des Lizenznehmers eine zweite selbständige Lizenz neben der seinen begründet wird. RG. 26. II. 16, GRUR. 1916 S. 178, Z. f. JR. 1916 S. 111

Die Lizenz kann mit Beschränkungen erteilt werden. Trotz ihrer liegt eine ausschließliche Lizenz vor, wenn der

Lizenznehmer innerhalb eines fest umgrenzten Bereichs zur Benutzung ausschließlich berechtigt ist, RG. 17. IX. 13 (324). Die Beschränkungen haben dingliche Wirkung, d. h. die Benutzung über die beschränkende Grenze hinaus steht nicht unter dem Lizenzrecht, sondern ist Patentverletzung, wenn sie das übertragene Recht selbst begrenzen (zeitlich, räumlich, sachlich z. B. auf einzelne der Benutzungshandlungen des § 4, auf eine bestimmte Art des Patentgegenstandes o. dgl.), dagegen nur obligatorische, wenn sie nur die Art der Ausübung dieses Rechts betreffen (z. B. Abmachungen über Preis, Art der Fabrikation u. dgl.). Vgl. RG. 21. XII. 05 (06, 166); OLG. Karlsruhe 16. IX. 04 (05, 142); RG. 26. III. 02, Ziv. 51, 139; OLG. München 2. X. 12 (14, 365), Z. f. JR. 1914 S. 226. Anders die amerikanische Rechtsprechung, die eine Benutzung der Erfindung, die derartigen Abmachungen (z. B. Bezug von Tinte für die patentierte Schreibmaschine von dem Patentinhaber) zuwiderläuft, als Patentverletzung ansieht. Entsch. des Obersten Gerichtshofs 11. III. 12 (13, 383).

b) Die einfache oder Erlaubnis-Lizenz. Eine solche liegt vor, wenn der Patentinhaber lediglich auf die Geltendmachung seines ausschließlichen Benutzungsrechts gegenüber dem Lizenznehmer verzichtet. Hierdurch entsteht nur eine vertragliche Beziehung zwischen ihnen beiden. Gegenüber Dritten hat der Lizenznehmer keine Rechte. Patentverletzungen verfolgt der Patentinhaber. Er ist hierzu dem Lizenznehmer gegenüber nur verpflichtet, wenn dies vereinbart ist. RG. 8. VII. 18, M. u. W. 1918/19, S. 58, Z. f. JR 1919 S. 12, Leipz. Zschr. 1919 S. 111. Der Patentinhaber kann weitere Lizenzen vergeben. Hat er sich dem Lizenznehmer gegenüber zu dem Gegenteil verpflichtet, so stehen diesem bei Zuwiderhandeln nur vertragliche Ansprüche zu. Die einfache Lizenz kann, außer mit dem Betrieb, für den sie erteilt ist, nicht weiter veräußert werden. Vgl. RG. 16. I. 04 (220), Ziv. 57, 38; 17. IX. 13 (324) cit.; 5 V. 14 (259) cit.; 1. X. 13, M. u. W. 1913/14 S. 143.

Der Lizenzerteilung liegt zugrunde der Lizenzvertrag. Es ist streitig, welches seine rechtliche Natur ist, ob Kauf oder Pacht oder etwa bei ausschließlicher Lizenz Kauf, bei gewöhnlicher Pacht oder eine besondere Art von Vertrag, dessen Rechtsregeln aus der Natur des Rechtsgeschäfts selbst zu entwickeln sind. Das RG. schwankt, vgl. RG. 5. I. 07 (130); 3. IV. 03 (04, 11); 1. XI. 08 (Warnegers Rechtsprechung des RG. 2 Nr. 155); 9. XI. 08, Z. f. J. 1909, 235; 1. III. 11 (270) Ziv. 75, 400; 3. II. 12 (222), JWSchr. 1912, 478, Ziv. 78, 363. Vgl. auch Hanseat. OLG. 14. VI. 10 (11, 125). Man wird den Lizenzvertrag als einen Vertrag besonderer Art anzusehen haben, dessen Rechtsregeln den jeweiligen Abmachungen zu entnehmen sind. Hierbei ist davon auszugehen, daß nicht die Übertragung eines Rechts, sondern die Verschaffung der tatsächlichen wirtschaftlichen Ausnutzung einer als patentfähig geltenden und formell patentierten Erfindung bezweckt wird. Solange die Vorteile dieser Ausnutzung gewährt werden, wird der Vertrag erfüllt, wenn auch das Patent in Wahrheit materiell nichtig ist. Ferner ist zu berücksichtigen, daß der Lizenzvertrag — wie der Patentkauf — ein gewagtes Geschäft ist, d. h. seinem Wesen nach stets ein gewisses Risiko bedingt, RG. 3. II. 12 cit. Der Lizenzgeber haftet hiernach dafür, daß die Erfindung patentiert und das Patent noch nicht erloschen ist, daß er befugt ist, darüber zu verfügen (GRUR. 1914 S. 241ff.), und daß die Erfindung technisch ausführbar ist, RG. 3. II. 12 cit.; 12. IV. 13, Z. f. JR. 1913, 186; 13. IV. 18, Z. f. JR. 1919, 12; vgl. auch 12. XII. 04 (05, 229); nicht aber für den materiellen Rechtsbestand des Patents, RG. 3. II. 12 cit., Unabhängigkeit von älteren Patenten (Mitteil. 1918 S. 93), vgl. aber RG. 23. II. 01 (169), Nichtvorhandensein von Vorbenutzungsrechten, RG. 3. II. 12 cit.; nutzbringende Verwertbarkeit, RG. 1. III. 11 cit.; 9. XI. 08 cit. Die Nichtigkeitserklärung macht den Vertrag nicht von Anfang an ungültig, denn die wirtschaftlichen Vorteile sind bis dahin gewährt. Der Lizenzgeber hat keinen Schadensersatz für den in Zukunft fortfallenden Patentschutz zu leisten. Aber der Lizenznehmer kann vom Vertrage mit Wirkung für die Zukunft zurücktreten und wird von der Zahlung der Lizenzgebühren von nun an frei; was er für die Zeit des formalen Bestandes des Patents gezahlt hat, kann er nicht zurückfordern, RG. 17. XII. 86 (99, 35); 1. III. 11 cit., 3. II. 12 cit. Die Grundsätze bezüglich der Nichtigkeitserklärung gelten entsprechend beim Hervortreten eines Vorbenutzungsrechts, RG. 3. II. 12 cit. Nach der neueren Rechtsprechung des Reichsgerichts ist das Rücktrittsrecht auch schon vor der Nichtigkeitserklärung gegeben, wenn die Nichtigkeit des Patents offenbar wird und der Lizenznehmer somit die Vorteile der konkurrenzlosen Benutzung der Erfindung nicht mehr genießt, RG. 21. XI. 14 (15, 104), Ziv. 86, 45, GRUR. 1915, 15, JWSchr. 1915, 196; 18. XII. 15 (16, 68), GRUR. 1916, 149; RG. 13. X. 15, GRUR. 1916, 63. Vgl. GRUR. 1915 S. 12, M. u. W. 1914/15, 251, GRUR. 1916, 17. Dem Inhaber einer einfachen Erlaubnislizenz haftet der Lizenzgeber nicht für die technische Ausführbarkeit, RG. 1. III. 11 cit.

Ein Gegenstand, der in Ausübung eines Lizenzrechts hergestellt oder in Verkehr gebracht worden ist, bleibt bei seinen weiteren gewerblichen Schicksalen patentfrei. Dies gilt auch von der bloß obligatorischen Lizenz, hier jedoch nur gegenüber dem Lizenzgeber. Ist z. B. ein Gegenstand während der Lizenzzeit hergestellt, so kann er danach frei verkauft werden, und der Käufer kann ihn unbehindert benutzen. RG. 21. XII. 05 (06, 166). Diese weiteren Benutzungshandlungen sind als Fortsetzung der ersten anzusehen. Vgl. § 4 Anm. 3 Abs. 2.

Das Lizenzrecht wird nicht in der Patentrolle vermerkt, vgl § 19 Anm 2 Eine trotzdem geschehene Eintragung schützt den eingetragenen nicht gegen den Vorwurf der Patentverletzung, wenn inzwischen das Lizenzrecht erloschen ist. RG. 21 XII 05 cit.

6 **Zwangsvollstreckung.**

Als veräußerliche Vermögensrechte unterliegen der Anspruch auf Erteilung des Patents (das Recht aus der Anmeldung, § 3 Abs. 1), und das Recht aus dem Patent der Zwangsvollstreckung. Vgl. RG. 9. XI. 82 (101); 3. X. 02 (03, 138), Ziv. 52, 227. Das Erfinderrecht (s. § 3 Anm. 1 u. § 6 Anm. 1) unterliegt, solange es den Persönlichkeitsbereich des Erfinders noch nicht verlassen hat, nicht der Zwangsvollstreckung. Vgl. OLG. Köln 11. X. 06 (07, 236), Z. f. JR. 1907 S. 283; GRUR. 1919 S. 18. Streitig. Anders liegt der Fall RG. 8. VII. 97 (98, 3), Erzwingbarkeit der Niederschrift einer gemachten Erfindung.

Der Anspruch auf Erteilung eines Patents und das Patentrecht selbst gehören zu den im § 857 ZPO. gedachten „anderen Vermögensrechten". Auf die Zwangsvollstreckung in diese Rechte findet daher der genannte Paragraph Anwendung. Die Pfändung wird wirksam durch Zustellung des Pfändungsbeschlusses an den Schuldner. Rücksichtlich der Erteilung eines Patents ist das Patentamt nicht Drittschuldner im Sinne des § 829 ZPO. Erfolgt daher eine Vorpfändung gemäß § 845 ZPO., so wird der Antragsteller dahin beschieden, daß das Patentamt nicht Drittschuldner sei und deshalb von der Benachrichtigung nicht berührt werde. Ebenso ist eine etwa auf Grund des § 840 ZPO. verlangte Erklärung abzulehnen.

Wird dem Patentamt die Pfändung einer Patentanmeldung oder eines Patents nachgewiesen, so wird dies zu den Patentakten vermerkt; ein Vermerk in der Patentrolle findet nicht statt. Ein späterer Umschreibungsantrag gemäß § 19 Abs. 2 ist abzulehnen (§ 19 Anm. 3a). Die Zurücknahme der Anmeldung und der Verzicht auf das Patent ohne Einwilligung des Pfandgläubigers sind wirkungslos (§ 9 Anm. 2, § 19 Anm. 2).

Ein Antrag auf Umschreibung einer Patentanmeldung oder eines Patents auf Grund einer gerichtlichen Überweisung kann keinen Erfolg haben, da eine solche Überweisung gemäß § 835 ZPO. ausgeschlossen ist. Die exekutivische Verwertung einer gepfändeten Patentanmeldung oder eines gepfändeten Patents kann vielmehr nur durch eine besondere Anordnung des Vollstreckungsgerichts nach Maßgabe des § 857 ZPO. erfolgen. Ein der Pfändung und Überweisung fähiger Anspruch gegen das PA. auf Herausgabe der Patenturkunde besteht nicht. Die Herausgabe der Patenturkunde an eine andere Person als den Patentinhaber kann nur auf Anordnung des Vollstreckungsgerichts erfolgen. Liegt eine solche Anordnung nicht vor, so ist die Urkunde dem Patentinhaber zuzustellen.

Das Recht aus einer der Anmeldung und das Recht aus dem Patent unterliegen, auch wenn sie einem Auswärtigen gehören und demgemäß als im Auslande belegene Vermögensstücke anzusehen sind (§ 6 Anm. 1), der inländischen Gerichtsgewalt (§ 12 Anm. 5) und damit auch der inländischen Zwangsvollstreckung. Eine Vollstreckungsmaßnahme einer ausländischen Behörde kann zur Umschreibung eines Patents in der Rolle nicht führen, § 19 Anm. 3a.

Da der Anspruch auf Patenterteilung und das Patentrecht der Zwangsvollstreckung unterliegende Vermögensstücke sind, werden sie nach § 1 der Konkursordnung vom Konkurse des Anmelders und des Patentinhabers ergriffen. Die nach der Konkurseröffnung eingereichte Anmeldung fällt nicht in die Konkursmasse. Mit der Eröffnung des Konkursverfahrens verliert der Gemeinschuldner die Befugnis der Verfügung über die Anmeldung und das Patent; das Verfügungsrecht wird durch den Konkursverwalter ausgeübt. § 6 Konk.-Ord. Auch die Empfangnahme von Zustellungen gehört zur Verfügung; die Zustellung eines Beschlusses an den Anmelder selbst kann daher die gesetzliche Frist nicht in Lauf setzen.

§ 7.

Die Dauer des Patents ist fünfzehn Jahre; der Lauf dieser Zeit beginnt mit dem auf die Anmeldung der Erfindung folgenden Tage. Bezweckt eine Erfindung die Verbesserung oder sonstige weitere Ausbildung einer anderen, zugunsten des Patentsuchers durch ein Patent geschützten Erfindung, so kann dieser die Erteilung eines Zusatzpatents nachsuchen, welches mit dem Patent für die ältere Erfindung sein Ende erreicht.

Wird durch die Erklärung der Nichtigkeit des Hauptpatents ein Zusatzpatent zu einem selbständigen Patent, so bestimmt sich dessen Dauer und der Fälligkeitstag der Gebühren nach dem Anfangstage des Hauptpatents. Für den Jahresbetrag der Gebühren ist der Anfangstag des Zusatzpatents maßgebend. Dabei gilt als erstes Patentjahr der Zeitabschnitt zwischen dem Tage der Anmeldung des Zusatzpatents und dem nächstfolgenden Jahrestage des Anfangs des Hauptpatents.

I. **Dauer des Patents.** Da der Patentschutz erst mit der Bekanntmachung (§ 23) eintritt, dauert er stets weniger als fünfzehn Jahre. Mit Ablauf dieser Zeit tritt ohne weiteres das Aufhören des Patentrechts ein. Nach dem Ges. betr. eine verlängerte Schutzdauer bei Patenten und Gebrauchsmustern usw., vom 27. IV. 20 (RGBl. S. 675), s. III, 7, kann, wenn ein Patent während des Krieges nicht in einer seiner wirtschaftlichen und technischen Bedeutung entsprechenden Weise hat ausgenutzt werden können, seine gesetzliche Lebensdauer auf Antrag durch Einschiebung eines Zeitraums von fünf Jahren (1. VIII 14 b s 31 VII. 19) verlängert worden.

Der Lauf der fünfzehnjährigen Zeit beginnt mit dem auf die Anmeldung folgenden Tage, also mit Anfang des Tages, so daß dieser bei Berechnung der Frist mitgezählt wird. Dieser Tag ist maßgebend, auch wenn er ein Sonn- oder Feiertag ist, PA. 29. VIII. 94 (94/95, 55). Auch für den Ablauf der Frist ist es gleichgültig, ob der letzte Tag ein Sonn- oder Feiertag ist. Also z. B. Anmeldung 15. III. 1905, Beginn der

Frist 16. III. 1905, Ablauf 15. III. 1920; ferner Anmeldung 29. II. 1904, Beginn 1. III. 1904, Ablauf 28. II. 1919. Vgl. §§ 187 Abs. 2 und 188 Abs. 2 BGB. Der § 193 daselbst findet nicht Anwendung, da weder eine Willenserklärung abzugeben, noch eine Leistung zu bewirken ist.

Durch die Tatsache der Einreichung der Anmeldung, d. h. des Zugehens der die Offenbarung der Erfindung mit dem Antrage auf Patenterteilung enthaltenden Eingabe bei dem Patentamt (§ 20 Anm. 1) wird der Anfang der Dauer unverrückbar festgelegt. Eine Verlegung des Anfangstermins ist daher nicht möglich. PA. 29. VIII. 94 (94/95, 55). Auch für die sog. abgezweigten Anmeldungen, d. h. wegen Mangels der Einheitlichkeit (§ 20 Anm. 2) ausgeschiedenen und in einem besonderen Verfahren weiter verfolgten Anmeldungsteile gilt nichts anderes, da es sich hier nur um die Fortsetzung einer bezüglich des betreffenden Teils bereits anhängigen Anmeldung handelt.

Der Anfangstag wird von dem Patentamt stets mit dem Patenterteilungsbeschluß ausdrücklich festgestellt und in der Patentrolle vermerkt, § 19 Abs. 1. Die Feststellung bildet einen Teil der Sachentscheidung auf den Patenterteilungsantrag, PA. 3. VI. 10 (232). Sie ist unabänderlich und bleibt für die Patentdauer und demgemäß für das Datum des Beginns der einzelnen Patentjahre maßgebend. Für die Beurteilung der Priorität ist sie nicht bindend. Deren Nachprüfung ist allgemein statthaft und geboten, sowohl im gerichtlichen wie im patentamtlichen Verfahren (Prüfung gemäß § 3 Abs. 1). PA. 5. XII. 08 (09, 155), anders PA. 18. IV. 08, Z. f. JR. 1909 S. 187. Ergibt sich z. B. im Nichtigkeitsverfahren, daß die den Gegenstand des Patents bildende Erfindung erst nach dem festgesetzten Anmeldetage zur Kenntnis des Patentamts gebracht worden ist, so ist der Entscheidung der spätere Zeitpunkt zugrunde zu legen. Vgl. § 10 Anm. 3.

8. Zusatzpatent. Die Berechtigung der Nachsuchung eines Zusatzpatents ist eine Vergünstigung für den Inhaber eines Patents, der die geschützte Erfindung durch eine neue weiter ausgebaut hat. Bei Vorhandensein der Voraussetzungen kann ein Zusatzpatent nachgesucht werden. Der Anmelder hat also die Wahl, ob er ein solches oder ein selbständiges Patent anmelden will. An die erste Wahl ist er nicht gebunden. Er kann den Antrag jederzeit während des Erteilungsverfahrens ändern; auch nach der Bekanntmachung (§ 23), eine nochmalige Bekanntmachung wird dadurch nicht erforderlich. Ist jedoch das Patent einmal rechtskräftig erteilt, so kann die Umwandlung nicht mehr stattfinden, da das Erteilungsverfahren nicht wieder aufgenommen werden kann. PA. 27. II. 02 (204).

Das Verhältnis des Zusatzpatents zum Hauptpatent äußert sich nur darin, daß seine Dauer durch die des Hauptpatents begrenzt ist und daß außer der Erteilungsgebühr keine Jahresgebühren zu zahlen sind, die Zahlungen für das Hauptpatent also das Zusatzpatent gleichzeitig mit am Leben erhalten (s. § 8 Anm 3). Im übrigen ist das Zusatzpatent ein Patent wie jedes andere. Auch seine Anmeldung unterliegt den allgemeinen Regeln (§ 20).

Ein Zusatzpatent kann auch zu einem Zusatzpatent erteilt werden; letzteres ist ihm gegenüber dann das Hauptpatent. Zu einem Hauptpatent können mehrere Zusatzpatente genommen werden; nicht aber ein Zusatzpatent zu mehreren Hauptpatenten PA. 17. III 00 (M. u. W. 1909/10, S. 151).

Die Voraussetzungen für ein Zusatzpatent sind:

a) Eine Erfindung, welche die Verbesserung oder sonstige weitere Ausbildung einer anderen Erfindung bezweckt. Die Prüfung einer Zusatzanmeldung unterliegt denselben Grundsätzen, wie die einer selbständigen Anmeldung. Insbesondere ist der Begriff der Erfindung nicht anders zu bestimmen, als im Falle einer Hauptanmeldung. Vgl. PA. 7. II. 95 (96, 146), RG. 26. I. 97 (145). Ist die Zusatzerfindung bereits in der Patentschrift des Hauptpatents beschrieben, so schließt diese wenn sie vor der Zusatzanmeldung im Druck erschienen ist, die Neuheit der Zusatzerfindung aus. Auch die Einheitlichkeit einer Zusatzerfindung ist nach den für die sonstigen Erfindungen geltenden Grundsätzen selbständig zu prüfen; sie wird, falls es sich um mehrere Neuerungen handelt, dadurch allein nicht hergestellt, daß jede dieser Neuerungen für sich im Zusatzverhältnis zu dem Inhalte des Hauptpatents steht.

Bei der Verbesserung wird es sich regelmäßig um eine technische Unterordnung handeln und das Zusatzpatent von dem Hauptpatent abhängig (vgl. § 4 Anm. 3c) sein. Die sonstige weitere Ausbildung kann über den Rahmen der Haupterfindung hinausgehen. Ist z. B. durch ein Patent ein Verfahren geschützt, nach welchem unter Verwendung eines bestimmten Körpers ein bestimmtes Endprodukt gewonnen wird, so kann dem Patentinhaber, der gefunden hat, daß das Verfahren auf die die analogen Körper umfassende Klasse generell anwendbar ist, auf diese allgemeine Anwendung des Verfahrens ein Zusatzpatent erteilt werden. PA. 1. XI. 99 (01, 129).

Die Erfindung selbst, nicht der konkrete Erfindungsgegenstand, muß die Grundlage bilden. Ein Verfahren kann daher zusätzlich zu einer Vorrichtung patentiert werden. PA. 11. XI. 13 (Z. f. JR. 1914 S. 135).

Es genügt, wenn nur ein Teil der Haupterfindung verbessert oder anderweitig ausgebildet werden soll. Das Zusatzpatent ist jedoch, auch wenn es auf einen einzelnen Anspruch des Hauptpatents Bezug nimmt, als Zusatz zu dem ganzen Hauptpatent erteilt anzusehen, so daß es bei Erklärung der Nichtigkeit dieses Anspruchs Zusatzpatent bleibt. PA. 30. V. 08 (259).

Das Zusatzverhältnis wird dadurch nicht ausgeschlossen, daß die Zusatzerfindung noch anderen Zwecken als dem der weiteren Ausbildung der Haupterfindung dienen soll.

b) Die Haupterfindung muß durch ein älteres Patent geschützt sein. Ein Zusatzpatent kann daher erst nach der rechtskräftigen Erteilung des Hauptpatents erteilt werden. Es kann nur erteilt werden, wenn das Hauptpatent noch besteht; bei Schweben des Nichtigkeitsverfahrens gegen das Hauptpatent kann das Erteilungsverfahren ausgesetzt werden. Angemeldet werden kann es dagegen schon vorher. Die Hauptanmeldung muß jedoch nach den Regeln des Patentgesetzes (nicht des Unionsvertrages!) die ältere sein. Die Bekanntmachung gemäß § 23 hat regelmäßig bis zu der der Hauptanmeldung zu unterbleiben.

c) Identität der Person des Inhabers des Hauptpatents und des Zusatzpatents. Ohne sie kann die Zusatzanmeldung nicht zum Ziele führen; sie muß daher insbesondere zur Zeit der Erteilung des Zusatzpatents vorliegen. Ihr Mangel kann in jedem Stadium des Verfahrens zur Zurückweisung der Anmeldung oder Versagung des Patents führen. Der Mangel kann durch Herbeiführung der Identität, vermittelst Übertragung des Hauptpatents oder der Zusatzanmeldung, beseitigt werden.

Berechtigt zur Zusatzanmeldung ist nur der Inhaber des Hauptpatents oder, wenn die Hauptanmeldung noch schwebt, deren Anmelder. Eine andere Berechtigung an dem Hauptpatent (Nießbrauch, Pfandrecht usw.) genügt nicht; auch ein einzelner Mitinhaber des Hauptpatents kann ein Zusatzpatent nicht anmelden. Für die Inhaberschaft ist nicht das materielle Recht, sondern der Inhalt der Patentrolle maßgebend, § 19 Abs. 2.

Nach der Erteilung des Zusatzpatents kommt das Erfordernis der Personenidentität in Fortfall. Hauptpatent und Zusatzpatent können jedes für sich auf einen beliebigen Dritten übertragen werden.

3. **Endigung des Hauptpatents.** Der Ablauf der Dauer des Zusatzpatents fällt mit dem der (fünfzehnjährigen) Dauer des Hauptpatents zusammen. Das Zusatzpatent muß aber auch untergehen, wenn das Hauptpatent infolge Nichtzahlung der Jahresgebühren erlischt; denn kein Patent kann ohne Gebührenzahlung bestehen, und eine selbständige Zahlung für das Zusatzpatent findet nach § 8 Abs. 2 nicht statt.

Im übrigen zieht der Untergang des Hauptpatents den des Zusatzpatents nicht nach sich. Das Zusatzpatent wird selbständig. Bezüglich der Nichtigkeitserklärung bestimmt das Gesetz dies ausdrücklich. Es muß aber auch für den Verzicht und die Zurücknahme gelten. Bestanden mehrere Zusatzpatente zu dem Hauptpatent, so werden sie sämtlich selbständige Patente. Bei Untergang eines Zusatzpatents rückt das zu diesem erteilte Zusatzpatent unmittelbar in die Stelle eines Zusatzpatents zum Hauptpatent. Das selbständig gewordene Zusatzpatent unterliegt von nun an der Gebührenpflicht. Bei Verzicht und Zurücknahme sind die Jahresgebühren so weiter zu zahlen als ob das Hauptpatent noch bestände. Die besondere Gebührenberechnung gilt nur bei Nichtigkeitserklärung des Hauptpatents; Beispiel: Läuft das Hauptpatent vom 1. I. 00 und wird durch dessen Vernichtung am 20. IV. 07 ein am 16. VI. 04 angemeldetes Zusatzpatent selbständig, so läuft dieses mit dem 31. XII. 14 ab und es ist am 1. I. 08 zum erstenmal eine selbständige Gebühr für das Zusatzpatent fällig. Diese beträgt, da das erste Patentjahr des letzteren vom 17. VI. 04 bis 31. XII. 04 lief, also am 1. I. 05 die zweite Jahresgebühr fällig gewesen wäre, 200 M. (vgl. § 8). Bei gleichzeitiger Vernichtung des Haupt- und des Zusatzpatents richtet sich die Gebührenpflicht des Zusatzes zum Zusatz nach dem Hauptpatent.

Daß der Untergang des Zusatzpatents das Hauptpatent nicht berührt, ist selbstverständlich.

§ 8.

Für jedes Patent ist vor der Erteilung eine Gebühr von dreißig Mark zu entrichten (§ 24 Absatz 1).

Mit Ausnahme der Zusatzpatente (§ 7) ist außerdem für das Patent mit Beginn des zweiten und jedes folgenden Jahres der Dauer eine Gebühr zu entrichten, welche das erste Mal fünfzig Mark beträgt und weiterhin jedes Jahr um fünfzig Mark steigt.

Diese Gebühr (Absatz 2) ist innerhalb sechs Wochen nach der Fälligkeit zu entrichten. Nach Ablauf der Frist kann die Zahlung nur unter Zuschlag einer Gebühr von zehn Mark innerhalb weiterer sechs Wochen erfolgen.

Einem Patentinhaber, welcher seine Bedürftigkeit nachweist, können die Gebühren für das erste und zweite Jahr der Dauer des Patents bis zum dritten Jahre gestundet und, wenn das Patent im dritten Jahre erlischt, erlassen werden.

Die Zahlung der Gebühren kann vor Eintritt der Fälligkeit erfolgen. Wird auf das Patent verzichtet oder dasselbe für nichtig erklärt oder zurückgenommen, so erfolgt die Rückzahlung der nicht fällig gewordenen Gebühren.

Durch Beschluß des Bundesrats kann eine Herabsetzung der Gebühren angeordnet werden.

1. **Gebühren.** Der § 8 behandelt die zur Aufrechterhaltung des Patentschutzes zu zahlenden Jahresgebühren. Die erste Jahresgebühr (Erteilungsgebühr), § 8 Abs. 1, ist nach Begründung des einstweiligen Schutzes (§ 23 Abs. 1), die weiteren Jahresgebühren (§ 8 Abs. 2) nach Begründung des endgültigen Schutzes (§ 27 Abs. 1) zu zahlen.

Außer den Jahresgebühren kennt das Patentgesetz noch die Anmeldegebühr (§ 20), die Beschwerdegebühr (§ 26) und die mit dem Antrage auf Nichtigkeitserklärung oder Zurücknahme zu zahlende Gebühr (§ 28).

Eine Stundung oder einen Erlaß anderer Gebühren, als der ersten und zweiten Jahresgebühr (§ 8 Abs. 4) kennt das Patentgesetz nicht. S. aber Anm. 5, Schluß.

2. **Erste Jahresgebühr.** Die vor der Erteilung zu zahlende Gebühr von 30 M. ist die erste Jahresgebühr (§ 24 Abs. 1). Sie ist innerhalb zweier Monate nach der Veröffentlichung

der Anmeldung im Reichsanzeiger (§ 23) zu entrichten. Andernfalls gilt die unwiderlegliche Vermutung der Zurücknahme der Anmeldung. Über Stundung und Erlaß der ersten Jahresgebühr s. Anm. 5. Wird die Anmeldung nach der Veröffentlichung (§ 23) zurückgenommen oder wird das Patent versagt, so wird nach § 27 die eingezahlte Jahresgebühr erstattet. Die erste Jahresgebühr ist auch für Zusatzpatente zu zahlen, während diese im übrigen von der Zahlung der Jahresgebühren befreit sind, § 7 Anm. 2.

3. **Die weiteren Jahresgebühren.** Von dem Beginn des zweiten Patentjahres an sind behufs Aufrechterhaltung des Patents jährlich Gebühren in steigendem Betrage zu entrichten. Bleibt die Zahlung aus, so erlischt nach § 9 das Patent, nebst dem Zusatzpatent (s. § 7 Anm. 2). Dieser Zwang soll die Industrie von wertlosen Patenten, deren Ertrag die Zahlung nicht lohnt, befreien. Die Gebühren sind für die Patentjahre im voraus zu zahlen.

Es sind zu entrichten:

für das	1. Jahr	30 M.
	2.	50 „
	3.	100
	4.	150
	5.	200
	6.	250
	7.	300
	8.	350
	9.	400
	10	450
	11	500
	12	550
	13.	600
	14.	650
	15.	700 „
	zusammen	5280 M.

4. **Fälligkeit. Zahlungsfristen.** Die Fälligkeit der zweiten und der folgenden Jahresgebühren tritt in jedem Jahre mit dem Beginn des Jahres der Dauer des Patents ein, d. h. in dem Zeitpunkt, in dem der Tag beginnt, der dem Tag des Beginns des Laufes der Patentdauer (§ 7 Abs. 1) entspricht. Dieser Tag wird in der Patenturkunde (§ 27) angegeben. Ist also das Patent z. B. am 5. VI. 1918 angemeldet, so werden die Jahresgebühren in jedem folgenden Jahre mit Beginn des 6. VI. fällig. Dieser Tag hat nicht die Bedeutung eines Tages, an dem die Zahlung zu bewirken ist. Es ist daher unerheblich, ob er ein Sonn- oder Feiertag ist (§ 193 BGB.). Voraussetzung für die Fälligkeit der zweiten und der folgenden Jahresgebühren ist, daß ein Patent besteht. Denn die Gebühren werden „für das Patent" entrichtet. Hat sich daher das Patenterteilungsverfahren über den Beginn des zweiten und ev. folgender Patentjahre hinaus erstreckt, so werden die bis dahin aufgelaufenen Jahresgebühren erst mit der Rechtskraft des Erteilungsbeschlusses fällig, PA. 15. XII. 00 (01, 39), 18. II. 05 (99), 9. IV. 06 (183); darüber, wann diese Rechtskraft eintritt, vgl. § 27 Anm. 1. Beispiel: Anmeldetag 15. I. 04. Patenterteilung am 5. III. 08. Es werden fällig am 5. III. 08 die 2. Jahresgebühr (bei früherer Patenterteilung zahlbar am 16. I. 05), die 3. (16. I. 06), die 4. (16. I. 07) und die 5. (16. I. 08), zusammen 500 M. Diese Gesamtgebühr, zu der die aufgelaufenen Gebühren verschmelzen, bildet rechtlich eine Einheit. Die Fälligkeit der weiteren Jahresgebühren bleibt hiervon unberührt; sie tritt gemäß der Regel mit dem 16. I. ein, so daß am 16. I. 09 die nächste Gebühr von 250 M. zu entrichten ist.

Mit dem Zeitpunkt der Fälligkeit beginnt eine Zahlungsfrist von 6 Wochen, an die sich unmittelbar eine zweite ebenso lange Frist anschließt. Die Zahlung ist rechtzeitig, wenn sie vor Ablauf dieser zweiten Frist erfolgt. Ist die erste Frist versäumt, so erhöht sich die Gebühr um 10 M. Zuschlagsgebühr. Die Zuschlagsgebühr ist nur einmal zu entrichten, auch wenn der Fall der Säumnis bezüglich mehrerer Jahresgebühren gleichzeitig eintritt, da dann nur eine Säumnis vorliegt. PA. 12. VII. 95 (94/95, 270); Mitteil. 1912 S. 73. Beispiel: Anmeldung 1. XII. 18, Fälligkeit der dritten Jahresgebühr 2. XII. 20, Ablauf der ersten Sechswochenfrist 12. I. 21, Patenterteilung 1. XII. 20, Fälligkeit der zweiten Jahresgebühr an diesem Tage, Ablauf der ersten Sechswochenfrist 12. I. 21, also gleichzeitiger Ablauf der beiden Fristen. Für die Berechnung der Fristen sind die Vorschriften des BGB. maßgebend, wo es im § 186 heißt: für die in Gesetzen enthaltenen Frist- und Terminbestimmungen gelten die Auslegungsvorschriften der §§ 187 bis 193. PA. 1. XII. 00 (01, 9); 27. XI. 01 (02, 4). Von letzteren besagt § 187:

Ist für den Anfang einer Frist ein Ereignis oder ein in den Lauf eines Tages fallender Zeitpunkt maßgebend, so wird bei der Berechnung der Frist der Tag nicht mitgerechnet, in welchen das Ereignis oder der Zeitpunkt fällt.

Ist der Beginn eines Tages der für den Anfang einer Frist maßgebende Zeitpunkt, so wird dieser Tag bei der Berechnung mitgerechnet.

§ 188. Eine nach Tagen bestimmte Frist endigt mit dem Ablauf des letzten Tages der Frist.

Eine Frist, die nach Wochen, nach Monaten oder nach einem mehrere Monate umfassenden Zeitraum – Jahr, halbes Jahr, Vierteljahr – bestimmt ist, endigt im Falle des § 187 Abs. 1 mit dem Ablaufe desjenigen Tages der letzten Woche oder des letzten Monats, welcher durch seine Benennung oder seine Zahl dem Tage entspricht, in den das Ereignis oder der Zeitpunkt fällt, im Falle des § 187 Abs. 2 mit dem Ablaufe des Tages der letzten Woche oder des letzten Monats, welcher dem Tage vorhergeht, der durch seine Benennung oder seine Zahl dem Anfangstage der Frist entspricht. Fehlt bei einer nach Monaten bestimmten Frist in dem letzten Monate der für ihren Ablauf maßgebende Tag, so endigt die Frist mit dem Ablauf des letzten Tages dieses Monats.

§ 193. Ist an einem bestimmten Tage, oder innerhalb einer Frist eine Willenserklärung abzugeben oder eine Leistung zu bewirken und fällt der bestimmte Tag oder der letzte Tag der Frist auf einen Sonntag oder einen am Erklärungs- oder Leistungsorte staatlich anerkannten allgemeinen Feiertag, so tritt an die Stelle des Sonntags oder des Feiertags der nächstfolgende Werktag.

Die Anwendung dieser Bestimmungen auf die Jahresgebühren ergibt folgendes:

I. Für den Regelfall, in dem die Fälligkeit mit Beginn des Patentjahres eintritt, läuft die Zahlungsfrist mit dem Anfang des ersten Tages dieses Jahres. Dieser Tag wird also mitgerechnet. Es findet § 187 Abs. 2 BGB. Anwendung Beispiel: Jahrestag des Beginns der Patentdauer 1. V., Ablauf der ersten Sechswochenfrist 11. VI., Beginn der zweiten Sechswochenfrist mit Anfang des 12. VI., Ablauf am 23. VII. Fällt der letzte Tag der ersten Sechswochenfrist auf einen Sonn- oder Feiertag, so verlängert sich die Frist um den nächsten Werktag und die zweite Sechswochenfrist beginnt mit dem auf diesen Werktag folgenden Tag. PA. 17. XII. 14 (15, 7), Mitteil. v. V. d. PAnw. 1914 S. 178.

II. Tritt die Fälligkeit mit der Rechtskraft des Patenterteilungsbeschlusses ein, so ist für den Anfang der Frist ein Ereignis oder ein in den Lauf eines Tages fallender Zeitpunkt maßgebend. Der Tag, an dem die Rechtskraft eintritt, wird also nicht mitgerechnet. Es findet § 187 Abs. 1 BGB. Anwendung. Beispiel: Beginn der Patentdauer 7. VIII. 06, Rechtskraft des Erteilungsbeschlusses 30. IV. 08, Beginn der ersten Sechswochenfrist für die Zahlung der zweiten Jahresgebühr 1. V. 08, Ablauf dieser Frist 11. VI., Ablauf der zweiten Frist 23. VII. 08.

Bezüglich der Zahlung s. § 9 Anm. 4.

Die in die Kriegszeit (1. VIII. 14 bis 10. I. 20) gefallenen Zahlungsfristen sind nach Maßgabe der Bestimmungen des

FB. u. d. AusfG. z. FB. bis zum 10. I. 21 verlängert. S. unten III, 5 u. 6.

Das Gesetz betr. eine verlängerte Schutzdauer bei Patenten und Gebrauchsmustern usw., v. 27. IV. 20 (RGBl. S. 675), s. III, 7, sieht eine Fälligkeitsverschiebung und Verrechnung der Gebühren für die Zeit vom 1. VIII. 14 bis 31. VII. 19 vor.

5. **Stundung. Erlaß.** Die erste und die zweite Jahresgebühr können bei Nachweis der Bedürftigkeit gestundet werden. Die Stundung besteht nicht in einer Verlegung des Fälligkeitszeitpunktes, sondern in einer Erstreckung der Zahlungsfrist. Sie ersetzt insofern die Zahlung, als bis zum Ablauf der gesetzten Stundungsfrist die Rechtsfolge der Nichtzahlung (Anm. 2 u. 3) nicht eintreten kann.

Die Hinausschiebung der Zahlung kann längstens bis zum dritten Patentjahre erfolgen, und zwar bei Zusatzpatenten bis zum dritten Jahre des Zusatz-, nicht etwa des Hauptpatents. Der äußerste Termin ist daher der Beginn des dritten Jahres, d. h. bei Hauptpatenten der Zeitpunkt der Fälligkeit der dritten Jahresgebühr. Letzterer Zeitpunkt ist auch maßgebend, wenn das Erteilungsverfahren sich über den Beginn des dritten Patentjahres hinaus erstreckt, PA. 18. II. 05 (99). Die gestundete Gebühr ist somit bei längster Stundung stets mit der dritten Jahresgebühr zusammen zahlbar. Sie verschmilzt mit ihr zu einer einheitlichen Gesamtgebühr, die innerhalb der für die dritte Jahresgebühr geltenden Zahlungsfristen zu entrichten ist. Anders bei Zusatzpatenten, da hier eine weitere als die erste Jahresgebühr nicht fällig wird. Sie ist daher stets vor Ablauf der Stundungsfrist zu zahlen. Anderenfalls tritt, wenn der Stundungstermin vor der Patenterteilung liegt, die Fiktion der Zurücknahme der Anmeldung, wenn er hinter ihr liegt, das Erlöschen des Patents ein.

Voraussetzung der Gebührenstundung ist der Nachweis der Bedürftigkeit. Der Nachweis kann durch behördliche Bescheinigungen oder in anderer glaubhafter Weise erbracht werden. Der Begriff der Bedürftigkeit läßt dem

Ermessen freien Spielraum. Während § 114 ZPO. die Bewilligung des Armenrechts an die Voraussetzung knüpft, daß der Gesuchsteller außerstande ist, ohne Beeinträchtigung des notwendigen Unterhalts die Prozeßkosten zu bestreiten, genügt für die Stundung nach § 8 der Nachweis, daß dem Gesuchsteller im Hinblick auf seine Vermögensverhältnisse im allgemeinen die Gebührenzahlung schwer fällt, daß sie ihm Opfer in seiner sonstigen Lebensführung auferlegt. PA. 18. II. 05 (99).

Die Stundung erfolgt nur auf Antrag. Zu diesem ist nur der gemäß § 19 (vgl. dort Anm. 10) legitimierte Patentinhaber — bezüglich der ersten Jahresgebühr muß es „Anmelder" heißen — befugt. Der Inhaber eines sonstigen Rechts an dem Patent (Nießbrauch, Lizenz usw.) kann die Stundung nicht nachsuchen. Sind mehrere Mitanmelder oder Mitinhaber vorhanden, so kann nur gestundet werden, wenn sie sämtlich bedürftig sind; es genügt aber, wenn einer von ihnen den Stundungsantrag stellt. S. Geschäftsbericht des PABlatt 1901 Ergänzungsband S. 205.

Zur Bewilligung einer Stundung ist es notwendig und genügend, daß das Stundungsgesuch innerhalb der gesetzlichen Zahlungsfristen bei dem Patentamt eingegangen ist. (Vgl. § 20 Anm. 3.) Geht der Antrag auf Stundung der zweiten Jahresgebühr erst innerhalb der zweiten Sechswochenfrist ein, so ist Gegenstand der Stundung die Gebühr nebst Zuschlaggebühr. Für den Nachweis der Bedürftigkeit kann eine Frist über die gesetzlichen Zahlungsfristen hinaus gestellt werden. Auch der nach Ablauf dieser Frist erbrachte Nachweis ist zu beachten, wenn er noch vor der Beschlußfassung eingeht. PA. 30. IX. 99 (00, 17); 8. XII. 05 (06, 7).

Handelt es sich um die erste Jahresgebühr, so gilt, wenn der Stundungsantrag verspätet gestellt oder abgelehnt wird, die Anmeldung als zurückgenommen, § 24 Abs. 1; handelt es sich um die zweite Jahresgebühr, so erlischt in diesen Fällen das Patent, § 9. Wird nach Beantragung der Stundung die Gebühr verspätet gezahlt, so bleibt die Anmeldung oder das Patent nur bestehen, wenn die Gebühr bis zum Zahlungstage nachträglich gestundet wird.

Die beiden stundungsfähigen Gebühren sind selbständig zu behandeln: es kann die eine gestundet und die andere gezahlt werden, PA. 21. VII. 79 (341).

Die Entscheidung über die Stundung wird bezüglich der ersten Jahresgebühr von der Prüfungsstelle, bezüglich der zweiten von der Anmeldeabteilung getroffen. Gegen die Ablehnung ist die fristlose Beschwerde aus § 16 gegeben. Mit der Ablehnung wird dem Antragsteller je nach Lage der Sache eröffnet entweder, daß die Bekanntmachung der Zurücknahme der Anmeldung oder die Löschung des Patents erfolgen werde, wenn nicht innerhalb einer zu bestimmenden Frist Beschwerde erhoben werde. Diese Frist kann nach freiem Ermessen bestimmt werden. Die Beschwerdeabteilung ist daran nicht gebunden; sie kann auch einer nach Ablauf der Frist eingegangenen Beschwerde, wenn anders diese noch so zeitig eingeht, daß sie als Weiterbetreibung des abgelehnten Gesuchs angesehen werden kann, stattgeben und die Bekanntmachung der Zurücknahme oder die Löschung rückgängig machen.

Wird nach der Stundung, in Unkenntnis ihrer Gewährung gezahlt, so ist die Gebühr verfallen und kann nicht etwa zurückgefordert werden. Dasselbe gilt, wenn die Zahlung während der Stundungsverhandlungen erfolgt und später in Unkenntnis dieser Tatsache die Stundung ausgesprochen wird.

Die Stundung wird durch einen Wechsel in der Person des Patentinhabers nicht unmittelbar berührt. (Streitig. Andere Ansicht, daß die Stundung nur für den Gesuchsteller persönlich gilt und bei Änderung in der Person des Patentinhabers ihre Wirkung verliert, vgl. Z. f. JR. 1914 S. 1 u. S. 105.) Dagegen ist in diesem Falle wie auch bei Verbesserung der Vermögensverhältnisse des Patentinhabers Widerruf der Stundung, unter Festsetzung einer Zahlungsfrist, zulässig.

Eine gestundete Gebühr kann, wenn das Patent im dritten Jahre oder vorher erlischt, erlassen werden. Der Erlaß wird nicht formell ausgesprochen; er besteht darin, daß das Patentamt auf Einziehung der Gebühr verzichtet. Letzteres ist bisher stets geschehen.

Bezüglich der auf Grund von Kriegshindernissen zulässigen Stundung der zweiten und der folgenden Jahresgebühren s. BV. v. 10. IX. 14 u. 31. III. 15, s. III, 1 u. 2.

6. **Vorausbezahlung von Gebühren.** Zur Sicherung des Bestandes eines Patents für längere Zeit können noch nicht fällige Jahresgebühren im voraus bezahlt werden. Eine Rückzahlung findet, solange das Patent besteht, nicht statt. Die Rückzahlung nicht fällig gewordener Gebühren erfolgt im Falle des Verzichts (§ 9), der Vernichtung (§ 10) oder der Zurücknahme des Patents (§ 11) von Amtswegen. Die Rückzahlung fällig gewordener Gebühren ist stets ausgeschlossen, auch wenn das Patent für nichtig erklärt wird. Die Nichtigkeitserklärung hat zwar rückwirkende Kraft, indem festgestellt wird, daß das Patent von Beginn an nichtig war; indessen hat das Patent doch Existenz und Wirkungen gehabt. Dazu gehört auch, daß die Gebühren fällig werden, PA 14. III. 06 (180) s. § 10 Anm. 5.

Durch § 3 der Ausführungsbestimmungen zu dem Gesetz betr. eine verlängerte Schutzdauer bei Patenten und Gebrauchsmustern usw. v. 27. IV. 20, v. 8. V. 20 (s. III, 7) ist die Vorschrift des § 8 Abs. 5 PG. über die Zulässigkeit der Zahlung von Gebühren vor Eintritt der Fälligkeit bis auf weiteres außer Anwendung gesetzt, um Valutaspekulationen mit Patentgebühren zu verhindern.

Über die Rückzahlung der ersten Jahresgebühr vgl. § 27 Abs. 2.

7. Die **Ermächtigung zu einer Herabsetzung der Gebühren** bezieht sich auf eine allgemeine Anordnung dieser Art, nicht etwa auf eine Ermäßigung einer Gebühr in einem einzelnen Falle. Eine Herabsetzung der Gebühren hat bisher nicht stattgefunden.

§ 9.

Das Patent erlischt, wenn der Patentinhaber auf dasselbe verzichtet, oder wenn die Gebühren nicht rechtzeitig bei der Kasse des Patentamts oder zur Überweisung an dieselbe bei einer Postanstalt im Gebiete des Deutschen Reichs eingezahlt sind.

1. **Endigungsgründe** sind 1. der Ablauf der fünfzehnjährigen Dauer (s. § 7 Anm. 1), 2. das Erlöschen a) durch Verzicht, b) infolge Nichtzahlung der Jahresgebühren (§ 9), 3. die Nichtigkeitserklärung (§ 10), 4. die Zurücknahme des Patents (§ 11). Die Nichtigkeitserklärung stellt fest, daß ein rechtswirksames Patent überhaupt niemals bestanden hat und hat daher rückwirkende Kraft (vgl. § 10). Die übrigen Endigungsgründe wirken nur für die Zukunft: von nun an kann der bisherige Patentinhaber niemanden mehr von der Benutzung der Erfindung ausschließen; dagegen können Rechte, die bereits zur Zeit des Bestehens des Patents aus dessen Verletzung entstanden sind, auch nach der Endigung geltend gemacht werden.

Das Erlöschen tritt ohne weiteres als gesetzliche Folge eines bestimmten Tatbestandes ein. Die einmal geschehene Tatsache des Erlöschens ist daher nach dem PG. weder durch Rechtsmittel noch auch im Gnadenwege zu beseitigen. Zur Zeit findet aber ein Wiederaufleben von Patenten, die infolge Nichtzahlung einer Jahresgebühr erloschen sind, statt 1. durch Wiedereinsetzung in den vorigen Stand gemäß BV. v. 10. IX. 14 § 2 u. 13. IV. 16 § 1 (s. III, 1 u. 3) u. Ges. v. 27. IV. 20 Art. II (s. III, 7), 2. durch Wiederinkrafttreten gemäß Art. 307 Abs. 2 FV. u. §§ 15, 17 AusfG. z. FV. (s. III, 5 u. 6, 3. durch Wiederinkrafttreten gemäß 6 des Ges. v. 27. IV. 20.

Bei der Nichtzahlung der Gebühren tritt das Erlöschen nicht mit dem Ablauf des Jahres ein, für das zum letztenmal gezahlt ist, sondern mit dem Ablauf der zweimal sechswöchentlichen Zahlungsfrist des Jahres, für das die Zahlung ausgeblieben ist; bis zum Ablauf dieser Frist konnte die Zahlung „rechtzeitig“

(§ 9) geschehen. Hanseat. OLG. 07, 116, OLG. Celle 12, 109, anders LG. Halberstadt 00, 197.

Das Erlöschen ist gemäß § 19 in der Patentrolle zu vermerken (Löschung) und im Reichsanzeiger bekanntzumachen. Das Erlöschen hat materielle Bedeutung: Das Patentrecht selbst geht unter. Die Löschung hat nur formelle Bedeutung, sie ist ohne Einfluß auf den Bestand des Patents: das Patent kann einerseits ohne den Vermerk erloschen sein und andererseits trotz des Vermerks noch zu Recht bestehen. Nach dem Patentgesetz ist die Stellungnahme des PA. zu der Frage des Eintritts oder Nichteintritts des Erlöschens sonach für die Gerichte nicht bindend. Anders jetzt nach § 2 der — bis auf weiteres geltenden — Bundesratsverordnung, betr. d. Zahlung patentamtlicher Gebühren, v. 8. III. 1917 (s. Anhang zu § 9). Hiernach entscheidet über die Rechtzeitigkeit der Zahlung einer Jahresgebühr ausschließlich das PA. Die Entscheidung kommt dadurch zum Ausdruck, daß das PA. das Patent in der Rolle bestehen läßt oder löscht. Der Rollenbestand ist also jetzt für die Beteiligten dafür maßgebend, ob das Patent wegen Versäumung der Gebührenzahlung erloschen ist oder nicht.

Ein deutsches Patent erlischt nicht infolge des Erlöschens eines entsprechenden ausländischen Patents (vgl Art. 4b des UV., s. unten IV, 1).

2. **Verzicht.** Der Verzicht ist schriftlich dem PA. zu erklären. Er ist wirksam, wenn er diesem zugegangen ist. § 130 BGB.

Der Verzicht ist ein materiell-rechtliches Rechtsgeschäft. PA. 14. II. 17 (50). Daß er dem PA. gegenüber zu erklären ist, macht ihn nicht zu einer Prozeßhandlung. Er unterliegt den Regeln des bürgerlichen Rechts. Die Erklärung des Verzichts ist wegen Irrtums (§ 119 BGB.) anfechtbar. PA. 14, II. 17 cit., 31. VIII. 16 (17, 119). Beschränkungen des Patentinhabers in der Verfügung über das Patentrecht machen den Verzicht nach Maßgabe der Bestimmungen des bürgerlichen Rechts unwirksam. Bei Bestehen eines Pfandrechts (§ 1276 BGB.), eines Nießbrauchs (§ 1071 BGB.). einer ausschließlichen Lizenz (vgl. §§ 1071, 1276, 1255 BGB.) kann nur mit Zustimmung des Berechtigten verzichtet werden. Sind mehrere Personen Inhaber des Patents, so können sie auf das Patent als Ganzes nur gemeinschaftlich verzichten; inwieweit jeder einzelne ohne Zustimmung des anderen auf seinen Anteil wirksam verzichten kann, entscheidet sich nach dem obwaltenden Rechtsverhältnis (vgl. § 747 BGB.: ein Teilhaber einer Gemeinschaft kann über seinen Anteil verfügen; nicht aber ein Gesellschafter über seinen Anteil am Gesellschaftsvermögen, § 719 BGB., bezüglich des Anwachsungsrechts der Gesellschafter vgl. RG. 23. II. 07, JWSchr. S. 303ff.). Verstößt der Verzicht gegen ein gesetzliches oder gerichtlches Veräußerungsverbot (insbes. Pfändungsbeschluß, einstweilige Verfügung), so ist er gemäß §§ 134—136 BGB. unwirksam. Ist der Patentinhaber im Konkurs, so kann nicht er, sondern nur der Konkursverwalter rechtswirksam verzichten (§ 6 Konk.-Ord.). Nur der materiell-rechtliche Inhaber des Patents kann auf das Patent mit der Wirkung des Erlöschens verzichten. Der Rollenbestand ist nicht maßgebend, da die Vorschrift des § 19 Abs. 2, wonach bei Änderung in der Person des Patentinhabers ohne Umschreibung in der Rolle der frühere Inhaber berechtigt und verpflichtet bleibt, sich nur auf die Verfahrens- und Prozeßlegitimation bezieht, das materielle Recht aber unberührt läßt. Hat also eine Veräußerung, nicht aber die Umschreibung in der Rolle stattgefunden, so kann nur der Erwerber das Patent durch Verzicht zum Erlöschen bringen. Anders bezüglich der Löschung. Diese hat das PA. auf die Verzichtserklärung des eingetragenen Inhabers vorzunehmen (s. darüber § 19 Anm. 2). Daß der Verzicht gegen eine vertragliche Verpflichtung verstößt, macht ihn nicht unwirksam.

Nur der Verzicht bewirkt das Erlöschen, nicht auch ein Antrag auf Löschung des Patents in der Patentrolle, es sei denn, daß in diesem zugleich eine Verzichtserklärung zu finden ist.

Nicht nur auf das Patent als Ganzes, sondern auch auf Teile, deren Ausscheidung den übrigen Inhalt unberührt läßt (einzelne Patentansprüche), kann verzichtet werden. Würde die Abtrennung eine Neuformulierung nötig machen, so ist ein Teilverzicht nicht angängig, da ein Verfahren für eine solche fehlt. PA. 8. XII. 10 (11, 28), vgl. österr. PA. 12. VI. 14 (15, 188). In diesem Falle ist Beschränkung nur im Wege der teilweisen Nichtigkeitserklärung zu erzielen.

3. **Nichtzahlung der Jahresgebühren.** Das Patent erlischt ferner, wenn die zweite oder eine der folgenden Jahresgebühren nicht innerhalb der zwei Sechswochenfristen nach der Fälligkei gezahlt ist, § 8 Anm. 3 u. 4. Bezüglich der Stundung s. § 8 Anm. 5.

Ist eine Gebühr nicht innerhalb der ersten sechs Wochen nach der Fälligkeit entrichtet, so benachrichtigt das Patentamt den Patentinhaber hiervon. Aus dem Umstande, daß dieser eine Benachrichtigung nicht erhält, erwachsen Rechtsfolgen nicht. § 15 AB. S. § 2 der Ausführungsbestimmungen zu dem Ges. v. 27. IV. 20 (s. III, 7).

Es kommt lediglich auf die Tatsache der Zahlung an, die näheren Umstände der Zahlung oder ihres Ausbleibens sind unerheblich. So ist es gleichgültig, wer die Zahlung leistet; jeder Dritte kann ohne Nachweis einer Beziehung zu dem Patent oder dem Patentinhaber zahlen, PA. 15. XI. 99 (00, 16). Ob die Zahlung mit oder gegen den Willen des Patentinhabers erfolgt, ist belanglos; will der Inhaber das Erlöschen herbeiführen, so muß er auf das Patent verzichten. Auf den Grund des Ausbleibens der Zahlung kommt es nicht an; dieses führt das Erlöschen herbei, auch wenn ein unverschuldeter Zufall die rechtzeitige Zahlung gehindert hat. Vgl. u. a. PA. 30. XII. 14, M. u. W. 1915/16 S. 175. Wiedereinsetzung in den vorigen Stand kennt das Pat.-Ges. nicht. Sie wird gewährt durch die BB. 1. IX. 14 u. 13. IV. 16 (s. III, 1 u. 3 sowie d. Ges. v. 27. IV. 20 (s. III, 7). Die Bestimmung des eingezahlten Betrages muß erkennbar sein; es empfiehlt sich, das Patent, für das gezahlt wird, deutlich zu bezeichnen. Sind zurzeit von dem Einzahler mehrere Beträge an das Patentamt zu zahlen und ist der gezahlte Betrag niedriger als deren Gesamtsumme, so kommt, wenn sich nicht aus den Umständen ergibt, welcher dieser Beträge entrichtet werden soll, die Zahlung erst mit der Angabe der Bestimmung zustande; diese Angabe ist unwiderruflich. Vgl. PA. 21. IX. 04 (394). Nach der Praxis des PA. werden Vorbehalte oder Bedingungen, unter denen eine Zahlung vorgenommen wird, als wirkungslos behandelt, s. Mitteil. Blatt 1914 S. 336 Nr. 6, vgl. auch PA. 18. I. u. 15. XI. 99 (00, 15). Dies ist für die Fälle richtig, wo der Wille des Zahlenden dahin geht, daß jedenfalls das Patent aufrecht erhalten werden, aber unter Umständen (z. B. bei Gewährung eines schon vorher eingereichten Stundungsgesuchs) ein Rückforderungsrecht bestehen soll. Da es ein solches nicht gibt, ist die Zahlung endgültig und der Vorbehalt oder die Bedingung unwirksam. Ist jedoch die Aufrechterhaltung des Patents durch Zahlung nur für den Fall des Eintritts eines bestimmten Ereignisses (z.B. Vernichtung eines anderen Patents) gewollt, so ist die Zahlung unwirksam, weil eine bedingte Zahlung einer Jahresgebühr dem Sinne des Gesetzes zuwiderläuft.

Leistungsort ist stets, ohne Unterschied der Zahlungsart, Berlin, als Sitz des Patentamts. Als Feiertage kommen daher nur die in Preußen geltenden in Betracht, also: Neujahrstag, Karfreitag, Ostermontag, Himmelfahrtstag, Pfingstmontag, die beiden Weihnachtsfeiertage, der preußische Buß- und Bettag. Anderer Ansicht PA. 3. II. 08 (204), wonach bei Posteinzahlung die Feiertage am Aufenthaltsort des zahlenden Patentinhabers maßgebend sind. Dagegen u. a. GR. u. UR. 1913 S. 344.

4. **Zahlungsarten.** Die Grundsätze des § 9 gelten allgemein für alle patentamtlichen Gebühren. Das PG. kennt nur die Barzahlung. Durch § 1 der bis auf weiteres geltenden BV. betr. die Zahlung patentamtlicher Gebühren v. 8. III. 17 ist das PA. ermächtigt, Bestimmungen darüber zu erlassen, welche Zahlungsformen bei Zahlung der Gebühren der Bar-

zahlung gleichgestellt werden. Auf Grund dieser Vorschrift sind die Bestimmungen des PA. v. 12. III. und v. 25. VI. 17 erlassen worden. In dem Anhang zu § 9 sind die BB. und die Bestimmungen abgedruckt.

Hiernach stehen den Beteiligten folgende Zahlungsarten zur Verfügung:

I. Bare Einzahlung bei der Kasse des PA. Die Kasse ist für den Verkehr mit dem Publikum von 8 bis 1 Uhr geöffnet. Zur Empfangnahme von Zahlungen ist die Kasse zuständig; nur sie ist, und zwar nur innerhalb der angegebenen Geschäftsstunden, hierzu verpflichtet. Das Angebot der Zahlung an eine nicht zuständige Dienststelle oder nach Schluß der Geschäftsstunden ersetzt nicht die Zahlung. Vgl. § 27 AB. PA. 29. XII. 08 (09, 32).

II. Bare Einzahlung bei einer Postanstalt im Gebiet des Deutschen Reiches zur Überweisung an die Kasse des PA. Durch die Zahlung kommt der Reichsfiskus in den tatsächlichen Besitz des Geldes; die Postbehörde ist gewissermaßen Zahlungsempfänger für das PA. PA. 30. XII 14, M. u. W. 1915/16 S. 175. Der Vorschrift des § 9 entspricht also nur Bareinzahlung mittels Postanweisung oder Zahlkarte. Nicht z. B. die Absendung eines Geldbriefes oder Einschreibebriefes; die Zahlung so übersandter Beträge vollzieht sich gemäß der Regel erst mit Eingang des Briefes beim Patentamt. Bekanntmachung v. 11. II. 01 (290), PA. 7. III. 02 (41). Die Einzahlung bei einer Postanstalt im Auslande genügt nicht; die Zahlung wird hier auch nicht etwa dadurch wirksam, daß die Postanweisung über die im Auslande gezahlte Gebühr noch innerhalb der Frist die deutsche Grenze passiert, PA. 26. I. 06 (34), auch nicht dadurch, daß die Postanweisung noch innerhalb der Zahlungsfrist an das deutsche Bestimmungspostamt gelangt, PA. 11. II. 02 (41), ebensowenig dadurch, daß ein inländisches Postamt, dem eine telegraphische Postanweisung aus dem Auslande zugegangen ist, durch Versuch der Auszahlung an das PA. die Annahme der Anweisung zu erkennen gibt (§ 788 BGB.). PA. 29. XII. 08 (09, 82). Vgl. PA. 30. X. 14, Z. f. JR. 1915, 6. Bei Einzahlung im Auslande kommt vielmehr die Zahlung stets erst mit Eingang des Betrages bei dem Patentamt zustande. PA. 14. X. 14, M. u. W. 1915/16 S. 245.

III. Die in den Bestimmungen des PA. v. 12. III. u. 25. VI. 17 (s. Anhang zu § 9) vorgesehenen Zahlungsformen des bargeldlosen Zahlungsverkehrs.

a) Zahlung durch Postscheck. Die Zahlung ist bewirkt nicht nur mit Eingang des Schecks bei dem Postscheckamt, bei dem der Einzahler sein Konto hat, sondern auch mit dem Eingang des Schecks beim PA.

b) Zahlung mittels Bankschecks, Wechsels oder sonstiger Anweisung. Die Zahlung ist bewirkt mit Eingang des Schecks usw. beim PA.

In der Regel wird zu a) und b) der Scheck usw. bei der Kasse des PA. einzureichen sein, die Einreichung kann jedoch auch bei der Annahmestelle geschehen. Diese Möglichkeit kann für die Rechtzeitigkeit der Zahlung von Bedeutung werden, nämlich dann, wenn am letzten Tage der Zahlungsfrist die Kasse bereits geschlossen ist (1 Uhr), die Annahmestelle aber noch geöffnet ist (bis 4 Uhr).

c) Überweisung auf das Reichsbank-Girokonto der Kasse des PA. Die Zahlung ist bewirkt mit Eingang des Auftrags zur Gutschrift bei der Reichshauptbank, einer Reichsbankanstalt oder einer dem Abrechnungsverkehr der Reichshauptbank oder einer Reichsbankanstalt angeschlossenen Bank.

Es ist selbstverständlich, daß die Einsendung eines Schecks usw. nicht endgültig die Wirkung der Zahlung hat, sondern nur unter der Bedingung, daß eine ausreichende Deckung vorhanden ist. Ergibt sich, daß eine solche fehlt, so ist die Einsendung wirkungslos. Das Zahlungsgeschäft ist also zunächst noch in der Schwebe. Bei Zahlung mittels Bankschecks, Wechsels oder sonstiger Anweisung ist in dieser Hinsicht die zehntägige Frist des § 11 des Scheckgesetzes v. 11. 3. 08 (RGBl. 1908 S. 71) maßgebend.

Anhang zu § 9.

1. Bundesrats-Verordnung, betreffend die Zahlung patentamtlicher Gebühren, vom 8. März 1917 (RGBl. 1917 S. 222, Blatt 1917 S 25).

Der Bundesrat hat auf Grund des § 3 des Gesetzes, betreffend die Ermächtigung des Bundesrats zu wirtschaftlichen Maßnahmen usw., vom 4. August 1914 (Reichs-Gesetzbl. S. 327) folgende Verordnung erlassen:

§ 1. Das Patentamt kann Bestimmungen darüber erlassen, welche Zahlungsformen bei der Zahlung der an das Patentamt zu entrichtenden Gebühren der Barzahlung gleichgestellt werden.

§ 2. Über die Rechtzeitigkeit der Zahlung einer Gebühr, die nach § 8 Abs. 2, 3 des Patentgesetzes vom 7. April 1891 (RGBl. S. 79) oder nach § 8 Abs. 1 des Gesetzes betreffend den Schutz von Gebrauchsmustern, vom 1. Juni 1891 (RGBl. S. 290) zu entrichten ist entscheidet ausschließlich das Patentamt.

§ 3. Diese Verordnung tritt mit dem Tage der Verkündung in Kraft. Der Reichskanzler bestimmt den Zeitpunkt des Außerkrafttretens.

Bemerkung: Verkündet am 10. März 1917.

2. Bestimmungen des Patentamts, betreffend die Zahlung patentamtlicher Gebühren, vom 12. März 1917. (Reichsanzeiger Nr. 61 vom 12. März 1917 Blatt 1917, S. 26).

Auf Grund der Verordnung des Bundesrats betreffend die Zahlung patentamtlicher Gebühren, vom 8. März 1917 (RGBl. S. 222) wird folgendes bestimmt.

Bei Zahlung einer an das Patentamt zu entrichtenden Gebühr werden folgende Zahlungsformen der Barzahlung gleichgestellt:

1. Der Eingang eines Postschecks bei demjenigen Postscheckamt, bei welchem der Einzahler sein Konto hat, oder beim Patentamt zur Bewirkung der Gutschrift auf das Postscheckkonto des Patentamts,

2. der Eingang eines Bankschecks, Wechsels oder einer sonstigen Anweisung beim Patentamt, sofern die Einlösung innerhalb zehn Tage nach Eingang erfolgt,

3. der Eingang des Auftrags zur Gutschrift auf das Reichsbank-Girokonto der Kasse des Patentamts bei der Reichshauptbank oder einer Reichsbankanstalt.

3. **Bestimmung des Patentamts, betreffend die Zahlung patentamtlicher Gebühren, vom 25. Juni 1917.** (Reichsanzeiger Nr. 150 vom 27. Juni 1917, Blatt 1917 S. 70) bestimmt in Ergänzung der vorstehenden Ziffer 3 der Bestimmungen vom 12. März 1917:

Bei Zahlung einer an das Patentamt zu entrichtenden Gebühr wird ferner der Barzahlung gleichgestellt:

Der Eingang des Auftrags zur Gutschrift auf das Reichsbank-Girokonto der Kasse des Patentamts bei einer Bank, die dem Abrechnungsverkehr der Reichshauptbank oder einer Reichsbankanstalt angeschlossen ist.*

* Anm. Ein vom Reichsbankdirektorium aufgestelltes Verzeichnis der Abrechnungsstellen ist im Besitz des PA. und kann bei diesem eingesehen werden.

4. **Bekanntmachung vom 18. Dezember 1902, betr. Beobachtung der Kursschwankungen bei Gebührenzahlung.**

Es wird darauf hingewiesen, daß die an das Patentamt zu entrichtenden Gebühren der Kasse in jedem Falle in der vollen Höhe, welche das Gesetz vorgesehen hat, zugeführt werden müssen, wenn der Eintritt der Folgen der überhaupt nicht erfolgten Zahlung verhindert werden soll. Wiederholt hat die Löschung von Patenten erfolgen müssen, weil im Auslande wohnhafte Patentinhaber die fälligen Gebühren bei einer ausländischen Postanstalt in fremder Währung eingezahlt und dabei nicht beachtet haben, daß die eingezahlte Summe infolge von Kursschwankungen der Höhe der Gebühr in deutscher Währung nicht entspricht.

§ 10.

Das Patent wird für nichtig erklärt, wenn sich ergibt:

1. daß der Gegenstand nach §§ 1 und 2 nicht patentfähig war,

2. daß die Erfindung Gegenstand des Patents eines früheren Anmelders ist,
3. daß der wesentliche Inhalt der Anmeldung den Beschreibungen, Zeichnungen, Modellen, Gerätschaften oder Einrichtungen eines anderen oder einem von diesem angewendeten Verfahren ohne Einwilligung desselben entnommen war.

Trifft eine dieser Voraussetzungen (1 bis 3) nur teilweise zu, so erfolgt die Erklärung der Nichtigkeit durch entsprechende Beschränkung des Patents.

§ 10 enthält die materiellen Bestimmungen über die Nichtigkeitserklärung. Das Verfahren regeln §§ 28ff.

1. **Bedeutung der Nichtigkeitserklärung.**

Die Nichtigkeitserklärung stellt die Nichtigkeit eines zu Unrecht erteilten Patents fest. So lange das Patent besteht, ist es gültig; es äußert alle gesetzlichen Wirkungen und ist von dem PA. und von den ordentlichen Gerichten unter allen Umständen zu respektieren. Diese dürfen ein bestehendes Patent weder aus einem der Gründe des § 10, noch aus einem sonstigen Grunde, etwa dem eines formellen Mangels des Erteilungsverfahrens, als nichtig behandeln (vgl. unten Anm. 3). Nur die Nichtigerklärung gemäß §§ 28ff., zu der ausschließlich das Patentamt in erster und das Reichsgericht in zweiter Instanz zuständig sind, kann den äußern Schein eines Patents beseitigen. Absolut nichtig und daher im Rechtsverkehr unbeachtet zu lassen ist aber ein Patent, das versehentlich auf eine nicht mehr bestehende bereits zurückgenommene oder zurückgewiesene) oder auf eine wegen Geschäftsunfähigkeit des Anmelders (§ 20 Anm. 2) nichtige Anmeldung erteilt worden ist. PA. 25. VI. 09 (302); 17. IX. 09 (303).

2. **Gegenstand der Nichtigkeitserklärung.**

Die Nichtigkeitserklärung kann nur ein bestimmtes Patent zum Gegenstande haben und dahin lauten, daß dieses Patent ganz oder teilweise nichtig sei. Anderenfalls ist die Klage (§§ 28 f.) lediglich abzuweisen.

Es ist ausgeschlossen, durch Änderung des Patentanspruchs an die Stelle der patentierten eine andere Erfindung zu setzen. RG. 5. X. 12 (13, 12). Nur im Wege der Teilvernichtung kann der Patentanspruch eine andere Fassung erhalten; eine bloße Verbesserung der Fassung bei ungeschmälertem Bestande des Patents kann die Entscheidung nicht aussprechen [vgl. indessen RG. 16. III. 12 (225)] und ebensowenig dem Patent eine authentische Auslegung geben. Ein Antrag, der lediglich auf die Abgabe eines Urteils über die Auslegung gerichtet ist, ist abzuweisen. Vgl. RG. 7. XII. 91 (92, 207); 9. VI. 94 (446); 26. IV. 99 (00, 232). Eine in den Entscheidungsgründen enthaltene Auslegung ist zwar bei späterer Auslegung zu berücksichtigen, indessen weder für die Beteiligten noch für die Allgemeinheit bindend; die Beurteilung in einem späteren Nichtigkeits- oder Verletzungsstreit ist von ihr rechtlich unabhängig. Vgl. indessen RG. 8. VII. 14 (JWSchr. S. 933, Z. f. JR. 1915 S. 44) sowie RG. 3. II. 15 (144), wonach, wenn ein Patent von der Nichtigkeitsbehörde letzter Instanz nur in einer beschränkenden Auslegung aufrecht erhalten worden ist, diese Beschränkung auch für den Verletzungsrichter maßgebend ist, vgl. auch RG. 15. V. 15 (172), JWSchr. 1915 S. 792; GRU. 1912 S. 41ff.

In dem Nichtigkeitsverfahren kann auch nicht festgestellt werden, in welchem Verhältnis das Patent zu anderen Patenten steht; eine Entscheidung, daß ein Patent ohne Benutzung eines anderen nicht ausgeübt werden könne, also von diesem abhängig sei, ist im Nichtigkeitsverfahren ausgeschlossen. RG. 6. II. 97 (70); 26. IX. 98 (00, 195); 9. VII. 00 (301).

Auch ein erloschenes oder zurückgenommenes Patent kann für nichtig erklärt werden.

3. **Voraussetzungen für die Nichtigkeitserklärung.**

Die Gründe, aus denen ein Patent für nichtig erklärt werden kann, sind in den Nr. 1 bis 3 aufgezählt. Sie betreffen sämtlich nur das materielle Recht. Die Nichtigkeitsgründe entsprechen dem Einspruchsgründen (auf die Bemerkungen zu § 24 Anm. 6 wird verwiesen); alles, was vor der Patenterteilung im Einspruch angeführt werden konnte, kann nach der Patenterteilung als Nichtigkeitsgrund geltend gemacht werden.

Die Gründe sind in § 10 erschöpfend angegeben: ein Tatbestand, der hier nicht erwähnt ist, kann die Nichtigkeit nicht begründen. Ausgeschlossen ist insbesondere die Nichtigkeitserklärung

1. wegen formeller Mängel der Anmeldung, z. B Fehlen der Anmeldegebühr, der Einheitlichkeit [§ 20 Anm. 23], der Zusätzlichkeit [§ 7; RG. 17. X. 98 (99, 27)] oder des Erteilungsverfahrens. Das RG. nahm früher an, daß ein Patent, das in einem mit einem wesentlichen Mangel (insbesondere dem der Nichtübereinstimmung des Erteilten mit dem gemäß § 23 Bekanntgemachten) behafteten Verfahren erteilt ist, nicht nur der Nichtigkeitserklärung unterliege, sondern auch keine Rechtswirkung im Sinne des § 4 habe und demgemäß wie ein nicht legal zustande gekommenes Gesetz von den Gerichten nicht zu beachten sei. RG. 11. VII. 00 (389); 12. II. 02 (116); 18. IV. 06 (07, 2). Diese Auffassung hat das RG. im Anschluß am PA. 18. VI. 03 (04, 189); 7. XII. 08 (09, 205); 10. VI. 09 (10, 7), in der Erwägung, daß die Gültigkeit des Patenterteilungsaktes durch Mängel des vorausgegangenen Verfahrens nicht berührt werde, mit Recht aufgegeben. RG. 5. XI. 10 (11, 118), Z. f. JR. 1911 S. 16ff. u. 117.

2. Auch das subjektive Verhalten des Patentinhabers kann die Nichtigkeit nicht begründen, da das Gesetz nur objektive Gründe kennt. Hierher gehört der Tatbestand der sogenannten Patenterschleichung, der arglistigen Erwirkung eines nach der Kenntnis des Anmelders nichtigen Patents. Da zu dem Tatbestand gehört, daß das Patent gemäß § 10 nichtig ist, die Nichtigkeit gemäß § 10 Nr. 2 u. 3 aber stets ohne Beschränkung geltend gemacht werden kann, kommt hier nur der Fall des § 10 Nr. 1 in Betracht, auf den gemäß § 28 Abs. 3 nach Ablauf von fünf Jahren eine Nichtigkeits-

erklärung nicht mehr gegründet werden darf. Die Frage, ob diese Zeitschranke bei Patenterschleichung fallen soll, ist wegen des Zwecks der unbedingten Sicherung des Patentinhabers durch die fünfjährige Frist zu verneinen. RG. 7. III. 14 (223), Mitteil. 1914, S. 114. Vgl. frühere Entsch. RG. 25. VI. 02 (04, 35); 11. X. 05 (06, 39); 21. X. 05 (06, 257); 30. XII. 05 (06, 164); PA. 12. I. 05 (06, 163). Wegen des Einflusses der Patenterschleichung auf die Geltendmachung der Rechte aus dem Patent s. § 4 Anm. 3.

Bei der Prüfung der Frage, ob das Patent mit Recht erteilt ist, ist der Zeitpunkt der Anmeldung zugrunde zu legen. Diesen Zeitpunkt hat der Nichtigkeitsrichter unabhängig von der bei der Erteilung des Patents erfolgten Festsetzung des Anmeldetages selbständig zu ermitteln. Ergibt sich hierbei daß die Erfindung so, wie sie patentiert ist, in Wirklichkeit erst nach diesem Tage dem Patentamt offenbart worden ist (z. B. infolge von Änderungen in den Angaben der Anmeldung), so ist für die Beurteilung dieser spätere Zeitpunkt maßgebend, so daß vor ihm liegende patenthindernde Umstände zu berücksichtigen sind. Die Bedeutung der Festsetzung des Anmeldetages für die Dauer des Patents und die Fälligkeit der Jahresgebühren wird hierdurch nicht berührt. Vgl. § 3 Anm. 3. PA. 18. VI. 85 (86, 101); RG. 22. IV. 96 (240); 18. IX. 97 (241); 18. IV. 06 (07, 2). Die Zugrundelegung eines früheren Zeitpunkts kann nur in Frage kommen, wenn erst im Nichtigkeitsverfahren eine im Erteilungsverfahren noch nicht in Anspruch genommene Ausstellungspriorität geltend gemacht wird (§ 3 Anm. 3, s. Ges. v. 18. III. 04, s. unten V). Auf Grund einer früheren Eingabe kann dagegen der Erfindung eine frühere Priorität regelmäßig nicht beigelegt werden, da die Patenterteilung mit der späteren Priorität nur mit Einverständnis des Anmelders geschehen konnte, mithin in der Regel eine Zurückziehung jener früheren Eingabe anzunehmen sein wird.

Die Festsetzung einer falschen Priorität ist an sich kein Nichtigkeitsgrund. RG. 18. IV. 06 (07, 2).

Die Grundsätze des bürgerlichen Rechts über die Beweislast können nicht unmittelbar übertragen werden. Es ist jedoch davon auszugehen, daß derjenige, der eine Veränderung des bestehenden Zustandes begehrt, darzutun und zu beweisen hat, daß sein Verlangen gerechtfertigt ist. In der Regel liegt daher dem Kläger die Beweisführung ob. RG. 22. V. 11 (248). Behauptet er die Unausführbarkeit oder Wirkungslosigkeit einer Erfindung, so muß er dem Patentamt die Überzeugung davon verschaffen. RG. 15. II. 08 (155). Hat dieses diese Überzeugung gewonnen, so liegt es dem Beklagten ob, seinerseits für die Ausführbarkeit oder Wirksamkeit den Gegenbeweis zu führen. RG. 22. V. 11 cit.

a) Tatbestand des § 10 Nr. 1. S. Anm. zu §§ 1 u. 2. Das Patent ist aufrechtzuerhalten, wenn zwar nicht der in der Patentschrift angegebene, wohl aber ein anderer die Erteilung eines Patents rechtfertigender Vorteil vorliegt. RG. 26. V. 13, Mitteil. 1913, 109. Ander früher RG. 23. IX. 96 (97, 69f.) JWSchr. 96 S. 613; 9. XI. 87 (97, 70 u. 88, 65), Bolze, Praxis V Nr. 185.

Läßt die Patentschrift das Wesen der Erfindung (Lösung der Aufgabe) erkennen, so bildet die Unklarheit, Unrichtigkeit oder Unvollständigkeit ihrer Darstellung, selbst wenn die Nachbenutzbarkeit durch andere Sachverständige (§ 20) fehlt, keinen Nichtigkeitsgrund. Eine Beseitigung der Mängel durch Festsetzung einer besseren Fassung ist im Nichtigkeitsverfahren nicht angängig. Vgl. oben Anm. 2. Ist das Wesen der Erfindung dagegen nicht erkennbar, so unterliegt das Patent der Nichtigkeitserklärung, da eine Erfindung überhaupt nicht offenbart ist. GRUR. 1918 S. 137. Vgl. RG. 9. VII 98 (00, 55); 28. X. 03 (04, 77), 27. VI. 03 (04, 239); 12. IV. 16 (S. 98), Mitteil. 1916, 55.

Eine Anfechtung gemäß § 10 Nr. 1 ist nur innerhalb fünf Jahren statthaft (§ 28 Abs. 3). Der Fall der Patenterschleichung bildet keine Ausnahme.

b) Tatbestand des § 10 Nr. 2. Er ist gegeben, wenn ein

inhaltsgleiches Patent auf eine frühere Anmeldung erteilt ist (vgl. § 3 Anm. 5—7). Diese Voraussetzung braucht erst zur Zeit der Entscheidung über den Nichtigkeitsantrag vorzuliegen, im übrigen kommt es auf den Zeitpunkt der Erteilung des älteren Patents nicht an. Ob das Patent noch besteht oder schon erloschen oder für nichtig erklärt ist, ist unerheblich. RG. 13. I. 00 (148), 31. III. 04 (327); 20. III. 12 (276).

§ 10 Nr. 2 ist nicht anwendbar, wenn mehrere Patente gleichaltrig sind. Dieser Fall kann vorliegen, wenn die mehreren Anmeldungen aus einer gemeinschaftlichen Stammeingabe durch Abzweigung (vgl. § 22 Anm. 3) hervorgegangen sind. PG. 27. IV. 05 (227).

c) Tatbestand des § 10 Nr. 3. Er ist derselbe, wie in § 3 Abs. 2 Satz 1. Daß der Verletzte bereits im Erteilungsverfahren durch Einspruch seine Rechte zu wahren versucht hat, bildet nicht eine Voraussetzung des Nichtigkeitsantrages.

Nur der Verletzte ist (gemäß § 28 Abs. 2) zu dem Antrag auf Nichtigkeitserklärung berechtigt. Bei Abtretung der Rechte aus § 3 Abs. 2 ist der Zessionar der Verletzte. PA. 12. IV. 05 (246).

Durch den dem Verletzten durch § 10 Nr. 3 gegebenen Rechtsbehelf werden die aus dem bürgerlichen Recht sich ergebenden Rechtsfolgen der Entnahme nicht berührt. Vgl. darüber § 3 Anm. 2 u. 9.

4. **Teilweise Nichtigkeitserklärung.**

Besteht die Nichtigkeit nur bezüglich eines Teils eines Patents, so ist nur dieser für nichtig zu erklären, das Patent im übrigen aber aufrecht zu erhalten.

Voraussetzung ist, daß die den Gegenstand des Patents bildende Erfindung ihrem Inhalte nach teilbar ist. Stellt sich die Erfindung als ein untrennbares Ganzes dar, indem die einzelnen Bestandteile der patentierten Vorrichtung oder die einzelnen Abschnitte des patentierten Verfahrens so zusammenhängen, daß einzelne Teile weder beseitigt, noch durch anders beschaffene Teile ersetzt werden können, so kann das Patent nur im ganzen entweder aufrechterhalten oder für nichtig erklärt werden. OHG. 27. V. 79 (307). Die teilweise Nichtigkeitserklärung setzt ferner voraus, daß der verbleibende Teil für sich eine patentfähige Erfindung darstellt. PA. 27. II. 91. RG. 16. II. 91 (142). Der Gegenstand eines Unteranspruchs ist nur in Verbindung mit dem des Hauptanspruchs zu beurteilen; es genügt, daß er eine die Erreichung des Zwecks der Erfindung wesentlich unterstützende Ausführungsform des Hauptanspruchs ist. Die Frage der selbständigen Bedeutung des Gegenstandes des Unteranspruchs kommt nur im Verletzungsstreit zum Austrag. RG. 16. XII. 14 u. 1. III. 16, GRUR. 1916, 119.

Die Teilvernichtung kann auf verschiedene Weise (durch Änderung der Patentansprüche, der Beschreibung, der Zeichnung) ausgedrückt werden. Es kann z. B. die Streichung eines von mehreren Patentansprüchen oder die einzelner Angaben eines Anspruchs stattfinden; ein zu allgemeiner Begriff kann durch Hinzufügung spezialisiernder Merkmale eingeschränkt werden usw. Vgl. RG. 5. X. 12 (13, 12); 26. II. 13 (238) [Teilvernichtung eines Kombinationspatents!], 27. IX. 13 (14, 130) [Schutz der Einzelmerkmale steht im Nichtigkeitsverfahren nicht zur Entscheidung], 24. I. 14 (Mitteil. 1915 S. 115), 31. V. 16 (desgl. 1916 S. 106) [Streichung des den allgemeinen Gedanken enthaltenden Anspruchs 1 und Erweiterung des Anspr. 2 mit Mitteln des Anspr. 1]. Unter allen Umständen muß die Erfindung, auf die das Patent beschränkt wird, bereits — als Teil des Ganzen — den Gegenstand der durch das unbeschränkte Patent geschützten Erfindung gebildet haben.

Infolge der Teilvernichtung endigt eine für die patentierte Erfindung bestellte Lizenz nur hinsichtlich des vernichteten Teils, es sei denn, daß aus dem Lizenzvertrag zu entnehmen ist, daß der verbleibende Teil als alleiniger Gegenstand eines Ausnutzungsrechts für den Lizenznehmer nicht in Frage kommt. In solchen Fällen endigt das Vertragsverhältnis ganz. Bei Teilendigung tritt für die Folgezeit eine entsprechende Ermäßigung der Lizenzgebühr ein.

5. **Wirkung der Nichtigkeitserklärung.**

Wie die Erteilung des Patents, so wirkt auch die Nichtigkeitserklärung gegenüber der Allgemeinheit. Demgemäß wird nach § 19 Abs. 1 die Erklärung der Nichtigkeit in der Patentrolle vermerkt und im Reichsanzeiger bekannt gemacht. Die Abweisung des Nichtigkeitsantrages wirkt dagegen nur zwischen den Beteiligten.

Im Falle der Nichtigkeitserklärung ist die Rechtslage so anzusehen, als ob überhaupt für die Erfindung ein gesetzlicher Schutz nicht vorhanden gewesen wäre. Die Erklärung der Nichtigkeit hat demnach rückwirkende Kraft. [Motive z. Ges. v. 1891 S. 25, RG. 31. III. 04 (327); 30. XI. 04 (05, 27), 14. VI. 13 (GR. u. UR. 1914 S. 149)]. Handlungen, die sich als Patentverletzungen darstellen, werden durch die Nichtigkeitserklärung dieses Charakters entkleidet und können somit keinerlei aus dem patentrechtlichen Ausschließungsrecht fließende Rechtsfolgen begründen. Wird das Patent während Schwebens einer Verletzungsklage für nichtig erklärt, so ist diese als unbegründet abzuweisen. RG. 14. VI. 13 cit. S. § 4 Anm. 12, § 23 Anm. 3, § 35 Anm. 2a. Bereits gezahlte Entschädigungssummen können zurückgefordert werden (§ 812 BGB.). Die rückwirkende Kraft hat aber nicht die Bedeutung, daß die Erteilung des Patents als überhaupt nicht geschehen zu erachten ist; denn die Tatsache, daß das Patent mit den gesetzlichen Wirkungen vorhanden gewesen ist, wird nicht aus der Welt geschafft. Es findet daher keine Rückforderung der gezahlten, fällig gewordenen Jahresgebühren statt (§ 8 Abs. 5), ein Lizenzvertrag wird nicht nichtig oder rückwärtshin ungültig, sondern die Lizenz endigt (vorbehaltlich anderer Vereinbarung); der Lizenznehmer kann daher nicht die Zahlung der bis zur Nichtigkeitserklärung aufgelaufenen Lizenzgebühren verweigern oder die Erstattung der gezahlten, bis dahin fällig gewordenen Lizenzgebühren, beanspruchen. OHG. 25. III. 76 (79, 565); RG. 17. XII. 86 (99, 35); 31. III. 04 (327).

Die Erklärung der Nichtigkeit wird in der Patentrolle vermerkt und im Reichsanzeiger bekannt gemacht (§ 19). Die nicht fällig gewordenen Gebühren werden zurückgezahlt (§ 8 Abs. 5 letzter Satz).

§ 11.

Verweigert der Patentinhaber einem anderen die Erlaubnis zur Benutzung der Erfindung auch bei Angebot einer angemessenen Vergütung und Sicherheitsleistung, so kann, wenn die Erteilung der Erlaubnis im öffentlichen Interesse geboten ist, dem anderen die Berechtigung zur Benutzung der Erfindung zugesprochen werden (Zwangslizenz). Die Berechtigung kann eingeschränkt erteilt und von Bedingungen abhängig gemacht werden.

Das Patent kann, soweit nicht Staatsverträge entgegenstehen, zurückgenommen werden, wenn die Erfindung ausschließlich oder hauptsächlich außerhalb des Deutschen Reichs oder der Schutzgebiete ausgeführt wird. Die Übertragung des Patents auf einen anderen ist insofern wirkungslos, als sie nur den Zweck hat, der Zurücknahme zu entgehen.

Vor Ablauf von drei Jahren seit der Bekanntmachung der Erteilung des Patents kann eine Entscheidung nach Abs. 1, 2 gegen den Patentinhaber nicht getroffen werden.

1. **Allgemeines.** Der Text der Bestimmung ist der des Gesetzes betr. den Patentausführungszwang v. 6. VI. 11.

§ 11 enthält die materiellen Bestimmungen über die Erteilung einer Zwangslizenz und die Zurücknahme eines Patents. Das Verfahren regeln §§ 28ff.

Die Vorschrift des § 11 PG. v. 7. IV. 91 unterwarf ein Patent, dessen Vorteile dem öffentlichen Interesse zuwider dem gewerblichen Leben des Inlandes in ungerechtfertigter Weise von dem Patentinhaber vorenthalten wurden, der Zurücknahme und knüpfte diese Maßregel an die Voraussetzung der Nichtausführung der patentierten Erfindung im Inlande oder an die der Lizenzverweigerung. Der Patentinhaber sollte dadurch zur Ausführung der Erfindung im Inlande gezwungen werden. Im Laufe der Zeit zeigte es sich, daß der Ausführungszwang den Bedürfnissen der Industrie nicht entsprach. Die auf seine Abschaffung gerichteten Bestrebungen konnten aber gegenüber einem englischen Ges. v. 28. VIII. 07 (249), das im wesentlichen in der Richtung gegen deutsche Patente die Zurücknahme eines Patents bei ausschließlicher oder hauptsächlicher Ausführung im Auslande zuließ, keine Verwirklichung finden. Da auch ein ähnliches auslandsfeindliches Vorgehen der Vereinigten Staaten von Amerika, deren Gesetz bis dahin einen Ausführungszwang nicht kannte, zu erwarten schien, wurde mit ihnen das Abkommen v. 23. II. 09 (s. IV, 5 u. § 11 Anm. 2b u. 3b) abgeschlossen, wonach die in dem einen Vertragsstaat geltenden Vorschriften über die Zurücknahme wegen Nichtausführung gegenüber Angehörigen des anderen Staates nur in dem Umfange der dort für sie bestehenden Vorschriften dieser Art Anwendung finden sollten. Die erwartete Gesetzesänderung in Amerika blieb jedoch aus, und so zeigte sich das unerwünschte Ergebnis, daß der Amerikaner in Deutschland gegen die Zurücknahme wegen Nichtausführung gesichert, mithin vor den deutschen Staatsangehörigen im Vorteil war, daß aber diese in Amerika, wo niemand dem Ausführungszwang unterworfen war, nicht anders standen, wie die Amerikaner. Der Abhilfe hiergegen und der Abwehr gegen die englischen Maßnahmen diente das Gesetz betr. den Patentausführungszwang v. 6. VI. 11, dem der jetzige Wortlaut des § 11 PG. entspricht: die Zurücknahme wegen Nichtausführung ist beseitigt, dagegen aber nach dem englischen Vorbilde als Kampfmittel gegen die ausländische Industrie die Zurücknahme wegen Ausführung im Auslande unter Vernachlässigung der Ausführung im Inlande eingeführt, und ferner an den Tatbestand der Lizenzverweigerung statt der Zurücknahme des Patents die Erteilung einer Zwangslizenz geknüpft. Der Ausführungszwang bei Strafe des Patentverlustes ist damit für Patente von Deutschen im wesentlichen beseitigt und an seine Stelle für die Regel der Lizenzzwang gesetzt.

Während bei Vorliegen eines Nichtigkeitsgrundes (§ 10) die Nichtigkeitserklärung geschehen muß, kann bei Vorhandensein der gesetzlichen Voraussetzungen eine Zwangslizenz erteilt oder das Patent zurückgenommen werden. Das Gesetz gibt also nur eine Befugnis. Ob von ihr Gebrauch zu machen ist, ist je nach Lage des Einzelfalles zu beurteilen. PA. 1. XII. 82 (83, 73); RG. 11. X. 05 (06, 134).

2. **Zwangslizenz.**

a) Voraussetzungen. Der Antragsteller muß die Erteilung einer Lizenz unter Angebot einer angemessenen Vergütung und Sicherheit nachgesucht, der Patentinhaber sie verweigert haben. Mit dem Betriebe, für den die Lizenz verlangt ist, ist der durch Angebot und Verweigerung begründete Anspruch auf Erteilung einer Zwangslizenz übertragbar und vererblich. Die Angemessenheit der angebotenen Vergütung und Sicherheit unterliegt der Beurteilung des Patentamts und des Reichsgerichts in dem Verfahren gemäß §§ 28ff. Angemessen ist eine Vergütung, die nach billiger Schätzung dem Werte entspricht, den die Benutzung durch den Lizenzsucher für den Patentinhaber hat.

Die Zwangslizenz wird erteilt, wenn sie durch das öffentliche Interesse geboten ist. Das Patent soll nicht nur dem Patentinhaber kraft des dadurch erlangten Ausschließungsrechts Vorteile gewähren, sondern auch der nationalen Wohlfahrt durch Förderung und Belebung der Industrie und durch Hebung und Verbesserung des Wirtschaftsstandes der Abnehmer dienen. Eine angemessene Ausbeutung des Ausschließungsrechts durch Stellung hoher Preise und Zurückdrängung der Mitbenutzer liegt im Wesen des Patents und widerspricht nicht dem Gemeinwohl. Erst wenn die Ausbeutung derart geschieht, daß die Bedürfnisse des inländischen Verkehrslebens hinsichtlich des Erfindungsgegenstandes keine ausreichende Befriedigung mehr finden können, liegt ein Mißbrauch des Patentrechts und eine Verletzung des öffentlichen Interesses vor. RG. 11. II. 03 (Entsch. Ziv. 54, 5); 27. V. 07 (211); 27. VI. 13 (300), GR. u. UR. 1914 S. 14, Z. f. JR. 1914 S. 75. Unter Umständen kann das öffentliche Interesse in dem Interesse auch nur eines Gewerbetreibenden aufgehen, so, wenn dessen Geschäftsbetrieb überhaupt die inländische Industrie auf dem betreffenden Gebiet repräsentiert. RG. 5. VII. 99 (290); 22. IV. 12 (Mitteil. 1912 S. 81). Das Privatinteresse des Lizenzsuchers an der Lizenz spielt keine Rolle, die Lizenzerteilung soll nicht dem Wettbewerb dienen. RG. 28. IX. 04 (05, 5).

In erster Linie besteht ein öffentliches Interesse an der Ausführung der Erfindung, d. h. an der Herstellung des Erfindungsgegenstandes, der Ausübung des patentierten Verfahrens im Inlande. RG. 11. II. 11 (Z. f. JR. 1911 S. 141). Diese kommt nicht nur den Produzenten und den beteiligten Lieferanten und Arbeitern zugute, sondern auch den Abnehmern, die aus der inländischen Erzeugung meist den Vorteil der reichlicheren und leichteren Versorgung des Marktes ziehen werden. Vgl. RG. 12. XII. 88 (89, 161); 11. X. 05 (06, 134); 27. V. 07 (211); PA. 21. III. 01 (230); RG. 5. VII. 99 (290). Durch wen und unter welchen Umständen die Ausführung der Erfindung geschieht, ist gleichgültig. Dem öffentlichen Interesse wird auch Genüge geleistet durch Ausführungshandlungen, die in Verletzung des Patents erfolgen. Denn auch durch diese werden der Industrie und dem Verkehr die Vorteile der Erfindung zugeführt.

Die Erteilung einer Zwangslizenz ist gerechtfertigt, wenn der Bedarf an dem Erfindungsgegenstand durch den Patentinhaber nicht ausreichend befriedigt wird, wohl aber der Kläger dazu bereit und imstande ist. RG. 27. V. 18 (Z. f. IR. 1918 S. 65).

Der inländische Bedarf ist nicht entscheidend. Ist ein Bedarf nur im Auslande vorhanden, so erfordert es das öffentliche Interesse, daß durch inländische Produktion die Möglichkeit einer Ausfuhr nach dort geschaffen wird. RG. 5. VII. 99 (290).

Unter Umständen wird dem Gemeinwohl auch ohne inländische Produktion durch reichliche Versorgung der einheimischen Abnehmer mit der fraglichen Ware hinlänglich gedient sein. Vgl. RG. 27. V. 07 (211). Eine Lizenzerteilung zu dem Zwecke, die Preise zugunsten der Abnehmer herabzudrücken, ist durch das öffentliche Interesse nicht geboten. Dieses wird erst verletzt, wenn die Preisstellung eine derartige ist, daß sie der Vorenthaltung für den inländischen Verkehr gleichkommt.

Ein öffentliches Interesse an der Benutzung der patentierten Erfindung durch einen anderen ist vielfach dadurch begründet, daß dieser eine Erfindung von fortschrittlicher Bedeutung ausführen will, die von der patentierten abhängig ist, mithin ohne Erlaubnis des Patentinhabers nicht nutzbar gemacht werden kann. RG. 11. II. 03 (279), Ziv. 54, S. 4; 28. IX. 04 (05, 5). Vgl. auch RG. 16. VI. 15 (200) u. Mitteil. 1917 S. 20.

Die Zwangslizenz kann schon vor der Feststellung der Abhängigkeit durch das ordentliche Gericht erteilt werden, da die Frage der Zwangslizenz rechtlich unabhängig ist von der der Abhängigkeit. RG. 17. XI. 17 (18, 20), JWSchr. 1918 S. 47.

Bei der Würdigung des öffentlichen Interesses ist zu prüfen, ob durch die Rücksicht auf das Gemeinwohl die Erteilung gerade an den Lizenzsucher geboten ist. Dies ist regelmäßig zu bejahen, wenn er der erste ist, der die Erfindung ausführen will und wirtschaftlich und technisch die Gewähr für die Ausführung bietet. PA. 20. VI. 16 (124).

Insoweit sich das Lizenzbegehren auf den Mangel der Ausführung der Erfindung seitens des Patentinhabers gründet, kann dieser sich auf Entschuldigungsgründe für eine dauernde Untätigkeit nicht berufen. Vorübergehende Umstände können berücksichtigt werden. Anders nach dem früheren Recht bei Zurücknahme wegen Nichtausführung, vgl. RG. 4. XII. 97 (98, 19); 5. VII. 99 (290); 26. XI. 98 (99, 98); 22. II. 93 (205); 4. XII. 97 (98, 19); 8. I. 06 (259).

Der Kläger hat die Beweislast für das Vorliegen der gesetzlichen Voraussetzungen. Wendet der Patentinhaber ausreichende Ausführung der Erfindung ein, so hat er die Beweislast dafür.

b) Durch Staatsverträge (vgl. Anm. 3b) erleidet der Lizenzzwang keine Ausnahme. Die Übereinkommen mit der Schweiz und Italien (s. IV, 2 u. 3) finden auf Rechtsnachteile, die im Falle der Lizenzverweigerung eintreten, keine Anwendung. Vgl. Art. II Abs. 2 des Übereinkommens mit der Schweiz v. 26. V. 02. Auch das Abkommen mit den Vereinigten Staaten von Amerika befreit nicht von der Zwangslizenz, auch nicht, insofern die Behauptung des öffentlichen Interesses mit Mangel der Ausführung im Inlande begründet wird (— anders die überwiegende Ansicht der Literatur —), da das Abkommen Sondervorschriften nur bezüglich der Zurücknahme oder einer „sonstigen Beschränkung des Rechts" im Falle der Nichtausführung gibt, die in ihren rechtlichen Voraussetzungen von der Frage der Ausführung unabhängige Zwangslizenz eine solche aber nicht enthält (vgl. Kom.Bericht Bl. 1911 S. 188).

c) Erteilung. Die Zwangslizenz wird durch die Entscheidung begründet; mit deren Rechtskraft tritt das Recht der Benutzung der patentierten Erfindung ein. Sie hat den rechtlichen Charakter einer gewöhnlichen, nicht einer ausschließlichen Lizenz. Der Lizenznehmer erlangt also nur das Recht auf Benutzung der Erfindung, sei es im eigenen

Betriebe oder auch in fremden Werkstätten, nicht das Recht auf Ausschließung Dritter von der Benutzung. Er kann also auch keine Unterlizenz erteilen. RG. 8. XI. 13 (14, 186), Z. f. JR. 1914 S. 132, Mitteil. 1914 S. 7; 16. VI. 15 (200), Mitteil. 1915 S. 93. Die Benutzung kann in Vermietung des Gegenstandes der Erfindung bestehen. PA. 21. XII. 15, RG. 18. X. 16 (17, 33ff.).

Da es sich um eine dem Gemeinwohl dienende Maßregel handelt, kann die Zwangslizenz trotz einer vertragsmäßigen Verpflichtung des Patentinhabers gegenüber einem früheren Lizenznehmer, keine weiteren Lizenzen zu geben, erteilt werden, RG. 11. II. 03 (279), Ziv. 54 S. 4, und sogar trotz des Bestehens einer ausschließlichen Lizenz, PA. 20. VI. 16 (124), Mitteil. 1916 S. 68.

Bei der Erteilung ist die das Entgelt bildende Vergütung und die Sicherheitsleistung festzusetzen, und insbesondere zu bestimmen, ob als Lizenzgebühr eine einmalige Zahlung oder eine wiederkehrende Abgabe von bestimmter oder sich nach dem Verkaufspreis bemessenden Höhe usw. zu leisten ist. Auf die Leistung hat der Patentinhaber einen obligatorischen Anspruch; ihre Vorenthaltung ändert nichts daran, daß die Ausübung des Patents durch den Lizenznehmer berechtigte Benutzung der patentierten Erfindung ist. Der Patentinhaber ist indessen nach den Regeln des Vertragsrechts zur Kündigung befugt.

Die Lizenz kann mit Einschränkungen (Teil, örtlicher Bezirk, Zeit, Beschränkung auf den eigenen Betrieb) erteilt und von Bedingungen abhängig gemacht werden.

3. **Zurücknahme.**

a) Voraussetzungen. Die Zurücknahme ist zulässig, wenn die patentierte Erfindung ausschließlich oder hauptsächlich im Auslande ausgeführt wird. Zurücknahmegrund ist also nicht die Nichtausführung im Inlande. Steht neben dieser die Nichtausführung im Auslande, so ist die Voraussetzung für die Zurücknahme nicht gegeben. Es ist daher auch an sich gleichgültig, in welchem Umfange eine etwaige Ausführung im Inlande geschieht, wenn nur nicht die Ausführung im Auslande erheblich überwiegt. Die Zurücknahme ist nicht an die Voraussetzung geknüpft, daß die im Auslande hergestellte Ware nach Deutschland importiert wird; es genügt, daß die deutsche Industrie die Vorteile der Erfindung entbehren muß, während sie der ausländischen zufließen.

In der Regel ist als Ausführung der Erfindung die Herstellung des patentierten Gegenstandes oder die Ausübung des patentierten Verfahrens anzusehen. Vgl. RG. 4. XII. 97 (98, 19); PA. 11. II. 86 u. RG. 11. XII. 86 (87, 39). Unter Umständen können jedoch auch andere die Erfindung nutzbar machende Maßnahmen (Vertrieb, Vermietung) als Ausführung in Betracht kommen. RG. 27. V. 07 (211).

Zur Ausführung der patentierten Erfindung genügt es, wenn der wesentliche Gedankeninhalt verwirklicht wird. Unwesentliche Abweichungen spielen keine Rolle.

Die Zurücknahmevorschrift greift Platz, gleichviel ob der Patentinhaber ein Deutscher oder ein Ausländer ist. Gegen ersteren wird sie allerdings kaum praktisch werden. Es ist auch gleichgültig, ob die Erfindung im Auslande von einem Ausländer oder einem Deutschen ausgeführt wird. Für die Ausführungsverhältnisse im Inlande müßte grundsätzlich das Verhalten des Patentinhabers oder eines anderen Benutzungsberechtigten maßgebend sein; es ist jedoch vom Standpunkt des öffentlichen Interesses (s. unten) belanglos, durch wen und unter welchen Umständen die Ausführung im Inlande geschieht. Beutet ein Unbefugter im Inland in Verletzung des Patents die Erfindung aus, so hat die Allgemeinheit kein Interesse daran, daß der Patentinhaber seinerseits die Ausführung im Auslande unterläßt oder einschränkt, sofern nur nicht die letztere Ausführung so überwiegt, daß sie als die hauptsächliche anzusehen ist.

Steht hinsichtlich der Ausführung das Inland hinter dem Ausland in hohem Maße zurück, so wird in der Regel die Zurücknahme wegen Beeinträchtigung des deutschen Gemeinwohls geboten sein. Es ist jedoch möglich, daß das öffentliche Interesse in solchem Falle nicht verletzt wird. Das Gesetz spricht von diesem allerdings nur bei den Vorschriften über die Zwangslizenz; es ist jedoch angesichts des Zwecks der Zurücknahme, der einheimischen Industrie und Volkswirtschaft gegenüber der ausländischen zu ihrem Rechte zu verhelfen, nicht zu bezweifeln, daß als Richtschnur auch für die Ausübung der Zurücknahmebefugnis das öffentliche Interesse des Inlandes zu dienen hat. Vgl. insbesondere auch RG. 12. XII. 88 (89, 161); 5. VII. 99 (290); 11. X. 05 (06, 134); 27. V. 07 (211); PA. 21. III. 01 (230), dagegen österreich. Patentgerichtshof 10. XI. 11 (12, 284); 17. XI. 11 (12, 305). Im einzelnen finden auch hier die bezüglich der Zwangslizenz dargelegten Grundsatz (Anm. 2a) entsprechende Anwendung.

Die Zurücknahme ist nicht auszusprechen, wenn der Patentinhaber sein Verhalten durch triftige Entschuldigungsgründe rechtfertigt. Hierzu sind zu rechnen ungünstige Fabrikationsbedingungen im Inlande, Erfolglosigkeit ernstlicher Bemühungen, die eigene Fabrikation im Inlande herbeizuführen oder Lizenznehmer zu gewinnen RG. 4. XII. 97 (98, 19); 5. VII. 99 (290). Es genügen nicht innere Umstände, wie Irrtum über die gesetzlichen Voraussetzungen der Zurücknahme, RG. 22. II. 93 (205), vgl. 26. XI. 98 (99, 98); ebensowenig die Unrentabilität der Ausführung im Inlande, RG. 4. XII. 97 (98, 19); 8. I. 06 (259). Die Berücksichtigung von Entschuldigungsgründen für die hinter der ausländischen zurückbleibenden inländischen Ausführung ist für den Bereich des Unionsvertrages durch dessen Art. 5 Abs. 2 (s. IV, 1) vorgeschrieben.

Der Kläger hat die Beweislast für die Behauptung, daß die Ausführung ausschließlich oder hauptsächlich im Ausland stattfinde, der Beklagte dafür, daß gleichwohl das öffentliche

Interesse nicht beeinträchtigt oder daß sein Verhalten durch besondere Umstände entschuldigt werde. Vgl. PA. 17. XII. 08, M. u. W. 08/09 S. 313

b) Staatsverträge. Die Zurücknahme ist nur zulässig, soweit nicht Staatsverträge entgegenstehen. Dies ist der Fall bezüglich Italien (Übereinkommen v. 18. I. 92 Art. 5 [s. IV, 2 a]), der Schweiz (Übereinkommen v. 13. IV. 92 Art. 5 [s. IV, 3 a]) und den Vereinigten Staaten von Amerika (Abkommen v. 23. II. 09 [s. IV, 5]). Danach steht die Ausführung in Italien und der Schweiz der in Deutschland gleich; sie gilt als nicht im Auslande stattfindend. Auf die Staatsangehörigkeit des Patentinhabers kommt es dabei nicht an. Die Ausnahmebestimmung greift jedoch, da durch die genannten Verträge hinsichtlich der Erfindungen nur die Verhältnisse bezüglich nachgesuchter oder erteilter Patente geregelt werden sollen, nur dann Platz, wenn die Erfindung auch in jenen Staaten unter Patentschutz steht. RG. 22. IV. 96 (317). Dasselbe gilt für Amerika, nur, daß hier die Voraussetzung bezüglich der Patentierung der Erfindung auch in dem anderen Staate nicht gilt. Zu dieser örtlichen tritt aber noch eine persönliche Sondervorschrift: ein Patent unterliegt nicht der Zurücknahme wegen Ausführung in irgendeinem Auslandsstaat, wenn es einem amerikanischen Staatsangehörigen gehört. Ob es ihm ursprünglich erteilt oder später auf ihn übergegangen ist, macht keinen Unterschied; es entgeht auch dann noch der Zurücknahme, wenn die Übertragung während Schwebens des Zurücknahmeverfahrens stattgefunden hat. RG. 20. XI. 09 (10, 9), Ziv. 72 S. 242; 18. XII. 09 (10, 116). Auch für das persönliche Vorrecht ist nicht Voraussetzung, daß die Erfindung auch in Amerika patentiert ist. RG. 20. XI. 09 cit. Zu den Staatsangehörigen sind nicht nur physische, sondern auch juristische Personen und Handelsgesellschaften, die in Amerika ihren Sitz haben, zu rechnen. RG. desgl.

Ist die Übertragung des Patents auf einen Amerikaner nur zum Schein geschehen, d. h. von beiden Vertragschließenden nicht ernstlich gewollt, so ist sie nach § 117 BGB. nichtig und kann das Patent von der Zurücknahme nicht befreien. PA. 5. II. 12 (Mitteil. 1912 S. 68), vgl. auch RG. 18. XII. 09 (10, 116). Das Patentgesetz bestimmt aber weiterhin, — indem es auf Rechtsgeschäfte übergreift, denen nach den Grundsätzen des bürgerlichen Rechts die Anerkennung allgemein nicht zu versagen wäre, — daß die Übertragung auf einen anderen insofern wirkungslos ist, als sie nur den Zweck hat, der Zurücknahme zu entgehen. (Vgl. hierzu Kom.Bericht Ges. v. 6. VI. 11, Blatt 1911 S. 192.)

c) Teilweise Zurücknahme. Die Zurücknahme kann ebenso, wie die Nichtigkeitserklärung, auch nur einen Teil des Gegenstandes des Patents ergreifen. PA. 12. IX. 04, RG. 11. X. 05 (06, 130) vgl. § 10 Anm. 5. Die dortigen Bemerkungen haben auch hier entsprechende Geltung.

d) Wirkung der Zurücknahme. Die Zurücknahme bewirkt, daß das Patentrecht von nun an aufhört. Sie hat also keine rückwirkende Kraft, RG. 6. XII. 93 (94, 92). Es können daher Verletzungen des Patentrechts, die vor der Zurücknahme begangen sind, noch danach zivil- und strafrechtlich verfolgt werden, und es kann ein zurückgenommenes, ebenso wie ein erloschenes Patent für nichtig erklärt werden. Erlischt das Patent nach der Stellung des Antrags auf Zurücknahme, so ist dieser für erledigt zu erklären. PA. 7 IX. 08 (291).

Bei Zurücknahme eines Hauptpatents bleibt das Zusatzpatent bestehen. § 7 Anm. 3.

Bezüglich der Lizenz gilt für die völlige oder teilweise Zurücknahme dasselbe wie für die Nichtigkeitserklärung, vgl. § 10 Anm. 4 u. 5.

Die Zurücknahme wird in der Patentrolle vermerkt und im Reichsanzeiger bekannt gemacht (§ 19). Die nicht fällig gewordenen Gebühren werden zurückgezahlt.

4. **Frist.** Die Erteilung einer Zwangslizenz und die Zurücknahme können nicht vor Ablauf von drei Jahren nach der

Bekanntmachung der Patenterteilung ausgesprochen werden. Nur die Zulässigkeit einer solchen dem Patentinhaber ungünstigen Entscheidung, nicht auch die des Antrages auf Zwangslizenz oder Zurücknahme (§ 28) ist von dem Ablauf der Frist abhängig gemacht. Die Frist ist daher gewahrt, auch wenn sie erst während des Verfahrens gemäß §§ 28 ff. abläuft. RG. 11. XII. 86 (87, 39). Die Bedeutung der Frist ist nicht etwa die, daß für die Entscheidung ausschließlich das Verhalten des Patentinhabers während der drei Jahre maßgebend ist. Vgl. RG. 8. I. 06 (259). Zu berücksichtigen ist vielmehr sein gesamtes Verhalten bis zur Entscheidung, auch das nach Stellung des Antrages. PA. 21. IV. 04 (357), vgl. auch PA. 1. XII. 82 (83, 74). Das RG. [26. XI. 98 (99, 98)] hat bei Entscheidung über die Zurücknahme nach dem bisherigen Gesetz für die Regel die Zeit der Stellung des Antrages für maßgebend erachtet [vgl. auch RG. 8. I. 06 (259)] und die Berücksichtigung von späteren Ausführungshandlungen abgelehnt, wenn schon früher die Möglichkeit der Ausführung bestand.

Bezüglich der zeitlichen Voraussetzungen für die Zulässigkeit der Zurücknahme s. Art. 307 Abs. 3 des Versailler Friedensvertrages und § 16 des Ausf.G. dazu v. 31. VIII. 19 s. III, 5 u. 6.

§ 12.

Wer nicht im Inlande wohnt, kann den Anspruch auf die Erteilung eines Patents und die Rechte aus dem Patent nur geltend machen, wenn er im Inlande einen Vertreter bestellt hat. Der letztere ist zur Vertretung in dem nach Maßgabe dieses Gesetzes stattfindenden Verfahren, sowie in den das Patent betreffenden bürgerlichen Rechtsstreitigkeiten und zur Stellung von Strafanträgen befugt. Der Ort, wo der Vertreter seinen Wohnsitz hat, und in Ermangelung eines solchen der Ort, wo das Patentamt seinen Sitz hat, gilt im Sinne des § 24 der

Zivilprozeßordnung als der Ort, wo sich der Vermögensgegenstand befindet.

Unter Zustimmung des Bundesrats kann durch Anordnung des Reichskanzlers bestimmt werden, daß gegen die Angehörigen eines ausländischen Staates ein Vergeltungsrecht zur Anwendung gebracht werde.

1 **Ausländer und Auswärtige.** Außer in § 28 Abs. 5 und § 12 stellt das Patentgesetz Inländer und Ausländer sowie im Inlande und im Auslande Wohnende gleich, kennt insbesondere auch nicht das Erfordernis der Gegenseitigkeit, wie § 13 Abs. 1 des Gesetzes betr. den Schutz von Gebrauchsmustern v. 1. VI. 91 und § 23 Abs. 1 des Gesetzes zum Schutze der Warenbezeichnungen v. 12. V. 94.

§ 12 Abs. 1 macht eine Ausnahme für nicht im Inlande Wohnende (Auswärtige), Abs. 2 für die Angehörigen von ausländischen Staaten (Ausländer).

Der Zweck der Bestimmung des Abs. 1 ist die Erleichterung des geschäftlichen Verkehrs der inländischen Beteiligten und des Patentamts mit dem auswärtigen Anmelder und Patentinhaber, vgl. RG. 19. VI. 99 (239). Auf die Staatsangehörigkeit kommt es nicht an, nur der Wohnsitz (§§ 7 ff., 24 BGB.) entscheidet.

2. **Beschränkung des Auswärtigen.** Das Gesetz will einen Auswärtigen zur Bestellung eines inländischen Vertreters dadurch zwingen, daß es die Befugnis zur Geltendmachung gewisser Rechte von ihr abhängig macht. Ohne einen Vertreter zu haben, kann er weder den Anspruch auf Erteilung eines Patents (§ 3 Abs. 1) zur Geltung bringen (d. h. eine Anmeldung bis zur Erteilung der Patents durchführen), noch die Rechte aus dem Patent wahrnehmen. In dem Erwerb und dem Besitz dieses Anspruchs und dieser Rechte ist er nicht beschränkt; ebensowenig fehlt ihm die Prozeßfähigkeit.

Das Fehlen eines Vertreters bildet daher im Patenterteilungsverfahren nur einen Mangel der Anmeldung, der den Fortgang des Verfahrens hindert und bei Nichtbeseitigung zur Abweisung der Anmeldung führt. Dagegen sind die Anträge des Auswärtigen (insbesondere auch Anmeldung, Beschwerde) in ihrer Gültigkeit durch das Fehlen eines Vertreters nicht berührt. Nach der Erteilung des Patents ist die Geltendmachung der Rechte aus diesem an die Bestellung eines Vertreters geknüpft. Ohne diese ist also das aktive Vorgehen auf Grund des ausschließlichen Benutzungsrechts an dem Gegenstand der Erfindung (§ 4) versagt. Der Auswärtige kann daher nicht als Kläger bei Patentverletzung auf Feststellung, Unterlassung, Entschädigung klagen (§§ 4, 35). Strafantrag stellen (§ 36) oder Buße fordern (§ 37). Dagegen kann er über das Patent selbst verfügen, kann es veräußern, verpfänden, darauf verzichten, Lizenzen erteilen usw. Er kann ferner als Beklagter das Patent im Nichtigkeits- oder Zurücknahmeverfahren verteidigen, vgl. §28 Anm. 2b, [anders RG. 30. XI. 85 (86, 51), und die Praxis des PA.], fremde Anmeldungen mit Einspruch, fremde Patente mit Nichtigkeitsklagen angreifen, auch wenn er sich dabei auf sein Patent stützt, ferner als Beklagter Zustellungen von Klagen jeder Art wirksam in Empfang nehmen, sich gegen Klagen auf Unterlassung des Eingriffs in ein fremdes Patent verteidigen, auch wenn es sich darum handelt, daß er den Eingriff in Ausnutzung seines Patents begangen hat, RG. 14. XI. 98 (99, 30), Ziv. Bd. 42, S. 92. Denn in allen diesen Fällen liegt nicht eine Geltendmachung der Rechte aus seinem Patent vor.

Nicht nur der Anmelder und Patentinhaber muß einen Vertreter haben, sondern jeder Auswärtige, der Rechte aus dem Patent geltend macht, z. B. auch der Nießbraucher, der Inhaber eines ausschließlichen Lizenzrechts.

Die Bestellung eines Vertreters im Inlande schafft nur die Voraussetzung für die Geltendmachung der fraglichen Rechte, beeinträchtigt aber nicht die Handlungsfähigkeit des Berechtigten. Ist die Bestellung erfolgt, so kann auch der Auswärtige selbst uneingeschränkt handeln, RG. 19. VI. 99 (239); anders nach § 23 des Warenbezeichnungsgesetzes, wonach nur der Vertreter die Rechte des Auswärtigen wahrnehmen kann.

3. **Vertreter.** Der Vertreter muß im Inlande wohnen, damit der Zweck der Vorschrift erreicht werden kann. Als Vertreter ist nur eine Person anzusehen, die tatsächlich die Vertreterfunktionen ausübt, insbesondere den Verkehr mit dem Auswärtigen vermittelt. Die bloße Benennung als Vertreter genügt nicht. Über die Vollmacht im allgemeinen vgl. § 20 Anm. 2.

Name und Wohnort des Vertreters werden in die Patentrolle eingetragen, § 19. Über die Bedeutung der Eintragung s. dort Anm. 6, vgl. auch Anm. 5. Der eingetragene Vertreter ist kraft der Eintragung legitimiert, auch wenn er etwa nicht mehr bevollmächtigt sein sollte. Auch der Tod des Patentinhabers berührt diese Legitimation nicht, vgl. § 28 Anm. 2b. Daher bedarf es z. B., wenn er für eine juristische Person klagt, nicht der Prüfung der Legitimation ihres Vorstandes, RG. 14. XI. 98 (99, 30).

4. **Befugnis des Vertreters.** Der Vertreter hat nur die Befugnis des Auswärtigen auszuüben, sein Recht ist aus dessen Person abgeleitet. Seine Rechtsstellung ist daher nicht die eines gesetzlichen Vertreters im Sinne des bürgerlichen oder Prozeßrechts, sondern nur die eines gesetzlichen Bevollmächtigten, RG. 17. XI. 03 (04, 368).

Das Gesetz bestimmt, wozu der Vertreter befugt sein muß, wenn die Voraussetzung der Bestellung eines Vertreters erfüllt sein soll. Daher ist zwar eine Bevollmächtigung in weiterem Umfange statthaft, nicht aber in geringerem. Eine solche hat zur Folge, daß ein Vertreter im Sinne des § 12 überhaupt nicht als bestellt anzusehen ist. Sind in der Vollmacht die einzelnen Befugnisse nicht angegeben, so wird sie in der Regel dahin auszulegen sein, daß sie den vollen gesetzlichen Inhalt hat.

Die gesetzliche Befugnis des Vertreters erschöpft sich nicht in der — dem Auswärtigen ohne Vertreter versagten — Geltendmachung des Anspruchs auf die Erteilung eines Patents und der Rechte aus dem Patent, sondern geht darüber hinaus, indem sie sich insbesondere auf die bürgerlichen Rechtsstreitigkeiten erstreckt, die allgemein das Patent betreffen, RG. 14. XI. 98 (99, 30). Der Vertreter ist befugt zur Vornahme aller Rechtshandlungen in dem auf Erteilung und Verwaltung des Patents gerichteten Verfahren vor dem Patentamt (insbesondere also zur Einreichung und Zurückziehung der Anmeldung, zur Zahlung und Beantragung der Stundung von Jahresgebühren, zum Antrag auf Rolleneintragungen usw.), sowie im Nichtigkeits- und Zurücknahmeverfahren in beiden Instanzen. Der Vertreter ist ferner befugt zur Vertretung in den das Patent d. h. das durch seine Erteilung begründete ausschließliche Benutzungsrecht betreffenden bürgerlichen Rechtsstreitigkeiten. Darunter fällt z. B. auch eine Klage auf Feststellung, daß eine Handlung, die der Inhaber des Patents in dessen Ausnutzung begangen hat, in ein fremdes Patent eingreift, RG. 14. XI. 98 (99, 30). Der Vertreter kann endlich Strafantrag wegen Verletzung des Patents stellen, aber auch im Strafverfahren als Nebenkläger auftreten und Buße verlangen. Zu materiellen Verfügungen über das Patent (Lizenzerteilung, Verzicht usw.) ist er nicht berechtigt.

5. **Gerichtsstand.** Der Gerichtsstand des Vermögens gemäß § 24 (jetzt § 23 der Fassung v. 17. V. 98) ZPO. ist für alle vermögensrechtlichen Ansprüche gegen einen auswärtigen Patentinhaber maßgebend, Motive S. 19, RG. 14. XI. 98 (99, 30). Bezüglich der Zwangsvollstreckung s. §§ 797 Abs. 5, 828 Abs. 2 ZPO., bezüglich der Ausstellung eines Erbscheins § 2369 BGB., §§ 72, 73 Fr.Ger.Ges. Verschieden von der Frage des Gerichtsstandes, und damit der Unterwerfung

unter die deutsche Gerichtsgewalt ist die Frage, in welchem Staatsgebiet das deutsche Patent eines Auswärtigen als Vermögensstück belegen ist, vgl. RGZ. 22, 406; 77, 250ff. f. § 6 Anm. 1.

6. **Vergeltungsrecht gegen Ausländer.** Eine Anordnung gemäß § 12 Abs. 2 ist bisher nicht ergangen. Ein Vergeltungsrecht ist ausgeschlossen gegenüber Angehörigen von Staaten, mit denen Verträge über die Gegenseitigkeit des Patentschutzes abgeschlossen worden sind. S. unten IV, völkerrechtl. Verträge. Während des Krieges bestand ein Vergeltungsrecht nach der Bundesratsverordnung über gewerbliche Schutzrechte feindlicher Staatsangehöriger v. 1. VII. 15 (RGBl. S. 414, Bl. S. 182)

Zweiter Abschnitt.

Patentamt.

§ 13.

Die Erteilung, die Erklärung der Nichtigkeit und die Zurücknahme der Patente erfolgt durch das Patentamt.

Das Patentamt hat seinen Sitz in Berlin. Es besteht aus einem Präsidenten, aus Mitgliedern, welche die Befähigung zum Richteramt oder zum höheren Verwaltungsdienst besitzen (rechtskundige Mitglieder) und aus Mitgliedern, welche in einem Zweige der Technik sachverständig sind (technische Mitglieder). Die Mitglieder werden, und zwar der Präsident auf Vorschlag des Bundesrats, vom Kaiser ernannt. Die Berufung der rechtskundigen Mitglieder erfolgt, wenn sie im Reichs- oder Staatsdienst ein Amt bekleiden, auf die Dauer dieses Amts, anderenfalls auf Lebenszeit. Die Berufung der technischen Mitglieder erfolgt entweder auf Lebenszeit oder auf fünf Jahre. In letzteren Falle finden, auf sie die Bestimmungen im § 16 des Gesetzes, betreffend die Rechtsverhältnisse der Reichsbeamten vom 31. März 1873 keine Anwendung.

1. Die **Zuständigkeit** des Patentamts erstreckt sich

a) auf alle Angelegenheiten, die mit der Erteilung eines Patents, der Nichtigkeitserklärung, der Zurücknahme und der Erteilung einer Zwangslizenz zusammenhängen, so: die Eintragungen und Löschungen in der Patentrolle (§ 19), die Veröffentlichungen im Reichsanzeiger und im Patentblatt (§§ 19, 23, 27), die Veröffentlichung der Patentschrift (§ 19). Das Patentamt vereinnahmt die Jahresgebühren (§ 8) und entscheidet gemäß § 2 BV. 8. III. 17 (s. Anhang zu § 9 und § 9 Anm. 1) bis zu deren Außerkrafttreten endgültig über die Rechtzeitigkeit der Zahlung.

b) auf die Abgabe von Gutachten (§ 18).

2. **Verfassung des Patentamts.** Das PA. ist eine Reichsbehörde, die dem Reichsminister der Justiz untersteht. Diesem steht die Dienstaufsicht zu (vgl. auch § 26 AB. u. § 16 PG. Anm. 5), nicht aber eine Einwirkung auf die den Prüfungsstellen und Abteilungen gesetzlich obliegenden Amtsverrichtungen.

Die dem PA. von dem Gesetze zugewiesenen Akte der Staatshoheit werden ausgeübt von dem Präsidenten, seinen Stellvertretern (Direktoren) und den Mitgliedern. Außer ihnen sind in der Behörde technische Hilfskräfte (ständige Mitarbeiter, technische Hilfsarbeiter), Bureau- und Kanzleibeamte sowie Unterbeamte beschäftigt. Die Beamten des PA. sind Reichsbeamte; für sie gilt das Gesetz betr. d Rechtsverhältnisse der Reichsbeamten v. 31. III. 73. Bezüglich eines aus der Verletzung einer Amtspflicht entstehenden Schadens s. § 839 BGB. Der Anspruch auf Schadensersatz ist nach dem Gesetz v. 22. V. 10 (206), (RGBl. S. 798 ff.), gegen das Reich zu richten, das sich seinerseits an den schuldigen Beamten hält.

Der Präsident und die Mitglieder werden vom Reichspräsidenten ernannt (Verfassung Art. 46), ersterer auf Vorschlag des Reichsrats (Verf. Art. 60ff.).

Der Präsident, die Direktoren und die Mitglieder sind richterliche Beamte, da sowohl die Erteilung der Patente, wie die Nichtigkeitserklärung, die Zurücknahme und die Zwangslizenzerteilung nur von dem Vorliegen der gesetzlichen Voraussetzungen bedingte richterliche Akte, nicht aber Verwaltungsmaßnahmen sind. Die genannten Beamten können gegen ihren Willen nicht abgesetzt oder in ein anderes Amt versetzt werden.

Über die Aufgaben und Befugnisse des Präsidenten s. die AV. §§ 3, 4, 9, 26. Ihm steht die Leitung und Beaufsichtigung des gesamten Geschäftsbetriebes zu, er verfügt in allen Verwaltungsangelegenheiten. Zur Ausstellung von Bescheinigungen ist lediglich er befugt, PA. 17. III. 04 (216). Die Vertretung des Reichsfiskus in Rechtsstreitigkeiten, die sich aus der Geschäftsführung des PA. ergeben, liegt dem Reichsminister der Justiz ob.

Die Direktoren sind teils rechtskundige, teils technische Beamte (s. AV. § 7, Verord. 24. IV. 04).

Die Mitglieder sind entweder ständige (auf Lebenszeit ernannte) oder nichtständige (auf fünf Jahre ernannte). Erstere sind entweder rechtskundige oder technische; letztere nur technische. Nichtständige Mitglieder werden nur in die Beschwerdeabteilungen und in die Nichtigkeitsabteilung berufen. Die Heranziehung von auf den verschiedenen Gebieten der Technik bewährten Persönlichkeiten als nichtständige Mitglieder, die früher in größerem Umfange stattfand, ist beibehalten worden, um die Nutzbarmachung der Erfahrungen der Technik für die Rechtsprechung des PA. in erhöhtem Maße zu sichern. Die nichtständigen Mitglieder sind von den Bestimmungen im § 16 des Reichsbeamtengesetzes befreit, bedürfen also zum Betriebe eines nebenamtlichen Geschäfts oder Gewerbes nicht der Genehmigung der obersten Reichsbehörde. Im übrigen stehen sie den ständigen Mitgliedern gleich. Mit den Verrichtungen eines Mitgliedes können Hilfsmitglieder beauftragt werden; auf sie finden, abgesehen von der zeitlichen Beschränkung ihrer Berufung, die Vorschriften über Mitglieder Anwendung; Ges. betr. d. Beschäftigung von Hilfsmitgliedern im Kaiserl. PA. v. 18. V. 08 (RGBl. 08 S. 211; Bl. 08 S. 177). Die Frist für die Zulässigkeit der Beauftragung ist erstreckt bis zum 31. III. 22 durch Ges. v. 1. III. 19 (RGBl. 19 S. 287; Bl. 19, 17).

Das PA. führt seit 1919 die Amtsbezeichnung „Reichspatentamt" (s. Bl. 1919 S. 18). Über sein demgemäß geändertes Siegel vgl. § 30 AB.

§ 14.

In dem Patentamt werden

1. Abteilungen für die Patentanmeldungen (Anmeldeabteilungen),
2. eine Abteilung für die Anträge auf Erklärung der Nichtigkeit oder auf Zurücknahme von Patenten (Nichtigkeitsabteilung),
3. Abteilungen für die Beschwerden (Beschwerdeabteilungen)

gebildet.

In den Anmeldeabteilungen dürfen nur solche technische Mitglieder mitwirken, welche auf Lebenszeit berufen sind. Die technischen Mitglieder der Anmeldeabteilungen dürfen nicht in den übrigen Abteilungen, die technischen Mitglieder der letzteren nicht in den Anmeldeabteilungen mitwirken.

Die Beschlußfähigkeit der Anmeldeabteilungen ist durch die Anwesenheit von mindestens drei Mitgliedern bedingt, unter welchen sich zwei technische Mitglieder befinden müssen.

Die Entscheidungen der Nichtigkeitsabteilung und der Beschwerdeabteilungen erfolgen in der Besetzung von zwei rechtskundigen und drei technischen Mitgliedern. Zu anderen Beschlußfassungen genügt die Anwesenheit von drei Mitgliedern.

Die Bestimmungen der Zivilprozeßordnung über Ausschließung und Ablehnung der Gerichtspersonen finden entsprechende Anwendung.

Zu den Beratungen können Sachverständige, welche nicht Mitglieder sind, zugezogen werden; dieselben dürfen an den Abstimmungen nicht teilnehmen.

1. **Vereinfachungen.** Bis auf weiteres gelten die Bestimmungen der Bundesratsverordnung über Vereinfachungen im Patentamt vom 9. März 1917 (RGBl. 1917 S. 221, Blatt 1917 S. 26):

§ 1. Die Geschäfte des Vorprüfers und der Anmeldeabteilung im Patentamt werden, soweit es sich um die Prüfung der Anmeldungen und die Erteilung der Patente handelt, einer Prüfungsstelle übertragen. Die Obliegenheiten der Prüfungsstelle werden von einem technischen Mitglied der Anmeldeabteilung wahrgenommen (Prüfer).

Entsprechendes gilt für die Prüfung und Eintragung der Warenzeichen.

Der Präsident des Patentamts regelt die Bildung, den Geschäftskreis und den Geschäftsgang der Prüfungsstellen.

§ 2. Die Beschwerdeabteilungen entscheiden in der Besetzung mit drei Mitgliedern. Unter diesen müssen sich bei der Entscheidung über Beschwerden gegen die Beschlüsse der Prüfungsstellen in Patentsachen zwei technische Mitglieder befinden.

§ 3. In dem Verfahren vor der Prüfungsstelle wird ein Vorbescheid nicht erlassen. Die Prüfungsstelle hat, solange nicht die Bekanntmachung der Anmeldung beschlossen ist, auf Antrag den Patentsucher anzuhören.

Die Vorschrift im § 26 Abs. 3 Satz 3 des Patentgesetzes vom 7 April 1891 (Reichs-Gesetzbl. S. 79) fällt fort.

§ 4. Diese Verordnung tritt am 20. März 1917 in Kraft. Der Reichskanzler bestimmt den Zeitpunkt des Außerkrafttretens.

2. **Zusammensetzung des Patentamts.** Das PA. ist verwaltungsmäßig eine einheitliche, hinsichtlich der Zuständigkeit jedoch eine rechtlich aus mehreren Einzelbehörden bestehende Behörde. Es wäre daher z. B. ein von der Nichtigkeitsabteilung erteiltes Patent, eine von einer Prüfungsstelle ausgesprochene Nichtigkeitserklärung wirkungslos.

Im übrigen s. über die Einrichtung des PA. die Bestimmungen der AB.

Das PA. besteht aus:

a) Prüfungsstellen,
b) Anmeldeabteilungen (zurzeit 12),
c) einer Nichtigkeitsabteilung,
d) Beschwerdeabteilungen (2).

3. **Besetzung.**

a) Prüfungsstelle. Jede Prüfungsstelle besteht aus einem Prüfer. Dieser muß ein ständiges technisches Mitglied (oder Hilfsmitglied) sein. Der Prüfer übt seine Amtsfunktionen ausschließlich als Einzelperson aus.

b) Anmeldeabteilung. Sie ist besetzt mit einem Vorsitzenden, der entweder Jurist oder Techniker sein kann, und den Prüfern der ihr zugewiesenen Gebiete der Technik.

Für die Beschlußfähigkeit der Anmeldeabteilung ist die Anwesenheit von mindestens drei Mitgliedern vorgeschrieben; eine obere Grenze der Zahl der Teilnehmer an der Beschlußfassung ist nicht gesetzt. „Anwesenheit" bedeutet jedes Mitwirken bei einer kollegialen Entschließung, sei es innerhalb oder außerhalb einer Sitzung (vgl. § 7 AB.).

c) Richtigkeitsabteilung. Sie entscheidet in der Besetzung mit fünf Mitgliedern, und zwar zwei rechtskundigen und drei technischen, und beschließt unter Mitwirkung („Anwesenheit" s. Anm. 3b) von mindestens drei Mitgliedern, bezüglich deren Eigenschaft eine Bestimmung nicht getroffen ist, die daher z. B. sämtlich Juristen sein können.

d) Beschwerdeabteilung. Die zur Besetzung der Beschwerdeabteilung nach Maßgabe der Vorschriften des § 14 Abs. 4 PG. erforderliche Zahl von fünf Mitgliedern ist auf drei herabgesetzt. Ein Unterschied zwischen Entscheidungen (d. h. den den endgültigen Spruch über die Sachbeschwerde gemäß § 26 PG. fällenden Entscheidungen) und anderen Beschlußfassungen (§ 14 cit.) besteht also hinsichtlich der Besetzungszahl nicht. Das Erfordernis der Mitwirkung rechtskundiger Mitglieder (§ 14: 2 Juristen, 3 Techniker) ist für Patentsachen aufgegeben. Als Grundsatz für die Besetzung der neuen Beschwerdeabteilungen ist nur aufgestellt, daß bei den Entscheidungen in Patentsachen zwei technische Mitglieder mitwirken müssen. Auch das dritte Mitglied kann ein Techniker sein. Für andere Beschlußfassungen (Zwischenbescheide im Verfahren gemäß § 26 PG. und Beschlüsse gemäß § 16 PG.) genügt die Anwesenheit (s. Anm. 3b) von drei Mitgliedern, bezüglich deren Eigenschaft eine Bestimmung nicht getroffen ist (s. § 14 Abs. 4).

Eine Mitwirkung eines Mitgliedes in mehreren verschiedenartigen Dienststellen kann nur insofern stattfinden, als ein rechtskundiges Mitglied zugleich einer oder mehreren Anmeldeabteilungen und den Beschwerdeabteilungen und der Richtigkeitsabteilung angehören kann. Bezüglich der technischen Mitglieder ist dies ausgeschlossen (§ 14 Abs. 2).

Darüber, für welche Beschlüsse und Entscheidungen es der Beratung und Abstimmung in einer Sitzung bedarf, bestimmt die AB. § 7.

4. Zuständigkeit und Geschäftskreis der Dienststellen.

a) Prüfungsstelle. Nach dem PG. unterliegt eine Anmeldung der Vorprüfung durch ein einzelnes Mitglied der Anmeldeabteilung. Im übrigen liegen die sie betreffenden Geschäfte erster Instanz in der Hand der Anmeldeabteilung. Sie entscheidet über die Erteilung oder Verweigerung des Patents und sie übt — durch den Vorsitzenden — die Verwaltungsgeschäfte aus. Die BV. weist die gesamte rechtsprechende Tätigkeit der ersten Instanz bis zum Abschluß des Erteilungsverfahrens der Prüfungsstelle zu. Diese prüft die Patentanmeldung, weist sie zurück, beschließt ihre Bekanntmachung, erteilt oder versagt das Patent und erledigt alle Amtshandlungen, die auf die sachliche Behandlung der Anmeldung gerichtet sind.

Der Geschäftskreis der Prüfungsstelle ist nach Materien bestimmt. Der gesamte Bereich der Technik ist für die Ordnung des inneren Dienstes in 89 Klassen (s. II, 5) eingeteilt. Danach ist jeder Prüfungsstelle ein bestimmtes Gebiet der Technik zugewiesen.

Beschlüsse und Verfügungen der Prüfungsstelle tragen die Unterschrift: „Reichspatentamt, Prüfungsstelle der Klasse x".

b) Anmeldeabteilung. An der Zugehörigkeit der Prüfer zu einer Anmeldeabteilung ist durch die BV. nichts geändert. Die Anmeldeabteilung bleibt bestehen und versieht ihre Geschäfte nach wie vor. Ihre Obliegenheiten vermindern sich nur um die der Prüfungsstelle zugewiesenen Geschäfte. Da diese einerseits nur bis zum Abschluß des Patenterteilungsverfahrens greifen und anderseits nur auf dem Gebiet der Rechtsprechung liegen, ergibt sich als Zuständigkeitsbereich der Anmeldeabteilung einmal die Ausübung der Rechtsprechung nach der Erteilung des Patents (vorwiegend Rollen- und Gebührenangelegenheiten) und sodann die Erledigung der Verwaltungsgeschäfte. (Vgl. §§ 4, 6 AV.) Diese letzteren werden von dem Vorsitzenden ausgeübt; ihm steht die Leitung und Beaufsichtigung des gesamten Geschäftsbetriebes der Anmeldeabteilung, insbesondere auch der Prüfungsstellen, zu.

c) Nichtigkeitsabteilung. Sie entscheidet über Anträge auf Erklärung der Nichtigkeit, auf Erteilung einer Zwangslizenz und auf Zurücknahme eines Patents (§§ 10, 11). Gegen ihre Entscheidungen Berufung an das Reichsgericht (§ 33), gegen ihre Beschlüsse Beschwerde an die Beschwerdeabteilungen (§ 16).

d) Beschwerdeabteilung. Sie entscheidet über Beschwerden gegen Beschlüsse und Entscheidungen der Prüfungsstellen, der Anmeldeabteilungen und der Nichtigkeitsabteilung (§§ 16, 26). Sie gibt Obergutachten ab (§ 18), § 2 Abs. 3 AB.

5. **Ausschließung und Ablehnung.** Die Vorschriften der §§ 41–49 ZPO. finden entsprechende Anwendung.

Ein richterlicher Beamter des PA. (s. § 13 Anm. 2) ist nach § 41 Nr. 5 kraft Gesetzes ausgeschlossen, wenn er in dem Verfahren, in dem er jetzt zur Entscheidung berufen ist, als Zeuge oder Sachverständiger vernommen ist. Seine Vernehmung über dieselbe Frage in einem anderen Verfahren schließt ihn nicht aus. Vgl. PA. 16. XII. 10 (11, 117). (Teilnahme an der Erstattung eines Obergutachtens, § 26.)

Die Ausschließung findet gemäß § 41 Nr. 6 ferner statt bei Mitwirkung bei der angefochtenen Entscheidung; nicht auch bei Mitwirkung bei einer denselben Gegenstand betreffenden Entscheidung in einem anderen Verfahren, PA. 10. III. 02 (42).

Ein richterlicher Beamter kann abgelehnt werden bei Vorliegen eines Ausschließungsgrundes und wegen Besorgnis der Befangenheit, wenn ein Grund vorliegt, der geeignet ist, Mißtrauen gegen seine Unparteilichkeit zu rechtfertigen (§ 42 Abs. 2 ZPO.). Ein solcher Grund ist aus der bloßen Tatsache, daß ein Beamter an einer dieselbe Frage betreffenden Entscheidung in einem anderen Verfahren teilgenommen oder sonst eine bestimmte Rechtsansicht über die gleiche Frage kundgegeben hat, nicht herzuleiten. PA. 16. XII. 10 (11, 117), vgl. auch Kammergericht 21. XII. 98 (99, 82).

Der Ablehnungsgrund ist glaubhaft zu machen. Über das Ablehnungsgesuch entscheidet diejenige Abteilung, der der abgelehnte Beamte angehört. Der Prüfer, der ohne ernstlich gemeinten Grund, nur in Verschleppungsabsicht abgelehnt wird, kann über das Gesuch, das sich in Wahrheit als Ablehnungsgesuch gar nicht darstellt, selbst entscheiden, RG. 23. VI. 99, Ziv. 44, 402; 8. X. 97, Str. 30, 273. Gegen den Beschluß, durch den das Gesuch für unbegründet erklärt wird, findet sofortige Beschwerde statt. Diese ist binnen einer Frist von zwei Wochen, die mit der Zustellung des Beschlusses beginnt, einzulegen, § 577 ZPO.

Die Regeln über Ausschließung und Ablehnung der richterlichen Beamten findet auf den gemäß § 30 Abs. 1 zugezogenen Protokollführer entsprechende Anwendung.

6. **Sachverständige.** Von der Bestimmung des § 14 Abs. 6 ist wenig Gebrauch gemacht worden, da regelmäßig die Sachkunde der zur Entscheidung des Einzelfalls berufenen technischen Mitglieder des PA. ausreicht. [Vgl. für das Berufungsverfahren vor dem Reichsgericht § 9 Verord. v. 6. XII. 91 (s. II, 2)]. Als Sachverständige können auch Mitglieder des PA. zugezogen werden. Die nach § 14 Abs. 6 zugezogenen Sachverständigen unterstützen die technischen Kenntnisse der Richter, ihre Angaben sind nicht, wie bei §§ 25, 30, Beweismittel. Der Ausschließung oder Ablehnung (§ 14 Abs. 5) unterliegen sie nicht, ebensowenig finden die Grundsätze der Prozeßgesetze über Sachverständige (§ 25 PG.) auf sie entsprechende Anwendung.

§ 15.

Die Beschlüsse und die Entscheidungen der Abteilungen erfolgen im Namen des Patentamts; sie sind mit Gründen zu versehen, schriftlich auszufertigen und allen Beteiligten von Amts wegen zuzustellen.

1. **Entscheidungen, Beschlüsse, Verfügungen.** Verfügungen in Verwaltungsangelegenheiten (§ 26 AV.) bleiben hier

außer Betracht. Ihrer rechtlichen Bedeutung nach sind zu unterscheiden Beschlüsse und Verfügungen des PA. (letztere Bezeichnung findet sich im PG. nur in § 29 Abs. 1, ferner in der AB. § 6).

a) Ein Beschluß ist ein das Verfahren abschließender Spruch. Als Verfahren ist hierbei nicht nur das Verfahren betreffend die Erteilung des nachgesuchten Patents sowie das Nichtigkeitsverfahren anzusehen, sondern auch das Verfahren über einen einzelnen, einer selbständigen Regelung fähigen Punkt (z. B. Aussetzung der Bekanntmachung, Umschreibung, Löschung, Abschrifterteilung, Nichterscheinen oder Aussagenverweigerung von Zeugen und Sachverständigen usw.). Zu den Beschlüssen gehören in erster Linie der Spruch der Beschwerdeabteilung, durch den eine Sachbeschwerde gemäß § 26 und der des Nichtigkeitssenats, durch den ein Antrag gemäß § 28 endgültig erledigt wird. Diese Beschlüsse nennt das PG. Entscheidungen.

Die wichtigsten Beschlüsse des PA. können von der Instanz, die sie erlassen hat, nicht abgeändert werden; nicht abänderlich sind die Beschlüsse, die mit befristeter Beschwerde (s. § 16 Anm. 3b) anfechtbar sind, sowie die „Entscheidungen" der Beschwerde- und der Nichtigkeitsabteilung. Im übrigen besteht Abänderlichkeit (z. B. Beschluß auf Aussetzung der Bekanntmachung [§ 23 Abs. 4], auf Erteilung einer Abschrift); indessen ist der Grundsatz des § 18 Fr.Ger.Ges. zu beachten, wonach, wenn es sich um eine Anordnung handelt, die nur auf Antrag erlassen werden kann, die Ablehnung nur auf Antrag abgeändert werden darf. Vgl. PA. 3. VII. 02 u. 29. I. 03 (161, 162); 9. IX. 16 (17, 126).

b) Eine Verfügung ist eine der Durchführung eines Verfahrens dienende Entschließung formeller oder sachlicher Art, gleichviel ob sie von einem einzelnen (vgl. § 6 AB.) oder von einem Kollegium ausgeht. Hierzu gehören die Endentscheidung vorbereitende Verfügungen, insbesondere Bescheide, durch die ein formeller Mangel gerügt oder ein der antragsgemäßen

Entscheidung entgegenstehender sachlicher Umstand zur Äußerung mitgeteilt wird („Zwischenverfügungen"), sowie sonstige prozeßleitende Verfügungen (Ladungen zu mündlichen Verhandlungen, Ermittlungsmaßnahmen u. dgl.). Trotz der Bezeichnung als „Beschluß" ist zu den Verfügungen auch der Bekanntmachungsbeschluß (§ 23) zu zählen, insoweit sein sachlicher Inhalt in Betracht kommt s. § 23 Anm. 1. Eine Verfügung in diesem Sinne kann von der Dienststelle, die sie erlassen hat, zurückgenommen oder bei späteren Maßnahmen unberücksichtigt gelassen werden. PA. 18. X. 13 (324).

2. **Begründung.** Die Entscheidungen (s. Anm. 1) sind stets zu begründen, ebenso die Beschlüsse der Beschwerdeabteilungen über eine Beschwerde gemäß § 16. Von den Beschlüssen der Prüfungsstellen und der Anmeldeabteilungen bedürfen nur diejenigen der Angabe von Gründen, die mit der Beschwerde anfechtbar sind. Für andere Beschlüsse hätte die Vorschrift keinen Sinn. Sie ist verletzt im wesentlichen nur beim Fehlen von Gründen für die ganze oder für einen Teil der Entscheidung, nicht bei gedanklicher Mangelhaftigkeit oder Unvollständigkeit der Begründung. RG. JWSchr. 07, 180. Wegen Fehlens, von Gründen kann Aufhebung und Zurückverweisung in die erste Instanz erfolgen, vgl. § 539 ZPO.

3. **Schriftliche Ausfertigung.** Das Verfahren vor dem PA. ist ein s c h r i f t l i c h e s. Die rechtserheblichen Willensäußerungen der Beteiligten (s. Vorbem. vor § 20 und § 20 Anm. 4) und der Behörde bedürfen grundsätzlich der Schriftform. PA. 14. IX. 16 (Mitteil. 1917, 4). Eine mündliche Erörterung dient im Patenterteilungsverfahren nur als Mittel der Aufklärung der Sache (§ 25).

Die im Laufe des Verfahrens ergehenden Entscheidungen, Beschlüsse und Verfügungen müssen daher in schriftlicher Form erlassen werden. Eine nur mündlich gemachte Auflage (z. B. Äußerung binnen einer Frist, Beibringung eines Gutachtens) kann zu Ungunsten des Beteiligten eine Wirkung nicht äußern. Die mündliche Verkündung eines Beschlusses hat jedoch insofern

Bedeutung, als dadurch der Beschluß rechtliche Existenz erlangt. (Ebenso in anderen Fällen, in denen das PA. sich eines Beschlusses in mangelhafter Form, z. B. mittels falscher Zustellung, entäußert hat.) Der mündlich verkündete Beschluß ist daher für das PA. bindend; es muß ihn schriftlich ausfertigen und zustellen, und etwaige spätere Anträge oder Ausführungen der Beteiligten unberücksichtigt lassen. PA. 17. II. 04 (264). Eine nach Verkündung eines Beschlusses erfolgte Zurücknahme der Anmeldung kann die schriftliche Ausfertigung und Zustellung des Beschlusses nicht abwenden. PA. 2. III. 07 (08, 8). Ebenso hat das RG. 9. XI. 07 (08, 9) ausgesprochen, daß die Entscheidung der Nichtigkeitsabteilung mit der Verkündung ergangen sei und trotz Zurücknahme des Nichtigkeitsantrags zugestellt werden müsse. Auf der anderen Seite ist der Beschluß auch für die Beteiligten mit der Verkündung als rechtlich vorhanden anzusehen. Er kann gegebenenfalls mit dem Rechtsmittel angefochten werden. Die Rechtsmittelfrist läuft jedoch erst von der rechtsgültigen Zustellung an. S. § 16 Anm. 3, § 26 Anm. 3, vgl. RGZiv. 50, 347.

Zum Erfordernis der schriftlichen Ausfertigung gehört nur, daß der Bescheid dem Adressaten — im Gegensatz zur mündlichen Eröffnung — mit den Mitteln der Schrift kundgegeben wird. Die Rechtsgültigkeit ist durch die Unterschrift der bei der Beschlußfassung mitwirkenden Beamten oder etwa allein des Vorsitzenden nicht bedingt. Es genügt, wenn sich in sonstiger Weise aus den Akten ergibt, daß der Erlaß des niedergeschriebenen Beschlusses dem Willen der beschließenden Stelle entspricht. Eine analoge Anwendung der Vorschriften des § 315 ZPO. ist nicht begründet. Auch der in § 313 Nr. 2 ZPO. (Bezeichnung der Namen der mitwirkenden Richter) zum Ausdruck gebrachte, auf jegliches behördliche Verfahren zutreffende Gedanke nötigt nicht zur Kundgebung des Namens gerade durch Unterschrift; Auskunft darüber ist in anderer Weise zu erhalten. PA. in act. D 22885 I/46c, vgl. Vorbem. Abs. 6 vor § 20.

4. **Beteiligte.** Der patentamtliche Bescheid ist denjenigen Personen zuzustellen, deren Rechte er betrifft. Dies sind in erster Linie im Patenterteilungsverfahren der Anmelder und der Einsprechende, im Nichtigkeitsverfahren der Antragsteller und der Patentinhaber, aber auch jeder andere, über dessen Rechte in dem Verfahren gemäß dem Patentgesetz befunden wird (z. B. der Abschrift oder Akteneinsicht Beantragende, der Zeuge oder Sachverständige gemäß § 30).

Ist ein Vertreter oder Zustellungsbevollmächtigter bestellt, so erfolgt die Zustellung an diesen. Die Zustellung an den Beteiligten selbst ist aber rechtswirksam; die Vorschrift des § 176 ZPO. findet keine Anwendung. PA. 9. V. 08 (182), vgl. dazu Z. f JR. 1909, 49 u. M. u. W 1908/09, 267; vgl. ferner KG. 18. IV. 07, Entsch. in Angelegenheiten der freiwill. Gerichtsbarkeit Bd. 8, 249; Preuß. Oberverwaltungsgericht 16. II. 06, Entsch. 49, 190; Bayerisches oberstes Landesgericht 2. I. 04, „Das Recht", Bd. 8, 141.

5. **Zustellung.** Zustellung ist beurkundete Übergabe eines Schriftstücks. Die Zustellung der patentamtlichen Bescheide erfolgt von Amts wegen.

Die Formen des Zustellungswesens sind gemäß § 17 geregelt durch § 12 AB. Danach gibt es drei Zustellungsarten: 1. durch die Post, 2. mittels eingeschriebenen Briefes, 3. durch Aufgabe zur Post. Das Wesen der letzteren besteht darin, daß mit der Aufgabe des Briefes zur Post die Zustellung bewirkt ist, gleichviel ob er in die Hände des Adressaten gelangt oder nicht. Diese Art der Zustellung erfolgt, wenn in den Fällen zu 1. und 2. eine Zustellung im Inlande nicht erfolgen kann, also z. B. wenn die Annahme eines eingeschriebenen Briefes verweigert wird oder wenn die Person, der zugestellt werden soll, sich im Auslande befindet. Anders GRUR. 1911 S. 194. Die AB. kennt nur Zustellungen, deren rechtsbestimmender Akt im Inlande erfolgt; die Aushändigung eines eingeschriebenen Briefes im Auslande ist daher keine rechtswirksame Zustellung. PA. 21. VI. 10 (232). In den Fällen, in denen es einer formellen Zustellung nicht bedarf (z. B. Benachrichtigung ohne Fristlauf u. dgl.), erfolgt Absendung eines gewöhnlichen Briefes.

Mängel in den gesetzlichen Erfordernissen des Zustellungsaktes machen die Zustellung ungültig. Zwischen wesentlichen und unwesentlichen Erfordernissen ist nicht zu unterscheiden, da das Gesetz die Formvorschriften nicht verschieden bewertet. Anders PA. 9. IV. 06 (183). Nach der Ansicht des PA. muß jedoch die vom Gesetz bestimmte Art der Zustellung und ihre Beurkundung unter allen Umständen gewahrt sein. PA. 21. VI. 10 (232), vgl. Kammergericht 13. X. 11 (Preuß. Justiz-Min.-Bl. S. 416); als unwirksam ist daher, — selbst wenn die Empfangnahme zu einer bestimmten Zeit zweifelsfrei feststeht, — die Übersendung des Vorbescheides mit gewöhnlichem, statt mit eingeschriebenem Brief, PA. 27. IV. 03 (163), die Behändigung eines Beschlusses durch den Vorsitzenden, PA. 21. II. 06 (157) angesehen worden.

Die Folge eines Mangels in der Zustellungsurkunde besteht nur darin, daß diese allein nicht geeignet ist, die gültig geschehene Zustellung zu beweisen. Heranziehung anderer Beweismittel ist nicht ausgeschlossen. RG. 22. XII. 16 (17, 84). Weicht das bei der Zustellung durch die Post auf der Zustellungsurkunde vermerkte Datum von dem von dem Postboten auf dem Briefumschlag zu vermerkende Zustellungsdatum ab, so ist letzteres zugunsten des Empfängers der Zustellung maßgebend. RG. 21, IX. 12 (304).

§ 16.

Gegen die Beschlüsse der Anmeldeabteilungen und der Nichtigkeitsabteilung findet die Beschwerde statt. An der Beschlußfassung über die Beschwerde darf kein Mitglied teilnehmen, welches bei dem angefochtenen Beschlusse mitgewirkt hat.

1. **Rechtsmittel.** Das PG. kennt als Rechtsmittel 1. die Beschwerde, 2. die Berufung. Die Beschwerde findet

statt gegen Beschlüsse der Prüfungsstellen, der Anmeldeabteilungen und der Nichtigkeitsabteilung, die Berufung gegen Entscheidungen der Nichtigkeitsabteilung. Erstere geht an die Beschwerdeabteilungen, letztere an das Reichsgericht. Die Beschlüsse und Entscheidungen der Beschwerdeabteilungen sind unanfechtbar.

Eine Wiederaufnahme des Verfahrens gemäß §§ 578 ff. ZPO. ist dem PG. fremd. Eine entsprechende Anwendung der mit den besonderen Verhältnissen des Zivilprozesses zusammenhängenden Bestimmungen der ZPO. ist ausgeschlossen. RG. 13. VII. 15 (M. u. W. 1915/16 S. 54; Mitteil. 1915, 94).

Dagegen findet gegenwärtig Wiedereinsetzung in den vorigen Stand (§§ 233 ff. ZPO.) statt. Vgl. früher PA. 10. XI. 94 (94/95 S. 146); 26. I. 06 (34), 28. XII. 09 (10, 133). Dieser Rechtsbehelf ist zunächst mit Rücksicht auf die Kriegsverhältnisse durch die Bundesratsverordnungen betr. vorübergehende Erleichterungen auf dem Gebiet des Patent-, Gebrauchsmuster- und Warenzeichenrechts v. 10. IX. 14 (RGBl. 1914 S. 403; Blatt 1914 S. 290) und v. 13. IV. 16 (RGBl. 1916 S. 278; Blatt 1916 S. 50) gegeben. S. III, 1 u. 3. Eine Erstreckung auf die Verhinderung durch Naturereignisse und andere unabwendbare Zufälle hat stattgefunden durch das Ges. v. 27. IV. 20 (S. III, 7).

2. **Statthaftigkeit der Beschwerde.** Die Beschwerde findet statt a) gemäß PG. gegen die von den Prüfungsstellen, den Anmeldeabteilungen und der Nichtigkeitsabteilung erlassenen Beschlüsse im Sinne des § 15 Anm. 1, b) gemäß der entsprechende Anwendung findenden ZPO. in den Fällen des § 14 Abs. 5 (Ablehnung) und des § 30 Abs. 1 (Zeugen und Sachverständige).

Mit der Beschwerde anfechtbar sind nur Beschlüsse im Sinne des § 15 Anm. 1a, also in erster Linie die Zurückweisung der Anmeldung, die Erteilung und Versagung des Patents (für sie gelten außer den Regeln des § 16 die besonderen Vorschriften des § 26), ferner z. B. der Beschluß auf Ablehnung eines Antrages auf Aussetzung der Bekanntmachung (§ 23);

auf Unterlassung der Veröffentlichung eines Vermerks über die beanspruchte Unionspriorität, PA. 19. XII. 14 (15, 29), vgl. dagegen PA. 5. VII. 16 (17, 120); auf Löschung des Patents; auf Verweigerung der Stundung, PA. 18. II. 05 (99); auf Verweigerung der Umschreibung in der Patentrolle; über die Zulässigkeit einer Nebenintervention, PA. 12. IV. 05 (246).

Nicht statthaft ist die Beschwerde gegen Verfügungen im Sinne des § 15 Anm. 1, also z. B. gegen Verfügungen, die eine Sachentscheidung vorbereiten [Zwischenverfügungen] (z. B. PA. 3. VI. 10 (232): eine die Beibringung von Beweisen für das Bestehen der beanspruchten Unionspriorität fordernden Verfügung), 18. III. 18, M. u. W. 1918/19 S. 20; gegen Bekanntmachungsbeschlüsse (§ 23) und Verfügungen auf Aufhebung oder Nichtausführung von solchen, PA. 18. X. 13 (324); gegen Anordnungen, die die Vornahme oder die Art der Ausführung von Beweiserhebungen oder sonstigen Ermittlungen (§ 25) betreffen, PA. 3. V. 11 (158); 19. X. 05, (260); 16. V. 13 (202), Z. f. JR. 1914 S. 135, DJZ. 1914 S. 102; gegen Verfügung der Aussetzung des Verfahrens wegen Entgegenstehens einer älteren Anmeldung, § 3 Abs. 1, PA. 5. I. 07 (105). Die Beschwerde ist auch nicht statthaft gegen eine bloße Feststellung oder Fristberechnung als solche (z. B., daß die Anmeldung infolge nicht rechtzeitiger Zahlung der ersten Jahresgebühr als zurückgenommen gilt, § 24 Abs. 1); insofern jedoch damit ein Antrag (in dem eben erwähnten Fall auf Fortsetzung des Verfahrens) abgelehnt wird, ist die Beschwerde statthaft. Vgl. PA. 1. II. 01 (166); 19. I. 06 (34); 30. V. 06 (247).

Zur Beschwerde berechtigt ist nur, wer durch den Beschluß beschwert ist. PA. 2. X. 16 (17, 126). Andernfalls Verwerfung der Beschwerde als unzulässig.

3. **Einlegung der Beschwerde.**

a) Form. Die Beschwerde muß schriftlich und in deutscher Sprache (§ 34) eingelegt werden. Bezüglich der Schriftlichkeit s. § 20 Anm. 4, vgl. § 15 Anm. 3. Zum Erfordernis der Schriftlichkeit gehört nicht die Unterschrift, es genügt, wenn sich in sonstiger Weise ergibt, daß eine Willenserklärung des Beschwerdeführers vorliegt. PA. 22. I. 12, Z. f. JR. 1912, 90; Preuß. Oberverwaltungsgericht 21. III. 10, DJZ. 1910, 1414; vgl. dagegen Kammergericht 24. VI. 10 (11, 213). Die telegraphische Übermittlung der Beschwerde ist zulässig.

Die Beschwerde muß den Willen der Anfechtung des Beschlusses bestimmt zum Ausdruck bringen. Eine an Bedingungen geknüpfte Beschwerdeerhebung ist unwirksam, PA. 28. XI. 03 (04, 9). Es genügt, wenn der angefochtene Beschluß bezeichnet wird; es ist weder die Stellung bestimmter Beschwerdeanträge noch die Angabe von Gründen für die Anfechtung erforderlich. S. § 26 Anm. 5.

Die Beschwerde ist im allgemeinen gebührenfrei; anderes gilt für die besondere Gruppe von Beschwerden gemäß § 26 (Gebühr von 20 M.).

b) Frist. Die Beschwerde ist im allgemeinen an keine Frist gebunden (§ 16). Wird eine solche Beschwerde erst nach so langer Zeit erhoben, daß angenommen werden mußte, der Antragsteller habe sich bei dem Beschluß beruhigt, so ist sie unzulässig. PA. 31. III. 10 (179). Besonderheiten gelten für die Beschwerde des § 26 (Notfrist von 1 Monat) und die sofortige Beschwerde der ZPO. (Notfrist von 2 Wochen, § 577). Letztere ist nur da gegeben, wo das Patentgesetz die entsprechende Anwendung der Bestimmungen der ZPO. bestimmt, nämlich in § 14 Abs. 5 (Ausschließung und Ablehnung) und § 30 Abs. 1 (Zeugen und Sachverständige), sonst nicht (z. B. gegen Kostenfestsetzungsbeschlüsse).

Die Einlegung der Beschwerde vor der Zustellung des anzufechtenden Beschlusses ist zulässig. Die nur für die Berufung und die Revision geltenden Sondervorschriften der ZPO. §§ 516 Abs. 2, 552 Abs. 2 können auf das Verfahren nach dem PG. nicht übertragen werden. Voraussetzung für eine wirksame Beschwerdeeinlegung ist jedoch, daß der Beschluß nach außen hin zur rechtlichen Existenz gelangt ist, vgl.

§ 15 Anm. 3. Eine Beschwerde für den Fall, daß es künftig zu einer beschwerenden Entscheidung kommen wird, ist unzulässig. Vgl. PA. 28. XI. 03 (04, 9).

4. **Wirkung.** Die Einlegung der Beschwerde bringt die Sache ohne weiteres in die zweite Instanz (§ 2 Abs. 1 u. 2 AB.) — Devolutiveffekt —; sie schließt die Möglichkeit einer Abänderung des Beschlusses durch die erste Instanz aus, vgl. dagegen § 571 ZPO.

Die unbefristete Beschwerde hält die Ausführung der angeordneten Maßregel nicht auf, — also kein Suspensiveffekt —; die Ausführung kann aber im einzelnen Fall ausgesetzt werden. Die Einlegung der befristeten Beschwerde hindert den Eintritt der Endgültigkeit des Beschlusses.

Außer infolge Ablaufes der Beschwerdefrist tritt Endgültigkeit des Beschlusses ein durch Verzicht auf die Beschwerde und durch Zurücknahme der Beschwerde. Beide sind unwiderruflich.

5. **Verwaltungsbeschwerde.** Über Beschwerden über nicht in dem gesetzlich geordneten Verfahren beruhende Maßnahmen oder Unterlassungen einer Dienststelle des PA. (Geschäftsverzögerungen u. dgl.) befindet gemäß § 26 AB. der Präsident des PA. und gegen dessen Bescheid der Reichsminister der Justiz.

§ 17.

Die Bildung der Abteilungen, die Bestimmung ihres Geschäftskreises, die Formen des Verfahrens, einschließlich des Zustellungswesens, und der Geschäftsgang des Patentamts werden, insoweit dieses Gesetz nicht Bestimmungen darüber trifft, durch Kaiserliche Verordnung unter Zustimmung des Bundesrats geregelt.

Die näheren Bestimmungen über die genannten Gegenstände sind in der Verordn. zur Ausführ. des PG. usw. v. 11. VII. 91 RGBl. 349, s. unten unter Ausführungsbestimmungen II. 1, enthalten. Vgl. insbesondere in betreff der Bildung der Abteilungen §§ 1, 2, 4, 5 (dazu PG. § 14), in betreff ihres Geschäftskreises §§ 1 bis 3 (dazu PG. §§ 14. 16. 18). in betreff der Formen des Verfahrens §§ 6 bis 8 und 11 (dazu PG. §§ 14 Abs. 4, 15, 16, 20 bis 30, 33), in betreff des Zustellungswesens § 12 (dazu PG. §§ 15, 21 Abs. 2, 26, 28 bis 30, 33), in betreff des Geschäftsganges §§ 6 bis 10, 15 bis 17, 25ff. (dazu PG. §§ 14 bis 16, 19, 34).

Die AV. regelt nur die Formen des Zustellungswesens, also nur, wie zugestellt wird, nicht auch, an wen. § 176 ZPO. (Zustellung ausschließlich an den Vertreter) ist daher nicht anwendbar. PA. 9. V. 08 (182), s. § 15 Anm. 4.

Die Bildung, den Geschäftskreis und den Geschäftsgang der Prüfungsstellen regelt nach der BV. 9. III. 17 (s. § 14 Anm. 1) der Präsident des PA.

§ 18.

Das Patentamt ist verpflichtet, auf Ersuchen der Gerichte über Fragen, welche Patente betreffen, Gutachten abzugeben, sofern in dem gerichtlichen Verfahren voneinander abweichende Gutachten mehrerer Sachverständiger vorliegen.

Im übrigen ist das Patentamt nicht befugt, ohne Genehmigung des Reichskanzlers außerhalb seines gesetzlichen Geschäftskreises Beschlüsse zu fassen oder Gutachten abzugeben.

Die Verpflichtung des Patentamts zur Gutachtenerstattung besteht gegenüber den Gerichten. Durch Erlaß des Reichskanzlers v. 20. XI. 93 (673) ist das PA. ermächtigt worden, auch der Staatsanwaltschaft Gutachten abzugeben.

Das Gutachten des PA. stellt sich als Obergutachten dar, seine Abgabe ist an die Voraussetzung voneinander abweichender Gutachten mehrerer Sachverständiger gebunden. Da es berufen ist, die hierdurch entstandenen Zweifel zu lösen, so können nur solche Äußerungen als Vorgutachten in Betracht kommen, die über die für die Sachverständigen maßgebenden technischen Erwägungen Aufschluß geben.

Das vom PA. abzugebende Gutachten hat sich nur auf technische Fragen zu erstrecken, über das der gerichtlichen Prüfung unterliegende Rechtsverhältnis hat es sich nicht zu äußern. Denn das PA. hat nur diejenigen Punkte seiner Beurteilung zu unterziehen, über welche die im gerichtlichen Verfahren gehörten Sachverständigen abweichende Gutachten abgegeben haben; da aber Sachverständige nur über technische Fragen vernommen werden können, so kann auch nur bezüglich solcher Fragen eine Meinungsverschiedenheit für das vom PA. abzugebende Gutachten in Betracht kommen. Es werden daher dem PA. seitens der ersuchenden Behörde auch nur bestimmte technische Fragen zur Beantwortung vorzulegen sein. Das PA. kann sich nur über erteilte deutsche Patente äußern, und nur insoweit, als es nicht selbst anläßlich der vor ihm sich abwickelnden Patenterteilungs- oder Nichtigkeitsverfahren zu entscheiden haben kann. So ist von ihm auch die Beantwortung der Frage, ob eine patentierte Erfindung neu, gewerblich verwertbar oder Gegenstand eines anderen Patentes sei, abzulehnen.

Die Vorgutachten müssen in dem gerichtlichen Verfahren, dem auch das staatsanwaltliche Ermittlungsverfahren gleichsteht, abgegeben worden sein. Diese Voraussetzungen erfüllen nicht die von den Prozeßbeteiligten zur Unterstützung ihrer Behauptungen zu den Akten eingereichten Ausführungen sachkundiger Personen, mit denen sie sich selbst in Verbindung gesetzt haben, sondern nur solche Sachäußerungen, die dem Gericht oder der Staatsanwaltschaft gegenüber von einem von ihnen zugezogenen Sachverständigen abgegeben worden sind. Die von den Prozeßbeteiligten beschafften und zu den Akten gebrachten gutachtlichen Äußerungen haben keine andere Bedeutung als Parteiausführungen.

Zuständig zur Erstattung von Gutachten sind die Beschwerdeabteilungen § 2 Abs. 3 AB.

Nach § 255 StPO. kann das Gericht das PA. ersuchen, eines seiner Mitglieder mit der Vertretung des erstatteten Gutachtens in der Hauptverhandlung zu beauftragen. Das PA. ist aber nicht verpflichtet, dem Ersuchen zu entsprechen.

Die erstatteten Obergutachten unterliegen nur der Verfügung des um die Erstattung ersuchenden Gerichts, nicht des Patentamts. Dritten werden daher die erteilten Gutachten vom PA. nicht zugänglich gemacht; Anträge auf Erteilung von Abschriften oder auf Vorlegung von erstatteten Gutachten werden abgelehnt. PA. 4. VII. 12, M. u. W. 1912/13 S. 104.

Die Bestimmung des Abs. 2, daß das PA. außer der Obergutachtentätigkeit gemäß Abs. 1 ohne Genehmigung des Reichskanzlers zur Abgabe von Gutachten nicht befugt ist, gilt nicht nur für die Behörde als solche, sondern auch für die einzelnen Mitglieder, wenn sie als solche auftreten. Vgl. PA. 6. I. 82 (17) und 2. I. 90 (9). Im übrigen vgl. bezüglich der außergerichtlichen Gutachten von Reichsbeamten § 12 Ges. betr. d. Rechtsverhältnisse der Reichsbeamten, 31. III 73 (RGBl. 1873 S. 63), bezüglich der gerichtlichen § 408 ZPO., § 76 StPO. und § 15 Fr.Ger.G.

§ 19.

Bei dem Patentamt wird eine Rolle geführt, welche den Gegenstand und die Dauer der erteilten Patente, sowie den Namen und Wohnort der Patentinhaber und ihrer bei Anmeldung der Erfindung etwa bestellten Vertreter angibt. Der Anfang, der Ablauf, das Erlöschen, die Erklärung der Nichtigkeit und die Zurücknahme der Patente sind, unter gleichzeitiger Bekanntmachung durch den Reichsanzeiger, in der Rolle zu vermerken.

Tritt in der Person des Patentinhabers oder seines Vertreters eine Änderung ein, so wird dieselbe, wenn sie in beweisender Form zur Kenntnis des Patentamts gebracht ist, ebenfalls in der Rolle vermerkt und durch den Reichsanzeiger veröffentlicht. Solange dieses nicht geschehen ist, bleiben der frühere Patentinhaber und sein früherer Vertreter nach Maßgabe dieses Gesetzes berechtigt und verpflichtet.

Die Einsicht der Rolle, der Beschreibungen, Zeichnungen, Modelle und Probestücke, auf Grund deren die Erteilung der Patente erfolgt ist, steht, soweit es sich nicht um ein im Namen der Reichsverwaltung für die Zwecke des Heeres oder der Flotte genommenes Patent handelt, jedermann frei.

Das Patentamt veröffentlicht die Beschreibungen und Zeichnungen, soweit deren Einsicht jedermann freisteht, in ihren wesentlichen Teilen durch ein amtliches Blatt. In dasselbe sind auch die Bekanntmachungen aufzunehmen, welche durch den Reichsanzeiger nach Maßgabe dieses Gesetzes erfolgen müssen.

1. **Öffentlichkeit.** Gemäß dem Grundgedanken der deutschen Patentgesetzgebung, die Technik dadurch zu fördern, daß technische Verbesserungen, die durch die Erteilung des Patents

als solche anerkannt werden, unverzüglich zum Gemeingut gemacht und somit als Anregungsmittel für neue Verbesserungen benutzt werden (Motive z. PG. v. 1877), ist eine dauernde Offenhaltung der Patente vorgesehen. Diese wird durch die Eintragungen in die Rolle, die Veröffentlichungen im Reichsanzeiger und im Patentblatt, die Herausgabe der Patentschriften und die Offenlegung der Patenterteilungsunterlagen erreicht.

Die Eintragung in die Rolle unterbleibt für Patente, die für die Reichsverwaltung für die Zwecke des Heeres oder der Flotte ohne Bekanntmachung erteilt worden sind, § 23 Abs. 5 („Geheimpatente"). Auch im übrigen findet bezüglich der Geheimpatente eine Kenntnisgabe nicht statt, § 19 Abs. 3, 4, Anm. 5.

Bezüglich der „Kriegspatente" und der Kriegsrolle s. BV. über den Ausschluß der Öffentlichkeit für Patente und Gebrauchsmuster v. 8. II. 17, s. III, 4. Die meisten Kriegspatente sind in offene Patente umgewandelt worden. Näheres über die Kriegspatente s. Lutter, Kriegsvorschriften auf dem Gebiete des gewerblichen Rechtsschutzes, Verlag Guttentag, S. 40ff.

2. **Rolle.** Die Gegenstände der Rolleneintragungen sind im einzelnen abschließend festgestellt. Die Rolle darf nur enthalten: Namen und Wohnort des Patentinhabers und des Vertreters, Gegenstand, Dauer, Anfang, Ablauf, Erlöschen, Nichtigkeitserklärung und Zurücknahme des Patents.

Als Inhaber wird derjenige eingetragen, der zur Zeit des Eintritts der Rechtskraft des Erteilungsbeschlusses Inhaber ist, vgl. PA. 14. XI. 14, M. u. W. 1914/15 S. 273. PA. 6. II. 15 Z. f. JR. 1915, 106. Zum Namen gehört die Doktorwürde und akademische Grade, wie Dipl.-Ing., nicht ein Titel. Nur der nach § 12 Abs. 2 zu bestellende Vertreter des auswärtigen Patentinhabers wird eingetragen. Als Gegenstand wird der Titel (Bezeichnung) [vgl. § 20 Anm. 7] eingetragen. Die Dauer wird nur bei Zusatzpatenten (§ 7) vermerkt; bei anderen Patenten ergibt sie sich aus dem Anfangstag von selbst. Das erteilte Patent muß stets eingetragen und der Öffentlichkeit zugänglich gemacht werden, auch wenn es inzwischen bereits (z. B. durch Verzicht) erloschen ist.

Andere als die im § 19 aufgeführten Eintragungen in der Rolle sind nicht statthaft. So darf außer den Namen mehrerer Patentinhaber deren Anteilsverhältnis nicht eingetragen werden (Antrag auf Umschreibung unter Angabe von Quoten ist abzulehnen). Ebenso Beschränkungen des Rechts des Inhabers, Verfügungen über das Ausübungsrecht (Nießbrauch, Lizenz usw.), gerichtliche Pfändungen (vgl. § 6), Vormerkungen zur Erhaltung des Rechts auf Umschreibung. RG. 3. V. 93 (376); PA. 27. IX. 17 (100). Die Umschreibung eines Patents auf Zeit ist unzulässig, s. aber PA. 10. I. 10 (132). S. § 6 Anm. 4. Ordnet etwa eine richterliche Verfügung trotzdem eine vom Patentgesetz nicht vorgesehene Eintragung an, so darf sie nicht vollzogen werden. PA. 7. XII. 98 (99, 3).

Die Eintragungen in der Rolle erfolgen von Amts wegen, eine Ausnahme gilt nur bezüglich des Vermerks der Änderung in der Person des Patentinhabers oder des Vertreters, s. Anm. 3b. Ein Antrag auf Löschung des Patents hat keinen Erfolg; ist darin ein Verzicht zu erblicken, so geschieht die Löschung von Amtswegen, s. § 9 Anm. 2.

Die Löschung geschieht auf Verzicht des e i n g e t r a g e n e n Patentinhabers (vgl. § 9 Anm. 2); dieser ist dem PA. gegenüber legitimiert. Sie darf nicht erfolgen, wenn der Verzicht wegen Geschäftsunfähigkeit oder wegen Mangels des Verfügungsrechts in bezug auf das Patent unwirksam ist (§ 9 Anm. 2) und die diesen Mangel ergebende Tatsache unbestritten feststeht. Streitigkeiten darüber müssen im Wege der gerichtlichen Klage ausgetragen werden. Die Löschung ist wieder aufzuheben, wenn sich die Unwirksamkeit des Verzichts nachträglich unstreitig herausstellt.

3. **Umschreibung in der Rolle.** Eine Änderung in der Person des Inhabers oder des Vertreters wird nur in der

Rolle vermerkt, wenn sie in beweisender Form zur Kenntnis des PA. gebracht wird. Dieser Grundsatz wird vom PA. wegen Gleichheit des gesetzgeberischen Grundes auch auf Änderungen in der Person des Anmelders entsprechend angewendet, nicht dagegen auf Änderungen in der Person des im Erteilungsverfahren auftretenden Vertreters.

a) Änderung. Eine Änderung in der Person des Inhabers tritt ein, wenn das Patentrecht ganz oder zum Teil auf einen anderen übergeht (§ 6). Ungenügend ist eine Erklärung des Patentinhabers, aus der nur die vertragsmäßige Verpflichtung zur Übereignung des Patents hervorgeht, ebenso eine solche, welche die Übereignung an bestimmte Bedingungen knüpft. PA. 9. XI. 06 (07, 210). Ein Rechtsübergang liegt nicht vor, wenn in der Inhaberschaft einer kaufmännischen Firma ein Wechsel eintritt, PA. 15. I. 03 (208); RG. 20. XII. 10 (11, 173), oder gar nur die Firmenbezeichnung geändert wird, PA. 27. IV. 18 (50), M. u. W 1918/19 S. 18.

Das der Änderung zugrunde liegende Rechtsverhältnis ist von dem PA. nicht zu prüfen (s. aber österr. PA. 2. IV. 10 österr. PBl. 1911 S. 358, Z. f. JR. 1911 S. 152). Die Umschreibung wird bewirkt, wenn Erklärungen vorliegen, wonach der übereinstimmende Wille des eingetragenen Patentinhabers und des Erwerbers auf die Übereignung des Patents oder auch nur auf die Umschreibung auf den Erwerber gerichtet ist. PA. 13.XII.04 (05, 97). Tritt hinterher Willensverschiedenheit ein, z. B. bei Widerruf seitens des Patentinhabers, so ist die Umschreibung abzulehnen und die Beteiligten sind auf den Klageweg zu verweisen. Anders PA. 13. XII. 04 cit., das ungeachtet des nach Einreichung der ordnungsmäßigen Umschreibungserklärungen erklärten Widerspruchs umschreibt. Die Umschreibung kann auch dann nicht erfolgen, wenn der Patentinhaber geschäftsunfähig ist oder über das Patent nicht vollwirksam verfügen kann, z. B. bei früherer Veräußerung an einen anderen Erwerber, bei gerichtlichem Verfügungs verbot gemäß §§ 857, 829 ZPO., § 135 BGB. [PA. 27. IX. 17 (100)], Konkurs (§ 6 KO.). Ein Vertragspfandrecht steht der Umschreibung nicht entgegen, das Patentrecht geht mit dem Pfandrecht belastet auf den Erwerber über, PA. 27. IX. 17 cit. Umstände, die die Verfügung des Patentinhabers hindern, sind nur beachtlich, wenn sie durch Urkunden in beweisender Form belegt werden (Anm. 3c). Vertragliche Verpflichtungen des Inhabers, denen die Übertragung zuwiderläuft, werden nicht berücksichtigt. Die Inhaber etwa widerstreitender Rechte müssen die Umschreibung im Wege der gerichtlichen Klage anfechten.

Treten Umstände, die der Umschreibung entgegengestanden hätten, nachträglich hervor, so kann sie nicht rückgängig gemacht werden. Eine Rückumschreibung kann nur auf dem Wege einer Zurückübertragung herbeigeführt werden, die gegebenenfalls durch Klage zu erzwingen ist.

Diese Grundsätze gelten auch für die Umschreibung des Anteils eines von mehreren Mitinhabern auf einen anderen. Er kann, wenn ein anderes Rechtsverhältnis nicht ersichtlich ist, gemäß § 747 BGB. seinen Anteil unabhängig von den Teilhabern übertragen, PA. 15. X. 10 (11, 195). Bilden die Teilhaber eine Gesellschaft, §§ 705 ff. BGB., so ist eine Verfügung des einzelnen über seinen Anteil nichtig, § 719 BGB., daher eine Umschreibung unzulässig.

Durch eine Zwangsvollstreckungshandlung einer ausländischen Behörde tritt ein gemäß § 19 Abs. 2 beachtlicher Wechsel in der Inhaberschaft nicht ein, PA. 12. VI. 11 (215); ebenso österr. PA. 31. VIII. 11, österr. PBl. 1911 S. 1074 Z. f. JR. 1912 S. 70.

Eine Änderung in der Person des **Vertreters** liegt nur dann vor, wenn die bisherige Vollmacht aufgehoben und gleichzeitig ein neuer Vertreter bestellt wird, nicht also wenn lediglich die Vollmacht aufgehoben oder niedergelegt wird, oder wenn, nachdem der bisherige Vertreter weggefallen war, später ein neuer bestellt wird. In solchen Fällen genügt eine unbeglaubigte Erklärung.

b) Antrag. Die Umschreibung geschieht nur auf Antrag, PBl. 81 S. 135. Stellt der Rechtsnachfolger den Antrag auf Umschreibung, so muß die auf Übereignung des Patents oder auch nur auf Bewilligung der Umschreibung gerichtete Erklärung des Inhabers in beweisender Form beigebracht werden. Der Antrag bedarf dieser Form nicht.

Stellt der Patentinhaber den Antrag, so muß dieser beweisende Form besitzen, und es muß ferner eine Erklärung des Erwerbers beigebracht werden, die sein Einverständnis mit der Umschreibung erkennen läßt. Die Einverständniserklärung bedarf nicht der beweisenden Form. PA. 9. XI. 06 (07, 210).

c) Beweisende Form. Die Übertragungserklärung bedarf der beweisenden Form, ebenso alle Belege, die die Rechtsveränderung dartun, z. B. ein Handelsregisterauszug, der die Vertretungsberechtigung der für eine Firma handelnden Person beweist. PA. 29. IV. 14, M. u. W. 1915/16 S. 67.

Beweisende Form ist Beurkundung, welche geeignet ist, den vollen Beweis des beurkundeten Vorgangs zu erbringen. PA. 27. X. 03 (04, 9). Dies gilt gemäß § 415 ZPO. nur für solche Urkunden, die von einer öffentlichen Behörde oder einer mit öffentlichem Glauben versehenen Person innerhalb ihrer Zuständigkeit aufgenommen sind. Das Mindestmaß der öffentlichen Beurkundung ist danach die öffentliche Beglaubigung der Unterschrift im Sinne des § 129 BGB. Nach § 167 Fr.Ger.Ges. sind für die öffentliche Beglaubigung einer Unterschrift außer den Notaren nur die Amtsgerichte zuständig. Nach § 191 dieses Gesetzes bleiben jedoch die landesgesetzlichen Vorschriften unberührt, nach welchen für die öffentliche Beglaubigung einer Unterschrift auch andere Behörden oder Beamte zuständig sind. Für Preußen vgl. §§ 111, 115 Pr.Fr.-Ger.Ges. v. 21. IX. 99. Nach dem preußischen Gesetz betr. die Zuständigkeit der Gerichtsschreiber der Amtsgerichte für die öffentliche Beglaubigung einer Unterschrift v. 18. III. 14 (154) ind die genannten Gerichtsschreiber zuständig zur Beglaubigung iner in ihrer Gegenwart vollzogenen oder anerkannten Unterchrift. Die Beurkundung eines in einem Zivilprozeß ab-eschlossenen Vergleichs in dem Protokoll (§ 160 ZPO.) ersetzt ie Beurkundung durch den Richter der freiwilligen Gerichts-)arkeit. Vgl. RGZiv. Bd. 48 S. 183ff.; JWSchr. 1901 S. 473.

Für die Form und Beurkundung von im Ausland vor-genommenen Rechtsgeschäften ist das betreffende ausländische Recht maßgebend. PA. 16. II. 01 (130). Besteht kein Zweifel in der Echtheit des Beurkundungsvermerks einer ausländischen Behörde oder Urkundsperson, so ist dadurch der beweisenden Form genügt. Wird ein besonderer Beweis der Echtheit für erforderlich gehalten, so ist jedes Beweismittel zulässig; immer genügt die Legalisation durch einen Gesandten oder Konsul des Deutschen Reichs, § 2 Ges. betr. d. Beglaubigung öffentl. Urkunden, 1. V. 78 (RGBl. 78 S. 89, PBl. 81, 135). Vgl. § 438 ZPO.; JWSchr. 1916 S. 1575 u. 1917 S. 862 (RG. 28. VI. 17). S. aber PA. 3. III. 15, Mitteil. 1915 S. 72. Amerikanische Notare gelten amtskundig als befugt zu Bescheinigungen über die Vertretungsbefugnis amerikanischer Gesellschaftsorgane. PA. 14. XII. 04 (06, 156). Durch die Legalisation wird nur die Echtheit des Beurkundungsvermerks und die amtliche Eigenschaft seines Ausstellers festgestellt, nicht auch ohne weiteres dessen Zuständigkeit. Der Gesandte oder Konsul ist aber zu einer besonderen Feststellung hierüber befugt. RG. 6. XII. 97 (99, 159). Amerikanische Urkunden, die nur einen prima facie-Beweis erbringen (Affidavit), genügen zur Umschreibung nicht. PA. 27. X. 03 (04, 9); 14. XII. 04 (06, 156), früher anders PA. 16. II. 01 (130). Für Urkunden aus Österreich-Ungarn ist eine Legalisation stets entbehrlich, solche von Notaren unterliegen der gerichtlichen Beglaubigung. Art. 1, 2, 5 des bezüglichen Staatsvertrages v. 25. II. 80 (RGBl. 81 S. 4, PBl. 81, 43). Ersteres gilt auch von den von Gerichten oder gewissen Verwaltungsbehörden der Schweiz aufgenommenen ausgestellten oder beglaubigten und mit dem Siegel oder Stempel des Gerichts oder der Behörde versehenen Urkunden. Staatsvertrag v. 14. II. 07 (RGBl. 411, Bl. f. P., M. u. ZW. 07, S. 203), Bek. 11. IX. 11 (265).

4. **Bedeutung der Eintragungen in der Rolle.** Eingetragen wird das erteilte Patent, die rechtskräftige Erklärung der Nichtigkeit, die eingetretene Änderung in der Person des Patentinhabers oder seines Vertreters usw. Die Rechtsakte der Erteilung, der Nichtigerklärung, der Übertragung selbst sind also von dem Rollenvermerk unabhängig. Die Eintragung hat nur die Bedeutung einer Registrierung, nur deklarative, nicht konstitutive Bedeutung. Sie dient auch nicht als Mittel zum Schutz des guten Glaubens. RG. 14. XI. 84 (97, 205); 14. XII. 01 (02, 177); 29. V. 18 (19, 5). Ebensowenig, wie danach die Eintragung in die Rolle die Entstehung des Patentrechts (§ 4) begründet, ist sie auch für materielle Rechtsveränderungen (§ 6) von Belang; vielmehr vollziehen sich letztere unabhängig von dem Inhalt der Rolle. Vgl. auch RG. 26. IX. 03 (04, 73); 21. XII. 05 (06, 166); 29. V. 18 cit. Eine Besonderheit gilt bezüglich des Vermerks des Wechsels des Inhabers oder des Vertreters: Solange die Umschreibung nicht geschehen ist, bleiben der frühere Patentinhaber und der frühere Verteter nach Maßgabe des Patentgesetzes berechtigt und verpflichtet. Dies bedeutet, daß bei einem Wechsel in der Person der Eingetragene bis zur Umschreibung die ausschließliche Verfahrens- und Prozeßlegitimation behält. Er ist für alle Handlungen, die in Ansehung des Patentes vor dem PA. oder den Gerichten vorzunehmen sind, alleinberechtigt und verpflichtet. RG. 14. XII. 01 (02, 177); 21. XII. 05 06), 166); 30. XI. 07 (08, 164), Ziv. 67, 176, JWSchr. 08 S. 53. Hiernach kann eine Person formell berechtigt sein, die materiell nicht berechtigt ist. Die Legitimation gilt für alle Berechtigungen und Verpflichtungen nach Maßgabe des Patentgesetzes, nicht also nur für das eigentliche Verfahren

in Patentsachen gemäß §§ 20—34, sondern auch für das Verfahren vor den ordentlichen Gerichten gemäß §§ 4, 35ff., RG. 11. XII. 01 (03, 100): 30. XI. 07 cit.

Die Legitimation kann nachgebracht werden. Klagt z. B. der Erwerber eines Patents vor der Umschreibung wegen dessen Verletzung, so genügt es, wenn er die Umschreibung vor der Entscheidung erlangt, vgl. RG. 19. VI. 99 (239). Ebenso genügt es zur Wirksamkeit eines Strafantrages (§ 36), daß der Nachweis der Umschreibung nachgebracht wird, RG. 14. XI. 10 (11, 29). — Ist als Inhaber eines Patents eine kaufmännische Firma in der Rolle eingetragen, so ist der jeweilige Inhaber der Firma berechtigt und verpflichtet. RG. 14. XII. 01 (02, 177); 11. V. 09 (213); 20. XII. 10 (11, 173). Die Legitimation des als Inhaber Eingetragenen besteht nur Dritten gegenüber, nicht aber für das Verhältnis des Erwerbers eines Patents gegenüber dem Veräußerer, RG. 3. V. 93 (362).

5. **Einsicht und Abschrift.** Kraft Gesetzes hat jedermann das Recht auf Einsicht in die während der Einspruchsfrist ausliegenden Unterlagen einer bekanntgemachten Anmeldung § 23 Abs. 3. Nach Ablauf der Frist werden die Auslegestücke wie andere Aktenteile behandelt. PA. 16. XI. 17 (128). Ein gesetzliches Recht auf Einsicht besteht ferner bezüglich der Rolle sowie der dem Patenterteilungsbeschluß zugrunde liegenden Unterlagen, § 19 Abs. 3, es sei denn, daß es sich um ein Geheimpatent oder ein Kriegspatent handelt, s. Anm 1. Bei der Einsicht kann regelmäßig Abschrift entnommen werden; dies gilt nicht für die ausliegenden Unterlagen da ihr Inhalt nur vorübergehend Gegenstand der freien Kenntnisnahme seitens Dritter sein soll.

Das PA. kann nach seinem Ermessen Abschriften von Akten erteilen, sofern nicht die Einsicht in die betreffenden Stücke gesetzlich beschränkt ist, § 29 AV. Letzteres trifft zu in den Fällen des Geheimpatents und des Kriegspatents sowie einer Anmeldung, die noch nicht gemäß § 23 bekannt gemacht ist, und einer solchen, die durch Versagung des Patents oder Zurückziehung endgültig erledigt ist. Bezüglich solcher Anmeldungen hat der Anmelder das Recht auf völlige Geheimhaltung; s. jedoch PA. 23. V. 07 (176) und besonders 30. IV. 18 (50), M. u. W. 1918/19 S. 19. Dies gilt regelmäßig auch für Teile einer Anmeldung, die im übrigen zur Patenterteilung geführt hat, PA. 16. X. 17 (18, 32); 12. II. u. 11. III. 18, M. u. W. 1918/19 S. 18. Regelmäßig wird kein Bedenken gegen die Erteilung einer Abschrift von den für jedermanns Einsicht offenstehenden Stücken vorliegen. Bei der Entscheidung über Anträge auf Abschrifterteilung hat das PA. den Grundsatz, daß schon der bloße Umstand des Bestehens eines gegenüber der Allgemeinheit wirkenden Ausschließungsrechts für jedermann ohne weiteres ein Interesse an der Kenntnisnahme von dem Akteninhalt begründe, PA. 19. I. 05 (141), aufgegeben. Es wägt jetzt stets das beiderseitige Interesse des Antragstellers und des Patentinhabers ab und fordert hierbei das Vorliegen eines berechtigten Interesses des ersteren; als ein solches wird regelmäßig nur ein Interesse anerkannt, das mit der patentrechtlichen Bedeutung der Rechtsakte des Erteilungsverfahrens zusammenhängt und rechtliche Verhältnisse des Antragstellers berührt. PA. 2. VII. 13 (274); 7. XI. 13 (380). Stellt ein Vertreter den Antrag, so muß er den Namen des Auftraggebers zur Prüfung seiner rechtlichen Beziehungen zu dem Patentinhaber und zur Mitteilung an diesen nennen, PA., Mitteil. 1916, 104, und eine Vollmacht einreichen, PA. 26. XI. 17 (18, 49).

Ein berechtigtes Interesse an der Kenntnis des vor der Bekanntmachung der Anmeldung liegenden Akteninhalts hat regelmäßig der Einsprechende und derjenige, der gegebenenfalls Einspruch erheben will, PA. 15. VI. 16 (18, 8); 16. IV. 17 (64); nicht aber auch bezüglich der späteren Akteneile, insbesondere der Schriftsätze der übrigen Einsprechenden und der Verhandlungen mit ihnen, PA. 9. III. 17 (18, 10). Aktenabschrift erhält regelmäßig auch der Nichtigkeitskläger, PA. 8. VII. 16 (18, 9), derjenige, der von dem Patentinhaber wegen Verletzung des Patents in Anspruch genommen worden ist, PA. 12. I. 17 (18, 9), oder dies fürchtet, wenn er eine gewisse Neuerung benutzt, sowie derjenige, der eine möglicherweise kollidierende Erfindung angemeldet hat oder anmelden will, PA. 17. VI. 09 (256). Dagegen genügt nicht ein wissenschaftliches Interesse, PA. 11. III. 16 (18, 7) oder ein sonstiges, das außerhalb des Bereichs der Rechte aus dem Patent bleibt.

Teile, die ohne Bedeutung für die Erteilung des Patents gewesen sind, werden nicht mitgeteilt, PA. 8. VII. 16 (18, 9); 7. XII. 16 (18, 31).

Nach denselben Grundsätzen werden Anträge auf Einsichtgewährung und auf Mitteilung des bei der Prüfung der Anmeldung herangezogenen Materials behandelt, PA. 17. III. 17 (18, 32).

Das Verfahren zielt auf eine schleunige Erledigung des Antrages ab, PA. 9. V. 17 (18, 49). Der Patentinhaber erhält Gelegenheit, sein etwaiges Interesse an der Verweigerung der Abschrift im ganzen oder bezüglich einzelner Teile geltend zu machen („kontradiktorisches Verfahren"). Widerspricht er nicht, so erfolgt in der Regel Erteilung der Abschrift.

Die angegebenen Grundsätze gelten nicht für Akten über Nichtigkeits-, Zwangslizenz- und Zurücknahmeklagen, da hier die Regeln der streitigen Gerichtsbarkeit überwiegen. Die Akten werden in der Regel Unbeteiligten nur mit Einverständnis der Parteien zugänglich gemacht, PA. 7. III. 06 (156); s. Z. f. JR. 1913 S. 49ff. Ausnahmsweise kann bei Nachweis eines rechtlichen Interesses (entsprechend § 299 Abs. 2 ZPO.) Kenntnis gewährt werden. S. GRUR. 1913 S. 218.

Die Erteilung von Abschriften ist nicht Verwaltungsangelegenheit (§ 26 AB.), sondern Rechtsangelegenheit. Die Entscheidung liegt im schwebenden Patenterteilungsverfahren der Prüfungsstelle, nach seinem Abschluß der Anmeldeabteilung ob. Gegen die Entscheidung ist Beschwerde gemäß § 16 gegeben.

6. **Veröffentlichungen des Patentamts.** Die gesetzlich vorgeschriebenen Veröffentlichungen erfolgen im Reichsanzeiger und in einem amtlichen Blatt. Letzteres besteht aus zwei selbständigen Teilen: a) dem Patentblatt, welches die Bekanntmachungen des Reichsanzeigers enthält, b) den „Patentschriften“, welche den Inhalt der erteilten Patente wiedergeben, gesondert für jedes Patent.

Nach der endgültigen Erteilung eines jeden Patents werden Beschreibung und Zeichnung von Amts wegen gedruckt. Wird ein Patent teilweise für nichtig erklärt, so wird dies auf der Patentschrift ersichtlich gemacht oder die Patentschrift wird neu gedruckt und mit einem Zusatz versehen, welcher der Bekanntmachung der teilweisen Nichtigkeitserklärung im Reichsanzeiger entspricht.

Die Drucklegung und Veröffentlichung der Patentschrift findet auch gegen den Willen des Patentsuchers, selbst wenn das Patent durch Nichtzahlung der Gebühr oder infolge Verzichts seitens des Patentinhabers erloschen ist, statt, um die einmal patentierte Erfindung in den Besitz der Allgemeinheit gelangen zulassen.

Die Feststellung des Inhalts der Patentschrift ist Rechtsakt, nicht Verwaltungsakt. Die Patentschrift muß dem Inhalt des Erteilungsbeschlusses entsprechen. PA. 6. II. 15, Z. f. JR. 1915, 106. Eine Umgestaltung (wie früher die Redaktion) findet nicht mehr statt. Ausnahmsweise mögen Kürzungen zulässig sein (vgl. § 19 Abs. 4 „in ihren wesentlichen Teilen“); Änderungen sind aber im übrigen, abgesehen von Berichtigungen von Schreibfehlern oder anderen offenbaren Unrichtigkeiten (§ 319 ZPO.), nicht statthaft, PA. 8. III. 13 (188).

Mit der Verausgabung der Patentschrift wird diese eine öffentliche Druckschrift im Sinne des § 2, vgl. dort Anm. 5 S. 40.

Die Patentschriften sind vom Patentamt unter den von ihm vorgeschriebenen und bekannt gemachten Bedingungen zu beziehen, werden auch, um das in ihnen aufgesammelte technische Material zur allgemeinen Förderung und Hebung der Industrie nutzbar zu machen und um den durch Beschaffung der Patentschriften dem einzelnen erwachsenden verhältnismäßig großen Kostenaufwand zu vermeiden, an bestimmte in- und ausländische Behörden und Vereine versandt und von ihnen zur unentgeltlichen Einsichtnahme ausgelegt. S. unten II, 7.

Bezüglich der Patentschriften als Teile der gemäß § 27 Abs. 1 auszufertigenden Urkunde vgl. dort Anm. 2.

Gleichzeitig mit dem Patentblatt erscheinen im Buchhandel „Auszüge aus den Patentschriften". Ferner gibt das Patentamt alljährlich ein ebenfalls im Buchhandel erscheinendes Verzeichnis der von ihm im voraufgegangenen Jahr erteilten Patente heraus.

Im übrigen vgl. bezüglich der Veröffentlichungen des Patentamts unten unter Ausführungsverordnungen II. 6.

Dritter Abschnitt.

Verfahren in Patentsachen.

Vorbemerkung. §§ 20—27 behandeln das Erteilungs-, §§ 28—31 und 33 das Nichtigkeitsverfahren, §§ 32 und 34 geben für beide gültige Vorschriften.

Das Erteilungsverfahren verbindet das Prüfungs- (§§ 21, 22, 25) und das Aufgebotssystem (§§ 23, 24).

Es ist ein amtliches Untersuchungsverfahren auf der Grundlage des Patenterteilungsantrags, das seinem Wesen nach dem Verfahren der freiwilligen Gerichtsbarkeit nahesteht. Zur Ausfüllung von Lücken in den Verfahrensvorschriften ist daher in erster Linie das Fr.Ger.Ges. heranzuziehen, demnächst auch die ZPO., soweit dies mit dem Wesen eines Offizialverfahrens vereinbar ist. PA. 10. XI. 94 (116); 15. XII. 00 (01, 39); 17. XII. 07 (08, 258); 21. V. 15 (16, 21). Das PA. hat von Amts wegen die Tatumstände zu ermitteln, die zur Entscheidung über die Anmeldung erforderlich sind, und ist an das Vorbringen der Beteiligten nicht gebunden (§ 25). Das Gesetz kennt demgemäß keine Parteien, sondern nur am Verfahren „Beteiligte". Daher kein Eid als Beweismittel, keine Nebenintervention. PA. 30. I. 03 (100); 17. II. 13, Mitteil. 1913, 49; 8. V. 19, M. u. W. 1919/20, 77. Die Grundsätze des § 247 ZPO. über die Aussetzung des Verfahrens sind, weil auf den Parteibetrieb zugeschnitten, nicht anwendbar; das PA. prüft unter Abwägung aller in Betracht kommenden Interessen von Amts wegen, ob eine Verzögerung der Weiterführung des Verfahrens am Platze ist. PA. 21. V. 15 cit.; 22. XII. 15, GRUR. 1916, 29; 8. I. 16 (22).

Das Verfahren wird von dem Antrage des Anmelders getragen. Durch seine Zurückziehung wird es erledigt. Nur das, was der Anmelder begehrt, kann durch Patenterteilung gewährt werden.

Die zur Durchführung des Verfahrens vorzunehmenden Rechtshandlungen der Beteiligten haben den Charakter von Prozeßhandlungen. Als solche sind sie nicht widerruflich, PA. 25. VI. 09 (302), M. u. W. 1909/10, 206 [Zurücknahme der Anmeldung], vgl. PA. 21. II. 00 (230); 21. I. 05 (24), und nicht wegen Irrtums anfechtbar, RG. 10. X. 08, Ziv. 69, 261; 7. I. 13 (323), JWSchr. 1913, 437; PA. 25. VI. 09 cit.; 21. IX. 04 (394); 23. V. 10, M. u. W. 1910/11, 70. Bei offenbarer Unrichtigkeit (Verschreiben oder dergleichen Versehen) kann jedoch eine Erklärung jederzeit berichtigt werden, vgl. § 319 ZPO., RG. 7. I. 13 cit.

Das Verfahren ist nicht öffentlich.

Es ist schriftlich: Die Rechtshandlungen der Beteiligten und des PA. bedürfen zur Rechtswirksamkeit der Schriftlichkeit, PA. 12. V 02 (176); 15. IX. 16, Mitteil. 1917, 4. Über die Bedeutung der mündlichen Verkündung eines Beschlusses s. § 15 Anm. 3, vgl. § 25 Anm. 2. Das Erfordernis der Schriftlichkeit einer Erklärung wurd durch eine durch das Mittel der Schrift fixierte Erklärung erfüllt. Da die Vorschriften über Schriftlichkeit nicht solche des materiellen Rechts sind, finden die Grundsätze des BGB. über Schriftform (§ 126) keine Anwendung. Die Unterschrift ist zur Rechtsgültigkeit nicht notwendig. Es genügt, daß die Erklärung ersichtlich von dem Erklärenden herrührt, vgl. OVG. 21. III. 10, DJZ. 1910, 1414; abweich. Ans. u. a. KG. 21. XI. 04, DJZ. 1905, 126; 24. VI. 10 (11, 213); RG. 1. III. 10 (11, 115). Mündliche Erklärungen dienen nur dem Zwecke der Aufklärung des Sachverhalts (§ 25). Eine mündliche Erklärung über einen Rechtsakt (z. B. die Beschränkung der Anmeldung ist rechtsunwirksam; sie muß schriftlich wiederholt werden.

§ 20.

Die Anmeldung einer Erfindung behufs Erteilung eines Patents geschieht schriftlich bei dem Patentamt. Für jede Erfindung ist eine besondere Anmeldung erforderlich. Die Anmeldung muß den Antrag auf Erteilung des Patents enthalten und in dem Antrage den Gegenstand, welcher durch das Patent geschützt werden soll, genau bezeichnen. In einer Anlage ist die Erfindung dergestalt zu beschreiben, daß danach die Benutzung derselben durch andere Sachverständige möglich erscheint. Am Schlusse der Beschreibung ist dasjenige anzugeben, was als patentfähig unter Schutz gestellt werden soll (Patentanspruch). Auch sind die erforderlichen Zeichnungen, bildlichen Darstellungen, Modelle und Probestücke beizufügen.

Das Patentamt erläßt Bestimmungen über die sonstigen Erfordernisse der Anmeldung.

Bis zu dem Beschlusse über die Bekanntmachung der Anmeldung sind Abänderungen der darin enthaltenen Angaben zulässig. Gleichzeitig mit der Anmeldung sind für die Kosten des Verfahrens zwanzig Mark zu zahlen.

1. **Anmeldung.** Der § 20 bildet einen Teil der Regeln über das Verfahren in Patentsachen. Er behandelt die Erfordernisse der Anmeldung für das Verfahren zur Erlangung eines Patents. Verschieden hiervon sind die Voraussetzungen, unter denen die Anmeldung den Anspruch auf Erteilung des Patents gemäß § 3 Abs. 1 begründet. Nach diesen beiden Funktionen der Anmeldung unterscheidet man die zivilistische Anmeldung (§ 3) und die rechtspolizeiliche (prozessuale) Anmeldung (§ 20). Das Wesen der ersteren liegt in der Offenbarung der Erfindung, das der letzteren in der Herstellung der formalen Grundlagen für das Patenterteilungsverfahren. Vgl. u. a. PA. 15. IV. 10 (180); 6. V. 10 (182). Während für erstere genügt, daß die Erfindung ihrem Wesen nach erkennbar gemacht ist, ist zufolge der Verfahrensvorschrift des § 20 zur Durchführung des Verfahrens außer den sonstigen formellen Erfordernissen eine Beschreibung nötig, die den Fachmann zur Nachbenutzung der Erfindung befähigt. Vgl. RG. 28. X. 03 (04, 77); 30. XI. 03 (04, 173); 12. IV. 16 (98), Mitteil 1916, 55; GRUR. 1918, 137. Gleich der prozessualen hat die zivilistische Anmeldung den Patenterteilungsantrag zur notwendigen Grundlage. Mit ihm steht und fällt sie. Die endgültige Erledigung des Erteilungsantrags (durch Zurücknahme oder Zurückweisung der Anmeldung) beseitigt ohne weiteres auch die Wirkungen der zivilistischen Anmeldung.

2. **Anmelder. Vertreter.** Der Anmelder muß geschäftsfähig sein. Die Anmeldung eines Geschäftsunfähigen (Kind

unter 7 Jahren, Geisteskranken usw.) ist nichtig (§§ 104, 105 BGB.). Sie kann auch durch Genehmigung nicht wirksam werden. Vgl. PA. 14. IV. 02 (204). Die Anmeldung eines beschränkt Geschäftsfähigen (Minderjährigen unter 21 Jahren, wegen Geistesschwäche Entmündigten usw.) ist, soweit lediglich die — die Priorität begründende — zivilistische Anmeldung in Frage kommt, auch ohne Einwilligung des gesetzlichen Vertreters (Vater, Vormund usw.) wirksam, da der Anmelder durch sie lediglich einen rechtlichen Vorteil erlangt (§ 107 BGB.); in prozessualer Hinsicht ist sie unwirksam, dieser Mangel kann aber durch nachträgliche Genehmigung des gesetzlichen Vertreters geheilt werden. Zur Durchführung des Verfahrens bedarf es der Vertretung durch ihn, deren Übernahme regelmäßig gleichzeitig die Genehmigung enthält. Die Behandlung der Anmeldung eines Geschäftsunfähigen ist hiernach unter allen Umständen abzulehnen, die eines beschränkt Geschäftsfähigen dann, wenn keine Genehmigung erfolgt; der Beschluß wird auf Einstellung des Verfahrens zu lauten haben (vgl. § 22 Anm. 2). Die etwa — unwirksam — gezahlte Anmeldegebühr ist in beiden Fällen zurückzuerstatten. Vgl. bezüglich des Geschäftsunfähigen PA. 14. IV. 02 (204).

Mehrere können gemeinschaftlich anmelden. Sie stehen im Zweifel in Rechtsgemeinschaft nach §§ 741ff. BGB. Jeder einzelne ist zu rechtserhaltenden Maßnahmen befugt, § 744 Abs. 2. Da auf die Anmeldung nur eine einheitliche Entscheidung getroffen werden kann, sind die Mitanmelder für das Verfahren notwendige Streitgenossen gemäß § 62 ZPO. Ein Mitanmelder kann daher mit Wirkung für die anderen durch eine Rechtshandlung eine gesetzliche Frist wahren, z. B. Beschwerde einlegen. PA. 21. XI. 11, Mitteil. 1912, 26; 1. X. 14, M. u. W. 1915, 406; 20. II. 18, M. u. W. 1918/19, 18; RG. 22. V 11 (248); österr. PA. 20. XII. 10, österr. PBl. 1911, 1123, Z. f. JR. 1912, 43. Einen Erfolg kann die gemeinschaftliche Anmeldung nur haben, wenn die Anträge der Mitanmelder übereinstimmen. Weichen sie, sei es in der Anmeldung oder im Laufe des Verfahrens, voneinander ab, so ist die Anmeldung zurückzuweisen. Diese Folge muß auch eintreten, wenn der eine die Anmeldung zurückzieht, während der andere den Antrag, das Patent beiden zu erteilen, aufrecht erhält. Ändert dagegen der verbleibende Anmelder seinen Antrag entsprechend der Zurückziehungserklärung des Ausscheidenden, so wächst seinem Anteil der des anderen an, und es ist ihm allein das Patent zu erteilen. PA. 21. XI. 11 cit. (Streitig.)

Melden mehrere ohne Bestellung eines gemeinsamen Vertreters an, so müssen sie eine Person bestimmen, der die amtlichen Verfügungen zugesandt werden sollen. Die Benennung dieser Person ist ein notwendiger Bestandteil der Anmeldung, bei dessen Fehlen Zurückweisung erfolgt. S. die neuen Bestimmungen v. 21. XI. 19 § 2e, s. Ausführungs-Verordnungen und Bestimmungen II, 3.

Der Anmelder kann das Verfahren selbst führen oder sich dazu eines Vertreters bedienen. Er muß einen solchen bestellen, wenn er nicht im Inlande wohnt (§ 12 Abs. 1).

Der Umfang der Vertretungsbefugnis ist bezüglich des Vertreters eines auswärtigen Anmelders durch § 12 festgesetzt. Ferner ist durch § 28 Abs. 3 AV. in einem Punkte über den Inhalt der Vollmacht Bestimmung getroffen; eine dem zuwiderlaufende Vollmacht ist ungültig. Im übrigen ist — abweichend von der Prozeßvollmacht der ZPO. (§ 81) — der Inhalt der Vollmacht gesetzlich nicht geregelt. Wozu der Vertreter ermächtigt ist, hängt lediglich davon ab, was ihm in der Vollmacht übertragen ist. Ist er allgemein zur Vertretung in einem bestimmten Verfahren bestellt, so umfaßt die Vollmacht alle in dessen Verlauf vornehmbaren Rechtshandlungen, also auch die Zurücknahme der Anmeldung. PA. 11. III. 11 (310). So auch RG. 24./31. III. 97 (147) bezüglich des Verzichts des Vertreters auf die Berufung im Nichtigkeitsverfahren. Zustellungen erfolgen regelmäßig an den Vertreter. Durch die Bestellung eines Vertreters ist der Anmelder nicht von der Prozeßführung ausgeschlossen. Dieser kann selbst Rechtshandlungen vornehmen, insbesondere auch wirksam Zustellungen entgegennehmen. Die Vorschrift des § 176 ZPO wonach Zustellungen mit Rechtswirksamkeit nur an den Prozeßbevollmächtigten erfolgen können, entspringt der Besonderheit der zivilprozessualen Prozeßvollmacht und kann auf das Verfahren vor dem PA. nicht angewendet werden, s. § 17 Anm.

Der Vertreter muß seine Bevollmächtigung durch eine schriftliche Vollmacht nachweisen, § 28 Abs. 1 AB. (s. § 22 Anm. 3 Abs. 3). Die Vollmacht muß auf eine physische Person lauten, die prozeßfähig (§ 51 ZPO.) sein und mit ihrem bürgerlichen Namen bezeichnet sein muß. § 28 Abs. 2 AB. Eine dagegen verstoßende Vollmacht ist ungültig; also eine Vollmacht auf eine juristische Person, eine Personengesamtheit, eine Firma. Da diese den Nachweis der Bevollmächtigung durch eine gültige Vollmacht nicht erbringen können, so können sie die Vertretung nicht führen. Dies schließt aber nicht aus, daß der Vertretene eine vorgenommene Vertretungshandlung, die an sich gültig sein kann, genehmigt und dadurch wirksam macht. PA. 25. XI. 08 (09, 204). Ebenso kann eine Vertretungshandlung eines Geschäftsführers ohne Auftrag durch Genehmigung Wirksamkeit erlangen; da ein Prozeßverhältnis vorliegt, findet der Grundsatz des § 89 ZPO., nicht § 180 BGB. entsprechende Anwendung.

Eine Vertretungshandlung eines gemäß § 17 des Ges. betr. d. Patentanwälte (s. unten VI) vom Vertretungsgeschäft vor dem PA. Ausgeschlossenen ist ohne jede rechtliche Bedeutung; auch eine Genehmigung kann den Mangel nicht heilen. Die von einem Ausgeschlossenen für einen anderen eingereichte Anmeldung begründet daher nicht den Anspruch auf Patenterteilung (§ 3).

Auch der Zustellungsbevollmächtigte ist für die Empfangnahme der Zustellung Vertreter des Anmelders. Für ihn gelten daher die vorstehenden Grundsätze. Mithin kann z. B. eine Firma nicht zur Empfangnahme von Zustellungen für einen anderen bevollmächtigt werden, PA. 2. III. 18, JWSchr.

1919, 201. vgl. M. u. W. 1915/16, 76ff. Dasselbe gilt für einen Ausgeschlossenen, und zwar auch dann, wenn er mit dem anderen gemeinschaftlich als Anmelder auftritt.

Meist werden zu Vertretern Patentanwälte bestellt (s. Ges. betr. d. Patentanwälte unten VI). Gesuchen um Empfehlungen eines geeigneten Vertreters gibt das PA. nicht statt.

Wegen des Einflusses von Tod und Konkurs auf die Vollmacht vgl. § 22 Anm. 3.

3. **Einreichung der Anmeldung.** Die Anmeldung tritt mit dem Zugehen an das Patentamt in Rechtswirksamkeit (§ 130 BGB.). Der Tag, nicht auch die Stunde und Minute des Eingangs werden festgestellt. Das Zeitverhältnis zu anderen an demselben Tage eingelaufenen Eingaben ergibt sich aus der Geschäftsnummer. Vgl. § 27 AB. Ein gleichzeitiges Eingehen ist danach bei zwei selbständigen Anmeldungen ausgeschlossen. Der Annahmebeamte kann nur eine nach der anderen ergreifen. Dieser vom Zufall bedingte Zeitpunkt ist für das Zugehen maßgebend. PA. 24. VI. 16, Mitteil. 1916 S. 80, GRUR. 1916, 328. Die Beweisregel des § 27 Abs. 3 AB., wonach von zwei an demselben Tage an das Patentamt gelangten Geschäftssachen diejenige als später eingegangen gilt, welche die höhere Geschäftsnummer trägt, ist durch Gegenbeweis entkräftbar. PA. 12. II. 04 (169). In einem Falle, in dem bei Einreichung einer Haupt- und einer Zusatzanmeldung erstere die höhere Geschäftsnummer erhalten hatte, sprach die Erwägung, daß vernünftigerweise der Anmelder die Hauptanmeldung zuerst habe einreichen wollen, dafür, ihr den zeitlichen Vorrang vor der Zusatzanmeldung zu geben. PA. 12. II. 04.

„Zugegangen" ist dem Patentamt ein Schriftstück erst dann, wenn es dem zu seiner Annahme berufenen und befähigten Organ zugegangen, d. h. von ihm entgegengenommen ist. Dieses Organ des Patentamts ist die Annahmestelle. Außerhalb der Dienststunden dieser Stelle (8 bis 4 Uhr) fehlt es an einem Organ, dem Schriftstücke wirksam zugehen könnten. PA. 9. I. 07 (29). Geschäftssachen, die außerhalb dieser Dienststunden eingehen, werden erst am nächsten Tage in geschäftliche Behandlung genommen und „gehen" erst an diesem Tage dem Patentamt „zu" (§ 27 Abs. 2 AV.). Ein Schriftstück geht daher weder dadurch, daß es in den zur Aufnahme der außerhalb der Dienststunden abgegebenen Sendungen aufgestellten Briefkasten des Patentamts geworfen wird, PA. 9. I. 07 cit.; RG. 10. III. 10 (11, 27), JWSchr. 1910, 480; KG. 11. VI. 09, DJZ. 1910, 149, noch dadurch, daß es einem Beamten in seiner Privatwohnung übergeben wird, dem Patentamt zu. Vgl. auch PA. 4. VII. 03 (222) und 1. II. 01 (166).

4. **Schriftlichkeit.** Die Anmeldung hat schriftlich zu geschehen. Eine mündliche Anmeldung ist rechtsunwirksam. Nach Vorbem. Abs. 6 vor § 20 ist zur Erfüllung des Erfordernisses der Schriftlichkeit die Unterschrift nicht nötig. Auch ohne sie kann eine Anmeldung „nach **Maßgabe** dieses Gesetzes" vorliegen, die den Anspruch auf die Erteilung des Patents begründet, § 3 Abs. 1 (zivilistische Anmeldung). Für die prozessuale Anmeldung ist dagegen nach der zwingenden Vorschrift des § 2 der Bestimmungen über die Anmeldung (II, 3) die Unterschrift des Anmelders oder des Vertreters erforderlich. Die Unterschrift ist hiernach eine Förmlichkeit der Anmeldung, ohne die diese prozessual nicht zum Erfolg führen kann. Fehlt sie, so ist sie nachzubringen.

Die Unterschrift besteht in der eigenhändigen Namensunterschrift des Anmelders oder des Vertreters, d. h. in der Wiedergabe des vollen Namens durch entsprechende Schriftzeichen. Vgl. RG. 2. IV. 81, Ziv. 4, 307 (321); 25. I 04, Str. 37, 81; 21. VI. 06, JWSchr. 1906, 573; 29. II. 12, JWSchr. 1912, 542. Dem Erfordernis der Schriftlichkeit ist nicht genügt, wenn der Unterschreibende den Namen des andern nur als dessen mechanisches Werkzeug niedergeschrieben hat. RG. 9. VII. 04 (05, 42), Ziv. 58, 387; 27. VI. 10, Ziv. 74, 69. Hat ein Vertreter unter das Schriftstück nur den Namen des Vertretenen und davor ein „pp.", „für" oder dergleichen gesetzt, so fehlt es an einer Namensunterschrift, RG. 5. III. 01 (02,

174); 5. III. 01, Str. 34, 205; 3. III. 03, Str. 36, 129; 11. XII. 11, JWSchr. 1912, 429. Auch durch bloße Anbringung des Namenstempels des Anmelders wird die Schriftform nicht erfüllt. RG. 14. IX. 01 (02, 38); KG. 24. VI. 10 (11, 213). Ebenso genügt nicht Unterschrift mit Schreibmaschine, Braunschweig. Verwaltungsgerichtshof 28. VI. 11, DJZ. 1912, 168. Wohl aber telegraphische Übermittlung, wenn das Telegramm die Unterschrift des Erklärenden wiedergibt. RG. 6. III. 83 (Str. 8, 92); 29. IV. 99 (Ziv. 44, 369).

5. **Einheitlichkeit.** Die Anmeldung soll nur eine Erfindung enthalten. Diese Bestimmung ist eine Ordnungsvorschrift, die dazu beitragen soll, die Ordnung der Prüfung und Registrierung, die Übersichtlichkeit über die beanspruchten und erteilten Schutzrechte zu gewährleisten. Sie hat keine materielle Bedeutung, weder für die Auslegung noch für den Rechtsbestand eines erteilten Patents.

Der Begriff der sogenannten Einheit oder Einheitlichkeit des Anmeldungsinhalts gehört zu den am meisten umstrittenen des Patentrechts. Darüber jedoch besteht Übereinstimmung daß nicht nur eine einzelne Erfindung, sondern auch ein Komplex von Erfindungen die Einheitlichkeit wahrt, sofern er sich zu einer einheitlichen Gesamterfindung zusammenschließen läßt. PA. 27. II. 06 (181). Seit der Entsch. PA. 24. IX. 13 (292) sind für die Praxis des Patentamts folgende Grundsätze leitend:

1. Eine Erfindung ist einheitlich, wenn das ihr zugrunde liegende technische Problem einheitlich ist und alle ihre Teile zur Problemlösung nötig sind oder auch nur geeignet, sie zu fördern. Die Einheit wird auch durch ein mehrere verschiedene, in einem Gehilfenverhältnis zueinander stehende Probleme umschließendes Gesamtproblem begründet.

2. Ist das Problem als solches neu, so können mehrere selbständige Lösungen in einer Anmeldung behandelt werden. Ist das Problem als solches bekannt und gelöst, so müssen die in einer Anmeldung zu behandelnden Lösungen unter sich auf

demselben Lösungsprinzip beruhen. In beiden Fällen hat jede Lösung oder Ausführungsform der unter 1. für die Erfindungsteile gestellten Forderung zu genügen.

Hiernach ist z. B. Einheit vorhanden, wenn neben einer Kombination deren einzelne Teile beansprucht werden, sofern diese dem Kombinationszweck dienen sollen. Ebenso, wenn solche Kombinationselemente mit anderen in der Kombination nicht enthaltenen Elementen verbunden werden.

Bei der Handhabung dieser Grundsätze ist darauf Bedacht zu nehmen, daß keine unnötige Zerstückelung der Erfindungen eintritt.

(Vgl. für die frühere Praxis PA. 7. XI. 78, OHG. 27. V. 79 (307); Denkschrift über die Geschäftstätigkeit des PA. 1901 S. 172, 173, sowie Erklärung des Präs. des PA. Blatt 1900, 360 Spalte 2 Nr. 4.)

Im Zusammenhang mit der Frage der Einheit steht die des Zusatzverhältnisses (§ 7). Erfindungen, die im Verhältnis von Haupt- und Zusatzerfindung stehen könnten, sind auch als einheitlich zu erachten; aber nicht umgekehrt. Nicht alles, was einheitlich ist, ist auch zusätzlich, denn einheitlich sind auch Gegenstände, die in Nebenordnung zueinander stehen, zusätzlich nur solche, die in Unter- oder Überordnung zueinander stehen. PA. 24. IX. 13 cit.

6. **Antrag.** Die Erfordernisse der Anmeldungsschrift bilden: der Antrag auf Erteilung des Patents, die Bezeichnung des zu schützenden Gegenstandes, die Beschreibung der Erfindung, der Patentanspruch, die nötigen Zeichnungen, Darstellungen, Modelle und Probestücke, die sonstigen in den auf Grund des § 20 Abs. 2 vom Patentamt erlassenen Bestimmungen (s. II, 3) aufgeführten Erfordernisse. Ein Mangel in einem dieser Punkte hindert den Erfolg der prozessualen Anmeldung und führt, wenn er nicht behoben wird, zu ihrer Zurückweisung.

Der wesentlichste Bestandteil der Anmeldung ist die Willenserklärung, daß ein Patent erteilt werden soll. Es braucht hierzu nicht notwendig das Wort „Antrag“ oder die Fassung,

„daß für die Erfindung ein Patent nachgesucht wird“ (Bestimmungen § 2) gewählt werden. Es genügt, wenn jener Wille in irgendeiner Form zum Ausdruck gebracht wird. Vorläufige Anmeldungen zur Sicherung der Priorität (vgl. das caveat des amerikanischen Patentrechts) sind wirkungslos; ebenso Anmeldungen unter Bedingungen und Vorbehalten, PA. 15. VIII. 78 (79, 31); 6. IV. 80 (107); 23. II. 81 (53); 17. XII. 03 (04, 10).

7. **Bezeichnung.** Als Bezeichnung wird nur eine für die Veröffentlichung der Anmeldung (§ 23 Abs. 2) geeignete technische (nicht Phantasiewort!) Benennung der Erfindung, ohne Angabe der erfinderischen Merkmale verlangt. Bestimmungen § 2b, vgl. § 23 Anm. 4.

8. **Beschreibung.** Die Beschreibung hat die Erfindung darzustellen. Ihre Aufgabe ist es also, den Inbegriff der vom Anmelder offenbarten Geistesschöpfung zum Ausdruck zu bringen. PA. 24. IX. 13 (292); 27. III. 15 (246). Zu beschreiben ist die Erfindung, wie sie den Gegenstand des Patentbegehrens bildet. Sie muß danach erkennen lassen, inwiefern dieses gerechtfertigt ist, also den Inhalt des Patentanspruchs erläutern und begründen. Da das Patent der Förderung der Technik dient, muß die Beschreibung die Erfindung so vollständig wiedergeben, daß die Benutzung der Erfindung danach möglich erscheint. Verschweigungen oder Verschleierungen der Maßnahmen, die diese Möglichkeit begründen, sind daher nicht angängig.

„Die Beschreibung hat alle nicht streng zur Sache gehörigen Ausführungen zu vermeiden, mithin sich auf dasjenige zu beschränken, was zur Erläuterung der Erfindung und zur Rechtfertigung des Inhalts des Patentanspruchs unbedingt erforderlich ist. — Sie beginnt am besten mit der Bezeichnung des mit der Erfindung verfolgten Zweckes unter kurzer Angabe des Standes der Technik. Im Anschlusse hieran ist das technische Problem anzugeben, das durch die Erfindung gelöst werden soll. Nunmehr ist die Problemlösung im einzelnen, soweit erforderlich, an der Hand der Zeichnung zu erläutern, wobei soviel wie möglich auf die zusammenhängende Darlegung des Arbeitsgangs oder der Wirkungsweise Bedacht zu nehmen ist. Soweit hierbei an sich bekannte Einzelheiten Verwendung finden, ist dies ausdrücklich zu erwähnen. Endlich ist unter Angabe des gewerblichen Anwendungsgebiets der Erfindung auszuführen, worin der mit der Erfindung erzielbare, die Patentfähigkeit begründende wesentliche Fortschritt gegenüber dem Bekannten liegen soll.

Ergibt sich die Einheit der Erfindung im Sinne des § 20 Abs. 1 Satz 2 PG. nicht von selbst, so ist es angezeigt, in der Beschreibung anzugeben, daß und weshalb das der Erfindung zugrunde liegende Problem einheitlich ist, und daß und weshalb alle Erfindungsteile für die Problemlösung notwendig oder doch förderlich sind. (Vgl. Entscheidung der BA. I vom 24. September 1913, Blatt für Patent-, Muster- und Zeichenwesen S. 292ff.)" Bek. zur Erläuterung der Bestimmungen über die Anmeldung von Erfindungen v. 21. XI. 19, f. II, 4.

Die Fassung der Beschreibung muß klar und eindeutig sein. Bestehen Unklarheiten, die die Möglichkeit der Nachbenutzung durch andere Sachverständige beeinträchtigen, so kann dies, wenn sie nicht vom Anmelder behoben werden, zur Zurückweisung der Anmeldung führen. Im übrigen ist der sprachliche Aufbau der Beschreibung und die Ausdrucksform Sache des Anmelders. Es ist erwünscht, daß die Anforderungen erfüllt werden, die an Sprache und Stil an eine Druckschrift gestellt zu werden pflegen, da die Beschreibung bestimmt ist, einen Teil der späteren Patentschrift zu bilden. Erzwingbar ist aber eine solche Form der Beschreibung nicht, ebensowenig ist das Patentamt befugt, selbst eine Verbesserung der Beschreibung vorzunehmen. Es genügt, wenn sie den angegebenen Erfordernissen entspricht. BA. 1. XI. 12, Z. f. JR. 1913, 267; 8. III. 13, M. u. W. 1919, 182.

Ist zur Klarstellung des Erfindungsgedankens die Kennzeichnung des Verhältnisses der Erfindung zu einer früher patentierten oder beschriebenen Erfindung geboten, so hat dies in kurzer, sachlicher Darlegung, möglichst ohne Angabe der Nummer des früheren Patents, zu geschehen. Eine zur Erläuterung der angemeldeten Erfindung nicht unerläßlich nötige Kritik der älteren Erfindung ist zu vermeiden. PA. 2. I. 01 (40).

9. **Patentanspruch.** Der Patentanspruch gründet sich auf die Beschreibung und muß daher mit ihr im Einklang stehen. Vgl. PA. 1. XI. 12, Z. f. JR. 1913, 267. Er hat an ihrem Schlusse das anzugeben, was als patentfähig unter Schutz gestellt werden soll. Der Patentanspruch hat im Gegensatz zu der den Gedankeninhalt der Erfindung wiedergebenden Beschreibung die Erfindung in ihrer Verwirklichung, als Objekt des Rechtsverkehrs zum Ausdruck zu bringen. Er hat mithin entweder einen Gegenstand oder ein Verfahren zu kennzeichnen (s. § 1 Anm. 5). Hierbei kommt natürlich nicht ein einzelner konkreter Gegenstand oder Vorgang in Frage, sondern die begriffliche Vorstellung eines solchen, die mannigfacher Verkörperungen fähig ist. Während also z. B. die Beschreibung den Gedanken der Verstellbarkeit eines Maschinenteils schildert, ist der Anspruch auf einen die entsprechenden Merkmale aufweisenden Maschinenteil zu richten. PA. 24. IX. 13 (294); 27. III. 15 (247).

In den Anspruch sind nur diejenigen Bestimmungsmerkmale aufzunehmen, die zur Kennzeichnung des Wesens der Erfindung nötig sind. Vgl. PA. 5. X. 17 (100). Darüber hinausgehende Angaben (Überbestimmungen) sind überflüssig, der Klarstellung des Erfindungsgegenstandes schädlich und daher zu unterlassen. Es ist zu beachten, daß, je mehr Merkmale zur Erfindung gehören, um so enger ihr Bereich ist. Anderseits muß sich der Anmelder vor ungerechtfertigten Verallgemeinerungen, die dem wirklich Erfundenen nicht entsprechen, hüten. Der Zweck der Erfindung ist regelmäßig kein Bestimmungsmerkmal; er ist nur in den Ausnahmefällen, wo seine Angabe zur Kennzeichnung der Erfindung wesentlich ist, in den Anspruch aufzunehmen. PA. 27. III. 15 (246).

Für mehrere selbständige erfinderische Lösungen einer Aufgabe oder mehrere Ausführungsformen oder Ausgestaltungen einer Erfindung kann eine entsprechende Mehrheit von Ansprüchen aufgestellt werden, die entweder im Verhältnis der Nebenordnung (Nebenansprüche) oder der Unterordnung (Haupt- und Unteransprüche) zueinander stehen. So können z. B. nebeneinander ein Verfahren, eine Maschine zu seiner Ausübung und das Erzeugnis in je einem Anspruch gekennzeichnet werden. Handelt es sich um eine Erfindung und ihre weitere Ausbildung, so wird in der Regel für erstere ein Hauptanspruch, für letztere ein auf diesen Bezug nehmender Unteranspruch zu formulieren sein. Der Inhalt eines Unteranspruchs braucht nicht gegenüber dem des Hauptanspruchs, gleichsam als sei dieser vorveröffentlicht, eine neue patentfähige Erfindung darzustellen; nur dem Stande der Technik gegenüber muß er — ebenso wie der Inhalt des Hauptanspruchs — eine solche Erfindung sein. Er muß jedoch jedenfalls von dem Gegenstand des Hauptanspruchs technisch so verschieden sein, daß er für den Fachmann nicht eine bloße Wiederholung des im ersten Anspruch Gesagten bildet; eine solche wäre überflüssig und daher nicht zuzulassen. Es genügt regelmäßig, daß eine die Erreichung des Zwecks der Erfindung wesentlich unterstützende Ausführungsform oder eine nützliche Weiterbildung des Gegenstandes des Hauptanspruchs vorliegt. PA. 8. I. 15 (17, 98); 5. X. 17 (100); 17. X. 17 (99); RG. 16. XII. 14, 1. III. 16, GRUR. 1916, 119. Betrifft der Hauptanspruch eine Kombinationserfindung, die ein an sich neues und erfinderisches Element enthält, so ist, wenn dieses Element im Rahmen des Kombinationszwecks selbständig geschützt werden soll, ein besonderer Anspruch dafür aufzustellen. Vgl. § 4 Anm. 6. Zulässig ist es auch, die Verbindung eines solchen Elements mit anderen in der Kombination nicht enthaltenen Elementen in einem Unteranspruch zu beanspruchen. PA. 24. IX. 13 (292).

„Der Anspruch geht in seinen einleitenden Worten zweckmäßig von der dem Erfundenen nächst übergeordneten bekannten oder geschützten Gattung technischer Gebilde aus. Dieser „Oberbgriff" des Anspruchs soll auch für die zur Veröffentlichung bestimmte Benennung (Anm. 7) Verwendung finden." S. Bek. z. Erläuterung der Bestimmungen v. 21. XI. 19, (II, 4.) An den Oberbegriff schließt sich die Angabe der bestimmenden Merkmale an, in der Regel durch die Worte „dadurch gekennzeichnet, daß . . . ." eingeleitet. Der Anspruch ist in knapper und geschlossener Form zu halten. Er hat klar und vollständig das Wesen des Erfindungsgegenstandes zu kennzeichnen. Von unbestimmten Verallgemeinerungen („oder dgl.", „usw.") sowie von Zweckmäßigkeitsangaben ist abzusehen. Auf die Abfassung des Anspruchs ist besondere Sorgfalt zu verwenden, da er für die Auslegung des Patents an erster Stelle von Bedeutung ist. Je nachdem wie es für die Klarstellung der für die Erfindung bestimmenden Merkmale am zweckdienlichsten ist, kann die Form eines geschlossenen Satzgefüges oder mehrerer solcher gewählt werden. Vgl. PA. 28. I. 13 (35). Im Anspruch eines Zusatzpatents ist auf das ältere Patent oder die ältere Anmeldung Bezug zu nehmen.

Der in der Anmeldung enthaltene Patentanspruch ist nur als eine vorläufige Formulierung des zu schützenden Erfindungsgegenstandes anzusehen, er kann in dem Erteilungsverfahren wechselnde Gestalt annehmen und neue Erfindungsmerkmale aufnehmen, sofern diese in den ursprünglichen Unterlagen enthalten waren und auch die Einheitlichkeit mit dem ursprünglich Beanspruchten gewahrt bleibt; denn die Anmeldung besteht im Umfange des Antrages auf Patenterteilung, und dieser erstreckt sich im Zweifel auf alles in der Anmeldung als Neuerung Angegebene. PA. 17. XII. 00 (01, 40), s. § 3 Anm. 3.

10. **Zeichnung.** Die bildliche oder körperliche Veranschaulichung des Erfindungsgegenstandes ist nur dann Erfordernis

der Anmeldung, wenn sie zur Klarstellung der Erfindung nötig ist. Bezüglich ihrer Bedeutung für die zivilistische Anmeldung s. § 3 Anm. 3. Im übrigen s. Bestimmungen nebst Erläuterung v. 21. XI. 19 (II, 3 u. 4.)

11. **Sonstige Erfordernisse der Anmeldung.** Die Bestimmung darüber, welche Förmlichkeiten außer den im § 20 Abs. 1 aufgeführten für die Anmeldung als Grundlage des Patenterteilungsverfahrens zu erfüllen sind, ist dem Patentamt übertragen worden. Dieses hat demgemäß die Bestimmungen über die Anmeldung von Erfindungen, v. 21. XI. 19 (s. II, 3) erlassen. Ihr Inhalt hat verbindliche Kraft wie ein Gesetz. Durch eine Bekanntmachung von demselben Tage sind die Bestimmungen von dem Patentamt erläutert worden (s. II, 4). Diese Erläuterungen stellen nicht Vorschriften dar, die zur Vermeidung der Zurückweisung der Anmeldung befolgt werden müssen, sondern nur Ratschläge, deren Befolgung imeigenen Interesse der Beteiligten liegt.

12. **Änderungen.** Der Inhalt der Anmeldung ist nicht ein für allemal mit der Einreichung der Anmeldung festgelegt. Eine der Aufgaben der Prüfung im Erteilungsverfahren ist es, durch Klarstellungen und Ergänzungen diejenige Form der Anmeldung herbeizuführen, die sie als Grundlage für die Patenterteilung geeignet macht. PA. 8. III. 13, M. u. W. 1919, 182; RG. 12. IV. 16 (98), Mitteil. 1916, 55. Die Anmeldung kann also abgeändert werden. Die Abänderbarkeit beschränkt sich jedoch auf die darin enthaltenen Angaben, d. h. auf die Art und Weise der Darstellung der Erfindung; nicht aber darf der Erfindungsstoff selbst ganz oder teilweise durch einen anderen ersetzt oder erweitert werden. PA. 4. XII. 02 (03, 5). Im Rahmen der durch die Beschreibung und Zeichnung offenbarten Erfindung kann der Anmelder mit den Patentansprüchen wechseln. S. Anm. 9 Schluß. Ein fallengelassener Anspruch kann daher wieder aufgenommen werden, es sei denn, daß das Fallenlassen zufolge des erkennbaren Willens des Anmelders die rechtliche Bedeutung einer end-

gültigen Beschränkung des Anmeldungsinhalts, mithin einer teilweisen Zurücknahme der Anmeldung hat. Eine solche kann nicht widerrufen werden.

Der Beschluß über die Bekanntmachung der Anmeldung setzt den Änderungen eine Grenze. Hierunter ist der Beschluß zu verstehen, der die Bekanntmachung verfügt, nicht etwa auch der, der sie ablehnt. Mit der Bekanntmachung setzt die Prüfung der Erfindung durch die Allgemeinheit ein (§ 24); von dem sie anordnenden Beschluß an muß daher die Erfindung, die zur Patenterteilung gelangen kann, auch ihrer Darstellung nach unverrückbar feststehen. Der Anmelder kann daher dem Erfindungsgedanken keine andere Form mehr geben. Er kann insbesondere keine neuen Patentansprüche mehr formulieren. Lediglich Berichtigungen und redaktionelle Verbesserungen sind noch zulässig. Auch nach dem Bekanntmachungsbeschluß können indessen Beschränkungen der zu schützenden Erfindung jederzeit vorgenommen werden, PA. 15. IV. 10 (180) vgl. Z. f. JR. 1912, 161.

Wird von dem Bekanntmachungsbeschluß der in den Unterlagen der Anmeldung gekennzeichnete Erfindungsstoff oder nach dem Beschluß der Schutzgegenstand erweitert, so muß der Anmelder auf Beanstandung das neu Hinzugebrachte, wenn er nicht darauf verzichten will, behufs Weiterverfolgung in einem besonderen Verfahren ausscheiden. Anderenfalls erfolgt Zurückweisung der ganzen Anmeldung, vgl. § 22 Anm. 3. Der Bekanntmachungsbeschluß stellt auch hier eine Cäsur dar: was etwa vor ihm in der Beschreibung neu hinzugebracht, aber nicht als Schutzgegenstand beansprucht war, kann nicht mehr ausgeschieden werden. Nur das, was sich nach den Bekanntmachungsunterlagen als Schutzgegenstand kennzeichnet, kann zur Erlangung eines Patents führen. PA. 15. IV. 10 (180).

Das Patentamt ist nicht befugt, seinerseits Änderungen der Unterlagen vorzunehmen. Der Anmelder ist Herr der Anmeldung. Wie die Offenbarung der Erfindung, so ist auch die Fassung lediglich Sache des Anmelders. Nur dann, wenn diese den gesetzlichen Erfordernissen nicht genügt (s. Anm. 8, 9), kann das Patentamt eine Änderung mittelbar dadurch erzwingen, daß es bei Weigerung des Anmelders die Anmeldung zurückweist. PA. 22. I. 03 (99); 8. III. 13 (188), vgl. § 23 Anm. 1 Abs. 3.

13. **Anmeldegebühr.** Die Gebührenzahlung bildet nicht eine Förmlichkeit der Anmeldung, wie schon die Stellung der Vorschrift im Gesetz zeigt. Sie steht aber auch nicht — wie die Zahlung der Gerichtskosten — außerhalb des Verfahrens als selbständig zu behandelndes Entgelt für die Tätigkeit der Behörde. Der Reichsfiskus hat daher keinen Rechtsanspruch auf Zahlung. Erledigt sich die Anmeldung durch Zurücknahme oder Zurückweisung, so kann die noch nicht gezahlte Gebühr nicht nachträglich eingefordert, die nachträglich gezahlte Gebühr nicht einbehalten werden; ein etwa gezahlter Teilbetrag der Gebühr ist zurückzuerstatten.

Die Gebührenzahlung ist eine Voraussetzung für die Durchführung des Erteilungsverfahrens. Bei Nichtzahlung ist die Behandlung der Anmeldung zu verweigern und die Anmeldung zurückzuweisen. PA. 23. II. 81 (53).

Eine Stundung oder ein Erlaß der Anmeldegebühr ist ausgeschlossen. Sie wird, da sie für die Kosten des Verfahrens entrichtet wird, weder bei Zurücknahme noch bei Zurückweisung der Anmeldung zurückerstattet.

S. ferner Bek. z. Erläuterung der Bestimmungen über die Anmeldung v. 21. XI. 19 Nr. 1 (II, 4).

§ 21.

Die Anmeldung unterliegt einer Vorprüfung durch ein Mitglied der Anmeldeabteilung.

Erscheint hierbei die Anmeldung als den vorgeschriebenen Anforderungen (§ 20) nicht genügend, so wird durch Vorbescheid der Patentsucher aufgefordert, die Mängel innerhalb einer bestimmten Frist zu beseitigen.

Insoweit die Vorprüfung ergibt, daß eine nach §§ 1, 2, 3 Absatz 1 patentfähige Erfindung nicht vorliegt, wird der Patentsucher hiervon unter Angabe der Gründe mit der Aufforderung benachrichtigt, sich binnen einer bestimmten Frist zu äußern.

Erklärt sich der Patentsucher auf den Vorbescheid (Absatz 2 und 3) nicht rechtzeitig, so gilt die Anmeldung als zurückgenommen; erklärt er sich innerhalb der Frist, so faßt die Anmeldeabteilung Beschluß.

Der § 21, der die Vorprüfung und den Vorbescheid behandelt, ist zurzeit ohne Bedeutung. Bis auf weiteres gelten die Vorschriften der Bundesratsverordnung über Vereinfachungen im PA. 9. III. 17 (s. § 14 Anm. 1), wonach die Geschäfte des Vorprüfers und der Anmeldeabteilung, soweit es sich um die Prüfung der Anmeldungen und die Erteilung der Patente handelt, einer Prüfungsstelle übertragen werden, und ein Vorbescheid nicht mehr erlassen wird. Die vielen Anmeldern verhängnisvoll gewordene Fiktion der Zurücknahme der Anmeldung bei Versäumung der Vorbescheidsfrist ist dadurch in Fortfall gekommen. Beanstandungen werden nur noch durch einfache Zwischenverfügung mitgeteilt; an die Versäumung der in ihr gesetzten Frist knüpft sich keine unmittelbare Rechtsfolge.

§ 22.

Ist durch die Anmeldung den vorgeschriebenen Anforderungen (§ 20) nicht genügt, oder ergibt sich, daß eine nach §§ 1, 2, 3 Absatz 1 patentfähige Erfindung nicht vorliegt, so wird die Anmeldung von der Abteilung zurückgewiesen. An der Beschlußfassung darf das Mitglied, welches den Vorbescheid erlassen hat, nicht teilnehmen.

Soll die Zurückweisung auf Grund von Umständen erfolgen, welche nicht bereits durch den Vorbescheid dem Patentsucher mitgeteilt waren, so ist demselben vorher Gelegenheit zu geben, sich über diese Umstände binnen einer bestimmten Frist zu äußern.

1. **Fortfall der Anmeldeabteilung.** Durch die VV. 9. III. 17 (s. § 14 Anm. 1) ist die Anmeldeabteilung als Organ für die Prüfung und Patenterteilung fortgefallen. Damit erledigt sich § 22 Abs. 1 Satz 2. Der Abs. 2 in seiner gegenwärtigen Bedeutung bringt lediglich den Grundsatz des rechtlichen Gehörs zum Ausdruck.

2. **Gegenstand der Prüfung und Entscheidung** ist die Frage, ob auf die Anmeldung das Patent erteilt werden kann. Maßgebend ist stets der Patenterteilungsantrag. Ein Patent, das der Anmelder nicht will, kann ihm nicht erteilt werden. Ist daher die Erfindung zum Teil patentfähig, zum Teil nicht, so kann, wenn der Anmelder trotzdem seinen Antrag nur auf das Ganze richtet, nicht teilweise patentiert und teilweise versagt, sondern nur das Patent im ganzen versagt werden. Stellt der Anmelder einen Eventualantrag auf das vom Patentamt für gewährbar Erachtete, so kann diesem Antrage gemäß unter Ablehnung des Hauptantrages das Patent in Beschränkung erteilt werden. Eine beschränkte Patenterteilung kann auch dann von der Prüfungsstelle ausgesprochen werden, wenn nach dem Verhalten des Anmelders anzunehmen ist, daß er letzten Endes die Beschränkung der völligen Versagung vorziehen werde. Eventuell kann er sich gegen die ihm unerwünschte Erteilung mit der Beschwerde gemäß § 26 wehren. Ein Bekanntmachungsbeschluß (§ 23) kann zufolge eines Eventualantrages nicht erlassen werden, dieser setzt glatte Übereinstimmung zwischen dem Beanspruchten und dem für gewährbar

Erachteten voraus; bringt der Anmelder nicht seinen Antrag mit letzterem in Einklang, so muß die Anmeldung zurückgewiesen werden. S. §§ 24, 26 (Anm. 5). Vgl. PA. 17. XII. 07 (08, 258), Z. f. JR. 1908, 172.

Die Endentscheidung kann nur auf Zurückweisung der Anmeldung oder — nach stattgehabter Bekanntmachung — auf Erteilung oder Versagung des Patents lauten. Ausnahmsweise kommt Einstellung des Verfahrens in Frage, so z. B. in einem Falle, in dem eine Voranmeldung (caveat, § 20 Anm. 6) versehentlich als endgültige Anmeldung behandelt worden war oder bei Anmeldung einer nicht voll geschäftsfähigen Person, s. § 20 Anm. 2.

Die Prüfung richtet sich auf die formellen und materiellen Erfordernisse für die Patenterteilung. Anstände und Bedenken sind mit dem Anmelder ausgiebig zu erörtern. Es muß ihm Gelegenheit geboten werden, die Mängel in den formellen Anforderungen zu beseitigen (vgl. § 21 Abs. 2) und die Auffassung der Prüfungsstelle, daß eine patentfähige Erfindung nicht vorliegt, zu bekämpfen (vgl. § 21 Abs. 3). Die der Patenterteilung entgegenstehenden Umstände sind ihm durch Zwischenverfügung entgegenzuhalten (§ 22 Abs. 2). Auf andere als die mitgeteilten Umstände (d. h. Verhältnisse tatsächlicher Art) darf ein abweisender Beschluß nicht gegründet werden. Beruht ein Beschluß auf einer Verletzung dieses Grundsatzes, so kann die Beschwerdeabteilung wegen des Verfahrensmangels Aufhebung und Zurückverweisung in die erste Instanz beschließen (§ 539 ZPO.). Die Mitteilung neuer rechtlicher Gesichtspunkte vor der Beschlußfassung ist nicht notwendig, wohl aber meist zweckmäßig.

Die etwa fehlende Anmeldegebühr (§ 20 Abs. 3) wird stets vorweg eingefordert. Im übrigen ist die Prüfung regelmäßig nicht zunächst auf die formellen Anforderungen zu beschränken und erst nach Behebung der Mängel auf die Patentfähigkeit zu richten. Beides ist zwecks Beschleunigung des Verfahrens grundsätzlich zu verbinden. So ist z. B. bei Mangel der Einheitlichkeit (§ 20 Anm. 5) nicht zunächst nur Trennung zu fordert (s. § 22 A m. 3), sondern gleichzeitig die Frage der Patentfähigkeit im ganzen Umfange des Beanspruchten zu erörtern.

Bei der Prüfung der Anmeldung hat die Prüfungsstelle die Aufgabe, den Anmelder bei der Klarstellung und Umgrenzung der zu schützenden Erfindung behufs Erlangung eines ihrem Wesen entsprechenden Patents zu unterstützen.

3. **Die formelle Prüfung** ist nicht auf die im § 20 und in den patentamtlichen Bestimmungen zu § 20 Abs. 2 behandelten formellen Anforderungen beschränkt, sondern hat sich auf alles zu erstrecken, wovon das Schicksal der Anmeldung in prozessualer Hinsicht abhängt (z. B. Mangel der Geschäftsfähigkeit, der Vollmacht, der nach § 12 erforderlichen Vertretung usw.). Im einzelnen ist folgendes zu bemerken:

Ist der Gegenstand der Anmeldung nicht einheitlich (§ 20 Anm. 5) oder später unzulässig erweitert (§ 20 Anm. 12), so ist für den Fall, daß der Anmelder nicht die Anmeldung durch Teilverzicht entsprechend beschränkt, die Ausscheidung des betreffenden Teils zu fordern. Geschieht diese nicht, so ist die ganze Anmeldung abzuweisen, einschließlich jenes Teils. Wird ausgeschieden, so tritt der abgezweigte Teil aus der Stammanmeldung heraus. Er bleibt jedoch ohne weiteres auf Grund des bisherigen Patenterteilungsantrages, also mit dessen Priorität, anhängig und wird demgemäß als selbständiger Gegenstand in einem besonderen Verfahren weiter behandelt. Dieses ist rechtlich nur eine Fortsetzung des Stammverfahrens, PA. 15. IV. 10 (180); 10. X. 10 (294). Es bleibt daher in dem prozessualen Stadium des letzteren, PA. 18. IX. 12 (274). Tritt Abzweigung in der Beschwerdeinstanz ein, so kann mithin die Prüfungsstelle mit dem abgezweigten Teil nur durch Zurückverweisung seitens der Beschwerdeabteilung befaßt werden. Die abgezweigte Anmeldung bedarf nur noch der formellen Vervollständigung (Gebühr, Unterlagen usw.) durch einen entsprechenden Nachgang (vielfach irrtümlich als „Neuanmeldung" bezeichnet). Unterbleibt diese, so erfolgt die Zurückweisung der Zweiganmeldung. Nach der Bekanntmachung (§ 23) ist nach der Praxis des Patentamts eine Abzweigung nicht mehr angängig, PA. 6. V. 10 (182). Die Abzweigung eines Anmeldeteils steht nicht im Belieben des Anmelders, sie ist nur zulässig, wenn das Patentamt sie wegen Mangels der Einheit oder wegen Erweiterung für erforderlich erachtet, PA. 14. II. 05 (99); 10. X. 10 (294); 21 XII. 16, Mitteil. 1916, 102. Will der Anmelder trotz Unzulässigkeit trennen, so ist wegen dieses formellen Mangels (unzulässiger Antrag auf Erteilung zweier Patente auf eine Anmeldung) die Anmeldung im ganzen Umfange abzuweisen. Anders PA. 18. IX. 12 (274).

Wird die Vollmacht für den Vertreter (§ 28 AB.) nicht beigebracht, so kommt nur er, nicht der Vertretene dem Patentamt gegenüber als Antragsteller in Betracht. Er kann den Antrag zurückziehen; nur sein Antrag wird abgewiesen.

Stirb der Anmelder, so ist, falls er nicht vertreten war, sein Rechtsnachfolger von Amts wegen zu ermitteln, und es ist mit diesem das Verfahren fortzusetzen. Bei Nichtermittlung ist die Bestellung eines Pflegers (§ 1913 BGB.) zu erwirken. War der Anmelder vertreten, so ist mit dem Vertreter als Bevollmächtigten der Erben weiter zu verhandeln; denn die Vollmacht wird durch den Tod des Vollmachtgebers nicht aufgehoben (§ 672 BGB.). Stirbt der Vertreter, so erlischt die Vollmacht, § 673 BGB. Die Entsch. PA. 23. III. 10 (157), welche Weitergeltung der Vollmacht für die Erben des Vertreters bei dringenden Prozeßhandlungen annimmt, ist, wenn dieser ein Patentanwalt, Rechtsanwalt oder sonstiger Sachverständiger war, im Hinblick auf die besondere Natur des betreffenden Dienstvertrages (vgl. §§ 675, 613 BGB.) sehr bedenklich.

Da das Recht aus der Anmeldung in die Konkursmasse fällt (vgl. §§ 3 und 6), so verliert der Anmelder mit der Konkurseröffnung das Verfügungsrecht darüber an den Konkursverwalter (§ 6 KonkO.) und dieser tritt an die Stelle des Anmelders. Dies auch dann, wenn der Anmelder vertreten war; denn die Vollmacht erlischt durch die Konkurseröffnung (§ 23 KonkO.). Die Bestimmung des § 86 ZPO. (wonach die Prozeßvollmacht durch eine Veränderung in betreff der Prozeßfähigkeit des Vollmachtgebers nicht aufgehoben wird) ist schon um deswillen nicht heranzuziehen, weil durch die Konkurseröffnung nicht die Prozeßfähigkeit in betreff der Konkursmasse, sondern nur die Dispositionsbefugnis verloren geht (RGZiv. 29, 29).

4. Die **materielle Prüfung** begreift alle von Amts wegen zu berücksichtigenden Abweisungsgründe (§§ 1, 2, 3 Abs. 1). Die Entnahme der Erfindung (§ 3 Abs. 2) kann dagegen nur durch Einspruch des Verletzten (§ 24) geltend gemacht werden.

Daraus, daß die Zurückweisung der Anmeldung erfolgt, wenn sich ergibt, daß eine patentfähige Erfindung nicht vorliegt, folgt daß das Patentamt dem Anmelder diese Voraussetzung durch Angabe der betreffenden Tatumstände nachzuweisen hat. Der Anmelder hat nicht etwa umgekehrt die Patentfähigkeit zu beweisen. Er kann nur unter Umständen, wenn das Patentamt bereits eine ihm ungünstige Überzeugung (z. B. über das Ausbleiben der behaupteten Wirkung der Erfindung) gewonnen hat, in die Lage kommen, Gegenbeweis – auf seine Kosten – zu führen. Offenkundige (notorische) Tatsachen brauchen dem Anmelder nicht nachgewiesen zu werden, vgl. § 291 ZPO. RG. 12. V. 10, JW.-Schr. 1910, 712, DJZ. 1910, 882; 7. XI. 10, JWSchr. 1911, 102.

Wegen Entgegenstehens eines früher angemeldeten Patents (§ 3 Abs. 1) kann die jüngere Anmeldung erst zurückgewiesen werden, wenn auf die frühere Anmeldung das Patent erteilt ist, da durch das Scheitern dieser Anmeldung der Anspruch des älteren Anmelders in sich zusammenfallen würde. Die Behandlung der jüngeren Anmeldung ist daher auszusetzen, bis das Schicksal der älteren feststeht. Die Aussetzung kann jedoch nur erfolgen, wenn kein sonstiger Abweisungsgrund vorliegt und es somit ohne das Entgegenstehen der älteren

Anmeldung zur Bekanntmachung der jüngeren kommen müßte, PA. 14. XII. 99 (00, 19); 4. I. 04 (38). In dem Aussetzungsbeschluß ist, soweit es die Rücksicht auf die Geheimhaltung der älteren Anmeldung gestattet, anzugeben, inwiefern und inwieweit die ältere Anmeldung die jüngere deckt. Der Aussetzungsbeschluß ist nicht mit der Beschwerde angreifbar (vgl. § 16 Anm. 2), PA. 5. I. 07 (105).

Die Aussetzung der Prüfung einer älteren Anmeldung bis nach Erledigung einer jüngeren ist mangels einer dies gestattenden Gesetzesvorschrift und mit Rücksicht auf das einer Hinausschiebung der Entscheidung über ein die Industrie einengendes Ausschlußrecht widerstreitende Interesse der Allgemeinheit unstatthaft, PA. 23. IX. 03 (245).

5. **Zurückweisung und Zurücknahme der Anmeldung.** Werden die formellen Mängel nicht beseitigt oder ergibt sich, daß eine patentfähige Erfindung nicht vorliegt, so erfolgt die Zurückweisung der Anmeldung durch die Prüfungsstelle. Die Zurückweisung beendet, wenn sie mangels Beschwerdeerhebung rechtskräftig wird, das Verfahren endgültig (formelle Rechtskraft). Sie vernichtet auch materiell endgültig den konkreten, durch diese Anmeldung begründeten Anspruch auf Patenterteilung, sie hat dagegen insofern keine materielle Rechtskraft, als die Anmeldung wiederholt werden kann. Maßgebend für die Priorität ist dann aber nur der Tag des Eingangs der neuen Anmeldung. PA. 28. XII. 09 (10, 133); 10. XI. 94 (146).

Ebenso wird durch die Zurücknahme der Anmeldung das Verfahren endgültig zum Abschluß gebracht und es werden die Wirkungen der Anmeldung endgültig und völlig beseitigt. Ein späteres Zurückgreifen auf die erledigte Anmeldung (wegen der Priorität) ist daher ausgeschlossen. Dasselbe gilt natürlich auch von der Zurückziehung einzelner Teile innerhalb des Erteilungsverfahrens. Fallengelassene Teile des Anmeldungsgegenstandes können später nicht wieder aufgenommen werden. Dies gilt jedoch nur dann, wenn der Wille endgültigen Verzichts erkennbar ist. Insbesondere liegt auch in dem Fallenlassen eines Patentanspruchs häufig nicht eine Zurücknahme des betreffenden Teils des Anmeldungsgegenstandes, sondern nur eine einstweilige Zurückstellung, da der Anspruch nur ein Versuch der Formulierung des Erfundenen ist. Vgl. PA. 21. II. 00 (230). Nach der Zurücknahme ist für eine Entscheidung des Patentamts über die Anmeldung kein Raum mehr. Die Zustellung eines Patenterteilungsbeschlusses nach der Zurücknahme ist rechtsunwirksam, PA 25. VI. 09 (302); 17. IX. 09 (303). Dieser Grundsatz greift auch Platz, wenn beide an demselben Tage, aber die Zurücknahme nachweislich vor der Zustellung, erfolgt sind. Gleichzeitigkeit liegt in solchem Falle nicht vor; ein allgemeiner Rechtssatz, daß der Tag die kleinste Zeiteinheit ist, existiert nicht. Ist die Zeitfolge nicht feststellbar, so gilt der Erteilungsbeschluß, weil der Abschluß des Verfahrens durch die Maßnahmen des Patentamts bereits so weit gediehen war, daß das Verfahren nicht mehr schwebte, als die Zurücknahme erfolgte. Zum Teil anders PA. 17 IX 09 cit., vgl. dagegen PA. 6. VI. 19, Mitteil. 1919, 52.

§ 23.

Erachtet das Patentamt die Anmeldung für gehörig erfolgt und die Erteilung eines Patents nicht für ausgeschlossen, so beschließt es die Bekanntmachung der Anmeldung. Mit der Bekanntmachung treten für den Gegenstand der Anmeldung zugunsten des Patentsuchers einstweilen die gesetzlichen Wirkungen des Patents ein (§§ 4 und 5).

Die Bekanntmachung geschieht in der Weise, daß der Name des Patentsuchers und der wesentliche Inhalt des in seiner Anmeldung enthaltenen Antrags durch den Reichsanzeiger einmal veröffentlicht wird. Mit der Veröffentlichung ist die Anzeige zu verbinden, daß der Gegenstand der Anmeldung einstweilen gegen unbefugte Benutzung geschützt sei.

Gleichzeitig ist die Anmeldung mit sämtlichen Beilagen bei dem Patentamt zur Einsicht für jedermann auszulegen. Auf dem durch § 17 des Gesetzes bestimmten Wege kann angeordnet werden, daß die Auslegung auch außerhalb Berlins zu erfolgen habe.

Die Bekanntmachung kann auf Antrag des Patentsuchers auf die Dauer von höchstens sechs Monaten, vom Tage des Beschlusses über die Bekanntmachung an gerechnet, ausgesetzt werden. Bis zur Dauer von drei Monaten darf die Aussetzung nicht versagt werden.

Handelt es sich um ein im Namen der Reichsverwaltung für die Zwecke des Heeres oder der Flotte nachgesuchtes Patent, so erfolgt auf Antrag die Patenterteilung ohne jede Bekanntmachung. In diesem Falle unterbleibt auch die Eintragung in die Patentrolle.

1. **Bekanntmachungsbeschluß.** Der Bekanntmachungsbeschluß ist ein die Endentscheidung lediglich vorbereitender Beschluß (Zwischenverfügung), PA. 27. II. 06 (181); 11. VII. 07, Z. f. JR. 1908, 54; 6. IV. 09 (205); 18. X. 13 (324); 20. VIII. 18 (80). Er leitet nur ein neues Stadium der Prüfung ein, die nunmehr unter Heranziehung der Allgemeinheit erfolgt.

Hieraus folgt, daß das Patentamt an ihn nicht gebunden ist. Dies trifft auch für die Prüfungsstelle zu, wenn der Beschluß von der Beschwerdeabteilung erlassen worden ist; die Prüfungsstelle wird aber von dem Beschluß zweckmäßig nur aus neuen Gründen abgehen. PA. 27. II. 06 (181); 6. IV. 09

(205). Ergibt sich nach Erlaß des Beschlusses patenthinderndes Material, so ist seine Ausführung zu unterlassen. Da die Bekanntmachung den einstweiligen Schutz begründet, kann eine Behörde diese Maßregel nicht treffen, wenn sie weiß, daß ein Anspruch auf Schutz nicht besteht. Stellt sich heraus, daß das Patent überhaupt nicht erteilt werden kann, so ist nach Zwischenverfügung an den Anmelder die Anmeldung zurückzuweisen. Dasselbe gilt, wenn sich ergibt, daß die Erfindung nur teilweise patentfähig ist, und der Anmelder die Anmeldung nicht entsprechend beschränkt. PA. 3. VII. 02 (03, 161) und die vorstehend genannten Entsch.; s. dagegen früher u. a. PA. 29. I. 03 (162).

Als Zwischenverfügung ist der Bekanntmachungsbeschluß mit der Beschwerde (§ 16) nicht angreifbar. Wünscht der Anmelder nach Erlaß des Bekanntmachungsbeschlusses die Bekanntmachung mit abgeänderten Unterlagen, so kann das Patentamt, wenn es die Änderung nicht für statthaft erachtet, nur die Anmeldung zurückweisen, nicht aber mit den alten Unterlagen bekanntmachen, denn auf letztere richtet sich der Patenterteilungsantrag nicht mehr, PA. 22. I. 03 (99); vgl. PA. 24 IX. 03 (246), s. § 22 Anm. 2.

Der Bekanntmachungsbeschluß unterliegt jedoch der Beschwerde gemäß § 16, insofern er als prozessuale Anordnung der Bekanntmachung in Betracht kommt. So kann z. B. ein Beschluß auf Bekanntmachung eines dem Antrage des Anmelders nicht entsprechenden Anmeldungsinhalts wegen Verfahrensmangels angefochten werden, PA. 24. IX. 03 (246); 20. VIII. 18 (80). Ebenso ist die Prozeßbeschwerde zulässig gegen einen Beschluß auf Bekanntmachung ohne Veröffentlichung eines Vermerks über die Beanspruchung der Unionspriorität, PA. 19. XII. 14 (15, 29). Desgleichen ein Beschluß auf Bekanntmachung entgegen einem Antrage auf Aussetzung.

Der Bekanntmachungsbeschluß zieht der Abänderbarkeit der Unterlagen eine Grenze (§ 20 Abs. 3). S. dort Anm. 12.

Die Bekanntmachung einer Zusatzanmeldung kann vor der Erteilung des Hauptpatents stattfinden, sie wird aber in der Regel nicht vor der Bekanntmachung der Hauptanmeldung vorgenommen.

2. **Bekanntmachung.** Die Bekanntmachung hat die Bedeutung eines rechtsbegründend wirkenden Akts einer Behörde (Anm. 3) und zugleich die eines Aufgebots (§ 24 Abs. 2). In beiden Beziehungen schafft sie einen bis zur Entscheidung (Patenterteilung oder -versagung) endgültigen Zustand. Ihre Wirkungen werden — außer durch die Zurücknahme der Anmeldung — erst durch die rechtskräftige Versagung des Patents beseitigt (§ 27). Ist daher die Bekanntmachung einmal rechtswirksam erfolgt, so kann eine wiederholte Bekanntmachung in demselben Verfahren nicht stattfinden, PA. 1. II. 01 (167), vgl. auch PA. 24. IX. 03 (246); Bek. des PA. 18. IV. 01 (125). Eine gegen die gesetzlichen Vorschriften verstoßende Bekanntmachung (z. B. mit antragswidrigen Unterlagen) ist dagegen, da ihr die Rechtswirkung mangelt, zu wiederholen.

Aus der endgültigen Bedeutung der Bekanntmachung folgt, daß sie, wenn sie einmal rechtsgültig geschehen ist, nicht zurückgenommen werden kann. Dagegen ist eine den gesetzlichen Vorschriften (z. B. über die Aussetzung der Bekanntmachung, § 23 Abs. 4) zuwider erfolgte Bekanntmachung zu widerrufen, vgl. PA. 29. V. 16 (17, 117).

Mit der Bekanntmachung tritt keine Pause im Verfahren ein. Die Anmeldung kann jederzeit von Amts wegen weiter geprüft und es kann unter Umständen das Patent versagt werden. S. § 24 Anm. 8.

3. **Einstweiliger Schutz.** Mit der Bekanntmachung treten alle gesetzlichen Wirkungen des Patents ein. Der Anmelder kann zivilrechtlich das ausschließliche Benutzungsrecht an der Erfindung ebenso geltend machen, wie der Patentinhaber, §§ 4, 35, und der Verletzer ist strafbar nach Maßgabe des § 36. RG. 22. III. 12, JWSchr. 1912, 697, vgl. § 4 Anm. 12, § 35

Anm. 2a, § 36 Anm. 2. Der Einwand des Mangels einer patentfähigen Erfindung ist ebenso, wie gegenüber einem Patent ausgeschlossen. Die Grundsätze über Patentauslegung gelten. Hanseat. OLG. 11. II. 15, M. u. W. 1915/16, 32. Der einzige Unterschied ist der, daß für den Anmelder der Schutz nur einstweilen besteht. Die Wirkungen der Bekanntmachung sind auflösend bedingt und fallen rückwärts weg, wenn das Patent versagt wird, § 27 Abs. 2 letzter Satz, RG. 22. III. 12 cit. Erfolgt also die Versagung vor dem Urteil im Verletzungsstreit, so wird die Klage abgewiesen, da nach der Versagung die Rechtslage so ist, als hätte der Schutz nie bestanden, vgl. RG. 16. III. 07 (153). Ebenso ist im Strafverfahren bei Versagung des Patents der Angeklagte freizusprechen. Bezüglich Versagung während Schwebens in der Revisionsinstanz s. § 4 Anm. 12. Aussetzung des gerichtlichen Verletzungsstreits (§ 148 ZPO.) mit Rücksicht auf die bedingte Natur des Schutzes findet nur bei Wahrscheinlichkeit der Versagung des Patents statt, RG. 25. XI. 11 (12, 30), Z. f. JR. 1911, 280; RG. 22. XI 02, JWSchr. 03, 3. Nach Versagung des Patents muß der Anmelder die ihm etwa von einem Verletzer gezahlte Entschädigung zurückerstatten. § 812 BGB. Ein Strafverfahren ist auf Antrag des Angeklagten auszusetzen. Ist Verurteilung erfolgt, so kann nach Versagung des Patents Wiederaufnahme des Verfahrens eintreten. § 36 Anm. 2.

Der Gegenstand des einstweiligen Schutzes darf nicht als durch Patent geschützt gekennzeichnet werden, § 40 Anm. 2.

4. **Form der Bekanntmachung.** Die Bekanntmachung geschieht durch Veröffentlichung im Reichsanzeiger. Gleichzeitig ist die Anmeldung bei dem Patentamt zu jedermanns Einsicht auszulegen. Die im § 19 letzter Absatz vorgeschriebene Veröffentlichung im Patentblatt ist für die Rechtswirksamkeit der Bekanntmachung belanglos.

a) Die Veröffentlichung im Reichsanzeiger ist der für die Bekanntmachung maßgebende Akt. Ihr Zeitpunkt ist entscheidend, wenn auch die Auslegung später begonnen haben sollte. Den gesetzlichen Inhalt der Veröffentlichung bilden: Der Name des Anmelders und der wesentliche Inhalt des in der Anmeldung enthaltenden Antrages. Nach der Übung des Patentamts wird als Inhalt des Antrages nur die Bezeichnung (§ 20 Anm. 7) veröffentlicht. Eine nähere Angabe widerstreitet den Interessen des Anmelders, da sonst einer etwaigen späteren Anmeldung desselben Gegenstandes der Reichsanzeigervermerk als öffentliche Druckschrift (§ 2) neuheitsschädlich entgegenstehen würde. Neben den gesetzlich vorgeschriebenen Angaben veröffentlicht das Patentamt den Anmeldetag, eine beanspruchte Unionspriorität, die Klasse und das Aktenzeichen. Fehler und Unrichtigkeiten in diesen Punkten sind für die Gültigkeit der Bekanntmachung unschädlich, PA. 20. VI. 08 (204) [falsches Anmeldedatum].

b) Die Auslegung geschieht in der Auslegehalle des Patentamts, die für jedermann zugänglich ist. Der gesetzlichen Pflicht wird jedoch auch durch anderweites Bereithalten genügt. Eine Auslegung außerhalb Berlins ist bisher nicht angeordnet worden. — Die Zurückziehung einer gesetzmäßig bekanntgemachten Anmeldung aus der Auslegung ist nicht statthaft, auch dann nicht, wenn sich neues patenthinderndes Material ergibt [anders PA. 3. VII. 02 (03, 161)]; sie erfolgt, wenn die Bekanntmachung gesetzwidrig war, insbesondere also, wenn ein Antrag auf dreimonatige Aussetzung (Anm. 6) außer Acht gelassen worden ist.

Die Auslegung der Anmeldung mit sämtlichen Beilagen (gegebenenfalls auch Gutachten zum Beweise der Patentfähigkeit) soll den Interessenten die Möglichkeit geben, sich über die Erfindung zwecks Entschließung über die Erhebung eines Einspruchs (§ 24) zu unterrichten. Zu diesem Zweck kann jedermann die Auslegestücke einsehen. Auf Antrag kann das Patentamt Abschrift erteilen (§ 29 KV.), vgl. § 19 Anm. 5.

5. **Mißbrauch der Auslegestücke.** Die Verwertung einer Abschrift der Auslegestücke zu anderen als den in Anm. 3

angegebenen Zwecken ist unzulässig und macht unter Umständen schadensersatzpflichtig (§ 823 BGB.). Über die Frage, ob die Unterlagen einer Anmeldung den Schutz des Gesetzes betr. das Urheberrecht an Werken der Literatur und der Tonkunst v. 19. VI. 01 (RGBl. 227) gegen Nachdruck genießen, besteht Streit. Es ist anzunehmen, daß ein Schriftstück, das an sich bei der Niederschrift die Eigenschaft eines Schriftwerks im Sinne dieses Gesetzes, d. h. einer Schrift hat, die sich als Ausfluß einer individuellen geistigen Tätigkeit darstellt, diese Eigenschaft behält, gleichviel wozu es später benutzt wird. Die Benutzung zu Rechtszwecken hindert aber auch den Schutz nicht. Auch Eingaben in behördlichen Verfahren können Urheberschutz genießen, wenn sie an sich den an ein Schriftwerk hinsichtlich der individuellen Formgestaltung zu stellenden Anforderungen entsprechen. Danach können die Unterlagen von Patentanmeldungen Gegenstand des Urheberschutzes sein. Ob sie ihn im einzelnen Falle genießen, hängt davon ab, ob sie hinsichtlich der Darstellungsform die Erfordernisse eines Schriftwerks erfüllen. Dies wird in der Regel der Fall sein. OLG. 18. II. 79 (180), RG. 12. II. 95 (94/95, 198); Str. 27, 22; vgl. Bl. f. P., M. u. ZW. 94/95, 269. Die gedruckte Patentschrift kann nach § 16 des genannten Gesetzes frei vervielfältigt werden.

6. **Aussetzung der Bekanntmachung.** Der Anmelder hat ein Recht auf Aussetzung auf 3 Monate von der Zustellung des Bekanntmachungsbeschlusses an. Auf weitere 3 Monate kann auf Antrag bei Darlegung rechtfertigender Umstände die Bekanntmachung ausgesetzt werden. Solche Umstände sind z. B. Schweben von Lizenzverhandlungen, Vorbereitung von Zusatzanmeldungen, sonstiger Ausbau der Erfindung unter Fabrikgeheimnis. Vor allem aber ist der Zweck der Bestimmung, dem Patentsucher die Anmeldung seiner Erfindung in anderen, außerdeutschen Ländern zu ermöglichen, ohne ihn der Gefahr auszusetzen, durch die in Deutschland bereits erlassene Bekanntmachung seinen Anspruch auf Patentierung da vereitelt zu

sehen, wo die Bekanntmachung die Neuheit aufhebt. Über Aussetzungsanträge s. Bekanntmachung des PA. 21. XI. 19 zu 2a (s. II, 4). Nach Ablehnung eines Aussetzungsantrages (Beschwerde gemäß § 16) erfolgt die Bekanntmachung. Der Anmelder kann sie nur durch Zurücknahme der Anmeldung vermeiden.

Eine unter Verletzung des Rechts auf Aussetzung erfolgte Bekanntmachung ist auf Verlangen des Anmelders, weil unwirksam, zurückzunehmen (Anm. 2, 4b).

Mit Rücksicht auf die Kriegsverhältnisse hat § 2 der zurzeit noch geltenden BV. 13. IV. 16 (RGBl. 1916 S. 278) s. III, 3, eine Aussetzung der Bekanntmachung über die Fristen des § 23 hinaus gestattet.

Ein Antrag auf Aussetzung des Verfahrens nach der Bekanntmachung ist in der Regel nicht statthaft, da die Allgemeinheit die baldige Kenntnis der endgültigen Entscheidung über das Schutzrecht zu beanspruchen hat, PA. 5. X. 01 (275), vgl. § 22 Anm. 4 am Schluß. Aus besonderen, mit dem Kriege zusammenhängenden Gründen ist die Erteilung des Patents und die Veröffentlichung der Patentschrift auf Antrag hinausgeschoben worden.

7. **Geheimpatent.** Eine Erfindung, für die von der Reichsverwaltung für die Zwecke des Heeres oder der Flotte ein Patent nachgesucht wird, wird auf Antrag völlig geheim gehalten. Es unterbleibt insbesondere die Bekanntmachung der Anmeldung. Das Patent wird also nach Abschluß der den gewöhnlichen Regeln unterliegenden Prüfung von Amtswegen ohne Beteiligung der Allgemeinheit erteilt. Auch über die Erteilung findet keinerlei Verlautbarung (Eintragung in der Rolle, Veröffentlichung, § 19) statt. Durch die Geheimhaltung wird seine Berücksichtigung als älteres Patent einer jüngeren Anmeldung gegenüber (§ 3 Abs. 1) nicht berührt. Gegebenenfalls erfolgt die Zurückweisung der letzteren, ohne daß dem Anmelder von dem Inhalt des Geheimpatents Kenntnis gegeben worden ist, PA. 28. VI. 09 (257). Dagegen könnte die

Reichsverwaltung, wenn sie etwa eine Verletzung verfolgen wollte, nicht umhin, dem Verletzer gegenüber zum Zwecke des Beweises das Geheimnis preiszugeben.

Ohne jede Bekanntmachung sind auch während des Krieges Patente auf Erfindungen erteilt worden, deren Geheimhaltung im Interesse der Landesverteidigung oder der Kriegswirtschaft für erforderlich erachtet worden ist („Kriegspatente"). BV. über d. Ausschluß der Öffentlichkeit für Patente und Gebrauchsmuster v. 8. II. 17 (RGBl. 1917, S. 121, Blatt 1917 S. 13), s. III, 4. Noch jetzt werden zahlreiche Patente als Kriegspatente geheimgehalten. Die übrigen sind nach Fortfall des Bedürfnisses der Geheimhaltung in offene Patente umgewandelt worden (§ 3 BV.). S. § 19 Anm. 1.

§ 24.

Innerhalb der Frist von zwei Monaten nach der Veröffentlichung (§ 23) ist die erste Jahresgebühr (§ 8 Absatz 1) einzuzahlen. Erfolgt die Einzahlung nicht binnen dieser Frist, so gilt die Anmeldung als zurückgenommen.

Innerhalb der gleichen Frist kann gegen die Erteilung des Patents Einspruch erhoben werden. Der Einspruch muß schriftlich erfolgen und mit Gründen versehen sein. Er kann nur auf die Behauptung gestützt werden, daß der Gegenstand nach §§ 1 und 2 nicht patentfähig sei oder daß dem Patentsucher ein Anspruch auf das Patent nach § 3 nicht zustehe. Im Falle des § 3 Absatz 2 ist nur der Verletzte zum Einspruch berechtigt.

Nach Ablauf der Frist hat das Patentamt über die Erteilung des Patents Beschluß zu fassen. An der Beschlußfassung darf das Mitglied, welches den Vorbescheid (§ 21) erlassen hat, nicht teilnehmen.

1. **Zahlung der ersten Jahresgebühr.** Eine Gebühr von 30 M. ist innerhalb zweier Monate nach der Veröffentlichung, d. h. von dem Tage ab, an welchem die Nummer des Reichsanzeigers, in der die Anmeldung veröffentlicht worden ist, in Berlin zur Ausgabe gelangt ist, zu zahlen. Für die Berechnung der Frist gelten die §§ 187 Abs. 1, 193 BGB. (§ 8 Anm. 4); der Tag der Veröffentlichung wird also nicht mitgerechnet. Über den Tag, an dem die Veröffentlichung erfolgt ist, macht das Patentamt dem Anmelder Mitteilung. Aus ihrer Unterlassung ergeben sich keine Rechtsfolgen. Bezüglich der Zahlung s. § 9 Anm. 4. Wird nicht rechtzeitig gezahlt, so gilt die Anmeldung als zurückgenommen. Diese Fiktion tritt kraft Gesetzes ohne Rücksicht auf den Tatbestand ein, also auch dann, wenn den Anmelder keine Schuld an der Versäumung der Frist trifft und die Zurücknahme der Anmeldung offenbar nicht in seinem Willen liegt. Die Fiktion kann durch Beschwerde nicht beseitigt werden. Ist die Versäumung der Frist zu Unrecht angenommen worden, so kann gegen den Beschluß, der die Fortsetzung des Patenterteilungsverfahrens ablehnt, Beschwerde gemäß § 16 erhoben werden.

2. **Einspruch.** Während das Patentamt imstande ist, die Prüfung der formellen Voraussetzungen für die Patenterteilung allein erschöpfend zu erledigen, ist es in der Kenntnis der für die Patentfähigkeit der Erfindung in Betracht kommenden Umstände (Druckschriften, Vorbenutzung usw.) naturgemäß beschränkt. Zur Ergänzung wird durch die Bekanntmachung die Allgemeinheit herangezogen. In ihrem Interesse liegt es, den Besitzstand der Technik gegen ein die allgemeine Gewerbefreiheit einengendes Schutzrecht zu wahren. Dies geschieht durch den Einspruch. Dieser ist darüber hinaus auch gegeben zur Verteidigung des Privatrechts dessen, dem die Anmeldung widerrechtlich entnommen ist (§ 3 Abs. 2). Auch in den anderen Fällen des Einspruchs ist allerdings regelmäßig privates Interese die Triebfeder. Diese Tatsache kann rechtlich von Bedeutung sein, vgl. PA. 18. XII. 16 (17, 6), Anm. 7.

Mit dem Einspruch beginnt kein besonders geartetes Verfahren. Das Patenterteilungsverfahren geht seinen Gang weiter, nur unter Beteiligung des Einsprechenden. Der Einsprechende ist nicht Partei im Sinne der ZPO., sondern nur — in den Grenzen seines Einspruchsvorbringens, PA. 18. III. 18, M. u. W. 1918/19 S. 20 — am Verfahren Beteiligter. Als Verfechter eigener Interessen hat er jedoch parteiähnliche Stellung. Er kann nicht über die von ihm vorgebrachten Tatsachen als Zeuge vernommen werden. Er hat bei allen seinen Einspruch betreffenden Verhandlungen rechtliches Gehör zu beanspruchen: Zwischenverfügungen und neue Behauptungen des Anmelders sind ihm mitzuteilen, an mündlichen Verhandlungen und Beweisaufnahmen ist er zu beteiligen. Der über die Erteilung des Patents ergehende Beschluß ist ihm zuzustellen, § 15. Es steht ihm dagegen die Beschwerde zu, § 26 Abs. 1.

3. **Einsprechender.** In der Person des Einsprechenden bedarf es (außer § 3 Abs. 2) keiner sachlichen Voraussetzung für die Erhebung des Einspruchs. Der Einsprechende übt lediglich eine jedermann zustehende Befugnis aus. Die durch die Erhebung des Einspruchs gewonnene Parteistellung ist daher, wenn auch der Einsprechende an der Versagung des Patents in vielen Fällen ein Vermögensinteresse haben wird, kein Vermögensgegenstand, der an einen anderen veräußert werden, den Gegenstand einer Zwangsvollstreckung bilden oder in die Konkursmasse fallen könnte. Eine Ausnahme ist im Falle der Universalsukzession zu machen. Man kann annehmen, daß die durch die Erhebung des Einspruchs begründeten Rechtsbeziehungen auf den Erben übergehen. Dasselbe wird auch für andere Arten einer der Universalsukzession ähnlichen Rechtsnachfolge in ganze Rechtskomplexe (z. B. handelsrechtliche Fusion) zu gelten haben. Vgl. PA. 4. VI. 02 (204). Eine fernere Ausnahme ist für den Einspruch wegen Entnahme zu machen, da hier ein bestimmter, der Veräußerung fähiger Rechtsanspruch die Grundlage des Einspruchs

bildet. Vgl. die für das ähnlich liegende Richtigkeitsverfahren entwickelten Grundsätze in PA. 9. II. 04 (213); 6. IV. 05 (237); 12. IV. 05 (06, 246); RG. 3. VI. 05 (184); 13. I. 06 (192), s. § 28 Anm. 2a.

Einsprechende, die im Auslande wohnen, bedürfen keines Vertreters gemäß § 12.

Während im Nichtigkeitsverfahren als einem Streitverfahren die zivilprozeßrechtliche Nebenintervention zulässig ist (s. § 28 Anm. 2c), ist sie im Patenterteilungsverfahren, als einem Verfahren der freiwilligen Gerichtsbarkeit, unstatthaft, PA. 30. I. 03 (100).

4. **Formelle Erfordernisse.** Der Einspruch muß schriftlich (s. Vorbem. Abs. 6 vor § 20) erfolgen, in deutscher Sprache abgefaßt sein (§ 34), mit Gründen versehen sein und innerhalb der zweimonatigen Frist für die Zahlung der ersten Jahresgebühr (s. Anm. 1) erhoben werden. Andernfalls ist er unzulässig und nicht fähig, den Einsprechenden am Verfahren zu beteiligen.

Das Erfordernis, daß der Einspruch mit Gründen versehen sein muß, bedeutet, daß er Tatsachen angeben muß. So die ständige Praxis des Patentamts, PA. 18. IV. 02 (129); 12. V. 02 (153). Das Erfordernis ist erfüllt, wenn der Einspruch einen bestimmten Vorgang oder tatsächlichen Zustand, der nach der Ansicht des Einsprechenden die Patenterteilung hindert, anführt, z. B. daß ein von dem Einsprechenden beschriebenes Verfahren von ihm zu einer bestimmten Zeit benutzt worden ist, daß ein von ihm eingereichter Prospekt den Erfindungsgegenstand darstelle, daß dieser Gemeingut der Technik sei (vgl. österr. PA. 16. IV. 12, österr. PBl. 1913, 519, Z. f. JR. 1913, 302). Ob die Angabe nach materiellem Recht zur Versagung des Patents genügt, ist hier gleichgültig und wird erst bei der Fällung der Sachentscheidung wesentlich; eine materiell ungenügende Begründung (z. B. Vorbenutzung im Auslande) kann formell genügen. Die Forderung des PA. 16. XI. 15, Z. f. JR 1915, 270, daß diejenigen Tatsachen anzugeben seien, die, wenn sie erwiesen würden, den geltend gemachten gesetzlichen Tatbestand erfüllen würden, ist nicht gerechtfertigt. Wieweit im einzelnen Falle die Substanziierung zu gehen hat, hängt davon ab, ob aus dem Vorbringen des Einsprechenden die angeblich patenthindernde Tatsache für den Sachverständigen ohne weiteres erkennbar ist. So genügt die Bezeichnung einer vorveröffentlichten Druckschrift nicht, wenn infolge ihres Umfanges nicht zu ersehen ist, welche Stelle gemeint ist, PA. 23. X. 12, M. u. W. 1912/13, 490; 23. X. 12, Mitteil. 1913, 16, vgl. 11. VI 17 (87). Nicht zuzustimmen ist PA. 27. VI. 12, Mitteil. 1913, 15.

5. **Behandlung des unzulässigen Einspruchs.** Der unzulässig Einsprechende wird sachlich am Verfahren nicht beteiligt; er wird insbesondere weder zu schriftlichen oder mündlichen Verhandlungen mit dem Anmelder, noch zu Zeugenvernehmungen zugezogen. Er hat keinen Anspruch auf Würdigung des von ihm beigebrachten Materials. Wohl aber ist dieses von Amtswegen zu berücksichtigen. Eine Ausnahme hiervon macht nur die Behauptung der widerrechtlichen Entnahme (§ 3 Abs. 2), da diese nur von dem Verletzten geltend gemacht werden kann. Eine besondere Entscheidung über die Zulässigkeit des Einspruchs ergeht nicht (außer im Fall seiner Erhebung nach der Patenterteilung), da der Einspruch kein selbständiges Angriffsmittel, sondern nur eine Unterstützung der amtlichen Prüfung ist. Das Patentamt kann nur Erteilung oder Versagung des Patents beschließen; hiermit wird auch der Einspruch erledigt. Der Beschluß ist daher auch dem unzulässig Einsprechenden zuzustellen. Eine ausdrückliche Verwerfung des Einspruchs als unzulässig ist in die Entscheidung nicht aufzunehmen, vgl. PA. 23. XII. 03 (04, 10). Die Erörterung der Unzulässigkeit gehört in die Gründe, PA. 1. VI. 15, M. u. W. 1915/16, 247. Gegen den Erteilungsbeschluß kann der unzulässig Einsprechende Beschwerde gemäß § 26 erheben. Die Beschwerdeabteilung hat aber lediglich die Frage der Zulässigkeit des Einspruchs zu prüfen und bei Verneinung die

Beschwerde als unbegründet zurückzuweisen. Eine sachliche Nachprüfung der Patenterteilung durch die Beschwerdeabteilung findet nicht statt, da hierauf ein Unbeteiligter keinen Anspruch hat, PA. 2. XII. 01 (296); 18. IV. 02 (129); 28. XI. 08 (09,31); 20. XI. 13, Mitteil. 1914, 7, Z. f. JR. 1914, 73; 16. XI. 15, Z. f. JR. 1915, 270; 8. III. 18, Mitteil. 1918, 82. Früher hat das PA. die Beschwerde des unzulässig Einsprechenden als unzulässig verworfen, PA. 20. IV. 94 (379); 13. XII. 98 (99, 23).

6. **Materielle Grundlage des Einspruchs.** Der Einspruch kann nur auf die im § 24 Abs. 2 angeführten Tatbestände gestützt werden, nicht daher z. B. auf formelle Mängel der Anmeldung (Fehlen der Anmeldegebüht oder dgl.), Mangel des Zusatzverhältnisses usw. vgl. Anm. 2. Es gibt danach 7 Einspruchsgründe: 1. Fehlen einer Erfindung (z. B. nur Entdeckung), 2. Mangel der gewerblichen Verwertbarkeit, 3. Vorliegen einer Ausnahme nach § 1 Abs. 2 Nr. 1, 4. einer solchen nach Nr. 2 daselbst, 5. Mangel der Neuheit (§ 2), 6. Identität mit dem Gegenstand eines älteren Patents (§ 3 Abs. 1), 7. Entnahme (§ 3 Abs. 2). Zum Einspruch wegen Entnahme ist nur der Verletzte berechtigt, s. § 3 Anm. 9. Der Einsprechende ist auf den innerhalb der Einspruchsfrist geltend gemachten Einspruchsgrund beschränkt. Geht er nach Ablauf der Frist auf einen anderen über (z. B. von der Bestreitung der Neuheit zu der Behauptung der Übereinstimmung mit einem älteren Patent), so liegt darin die Erhebung eines unzulässigen Einspruchs. Im Rahmen desselben Rechtsgrundes können aber jederzeit neue Tatsachen angeführt werden. So können z. B., wenn der Anspruch eine angeblich neuheitsschädliche Patentschrift anführte, nicht nur andere Druckschriften, sondern auch Fälle offenkundiger Vorbenutzung nachträglich ins Feld geführt werden. Vgl. bezüglich der Nichtigkeitsklagegründe RG. 8. VII. 05 (232), Ziv. 61, 205; 3. I. 10 (192).

Der Einspruch kann gegen einen Teil des Anmeldungsgegenstandes gerichtet werden. Eine Erweiterung des Einspruchsantrages ist jedoch stets zulässig.

7. **Verfahren.** Der Einspruch ist dem Anmelder zur Äußerung mitzuteilen, und, sofern diese neue erhebliche Tatumstände bringt oder dies sonst zur Aufklärung dienlich erscheint dem Einsprechenden Gelegenheit zur Gegenäußerung zu geben. Zu diesem Zwecke sollen die Einsprüche und alle Erklärungen und Gegenerklärungen in zwei Exemplaren eingereicht werden, s. Bek. des PA. 15. X. 79 (529) und Bestimmungen des PA. 21. XI. 19 § 6 Abs. 2, s. II, 3. Wird eine von dem Gegner behauptete Tatsache zugegeben, so bedarf es regelmäßig keines weiteren Beweises. Ob eine nicht bestrittene Behauptung als zugestanden angesehen werden kann, hängt von der Lage des Einzelfalls ab, vgl. österr. PA. 20. IV. 12, österr. PBl. 1913, 519, Z. f. JR. 1913, 302. Die neuere Praxis des Patentamts fordert von dem Einsprechenden, daß er den Beweis für seine Behauptungen auf seine Kosten erbringe und macht daher die Vernehmung der von ihm benannten Zeugen von der zuvorigen Einzahlung eines Betrages zur Deckung der Auslagen der Beweisaufnahme abhängig. Bleibt die Zahlung aus, so wird der Einsprechende als beweisfällig angesehen. PA. 18. XII. 16 (17 6). Vgl. § 22 Anm. 4. Einem der Beteiligten die Kosten des Verfahrens aufzuerlegen, ist im erstinstanzlichen Verfahren ausgeschlossen; jeder der Beteiligten hat die ihm erwachsenen Kosten selbst zu tragen, s. § 25 Anm. 1; s. dagegen bezüglich des Beschwerdeverfahrens § 26 Abs. 5.

Im übrigen vgl. Anm. 2 Abs. 2.

8. **Entscheidung.** Die Entscheidung hat nur die Frage der Patenterteilung zum Gegenstande und kann daher nur auf Erteilung oder Versagung des Patents lauten. Demgemäß ergeht stets, z. B. auch im Falle mehrerer in den Anträgen und Begründungen verschiedener Einsprüche, eine in der Entscheidungsformel und in der Begründung einheitliche Entscheidung, und zwar auch dann, wenn einer der Einsprüche unzulässig ist, s. Anm. 5. Auch der Entnahmeeinspruch richtet

sich nur gegen die Erteilung eines Patents; wird dieses aus einem anderen Grunde versagt, so findet der Einspruch damit seine Erledigung, eine selbständige Untersuchung über das Vorliegen einer widerrechtlichen Entnahme ist ausgeschlossen PA. 11. I. 08 (132).

Eine Entscheidung auf Patenterteilung darf nicht vor Ablauf der Einspruchsfrist ergehen. Nur dies will die Vorschrift des § 24 Abs. 3 Satz 1 zum Ausdruck bringen, nicht etwa, daß überhaupt die beschließende Tätigkeit des Patentamts bis dahin zu ruhen hat [so früher PA. 29 I. 03 (162)]. Die Versagung des Patents kann jederzeit erfolgen. Ist die Sache zur Endentscheidung reif, so liegt kein Grund zu deren Hinausschiebung vor. Mehr als die Versagung könnte auch die Beteiligung der Allgemeinheit an der Prüfung nicht ergeben.

Die Vorschrift des § 24 Abs. 3 Satz 2 ist zurzeit ohne Bedeutung, s. § 22 Anm. 1.

§ 25.

Bei der Vorprüfung und in dem Verfahren vor der Anmeldeabteilung kann jederzeit die Ladung und Anhörung der Beteiligten, die Vernehmung von Zeugen und Sachverständigen, sowie die Vornahme sonstiger zur Aufklärung der Sache erforderlicher Ermittlungen angeordnet werden.

1. **Ermittelungen.** Die Prüfungsstelle kann sich zur Herbeiführung einer zutreffenden und erschöpfenden Beurteilung der Patentfähigkeit aller Mittel bedienen, die sie zur Aufklärung der Sache für erforderlich hält. Sie ist an die Anträge der Beteiligten nicht gebunden, und insbesondere in der Wahl der Aufklärungsmittel völlig frei. Vgl. § 12 Fr.Ger.Ges. Dies gilt natürlich nur, soweit sie nach Maßgabe der rechtlichen Natur des Patenterteilungsverfahrens zulässig sind. Der Parteieneid der ZPO. ist daher ausgeschlossen. Vgl. PA. 18. III. 79 (241).

Für die Kosten der Ermittelungen müssen fast ausnahmslos die Beteiligten aufkommen, sei es, daß der Einsprechende die Aufwendungen der auf seinen Antrag erfolgenden Beweisaufnahme zu bestreiten hat (§ 24 Anm. 7) oder daß einer der Beteiligten im Wege des Gegenbeweises die Überzeugung des Patentamts von dem Vorhandensein eines die Patentfähigkeit begründenden oder widerlegenden Umstandes (z. B. Eintritt oder Ausbleiben der technischen Wirkung) zu erschüttern unternimmt (§ 22 Anm. 4). Bedarf dagegen das Patentamt etwa zur Ergänzung seiner technischen Sachkunde einer Ermittelungsmaßnahme, so muß es die Kosten dafür selbst tragen. Vgl. § 24 Anm. 7.

2. **Mündliche Verhandlung.** Das wirksamste Mittel zur Aufklärung ist die Anhörung der Beteiligten (d. h. des Anmelders und des Einsprechenden), die mündliche Verhandlung. Von ihr wird in der Praxis umfassender Gebrauch gemacht.

Nach § 3 der zurzeit geltenden VV. v. 9. III. 17 (s. § 14 Anm. 1) hat der Anmelder in dem Verfahren bis zum Bekanntmachungsbeschluß ein Recht auf Anhörung. Ein förmlicher Antrag braucht nicht gestellt zu werden, es genügt, daß der Anmelder die Anhörung in irgendeiner Form schriftlich oder mündlich, begehrt. Ist ihm auf sein Verlangen einmal Gelegenheit zur mündlichen Äußerung geboten, so ist damit sein Recht auf persönliches Gehör verbraucht. Es ist der Prüfungsstelle indessen unbenommen, den Anmelder wiederholt anzuhören. In dem Verfahren nach Erlaß des Bekanntmachungsbeschlusses, also namentlich im Einspruchsverfahren, besteht ein Recht auf Anhörung nicht. Die Prüfungsstelle wird jedoch einem sachlich gerechtfertigten Verlangen des Anmelders oder des Einsprechenden regelmäßig stattgeben. Erscheint auf Ladung ein Beteiligter in dem anberaumten Termin nicht, so hat dies keine Rechtsfolgen; die mündliche Verhandlung findet mit den erschienenen Beteiligten statt, und die Entscheidung kann trotz des Ausbleibens ergehen. Die

Beteiligten können mit Beiständen erscheinen (§ 13 Fr. Ger.Ges.).

Mündliche Erklärungen bei der Anhörung haben als Mittel zur Aufklärung nur tatsächliche Bedeutung. Rechtserklärungen (z. B. Zurücknahme der Anmeldung) können nicht wirksam mündlich abgegeben werden. S. Vorbem. vor § 20.

Eine Beurkundung der wesentlichen Akte der Anhörung, entsprechend der Protokollierung gemäß §§ 159ff. ZPO. ist im Patentgesetz nicht vorgesehen. Ein beweiskräftiges Protokoll gibt es nicht. Vgl. aber für das Nichtigkeitsverfahren § 30 Abs. 1 letzter Satz. Der übliche Aktenvermerk über die Anhörung ist unverbindlich und für den Inhalt der Verhandlung ohne rechtliche Bedeutung. Er ersetzt daher die Schriftlichkeit der von einem Beteiligten abzugebenden Erklärung nicht. Über mündliche Verkündung der Entscheidung s. § 15 Anm. 3.

Schriftliche Rechtserklärungen können bei der Anhörung von der diese abhaltenden Dienststelle wirksam entgegengenommen werden, ohne daß es der Mitwirkung der Annahmestelle bedarf, vgl. RG. 1. II. 92, Ziv. 29, 340. Die Befugnis der Annahmestelle ist im allgemeinen keine ausschließliche, auch die Abteilungen und Prüfungsstellen sind als Organe des Amtes zuständig. Zur Entgegennahme einer Anmeldung ist jedoch nur diejenige Stelle zuständig, die den die Priorität bestimmenden Eingangsvermerk zu machen berufen ist, d. h. die Annahmestelle, § 27 AV. Andere Erklärungen brauchen, wenn sie bei der Anhörung übergeben werden, nicht zur Annahmestelle geleitet werden.

3. **Vernehmung von Zeugen und Sachverständigen.** Die Vernehmung der Zeugen und Sachverständigen regelt sich nach den Grundsätzen des § 15 Fr.Ger.Ges. Über die Beeidigung entscheidet danach — unbeschadet der §§ 393, 402 ZPO. — das Ermessen des Patentamts. Anders im Nichtigkeitsverfahren, vgl. § 30 PG. Wegen der Form der Beeidigung s. dort Anm. 1. Erscheint ein Zeuge oder Sachverständiger nicht, so kann das Patentamt weder eine Strafe nach §§ 380f., 407 ZPO. selbst

festsetzen noch die Vorführung, nach § 380 Abs. 2 daselbst, anordnen. Dazu bedarf es der Rechtshilfe des zuständigen Amtsgerichts, § 32 PG. Die Beteiligten sind zu den Beweisverhandlungen zuzuziehen, die Stellung von Fragen an die Zeugen und Sachverständigen ist ihnen zu gestatten. Die Grundsätze des RG. 12. X. 03 (04, 183) können auf das Patenterteilungsverfahren keine Anwendung finden.

Bezüglich der Rechtshilfe vgl. § 32. Über Ersuchen an ausländische Gerichte s. die Allg.Verf. des Preuß. Justizministers v. 16. VI. 10 (269).

4. **Sonstige Aufklärungsmaßnahmen** sind die Herbeischaffung von Urkunden und Akten (u. U. Zeugenaussagen in früheren Verfahren), die Auferlegung der Beibringung eines Gutachtens eines anerkannten Sachverständigen, die Vornahme von Vergleichsversuchen, die Augenscheineinnahme. Letztere hat, auch wenn sie im Interesse des Anmelders nur behufs Information der Prüfungsstelle vorgenommen wird, stets amtlichen Charakter und darf daher außerhalb der Reichsgrenzen nicht vorgenommen werden.

§ 26.

Gegen den Beschluß, durch welchen die Anmeldung zurückgewiesen wird, kann der Patentsucher, und gegen den Beschluß, durch welchen über die Erteilung des Patents entschieden wird, der Patentsucher oder der Einsprechende innerhalb eines Monats nach der Zustellung Beschwerde einlegen. Mit der Einlegung der Beschwerde sind für die Kosten des Beschwerdeverfahrens zwanzig Mark zu zahlen; erfolgt die Zahlung nicht, so gilt die Beschwerde als nicht erhoben.

Ist die Beschwerde an sich nicht statthaft oder ist dieselbe verspätet eingelegt, so wird sie als unzulässig verworfen.

Wird die Beschwerde für zulässig befunden, so richtet sich das weitere Verfahren nach § 25. Die Ladung und Anhörung der Beteiligten muß auf Antrag eines derselben erfolgen. Dieser Antrag kann nur abgelehnt werden, wenn die Ladung des Antragstellers in dem Verfahren vor der Anmeldeabteilung bereits erfolgt war.

Soll die Entscheidung über die Beschwerde auf Grund anderer als der in dem angegriffenen Beschlusse berücksichtigten Umstände erfolgen, so ist den Beteiligten zuvor Gelegenheit zu geben, sich hierüber zu äußern.

Das Patentamt kann nach freiem Ermessen bestimmen, inwieweit einem Beteiligten im Falle des Unterliegens die Kosten des Beschwerdeverfahrens zur Last fallen, sowie anordnen, daß dem Beteiligten, dessen Beschwerde für gerechtfertigt befunden ist, die Gebühr (Absatz 1) zurückgezahlt wird.

1. **Beschwerde. Allgemeines.** Die Zurückweisung der Anmeldung (§ 22 Anm. 5) sowie die Patenterteilung und -versagung (§ 24 Anm. 8) unterliegen der Beschwerde gemäß § 26, die eine Unterart des im § 16 allgemein vorgesehenen Rechtsmittels der Beschwerde darstellt. Die dort entwickelten Grundsätze gelten auch hier.

Für eine Anschlußbeschwerde (d. h. ein Rechtsmittel, das im Anschluß an das von dem Gegner erhobene Rechtsmittel behufs Entscheidung über die von ihm nicht angefochtenen Teile des Beschlusses ohne Einhaltung der Frist eingelegt werden kann, vgl. § 521 ZPO.) ist im Patenterteilungsverfahren kein Raum, da die Nachprüfung der Beschwerdeabteilung ohnehin den ganzen Inhalt der Anmeldung ergreift (s. Anm. 5). Anders die Praxis des Patentamts, s. Geschäftsbericht Blatt

1901, 187, 188. Bezüglich des Nichtigkeitsverfahrens s. § 33 Anm. 1

2. **Statthaftigkeit.** Die Beschwerde kann nur gegen den Beschluß in seiner Eigenschaft als Entscheidung über das Schicksal der Anmeldung gerichtet werden. Die Gründe des Beschlusses sind nicht Gegenstand selbständiger Anfechtung. PA. 17. II. 03 (137); 6. III. 99 (97); RG. 14. I. 81 (81). Ebenso ist eine Beschwerde gegen die in einem Beschluß über die Patenterteilung ausgesprochene Ablehnung des Antrages eines Einsprechenden, die Kosten der Beweisaufnahme dem Anmelder aufzuerlegen, unzulässig. PA. 22. XI. 18 (106). Mit der Beschwerde kann nur ein endgültiger Beschluß, nicht eine ihn vorbereitende Verfügung angefochten werden (§ 16 Anm. 2). Die Beschwerde ist ausgeschlossen, wenn der Beschwerdeführer durch Verzicht auf die Beschwerde oder die Zurücknahme der Beschwerde des Rechtsmittels verlustig geworden ist.

Die Beschwerde gemäß § 26 kann erhoben werden von dem Anmelder gegen den Beschluß, durch den — vor der Bekanntmachung — die Anmeldung zurückgewiesen (§ 22 Anm. 5) oder — nach der Bekanntmachung — das Patent versagt oder beschränkt erteilt worden ist (§§ 24 Anm. 8, 22 Anm. 2), von dem Einsprechenden gegen den Beschluß, durch den das Patent ganz oder beschränkt erteilt worden ist. Dies gilt auch von demjenigen, der einen unzulässigen Einspruch erhoben hat, § 24 Anm. 5. Da nur der durch eine Entscheidung Beschwerte das Beschwerderecht hat (s. § 16 Anm. 2), ist eine Beschwerde des Einsprechenden gegen den Beschluß auf Patentversagung, des Anmelders gegen Patenterteilung gemäß Antrag unstatthaft. Ein solcher Patenterteilungsbeschluß ist sonach, wenn Einspruch nicht erhoben war, mit dem Erlaß, d. h. mit der Zustellung an den Anmelder rechtskräftig.

Ein Dritter kann nicht Beschwerde erheben, auch wenn er ein rechtliches Interesse an der Beseitigung des Beschlusses haben sollte. Die Beschwerde des Rechtsnachfolgers des Anmelders ist nur dann zulässig, wenn der Übergang des Rechts aus der Anmeldung vor Ablauf der Beschwerdefrist zur Kenntnis des Patentamts gebracht wird. PA. 27. VI. 03 (277).

3. **Frist.** Die Beschwerde gemäß § 26 muß innerhalb eines Monats nach der Zustellung des angefochtenen Beschlusses erhoben werden. Die Frist beginnt für jeden von mehreren Beteiligten mit der an ihn bewirkten Zustellung; der Zeitpunkt ihres Ablaufs kann daher für die einzelnen Beteiligten ein verschiedener sein. Der Beschluß ist rechtskräftig, wenn er von keinem mehr angefochten werden kann. Für den Beginn der Frist bleibt der Tag der Zustellung des Beschlusses auch dann maßgebend, wenn dieser nachträglich durch Beseitigung offenbarer Unrichtigkeiten berichtigt wird, s. § 27 Anm. 1. Für die Einhaltung der Frist ist der Zeitpunkt entscheidend, in dem die Beschwerde dem Patentamt zugeht (§ 20 Anm. 3). Wegen der Fristberechnung s. § 8 Anm. 4.

Mit dem Ablauf der Beschwerdefrist tritt ohne weiteres kraft Gesetzes der Verlust des Beschwerderechts ein. Eine Verlängerung der Frist ist nach dem Patentgesetz nicht möglich. S. jedoch §§ 15, 17 AusfG. z. FV. 31. VIII. 19 (s. III, 6).

Hat nur einer von mehreren Mitanmeldern rechtzeitig Beschwerde eingelegt, so gilt diese auch nach den Grundsätzen der notwendigen Streitgenossenschaft nach § 62 ZPO. und der Gemeinschaft nach §§ 741ff., 744 Abs. 2 BGB. für die anderen. PA. 21. XI. 11, Mitteil. 1912, 26; 1. X. 14, M. u. W. 1915, 406; 20. II. 18, M. u. W. 1918/19, 18; österr. PA. 20. XII. 10, österr. PBl. 1911, 1123, Z. f. IR. 1912, 43.

Die Vorschrift, daß die Beschwerde „innerhalb" eines Monats nach der Zustellung einzulegen ist, kennzeichnet nur den spätesten zulässigen Zeitpunkt, nicht auch den frühesten. Sie kann schon vor der Zustellung des Beschlusses wirksam erhoben werden, s. § 16 Anm. 3.

4. **Form.** Zu einer wirksamen Beschwerde gehört die Beschwerdeerklärung und die Zahlung der Beschwerdegebühr (20 M.).

Die Beschwerdeerklärung muß schriftlich und in deutscher Sprache abgefaßt (§ 34) sein. S. hierüber § 16 Anm. 3a. Im übrigen genügt es, wenn der Wille der Anfechtung in irgendeiner Form dem Patentamt gegenüber zum Ausdruck gebracht wird, z. B. auf dem dem Patentamt zugehenden, den Vermerk „Beschwerdegebühr" nebst dem Aktenzeichen tragenden Abschnitt der Postanweisung über die Zahlung der Gebühr. Insbesondere ist weder die Stellung bestimmter Anträge noch eine Begründung der Beschwerde erforderlich; letztere ist aber dringend zu empfehlen, da sonst nicht erkennbar ist, inwiefern der Beschwerdeführer den Beschluß bemängelt. Zur Einreichung einer Beschwerdebegründung kann auf Antrag eine Frist gewährt werden. Die Beschwerdeschrift soll, wenn ein Einsprechender am Verfahren beteiligt ist, in zwei Exemplaren eingereicht werden, s. § 24 Anm. 7.

Die Zahlung der Beschwerdegebühr ist dergestalt notwendiges Erfordernis der Beschwerdeerhebung, daß ohne sie die Beschwerde als nicht erhoben gilt. Diese Fiktion tritt ein, wenn die Beschwerdeerklärung rechtzeitig eingeht, die Gebühr aber zu spät oder gar nicht gezahlt wird.

Die Zahlung der Beschwerdegebühr ist eine Prozeßhandlung. Als solche ist sie wegen Irrtums nicht anfechtbar, PA. 21. IX. 04 (394). Für die Zahlung gelten die Regeln des § 9 Anm. 4. Der Betrag von 20 M. ist für die Deckung der Kosten des Beschwerdeverfahrens bestimmt. Er ist daher zu zahlen, wenn überhaupt das Beschwerdeverfahren anhängig geworden ist; die Art der Beendigung ist unerheblich. Die Beschwerdegebühr ist somit einzubehalten, wenn die Beschwerde als unzulässig verworfen wird, oder wenn sie alsbald nach der Einlegung wieder zurückgenommen wird. Zurückerstattung erfolgt dagegen, wenn die Beschwerde als nicht erhoben gilt. PA. 21. XII. 99, 1. II. 00, 6. IV. 00, 26. VII. 00 (01, 165/166).

5. **Verfahren.** Gilt die Beschwerde als nicht erhoben (Anm. 4), so wird der Beschwerdeführer hiervon durch einfachen Bescheid benachrichtigt. Andernfalls prüft die BA.

zunächst die Frage der Zulässigkeit der Beschwerde. Diese ist zu verneinen, wenn die Beschwerde überhaupt unstatthaft ist (Anm. 2). Sie ist ferner zu verneinen, wenn sie verspätet eingelegt ist. Dies ist dann der Fall, wenn die Beschwerdeerklärung nach Ablauf der Beschwerdefrist eingeht, gleichviel ob die Beschwerdegebühr rechtzeitig oder verspätet oder gar nicht gezahlt wird. Bei Unstatthaftigkeit oder Verspätung ist die Beschwerde als unzulässig zu verwerfen. Die besonderen Verfahrensvorschriften des § 26 Abs. 3 gelten bei Unzulässigkeit der Beschwerde nicht; der Beschwerdeführer hat also kein Recht auf mündliche Verhandlung, PA. 22. XI. 18 (106).

Nach Feststellung der Zulässigkeit setzt die Prüfung in der Sache selbst ein. Ergibt sich hierbei im Falle der Beschwerde eines Einsprechenden, daß der Einspruch unzulässig war, so ist die Beschwerde, ohne daß es zu einer Untersuchung der Patentierbarkeit der angemeldeten Erfindung kommt, als unbegründet zurückzuweisen, vgl. § 24 Anm. 5. Der Gegenstand des Beschwerdeverfahrens ist nicht die Nachprüfung des angefochtenen Beschlusses, sondern die Prüfung der Anmeldung. Wie die erste Instanz, so hat auch die BA. nur zu untersuchen, ob das begehrte Patent erteilt werden kann. Sie hat hierbei völlig freie Hand und ist an Anträge, Behauptungen und Beweismittel der Beteiligten nicht gebunden, wie anderseits auch diese, und zwar der Anmelder im Rahmen der Anmeldung (§ 20 Anm. 4), der Einsprechende im Rahmen des Einspruchsgrundes (§ 24 Anm. 6) neue Tatsachen und Erwägungen vorbringen können. Die Prüfung und Entscheidung der BA. ist nur durch das Vorhandensein einer zulässigen Beschwerde überhaupt bedingt. Ob diese den Beschluß nur in beschränktem Umfange anficht, ist für den Entscheidungsbereich der BA. unerheblich. Ihr unterliegt stets die Anmeldung als Ganzes, da diese nicht teilbar ist. Der Grundsatz, daß reformatio in pejus nicht stattfinden darf, gilt hier nicht. Die BA. kann daher, wenn vom Anmelder Beschwerde nur gegen die Versagung einzelner Patentansprüche erhoben worden ist, während die anderen gewährt worden sind, völlige Versagung des Patents beschließen. Ebenso, wenn der Einsprechende nur bezüglich einzelner Ansprüche Einspruch erhoben hatte und den Patenterteilungsbeschluß auch nur insoweit angreift. Eine teilweise Rechtskraft des Beschlusses der ersten Instanz tritt also nicht ein, PA. 30. XI. 06 (07, 2); 1. XII. 08 (09, 32); 25. IV. 12, Z. f. JR. 1912, 163; 10. X. 14, Mitteil. 1914, 166, M. u. W. 1914/15, 119. Vgl. Ztschr. für d. gesamte Handelsrecht u. Konkursrecht Bd. 80 S. 455 u. 82 S. 312.

Das Verfahren vor der BA. ist im allgemeinen das gleiche, wie das vor der Prüfungsstelle. Dem Grundsatz des rechtlichen Gehörs gibt § 26 Abs. 4 Ausdruck: Umstände, die in dem angegriffenen Beschluß nicht berücksichtigt worden sind, müssen, wenn auf sie die Entscheidung über die Beschwerde gestützt werden soll, zuvor den Beteiligten zur Äußerung mitgeteilt werden (s. § 22 Anm. 2 Abs. 3). Dies geschieht regelmäßig durch schriftlichen Zwischenbescheid. Der Mitteilungspflicht kann auch durch Entgegenhaltung in einer mündlichen Verhandlung genügt werden, wenn die Beteiligten bereit sind, sich alsbald zu äußern.

Eine wesentliche Abweichung von dem Verfahren erster Instanz besteht insofern, als auf Antrag eines der Beteiligten also auch des Einsprechenden, mündliche Verhandlung stattfinden muß. Die Ausnahme des § 26 Abs. 3 Satz 3, daß der Antrag abgelehnt werden kann, wenn die Ladung des Antragstellers in dem Verfahren vor der Anmeldeabteilung bereits erfolgt war, ist zurzeit durch § 3 Abs. 2 der BV. v. 9. III. 17 (s. § 14 Anm. 1) beseitigt. Das Recht auf Anhörung ist durch einmalige Ladung zur mündlichen Verhandlung vor der BA. erschöpft. Eine Wiederholung kann nicht verlangt werden auch dann nicht wenn es sich um einen neuen Verhandlungsgegenstand handelt PA. 16. I. 07 (128). Da das Verfahren ein schriftliches ist und die Anhörung nur als Aufklärungsmittel in Betracht kommt kann die Anberaumung einer beantragten mündlichen Verhandlung bis zur Einreichung einer schriftlichen Beschwerdebegründung verschoben werden. Es ist üblich, aber nicht notwendig, die auf Grund einer mündlichen Verhandlung gefällte Entscheidung den Beteiligten im Anschluß daran mündlich zu verkünden. Über die rechtliche Bedeutung einer solchen Verkündung s. § 15 Anm. 3.

Zu der über die Beschwerde ergehenden Endentscheidung bedarf es der Beratung und Abstimmung in einer Sitzung, § 7 Abs. 2 AV. Andere Beschlußfassungen können ohne Sitzung erfolgen.

6. **Entscheidung.** Die Entscheidung lautet auf Anerkennung oder Zurückweisung der Beschwerde, je nachdem, ob ihr im Erfolge stattgegeben wird oder nicht. Ob die von dem Beschwerdeführer vorgebrachten Bemängelungen begründet sind, ist gleichgültig, da ja nicht die Beschwerde, sondern die Anmeldung den Gegenstand der Entscheidung bildet. Es ergeht daher stets, wie in der ersten Instanz (§ 24 Anm. 8), eine einheitliche Entscheidung.

Bei Anerkennung der Beschwerde fällt die BA. entweder die sachliche Entscheidung, indem sie, wenn die erste Instanz Zurückweisung der Anmeldung beschlossen hatte, die Bekanntmachung der Anmeldung anordnet, oder indem sie Erteilung oder Versagung des Patents beschließt, oder aber sie hebt den angefochtenen Beschluß auf und verweist die Sache an die erste Instanz zurück. Die Zurückverweisung kann erfolgen, wenn der Beschluß auf einem Mangel des Verfahrens beruht oder wenn er ohne sachliche Stellungnahme zu der Anmeldung nur wegen eines formellen Anstands ergangen ist und dieser in zweiter Instanz behoben wird (vgl. § 519 ZPO.).

Wie in dem Verfahren vor der Prüfungsstelle ist es nicht angängig, gegen den Willen des Anmelders die Anmeldung teils bekanntzumachen und teils zurückzuweisen, oder nach der Bekanntmachung das Patent teils zu erteilen und teils zu versagen. Wird die Anmeldung nicht gemäß dem nach Ansicht der BA. zu Gewährenden geändert, so muß im ganzen Umfange zuungunsten des Anmelders entschieden werden.

Ein Eventualantrag kann hier stets berücksichtigt werden, da er im Beschwerdeverfahren nur die Bedeutung haben kann, daß der Anmelder sich der Abweisung des Hauptantrages gegebenenfalls unterwirft, vgl. § 22 Anm. 2.

Die Entscheidung der BA. beendet das Verfahren endgültig; auch dann, wenn sie unter Verletzung prozessualer Vorschriften (Recht auf mündliche Verhandlung, Mitteilung neuer Umstände usw.) zustande gekommen ist. PA. 28. XII. 09 (10, 133). Eine Wiederaufnahme des Verfahrens (§§ 578ff. ZPO.) findet nicht statt, s. § 16 Anm. 1.

8. **Kosten. Erstattung der Beschwerdegebühr.** In dem Beschwerdeverfahren kann das Patentamt einem der Beteiligten die Kosten dieses Verfahrens auferlegen sowie die Beschwerdegebühr zurückzahlen. Während im Nichtigkeitsverfahren ebenso wie im Zivilprozeß eine Kostenentscheidung ergehen muß, das Verfahren seinen Abschluß erst mit dieser Entscheidung findet (s. § 31 Anm. 1), ist das Patenterteilungsverfahren mit der Sachentscheidung oder der Zurücknahme der Beschwerde endgültig abgeschlossen. Danach kann eine Anordnung über die Kosten oder die Beschwerdegebühr nicht mehr ergehen, da es an einem anhängigen Verfahren fehlt. Eine solche Anordnung setzt demgemäß voraus, daß es zu einer sachlichen Entscheidung über die Beschwerde kommt. Die Ausübung der Befugnis geschieht lediglich von Amtswegen. Ein Recht der Beteiligten darauf besteht nicht. Sie können eine entsprechende Maßnahme wohl anregen, aber nicht beantragen. Die BA. braucht daher eine Begründung für ihre Stellungnahme nicht zu geben. PA. 4. III. 00 (01, 165); 27. III. 01 (166); 16. X. 03 (278); 7. VI. 05 (227).

Die Kosten des Beschwerdeverfahrens können einem Beteiligten, der unterliegt, aufgebürdet werden. Dies wird zu geschehen haben, wenn die BA. annimmt, daß durch die Erhebung der Beschwerde oder durch eine Prozeßhandlung innerhalb des Beschwerdeverfahrens dem Gegner unnötigerweise Aufwendungen verursacht worden sind. Vielfach werden daher, wenn ein Beteiligter, der mündliche Verhandlung beantragt hat, in dem Termin dafür nicht erscheint, ihm die Kosten auferlegt, die dem Gegner durch das nutzlose Erscheinen erwachsen sind. PA. 12. II. 10 (130). In welchem Maße die Kostenauferlegung angezeigt ist, bestimmt das Patentamt nach freiem Ermessen (vgl. § 31 Anm. 1). Zu den Kosten des Verfahrens gehören die aus der Kasse des Patentamts bestrittenen und die den Beteiligten zur Wahrung ihrer Rechte erwachsenen notwendigen Auslagen. § 14 KV. Für die Entscheidung über Anträge auf Festsetzung solcher Kosten ist nur die BA. zuständig. PA. 30. VIII. 06 (322) Die Grundsätze des § 31 Anm. 2 über die Kostenfestsetzung gelten auch hier.

Die Beschwerdegebühr kann dem Beschwerdeführer zurückgezahlt werden, dessen Beschwerde im Ergebnis stattgegeben wird, vgl. Anm. 6 Abs. 1. Von dieser Maßnahme wird in der Regel nur dann Gebrauch gemacht, wenn der angefochtene Beschluß auf einem Verstoß gegen anerkannte Rechtsgrundsätze zum Nachteil des Beschwerdeführers beruht.

§ 27.

Ist die Erteilung des Patents endgültig beschlossen, so erläßt das Patentamt darüber durch den Reichsanzeiger eine Bekanntmachung und fertigt demnächst für den Patentinhaber eine Urkunde aus.

Wird die Anmeldung nach der Veröffentlichung (§ 23) zurückgenommen oder wird das Patent versagt, so ist dies ebenfalls bekannt zu machen. Die eingezahlte Jahresgebühr wird in diesen Fällen erstattet. Mit der Versagung des Patents gelten die Wirkungen des einstweiligen Schutzes als nicht eingetreten.

1. **Endgültige Erteilung des Patents.** Nach endgültiger Erteilung wird das Patent in der Rolle eingetragen, die Er-

teilung im Reichsanzeiger bekannt gemacht, die Patentschrift veröffentlicht und die Patenturkunde ausgefertigt (s. § 19 Abs. 1 u. 4).

Der Erteilungsbeschluß ist endgültig, wenn eine Beschwerde dagegen nicht oder nicht mehr zulässig ist. Endgültig sind also alle Entscheidungen der BA. Ebenso ist der dem Antrage des Anmelders gemäß erlassene Erteilungsbeschluß der Prüfungsstelle, wenn kein Einspruch erhoben war, mit der Zustellung endgültig (s. § 26 Anm. 2), PA. 15. XII. 00 (01, 39). War Einspruch erhoben worden, so wird ein solcher Erteilungsbeschluß mit Ablauf der für den Einsprechenden laufenden Beschwerdefrist endgültig. Die gegen den Beschluß von dem Anmelder unzulässiger Weise erhobene Beschwerde kann den Eintritt der Rechtskraft nicht hemmen. Der Anmelder muß sich hierüber auf seine Gefahr unterrichten und etwaige Jahresgebührzahlungen lieber zu früh als zu spät leisten. Anders PA. 12. IV. 13 (189), das die Endgültigkeit erst mit der Zustellung des die Beschwerde verwerfenden Beschlusses der BA. für den Anmelder eintreten läßt, weil vorher ihre Unzulässigkeit noch nicht festgestanden habe. War gegen den Erteilungsbeschluß Beschwerde zulässig, so wird die Endgültigkeit herbeigeführt durch den Ablauf der Beschwerdefrist den Verzicht auf die Beschwerde und die Zurücknahme der Beschwerde. Wird also z. B. die Beschwerde des Einsprechenden gegen den Erteilungsbeschluß, weil verspätet, als unzulässig verworfen, so tritt die Rechtskraft ein nicht mit der Verwerfung, sondern mit dem Ablauf der Beschwerdefrist. Darüber, daß die rechtzeitige Beschwerde des unzulässig Einsprechenden die Rechtskraft hemmt, s. § 24 Anm. 5 u. § 26 Anm. 2. Ist eine solche Beschwerde mit Unrecht „als unzulässig verworfen" worden, so ändert die falsche Formulierung nichts daran, daß die Endgültigkeit der Patenterteilung für die Anmelder nicht mit Ablauf der Beschwerdefrist, sondern erst mit Erlaß der Entscheidung der BA. eintritt, PA. 28. XI. 08 (09, 31).

Die Berichtigung eines Erteilungsbeschlusses, die in entsprechender Anwendung des Grundsatzes des § 319 ZPO. behufs Richtigstellung von Schreibfehlern oder ähnlichen offenbaren Unrichtigkeiten zulässig ist, PA. 25. I. 99 (83); 26. IX. 08 (261); 8. III. 13 (188), berührt den Zeitpunkt des Eintritts der Rechtskraft nicht. S. § 26 Anm. 3.

Der Zeitpunkt des Eintritts der Endgültigkeit der Patenterteilung ist u. a. für die Fälligkeit der während des Erteilungsverfahrens aufgelaufenen zweiten und folgenden Jahresgebühren von Bedeutung, s. § 8 Anm. 4.

Von der Bekanntmachung der Erteilung des Patents im Reichsanzeiger an laufen die dreijährige Frist für die Erteilung einer Zwangslizenz und für die Zurücknahme des Patents, § 11, und die fünfjährige Präklusivfrist für die Nichtigkeitsklage, § 28 Abs. 3.

2. **Patenturkunde.** Die Patenturkunde wird im wesentlichen aus der Patentschrift (§ 19 Anm. 6) gebildet; sie wird infolgedessen erst einige Zeit nach der Erteilung des Patents fertig gestellt. Die Verwendung der Patentschrift zu der Urkunde ist aber nicht notwendig. Ist eine solche nicht vorhanden (bei den Geheimpatenten, § 23 Anm. 6), so wird eine Abschrift der Patenterteilungsunterlagen dazu benutzt.

Die Urkunde ist nur Beweisurkunde für die Tatsache der Patenterteilung, nicht Trägerin des Rechts. Ihre Ausfertigung ist für die Begründung des Patentschutzes unerheblich; diese erfolgt lediglich durch den Erteilungsbeschluß, RG. 25. IV. 00 (268); PA. 14. XI. 14, M. u. W. 1914/15, 273. Besteht zwischen diesem und der Patenturkunde keine Übereinstimmung, so ist der Beschluß allein dafür maßgebend, was den Inhalt der Patenterteilung bildet, RG. 25. IV. 00 cit. Die Patenturkunde muß genau den Inhalt des Erteilungsbeschlusses wiedergeben; sie kann jederzeit mit ihm in Übereinstimmung gebracht werden. Eine Berichtigung der Urkunde setzt daher eine Berichtigung des Beschlusses voraus.

Die Urkunde soll kundgeben, daß das gekennzeichnete Patent dem Inhaber erteilt worden ist, nicht auch welches die jeweiligen

Rechtsverhältnisse an dem Patente sind. Die Urkunde gibt also lediglich denjenigen als den Inhaber an, der zur Zeit des Eintritts der Endgültigkeit des Erteilungsbeschlusses der Berechtigte war. Tritt daher ein Wechsel in der Person des Anmelders gemäß § 19 Abs. 2 ein, bevor der Erteilungsbeschluß endgültig geworden ist, so ist die Patenturkunde auf den Namen des Erwerbers auszustellen, wie auch nur dieser in der Rolle eingetragen wird (§ 19 Anm. 2), PA. 14. XI. 14 cit.; 6. II. 15, Z. f. IR. 1915, 106. Ist das Patent erloschen, bevor die Urkunde ausgefertigt war, so erfolgt trotzdem die Ausfertigung und Behändigung der Urkunde, ohne daß ein dahin gehender Antrag abgewartet wird.

Schon vor Zustellung der Patenturkunde erhält der Patentsucher eine Mitteilung über die Eintragung des Patents in die Patentrolle und die dem Patent dort gegebene Nummer. Diese Mitteilung vergewissert ihn, daß die Erteilung endgültig ist.

3. Die **Erledigung der bekanntgemachten Anmeldung ohne Erteilung des Patents** durch Zurücknahme der Anmeldung, durch den ihr rechtlich gleichstehenden Eintritt der Fiktion der Zurücknahme infolge Nichtzahlung der ersten Jahresgebühr (§ 24 Abs. 1) oder durch Versagung des Patents wird bekannt gemacht, um die Allgemeinheit über das Schicksal einer einmal bekanntgemachten und damit unter einstweiligen Schutz gestellten Erfindung zu unterrichten. Die erste Jahresgebühr wird zurückgezahlt. Die Wirkungen des einstweiligen Schutzes (§ 23 Abs. 1) gelten als nicht eingetreten. Das bis dahin genossene Ausschließungsrecht fällt daher rückwärtshin in sich zusammen. S. hierüber § 23 Anm. 3.

§ 28.

Die Einleitung des Verfahrens wegen Erklärung der Nichtigkeit oder wegen Zurücknahme des Patents erfolgt nur auf Antrag.

Im Falle des § 10 Nr. 3 ist nur der Verletzte zu dem Antrage berechtigt.

Im Falle des § 10 Nr. 1 ist nach Ablauf von fünf Jahren, von dem Tage der über die Erteilung des Patents erfolgten Bekanntmachung (§ 27 Absatz 1) gerechnet, der Antrag unstatthaft.

Der Antrag ist schriftlich an das Patentamt zu richten und hat die Tatsachen anzugeben, auf welche er gestützt wird. Mit dem Antrage ist eine Gebühr von fünfzig Mark zu zahlen. Erfolgt die Zahlung nicht, so gilt der Antrag als nicht gestellt. Die Gebühr wird erstattet, wenn das Verfahren ohne Anhörung der Beteiligten beendet wird.

Wohnt der Antragsteller im Auslande, so hat er dem Gegner auf dessen Verlangen Sicherheit wegen der Kosten des Verfahrens zu leisten. Die Höhe der Sicherheit wird von dem Patentamt nach freiem Ermessen festgesetzt. Dem Antragsteller wird bei Anordnung der Sicherheitsleistung eine Frist bestimmt, binnen welcher die Sicherheit zu leisten ist. Erfolgt die Sicherheitsleistung nicht vor Ablauf der Frist, so gilt der Antrag als zurückgenommen.

1. **Verfahren betreffend Erklärung der Nichtigkeit, der Erteilung einer Zwangslizenz und der Zurücknahme eines Patents.** Nach Art. II des Ges. betr. d. Patentausführungszwang v. 6. VI. 11 (s. § 11 Anm. 1) finden auf das Verfahren und die Entscheidung über die Erteilung der Zwangslizenz die Vorschriften des Patentgesetzes über die Zurücknahme des Patents Anwendung.

Rechtlicher Charakter des Verfahrens. Die materiellen Voraussetzungen, unter denen ein endgültig erteiltes Patent für nichtig erklärt, mit einer Zwangslizenz belastet oder zurückgenommen werden kann, sind in den §§ 10, 11 vorgeschrieben. Die §§ 28—33 regeln das Verfahren. Dieses findet in erster Instanz vor dem Patentamt, in der Berufungsinstanz vor dem Reichsgericht statt. Ihre Zuständigkeit ist eine ausschließliche. Die ordentlichen Gerichte können über die Richtigkeit eines Patents nicht entscheiden, sie sind auch nicht zuständig, durch einstweilige Verfügung die Benutzung einer Erfindung zu gestatten. Das liefe auf eine vorläufige Zwangslizenz hinaus. Zur Erteilung einer solchen sind aber nur PA. und RG. zuständig. RG. 8. VII. 16 (17, 42), JWSchr. 1916, 1551. Das Verfahren ist weder als ein reines Verfahren der streitigen Gerichtsbarkeit (wie das Zivilprozeßverfahren), noch als reines Offizialverfahren, sondern ähnlich dem Verwaltungsstreitverfahren ausgebildet. Die Prozeßnormen sind den Zwecken des Verfahrens anzupassen; auch Zweckmäßigkeitsgründe können mitsprechen. RG. 8. X. 10 (Z. f JR. 1911 S. 28; Entsch. Ziv. 74 S. 209); 4. VII. 14 (321), M. u. W. 1915/16 S. 79. Vgl. aber Z. f. JR. 1916 S. 209 ff.

Dem Charakter des Streitverfahrens entspricht es, daß zwei Beteiligte, die entgegengesetzte Anträge stellen, einander gegenüberstehen, daß das Verfahren nur auf Antrag eingeleitet wird, daß die Entscheidung nur in den Grenzen des Antrages ergeht [RG. 4. I. 04 (219), so auch die Praxis des Patentamts, vereinzelte Abweichung PA. 25. XI. 97 (98, 101)], und daß die Zurücknahme des Antrags das Verfahren beendet (s. aber § 31). Aus dieser Natur des Verfahrens folgt z. B., daß der Angreifer mit dem Angegriffenen nicht identisch sein kann. Ein Antrag des Patentinhabers, sein Patent für nichtig zu erklären, wäre als unzulässig abzuweisen. Dasselbe gilt, wenn der Antragsteller von dem Patentinhaber lediglich vorgeschoben ist oder ohne jedes eigene Interesse nur für ihn die Klage erhoben hat. RG. 14. XII. 01 (02, 177), JWSchr. 1902 S. 98, Ziv. 78 S. 210; 14. XI. 98 (99, 9).

Andererseits beruht das Verfahren wesentlich auf der Wahrnehmung des öffentlichen Interesses, und es kommen Grundsätze des Offizialverfahrens zur Geltung, RG. 20. XI. 09

(10, 9): Es findet nicht ein vor dem Patentamt auszutragender Streit zweier Parteien statt, dessen Durchführung in ihrer Hand liegt. Das Verfahren wird anhängig durch Stellung des Antrages bei dem Patentamt. Ebenso erfolgt die Nebenintervention durch Einreichung eines Schriftsatzes bei dem Patentamt. Die Behörde untersucht — im Rahmen des Antrages und des Klagegrundes — von Amtswegen unter Berücksichtigung aller ihr bekannten Umstände, insbesondere des gesamten Standes der Technik. Vgl. PA. 23. II. 11 (Mitteil. 1912 S. 109), RG. 20. V. 12 (das.). Ein Anerkenntnis der Nichtigkeit oder des Vorliegens der Voraussetzungen für die Zurücknahme des Patents ist für die erkennende Behörde nicht bindend (s. § 30 Anm. 1). Es gibt keine „Parteien" nur „Beteiligte". Darüber, wer als Beteiligter zuzulassen ist, befindet das Patentamt von Amtswegen; (s. Anm. 2c Nebenintervent).

Die in der ZPO. niedergelegten wesentlichen Grundsätze des Prozeßverfahrens sind insoweit entsprechend anwendbar, als sie sich dieser Eigenart des Verfahrens anpassen, vgl. RG. 4. VII. 14 (321). Letztere läßt nicht zu z. B. den Parteieid [PA. 18. III. 79 (241)], die Widerklage [anders PA. 7. IV. 79 (287)], die Anschlußberufung [RG. 24./31. III. 97 (147)], das Wiederaufnahmeverfahren (RG. 13. VII. 15, Mitteil. 1915 S. 94) usw. Vgl. OHG. 27. V. 79 (309); RG. 24. II. 83 (132)].

Das Verfahren beruht auf der Schriftlichkeit. Die Anhörung der Beteiligten dient nur der Aufklärung der Sach- und Rechtslage. RG. 21. V. 10 (285).

Die Verhandlungen sind der Allgemeinheit nicht zugänglich. Abschrift oder Einsicht werden regelmäßig nicht gewährt. Näheres darüber s. § 19 Anm. 5.

2. **Die Beteiligten.**

a) Kläger. Die Nichtigkeits- und die Zurücknahmeklage sind Popularklagen. Als Kläger kann regelmäßig jeder auftreten, jede physische und juristische Person. Wegen widerrechtlicher Entnahme (§ 3 Abs. 2) kann jedoch nur der Verletzte klagen, auf Erteilung einer Zwangslizenz (§ 11 Abs. 1) nur der, dem eine Lizenz verweigert worden ist. Ein Anspruch des Klägers wird mit der Klage nicht erhoben. Vielmehr kommt in der Klage das öffentliche Interesse zur Geltung, gleichviel, welche persönlichen Beweggründe den Kläger leiten. Ob die Klage gegen Verpflichtungen des Klägers verstößt, ist für das Nichtigkeitsverfahren unerheblich; daraus könnten sich nur Schadensersatzansprüche des Beklagten ergeben. RG. 14. XII. 01 (02, 177). Ein Verzicht auf die Erhebung der Klage oder eine Verpflichtung zu ihrer Zurücknahme lassen das Nichtigkeitsverfahren unberührt. Anders RG. 28. III. 14 (348), vgl. auch RG. 4. XII. 12 (13, 158), M. u. W. 1912/13, 333; OLG. Dresden 19. II. 13 (329). Jedoch ist eine Klage nur aus Schikane unstatthaft. Ebenso ist der Beklagte gegen eine willkürliche und ungerechtfertigte Verfolgung mit Klagen, deren Anträge in einer hätten vereinigt werden können, zu schützen. RG. 11. I. 13 (203).

Gemäß dem Charakter der Popularklage bedarf es regelmäßig nicht des Nachweises eines Interesses an der Nichtigkeitserklärung. OHG. 27. V. 79 (309); RG. 8. X. 10 (Ziv. 74, 209, Z. f. JR. 1911, 28, M. u. W. 1910/11, 276). Ist indessen das Patent erloschen, so muß der Kläger ein eigenes oder öffentliches Interesse an der Vernichtung nachweisen. PA. 30. V. 07 (235), Kammergericht 28. V. 13 (14, 50), RG. 30. X. 97 (JWSchr. 1897, 636, Nr. 28). Ein Interesse des Urhebers der Erfindung ist ohne weiteres anzuerkennen. RG. 29. III. 05 (162).

Die aus der Nichtigkeits- und Zurücknahmeklage erwachsene Rechtsstellung kann — außer im Fall der widerrechtlichen Entnahme, s. § 24 Anm. 3 — auf einen anderen nicht übertragen werden. Demgemäß kann sie auch nicht Gegenstand einer Zwangsvollstreckung sein und nicht in die Konkursmasse fallen. PA. 4. X. 88 (89, 39), 9. II. 04 (213); 6. IV. 05 (237); RG. 3. VI. 05 (184). Dagegen geht sie auf die Erben über, da die durch die Erhebung der Klage betätigte Ausübung der Anfechtungsbefugnis immerhin ein festes Rechtsverhältnis unter den Beteiligten schafft, in welches die Nachfolge der Universalsukzessoren auch auf der klagenden Seite nicht ausgeschlossen ist. RG. 13. I. 06 (192). Der Anspruch auf Erteilung einer Zwangslizenz ist der Übertragung fähig, s. § 11 Anm. 2a. Bezüglich ihrer Wirkung auf das Verfahren gemäß §§ 28ff. finden die Vorschriften des § 265 ZPO. entsprechende Anwendung.

Die Klage kann von mehreren gemeinschaftlich erhoben werden. Diese sind Streitgenossen gemäß §§ 59ff. ZPO.

Der im Auslande wohnende Kläger bedarf nicht der Bestellung eines inländischen Vertreters; § 12 trifft diesen Fall nicht. Vgl. § 24 Anm. 3.

b) **Beklagter. Der Antrag richtet sich gegen das Patent als solches. Verteidiger des Patents ist grundsätzlich der, den die Patentrolle als Inhaber angibt.** RG. 11. X. 05 (06, 39); 20. XI. 09 (10, 9), Ziv. 72, 242, Z. f. JR. 1910, 30; 14. I. 11, Z. f. JR. 1911, 137ff.; 22. V. 11 (248); 4. VII. 14 (321). Erfolgt während des Verfahrens die Umschreibung des Patents in der Rolle auf einen anderen Inhaber, so tritt dieser ohne weiteres als Beklagter an die Stelle des bisherigen Inhabers (s. die soeben genannten Entsch.). **Bei Tod, Handlungsunfähigkeit, Konkurs ist zur Verteidigung des Patents der Erbe, der gesetzliche Vertreter, der Konkursverwalter berufen. Zur Vertretung des auswärtigen Patentinhabers ist gemäß § 12 der in der Rolle eingetragene Inlandsvertreter stets kraft der Eintragung legitimiert; diese Legitimation bleibt auch nach dem Tode des Patentinhabers bestehen.** RG. 30. XI. 85 (86, 51); 11. X. 05 (06, 39).

Ein Patentinhaber, der im Reichsgebiet keinen Wohnsitz hat, kann auch ohne einen Vertreter im Inlande bestellt zu haben, das Patent im Nichtigkeitsverfahren verteidigen, da er damit nicht die Rechte aus dem Patente geltend macht. Anders die Praxis des Patentamts s. § 12 Anm. 2.

Mehrere Patentinhaber oder Erben eines Patentinhabers sind notwendige Streitgenossen (§ 62 ZPO.). RG. 22. V. 11 (248), Z. f. JR. 1911, 281.

c) Nebenintervenient. Sowohl dem Kläger wie dem Beklagten kann ein Nebenintervenient zur Seite treten. PA. 12. IV. 05 (06, 246). Die Vorschriften der §§ 66ff ZPO. finden rechtsähnliche Anwendung. Der Nebenintervenient muß hiernach ein rechtliches Interesse an dem Obsiegen des einen Beteiligten glaubhaft machen. RG. 27. II. 96 (152), 8. VI. 12 (323), M. u. W. 1912/13, 189. Ein solches rechtliches Interesse ist das Interesse, das auf einem Rechtsverhältnisse des Nebenintervenienten zu einem der Beteiligten beruht, das durch die Entscheidung in dem Nichtigkeitsverfahren mit betroffen wird; ein bloß wirtschaftliches oder tatsächliches Interesse an der Entscheidung genügt nicht. RG. 15. X. 13 (14, 4). Gemäß dem Offizialprinzip ist über die Zulassung des Nebenintervenienten zum Verfahren von Amtswegen zu entscheiden. PA. 12. IV. 05 (06, 246). Für die Zulassung ist der Stand des Verfahrens zur Zeit der Einreichung der Nebenintervention maßgebend. Der Beschluß über die Zulassung ergeht in einem Zwischenstreit und ist mit der unbefristeten Beschwerde aus § 16 anfechtbar, vgl. § 16 Anm. 2 Die endgültige Beendigung des Verfahrens entzieht auch der Nebenintervention den Boden; nach Zurücknahme der Klage kann daher der Nebenintervenient nicht allein die Fortsetzung des Verfahrens betreiben. PA. 26. IX. 04 (05, 24). Vgl. auch PA. 22. IV. 10 (186). (Verzicht des von ihm unterstützten Beteiligten auf die Berufung.)

Über die Zulässigkeit der Streitverkündung (§§ 72ff. ZPO.) s. PA. 5. I. 15, M. u. W. 1915/16 S. 246.

3. **Klageantrag. Klagegrund.** Die Grundlage des Verfahrens bildet der Klageantrag und der Klagegrund. Nur innerhalb des durch sie festgelegten Rahmens findet die Prüfung und Entscheidung statt.

Der Klageantrag kann gegen das ganze Patent oder nur gegen einen Teil gerichtet sein. Er kann erweitert werden.

PA. 30. X. 79 (80, 16); 28. X. 80 (81, 122); RG. 8. VII. 05 (232), Ziv. 61, 205; 11. I. 13, Mitteil. 1913, 50.

Der Klage kann auf einen der Gründe der §§ 10, 11 gestützt werden. Klagegrund ist nicht die einzelne Behauptung (z. B. Beschreibung in einer öffentlichen Druckschrift), sondern die Gruppe von Mängeln, zu der der geltendgemachte gehört. (Anders Z. f. JR. 1916, 209ff., vgl. auch dort S. 145ff.) Hiernach sind für die Nichtigkeitsklage sieben Kagegründe zu unterscheiden: 1. Fehlen einer Erfindung (z. B. nur Entdeckung), 2. Mangel der gewerblichen Verwertbarkeit, 3. Vorliegen einer Ausnahme nach § 1 Abs. 2 Nr. 1, 4. Vorliegen einer solchen nach Nr. 2, 5. Mangel der Neuheit (§ 2), 6. Vorwegnahme durch ein älteres Patent (§ 3 Abs. 1), 7. widerrechtliche Entnahme (§ 3 Abs. 2). Innerhalb des Rahmens des durch die in der Klage vorgebrachten Tatsachen gekennzeichneten Klagegrundes können im Lauf des Verfahrens neue Tatsachen angeführt werden. RG. 14. VI. 84 (263); 8. VII. 05 (232), Ziv. 61, 205; 25. IX. 09 (10, 8). Eine Änderung der Klage d. h. des Klagegrundes ist dagegen im allgemeinen nicht statthaft. In entsprechender Anwendung des § 264 ZPO kann das Patentamt sie zulassen, wenn der Beklagte einwilligt oder wenn nach dem Ermessen des Patentamts durch die Änderung die Verteidigung des Beklagten nicht wesentlich erschwert wird. Die Änderung ist unter allen Umständen unstatthaft, wenn der neue Klagegrund wegen Ablaufs der fünfjährigen Frist (§ 28 Abs. 3) nicht mehr selbständig in einer Klage geltend gemacht werden könnte. RG. 13. V. 11 (247). Eine Änderung des Klagegrundes in der Berufungsinstanz ist unzulässig. RG. 25. IX. 09 (10, 8).

Die durch den Klagegrund gezogene Grenze ist außer bei der Frage der Klageänderung auch wichtig bei dem Einwand der rechtskräftig entschiedenen Sache (§ 30 Anm. 3).

4. **Zeitliche Grenze der Klageerhebung.** Abgesehen von § 11 Abs. 3 ist der Angriff gegen ein Patent gemäß §§ 10, 11 im allgemeinen zeitlich an keine Schranke gebunden. Das

Patent ist jedoch nach Ablauf von fünf Jahren seit der Bekanntmachung der Erteilung von der Anfechtung wegen Mangels der Patentfähigkeit nach §§ 1, 2 befreit. Dies soll dem Interesse der Sicherung des Besitzstandes des Patentinhabers dienen.

Für ein Geheimpatent läuft die fünfjährige Frist nicht. Ist es infolge Veräußerung zu einem offenen geworden, so läuft die Frist vom Tage der Veröffentlichung der Umschreibung auf den Erwerber. Vgl. § 23 Abs. 5. Für in der Kriegsrolle eingetragene Patente (BV. v. 8. II. 17, s. III, 4) läuft die Frist vom Tage der Bekanntmachung der Erteilung (§ 3 der BV.), auch wenn die Erteilung mehrere Jahre zurückliegt.

Wegen der Berechnung der fünfjährigen Frist s. § 8 Anm. 4. Der Tag der Bekanntmachung der Patenterteilung wird nicht mitgerechnet. Bei der Zweifelhaftigkeit des Wortlauts („von dem Tage ... gerechnet") ist dieser dem Antragsteller günstigeren Berechnung der Vorzug vor der Mitrechnung jenes Tages zu geben. RG. 19. XII. 06 (07, 115); PA. 31. V. 06 (08, 8).

Nach Ablauf der Frist ist die Bemängelung, die patentierte Erfindung sei nach §§ 1, 2 nicht patentfähig, schlechthin ausgeschlossen. Die Wirkung der Fristbestimmung ist von keiner anderen Bedingung abhängig als lediglich vom Ablauf der Frist. Sie tritt daher auch ohne Rücksicht auf das subjektive Verhalten des Patentinhabers ein, also auch im Falle der sogenannten Patenterschleichung. PA. 12. I. 05 (06, 163), vgl. auch RG. 30. XII. 05 (06, 164), DJZ. 11, 369; 11. X. 05 (06, 39). S. § 10 Anm. 3b.

Die fünfjährige Frist wird nur durch den Eingang eines den gesetzlichen Erfordernissen entsprechenden Antrages bei dem Patentamt und durch Zahlung der Gebühr (wofür die Grundsätze des § 9 gelten) gewahrt. Insbesondere ist ein Antrag ohne Angaben von Tatsachen hierzu nicht geeignet. Die Nachbringung von Tatsachen ist wirkungslos. Dem Fehlen der Tatsachenangabe ist eine Angabe von Scheingründen nur zu dem Zwecke der Wahrung der Frist gleichzustellen. RG. 13. V 11 (247), Ziv. 76 S. 291. Ist der Antrag innerhalb der Frist mit Tatsachen versehen, so steht der Anführung neuer Tatsachen innerhalb des Klagegrundes auch nach Ablauf der Frist nichts entgegen. PA. 23. II. 11, Mitteil. 1912, 109ff.; RG. 20. V. 12 (das.); 4. III. 16 (66); 10. V. 16 (Z. f. JR. 1916, 151). Anders Z. f. JR. 1916, 145ff. Dagegen ist die Nachbringung von Tatsachen, die einen anderen Klagegrund bilden, unter allen Umständen ausgeschlossen. Vgl. RG. 13. V. 11 (247)

Die fünfjährige Präklusivfrist wird durch den Friedensvertrag (s. III, 5) nicht getroffen, da sie keine Frist zur Erhebung eines Widerspruchs (Art. 307 Abs. 1) und keine Verjährungsfrist (Art. 300 zu a) ist.

5. **Formelle Erfordernisse des Antrages.** In dem Begriff des Antrages liegt, daß der Antragsteller sagt, was er begehrt. Er muß einen bestimmten Klageantrag stellen, der insbesondere erkennen läßt, ob sich sein Angriff gegen das ganze Patent oder nur gegen einen Teil richtet. Abgesehen hiervon stellt das Gesetz als formelle Erfordernisse auf: a) Schriftlichkeit (s. darüber Vorbem. vor § 20), b) Angabe der Tatsachen, mit denen der Antrag begründet wird, c) Zahlung einer Gebühr.

Als Angabe von Tatsachen genügt weder die Anführung der gesetzlichen Tatbestandsmerkmale der §§ 10, 11 noch die Anstellung von Erwägungen und Betrachtungen, sondern es sind bestimmte Tatumstände anzugeben, die auf ihre tatsächliche Richtigkeit nachprüfbar sind (vgl. § 24 Anm. 4). Von dem formellen Erfordernis der Tatsachenangabe ist das sachliche der Substanziierung wohl zu unterscheiden: das erstere ist erfüllt, wenn überhaupt nur irgendeine Tatsache angeführt ist, die erkennen läßt, worauf die Klage gestützt werden soll, das letztere, wenn die Klage so schlüssig begründet ist daß bei Richtigkeit der behaupteten Tatsachen sich das Klagebegehren als gerechtfertigt ergeben würde. Anders PA. 2. IX. 15 (16, 65); RG. 4. III. 16 (66).

Die Gebühr beträgt 50 M. Sie ist gleichzeitig mit dem Antrage zu entrichten. Der Kläger erhält die Gebühr zurück, wenn das Verfahren mit oder ohne Entscheidung sein Ende findet, ohne daß den Beteiligten durch Anberaumung eines Termins zur mündlichen Verhandlung Gelegenheit zur mündlichen Äußerung zur Hauptsache gegeben worden ist. Ob die Beteiligten in diesem Termine ausbleiben, ist gleichgültig. PA. 9. III. 11 u. 11. V. 11 (266). Vgl. § 30 Anm. 2.

Die Bedeutung der Erfordernisse für den Antrag ist eine verschiedene: Beim Fehlen der Zahlung liegt überhaupt kein rechtlich beachtlicher Antrag vor, denn ohne Zahlung gilt der Antrag als nicht gestellt. Auf einen gebührenlosen Antrag ist daher vom Patentamt nichts zu veranlassen. Gegen die Verweigerung der Behandlung der Eingabe als Antrag gemäß § 28 ist die Beschwerde aus § 16 zulässig. Beim Fehlen der anderen Erfordernisse liegt ein mit Mängeln behafteter Antrag vor. Die Mangelhaftigkeit schließt einen sachlichen Erfolg aus. Die Klage ist in dem regelmäßigen Verfahren, ohne daß es zu einer Sachprüfung kommt, durch Entscheidung als unzulässig zu verwerfen. PA. 10. I. 95 (223). Eine Behebung der Mängel würde keine Rückwirkung haben, insbesondere nicht zur Wahrung der fünfjährigen Frist des § 28 Abs. 3 geeignet sein. Anders Z. f. JR. 1916 S. 209.

Der Antrag soll in zwei Exemplaren eingereicht werden. PA. 15. X. 79 (529). Ein Verstoß hiergegen ist kein wesentlicher Mangel der Klage, PA. 10. I. 95 (223). Die Angabe von Beweismitteln ist für das Wesen des Antrags nicht erforderlich; es ist jedoch zweckmäßig, sie schon in dem Antrag zu bezeichnen.

In einem Antrage können mehrere in technologischem Zusammenhange stehende Patente desselben Inhabers angegriffen werden, es kann auch die Nichtigkeits- mit der Zurücknahmeklage verbunden werden, PA. 29. IX. 04 (05, 25). Dann ist aber für jedes Patent und für je eine Klage die Gebühr von 50 M. zu zahlen. Die Trennung kann durch prozeßleitende Verfügung des Vorsitzenden angeordnet werden PA. 8. III. 06 (158).

6. **Sicherheitsleistung wegen der Kosten des Verfahrens.** Um den beklagten Patentinhaber nicht der Gefahr auszusetzen, für seine Auslagen ohne Ersatz zu bleiben, hat auf dessen Antrag jeder im Auslande wohnende Antragsteller binnen einer Ausschlußfrist eine vom Patentamt unter Berücksichtigung auch der etwa zweitinstanzlichen Kosten festzusetzende Sicherheit zu leisten. Die §§ 110ff. ZPO. sind entsprechend anzuwenden. Der Antrag auf Sicherheitsleistung kann nur während Schwebens des Verfahrens beim Patentamt gestellt werden; denn § 28 Abs. 5 spricht nur von diesem, nicht auch vom Reichsgericht. RG. 21. XII. 95 (96, 111). Wird die Sicherheit nicht rechtzeitig geleistet, so gilt die Klage als zurückgenommen.

Durch Art. 11 des zwischen Deutschland, Belgien, Frankreich, Italien, Spanien, Portugal, den Niederlanden, Luxemburg, der Schweiz, Dänemark, Schweden, Norwegen, Österreich-Ungarn, Rumänien und Rußland geschlossenen Abkommens über den Zivilprozeß v. 17. VII. 05, RGBl. 1909 S. 409 (Bl. f. P.-, M. u. Z.-W. 1909 S. 150) — Haager Abkommen — ist vereinbart, daß Angehörigen eines der genannten Vertragsstaaten, die in einem der Vertragsstaaten ihren Wohnsitz haben und vor den Gerichten eines anderen dieser Staaten als Kläger oder Intervenienten auftreten, wegen ihrer Eigenschaft als Ausländer oder deswegen, weil sie keinen Wohnsitz oder Aufenthalt im Inlande haben, eine Sicherheitsleistung oder Hinterlegung, unter welcher Benennung es auch sei, nicht auferlegt werden darf. Dem Sinne dieses Abkommens entspricht es, es auch auf das patentamtliche Nichtigkeits- und Zurücknahmeverfahren anzuwenden. Dementsprechend ist auch vom Patentamt entschieden und verfahren worden. Vgl.

PA. 5. V. 15 (M. u. W. 1915/16, 176). Ebenso bezüglich des gleichlautenden Art. 11 des früheren Haager Abkommens v. 17. XI. 96 (99, 282). PA. 19. X. 01 (296) u. 26. III. 03 164).

Die Befreiung gemäß Art. 11 des Abkommens tritt auch dann ein, wenn Kläger und Beklagter demselben ausländischen Vertragsstaat angehören. PA. 19. IX. 05 (240). Auch der in einem solchen Staat wohnende Deutsche ist von der Sicherheitsleistung befreit, da der Inländer nicht schlechter gestellt werden darf, wie der Ausländer. PA. 16. III. 06 (216).

§ 29.

Nachdem die Einleitung des Verfahrens verfügt ist, fordert das Patentamt den Patentinhaber unter Mitteilung des Antrags auf, sich über denselben innerhalb eines Monats zu erklären.

Erklärt der Patentinhaber binnen der Frist sich nicht, so kann ohne Ladung und Anhörung der Beteiligten sofort nach dem Antrage entschieden und bei dieser Entscheidung jede von dem Antragsteller behauptete Tatsache für erwiesen angenommen werden.

1. **Einleitungsverfügung.** Liegt ein Antrag nebst Gebühr vor, so wird das Verfahren eingeleitet und vollzieht sich vor der Nichtigkeitsabteilung des Patentamts (§ 14 Abs. 1 Nr. 2) in den Formen der §§ 29 bis 31. Beim Fehlen der Gebühr unterbleibt die Einleitung, s. § 28 Anm. 5. Die Einleitungsverfügung ist als prozeßleitende Verfügung mit der Beschwerde nicht anfechtbar.

2. **Zustellung des Antrags.** Das Patentamt stellt, ohne an die etwa in der Klage enthaltene Bezeichnung des Beklagten gebunden zu sein, den Antrag demjenigen zu, den die

Patentrolle als den Patentinhaber ausweist. Ist für einen Ausländer ein Vertreter gemäß §§ 12, 19 Abs. 1 in der Rolle eingetragen, so wird der Antrag diesem zugestellt. Ist in anderen Fällen im Patenterteilungsverfahren ein Vertreter bestellt, der laut Vollmacht auch zur Vertretung im Nichtigkeitsverfahren befugt ist, so stellt das Patentamt ihm die Klage zu; aber auch die Zustellung an den Patentinhaber selbst ist rechtswirksam. Vgl. § 15 Anm. 4.

Ergibt sich, daß der in der Rolle als Patentinhaber Eingetragene verstorben, handlungsunfähig oder in Konkurs ist, so ist die Klage den Erben, dem gesetzlichen Vertreter, dem Konkursverwalter zuzustellen. Die betreffende Person ist von dem Kläger zu bezeichnen. Gegebenenfalls ist die Bestellung eines Pflegers gemäß §§ 1913, 1960 BGB zu erwirken. Setzt der Kläger das Patentamt nicht in die Lage, dem zur Verteidigung des Patents Berechtigten die Klage zuzustellen, so ist sie abzuweisen.

Bei Zustellung an einen Unberechtigten kann der Berechtigte das begonnene Verfahren nachträglich genehmigen und in dieses eintreten. RG. 24. I. 14 (138). Wegen der Folgen einer sich aus der Person des Adressaten ergebenden Ungültigkeit einer Zustellung vgl. RG. 11. X. 05 (06, 39); 4. VII. 14 (321).

Alle Zustellungen in dem Verfahren gemäß § 28ff. erfolgen durch die Post oder durch Aufgabe zur Post gemäß § 12 Nr. 1 AV.

3. **Versäumnisverfahren.** Wird dem Antrage nicht innerhalb eines Monats nach der Zustellung (Fristberechnung s. § 8 Anm. 4) widersprochen, so kann das Patentamt, wenn die von dem Kläger behaupteten Tatumstände die von ihm begehrte Entscheidung rechtfertigen, ihre tatsächliche Richtigkeit ohne Beweisaufnahme unterstellen und demgemäß nach dem Klageantrage entscheiden. Das Ermessen, von dieser Befugnis Gebrauch zu machen, wird durch das bei den Klagen aus §§ 10, 11 zur Geltung kommende öffentliche Interesse be-

stimmt. Kann nach der gesamten Sach- und Rechtslage eine dem Klageantrage vollkommen entsprechende Entscheidung nicht getroffen werden oder will das Patentamt die Ausnahmevorschrift nicht zur Anwendung bringen, so greift das regelmäßige Verfahren Platz.

§ 30.

Widerspricht der Patentinhaber rechtzeitig, oder wird im Falle des § 29 Absatz 2 nicht sofort nach dem Antrage entschieden, so trifft das Patentamt, und zwar im ersteren Falle unter Mitteilung des Widerspruchs an den Antragsteller, die zur Aufklärung der Sache erforderlichen Verfügungen. Es kann die Vernehmung von Zeugen und Sachverständigen anordnen. Auf dieselben finden die Vorschriften der Zivilprozeßordnung entsprechende Anwendung. Die Beweisverhandlungen sind unter Zuziehung eines beeidigten Protokollführers aufzunehmen.

Die Entscheidung erfolgt nach Ladung und Anhörung der Beteiligten.

Wird die Zurücknahme des Patents auf Grund des § 11 Nr. 2 beantragt, so muß der diesem Antrage entsprechenden Entscheidung eine Androhung der Zurücknahme unter Angabe von Gründen und unter Festsetzung einer angemessenen Frist vorausgehen.

1. Zur **Feststellung und Aufklärung des Sachverhalts** hat das Patentamt gemäß dem Offizialprinzip alles Zweckdienliche von Amtswegen zu veranlassen, ohne an die Ausführungen und Beweisanträge der Beteiligten gebunden zu sein. PA. 13. II; 79 (287). Eines formellen Beweisbeschlusses bedarf es nicht.

Das Patentamt kann in jeder Lage des Verfahrens die Herbeischaffung der erforderlichen Beweise veranlassen. Beweismittel sind Augenscheineinnahme, Zeugen, Sachverständige, Urkunden; nicht aber der Parteieid; s. § 28 Anm. 1. Das Patentamt kann vor der Vernehmung von Zeugen und Sachverständigen sich durch schriftliche Anfrage bei ihnen vergewissern, ob sie etwas Sachdienliches aussagen können. Vgl. für das Berufungsverfahren § 5 der Verordnung v. 6. XII. 91.

Auf die Vernehmung der Zeugen und Sachverständigen finden die Vorschriften der §§ 373ff. ZPO. entsprechende Anwendung, insbesondere auch die Vorschriften über die Beeidigung §§ 391ff. und 410 (Fassung des Ges. v. 1. VI. 09 (RGBl. S. 475). Wegen der Eidesformel s. Verfassung des Deutschen Reichs Art. 177. Die Beweisaufnahme erfolgt unter Zuziehung der Beteiligten, § 357 ZPO., PA. 2. VI. 03 (187). Ist der Kläger nur eine von einem Dritten vorgeschobene Person, so kann letzterer — als der eigentliche Kläger — nicht als Zeuge vernommen werden, RG. 26. VI. 95 (94/95, 285).

Der Beschluß der Nichtigkeitsabteilung über die Art der Ausführung einer Beweisaufnahme ist ebensowenig mit der Beschwerde anfechtbar wie der Beweisbeschluß selbst. PA. 2. VII. 03 (187), vgl. § 16 Anm. 2.

Da das Patentamt die zur Aufklärung der Sache erforderlichen Verfügungen von Amtswegen zu treffen hat, ist es berechtigt und verpflichtet, innerhalb des geltend gemachten Klagegrundes Tatsachen, welche nicht von den Beteiligen vorgebracht, sondern ihm aus eigener Wissenschaft bekannt geworden sind, von Amtswegen zu berücksichtigen, jedoch erst, nachdem den Beteiligten Gelegenheit gegeben worden ist, sich schriftlich oder gemäß § 30 Abs. 2 mündlich darüber zu äußern. Letzteres gilt auch für von Amtswegen beigebrachte Beweismittel. PA. 5. VII. 80 (205); 23. II. 81 (146); RG. 12. V. 80 (105); 28. VI. 84 (294); 17. X. 98 (99, 28); 2. IV. 02 (204); 3. II. 15 (144). Bezüglich der Überschreitung der Grenzen des geltend gemachten Klagegrundes durch das Patentamt gilt dasselbe, wie bezüglich der Klageänderung seitens des Klägers, vgl. § 28 Anm. 3.

Infolge der Offizialprüfung kann das Anerkenntnis des Beklagten nicht das Patentamt verpflichten, der Klage stattzugeben. PA. 14. II. 95 (94/95, 247); 14. X. 05 (06, 34); RG. 9. X. 09, Ziv. 71, 440; 23. VI. 15 (203), Mitteil. 1915 S. 91. Es kommt nur in Betracht, insofern darin ein Zugeständgeständnis der vom Kläger behaupteten Tatsachen liegt. Aber auch zugestandene Tatsachen brauchen nicht ohne weiteres als erwiesen angenommen zu werden. Es liegt im Ermessen den Patentamts, dies zu tun. Auch im übrigen ist der Nichtigkeitsrichter an übereinstimmende Erklärungen der Beteiligten nicht gebunden. RG. 3. II. 15 (144). Der Verzicht des Beklagten auf das angefochtene Patent macht die Zurücknahmeklage, nicht aber die Nichtigkeitsklage gegenstandslos. Denn der Verzicht wirkt nur für die Zukunft. Ebenso die Zurücknahme; die Nichtigkeitserklärung dagegen hat rückwirkende Kraft, vgl. § 10 Anm. 5.

Stirbt der Kläger oder der Beklagte, verliert er die Prozeßfähigkeit, gerät der Beklagte in Konkurs, stirbt der gesetzliche Vertreter des Klägers oder Beklagten oder verliert eo die Vertretungsbefugnis, so wird das Verfahren ausgesetzt unter Bestimmung einer Frist, in welcher die Erben, der gesetzliche Vertreter usw. sich zu erklären haben. Traten jene Umstände auf klägerischer Seite ein, so ist bei Nichterklärung die Klage abzuweisen. Traten sie auf Seiten des Beklagten ein, so ist das Verfahren gegen die Erben usw. fortzusetzen und es kann bei Nichterklärung in entsprechender Anwendung des § 29 Abs. 2 in dem dort geregelten Verfahren entschieden werden. Fand in den Fällen des Todes, des Verlustes der Prozeßfähigkeit, des Wegfalls des gesetzlichen Vertreters eine Vertretung durch einen Bevollmächtigen statt, so ist nicht von Amtswegen auszusetzen, wohl aber auf Antrag des letzteren. Vgl. §§ 239ff. ZPO.

2. **Anhörung.** Vor der Entscheidung sind die Beteiligten zur Anhörung zu laden. Mit der Ladung, d. h. der Darbietung der Gelegenheit zur mündlichen Äußerung ist der Vorschrift des Abs. 2 genügt; ob die Beteiligten den Termin zur mündlichen Verhandlung wahrnehmen, ist unerheblich. Auch beim Ausbleiben aller oder eines Beteiligten entscheidet das Patentamt von Amtswegen; die Beurteilung von Anträgen und Behauptungen wird durch das Nichterscheinen nicht beeinflußt. PA. 16. VII. 81 (228). Ein Anspruch der Beteiligten auf Wiederholung der mündlichen Verhandlung besteht nicht, auch nicht nach stattgehabter Beweisaufnahme. RG. 21. V. 10 (285), M. u. W. 1910/11, 53; PA. 26. I. 15, M. u. W. 1915/16, 242 (hier auch Literatur zu der Frage, ob bei Klagezurücknahme die Kostenentscheidung ohne Ladung und Anhörung ergehen kann, wenn vorher noch keine mündliche Verhandlung stattgefunden hatte). Auch nur mündlich vorgebrachte tatsächliche Angaben sind zu berücksichtigen. Eine Beweisregel für ihr Vorbringen entsprechend dem § 314 ZPO. besteht nicht; ein Sitzungsprotokoll gemäß den Vorschriften der ZPO. (§§ 159ff.) wird nicht geführt. Vgl. RG. 29. X 06 (07, 106)

3. **Entscheidung.** Teilentscheidungen sind zulässig. PA. 17. XII. 07 (08, 258). Die Entscheidung kann nur im Rahmen des vom Kläger gestellten Antrages ergehen. Sie kann ihm in geringerem Umfange stattgeben [vgl. aber in einem besonderen Falle RG. 11. I. 13 (203)], niemals aber über ihn hinausgehen. RG. 4. I. 04 (219), s. § 28 Anm. 1. Ergibt sich bei Antrag auf Vernichtung eines Teils, daß das Patent ganz zu vernichten, eine dem Antrag entsprechende Beschränkung aber nicht möglich wäre, so ist die Klage abzuweisen, wenn nicht der Kläger zum mindesten einen Eventualantrag auf völlige Nichtigerklärung stellt. Wegen der Bedeutung der Gründe des Urteils s. § 10 Anm. 2.

Während die der Klage stattgebende Entscheidung gegenüber der Allgemeinheit wirkt, wirkt die abweisende gemäß den allgemeinen prozessualen Regeln nur zwischen dem Kläger und dem Beklagten. Jeder andere, als der abgewiesene Kläger, kann die nämliche Klage anstellen. Letzterer ist damit ausgeschlossen; der Ausschluß ist nicht nur auf den vom Beklagten erhobenen Einwand der rechtskräftig entschiedenen Sache, sondern auch von Amtswegen zu beachten. RG. 11. I. 13 (203). Voraussetzungen sind: Identität der Person des Klägers und Identität des Klagegrundes. Erstere ist auch dann vorhanden, wenn der neue Kläger zwar äußerlich ein anderer ist, als der frühere, der wahre Kläger aber dieser ist, sei es, daß der neue Kläger lediglich als vorgeschobene Person in seinem Auftrage handelt, oder daß ohne besonderen Auftrag mit der neuen Klage ausschließlich sein Interesse verfolgt wird, RG. 12. XI. 87 (425); 14. XII. 01 (02, 177); 14. XI. 98 (99, 9); 5. XI. 04 (05, 7), Ziv. 59, 133; PA. 12. II. 06 (269). Die Identität des Klagegrundes ist dann gegeben, wenn die neue Klage auf denjenigen Klagegrund (vgl. § 28 Anm. 3) gestützt wird, über den in dem früheren Verfahren in abweichendem Sinne entschieden worden ist, § 322 Abs. 1 ZPO., PA. 6. IV. 05 (240).

Auch eine neue Klage auf Zurücknahme oder Erteilung einer Zwangslizenz kann grundsätzlich nur auf einen neuen Klagegrund gestützt werden. Da jedoch hier das gesamte Verhalten des Beklagten bis zur Entscheidung den Klagegrund bildet [vgl. RG. 20. XI. 09 (10, 9), Z. f. JR. 1910, 30; 22. IV. 12 (257), Mitteil. 1912, 81], so steht der Geltendmachung von nach dieser geschehenen Zuwiderhandlungen gegen das öffentliche Interesse mit einer neuen Klage die Rechtskraft der früheren Entscheidung nicht im Wege, PA. 6. I. 87 (169).

Eine zurückgenommene Klage kann jederzeit von neuem angestellt werden, RG. 8. XII. 94. 94/95, 126).

4. Die **Bestimmung des Abs. 3** ist durch Art. III des Gesetzes betr. den Patentausführungszwang v. 6 VI. 11 (s. § 11 Anm. 1) aufgehoben.

§ 31.

In der Entscheidung (§§ 29, 30) hat das Patentamt nach freiem Ermessen zu bestimmen, zu welchem Anteile die Kosten des Verfahrens den Beteiligten zur Last fallen.

1. **Kostenentscheidung.** Während von der Beschwerdeabteilung im Erteilungsverfahren gemäß § 26 eine Kostenentscheidung getroffen werden kann, ist das Patentamt in dem Nichtigkeitsverfahren dazu verpflichtet. Die Entscheidung ist daher auch auf Verlangen eines Beteiligten zu fällen, wenn es zu einer Sachentscheidung nicht kommt. Vgl. RG. 17. II 04 (242); PA. 7. VI. 05 (227); 7. IX. 08 (291). Die Bestimmung über die Kostenlast ist nach freiem Ermessen zu treffen, Billigkeitserwägungen haben weiten Spielraum. Für die meisten Fälle bieten die Regeln der ZPO. §§ 91ff. die Richtschnur. Bei Zurücknahme der Klage sind regelmäßig in rechtsähnlicher Anwendung des Grundsatzes des § 271 ZPO. die Kosten dem Kläger aufzuerlegen, nur ausnahmsweise, aus besonderen Billigkeitsgründen (z. B. wenn die Klage wegen Verzichts des Beklagten auf das Patent zurückgezogen ist), dem Beklagten, RG. 27. II. 09 (156); 17. XII. 10 (11, 246), früher anders PA. 14. X. 05 (06, 34); ebenso in rechtsähnlicher Anwendung des § 307 ZPO., wenn der Beklagte seine Kostenpflicht anerkennt. PA. 27. X. 10 (11, 245). Nach Zurücknahme der Nichtigkeitsklage ist für ein Kostenurteil nach § 271 ZPO. kein Raum mehr, wenn der Kläger die Kosten in einem vor einem Gericht (im Verletzungsstreit) abgeschlossenen vollstreckbaren Vergleich übernommen hat, RG. 9. VII. 19 (117), Ziv. 96, 203. Haben sich die Beteiligten über den Streitgegenstand selbst oder auch nur über die Kosten verglichen, so werden gemäß § 98 ZPO. die Kosten als gegeneinander aufgerechnet angesehen, wenn nicht die Beteiligten ein anderes vereinbart haben. PA. 26. I. 15, M. u. W. 1915/16, 242.

Zu den Kosten des Verfahrens gehören außer der mit dem Antrage zu zahlenden Gebühr von 50 M. (§ 28 Anm. 5) und den aus der Kasse des Patentamts für Zeugen- und Sachverständigengebühren usw. bestrittenen Auslagen, diejenigen den Beteiligten erwachsenen Kosten, die nach freiem Ermessen des Patentamts zur zweckentsprechenden Wahrung der Rechte, namentlich auch für Vertretung, notwendig waren. Vgl. § 14 AB.

Die Entscheidung über die Kostenlast bildet die notwendige Voraussetzung für die Geltendmachung des Anspruchs auf Erstattung der Kosten, vgl. § 104 ZPO.

2. **Kostenfestsetzung.** Die Kosten werden auf Antrag vom Patentamt nach Maßgabe der ZPO. (§§ 104 u. 105) festgesetzt, nachdem das Doppel des Festsetzungsgesuchs dem Gegner zur Erklärung mitgeteilt worden ist. Der Festsetzungsbeschluß ist mit der frist- und kostenlosen Beschwerde nach § 16 anfechtbar. Vgl. § 16 Anm. 2. Die Bestimmung der ZPO. über die sofortige Beschwerde (§ 105 Abs. 4) findet keine Anwendung. PA. 15. I. 02 (128). Auf Antrag des Erstattungsberechtigten läßt das Patentamt den Festsetzungsbeschluß von dem Gericht, in dessen Bezirk die zahlungspflichtige Partei ihren Wohnsitz hat — [RG. 19. IX. 94 (94/95, 13)] —, mit der Vollstreckungsklausel versehen und den Beschluß mit letzterer dem Gläubiger zugehen, der nunmehr im Wege der Zwangsvollstreckung die Kosten beitreiben kann.

Das Kostenfestsetzungsverfahren ist lediglich Parteiverfahren; die Regeln des Offizialverfahrens gelten nicht. Es wird nur über Anträge und Gegenanträge entschieden.

Die nachträgliche Liquidierung und Festsetzung eines in einem voraufgegangenen Kostenfestsetzungsbeschlusse nicht behandelten Betrages ist statthaft, da die Entscheidung nicht über die Höhe des Erstattungsanspruchs im allgemeinen, sondern nur über die Erstattungsfähigkeit der jeweils liquidierten Posten ergeht, PA. 12. V. 05 (160) im Anschluß an die Entsch. der verein. Ziv.Sen. des RG. 9. II. 91, Ziv. 27, 402. Anders RG. 28. XI. 94 (94/95, 125).

Über die Praxis des PA. bei der Festsetzung der Kosten vgl. Bl. f. P., M. u. ZW. 1903, 296—306. Die Vergütung für Rechtsanwälte wird gemäß § 91 Nr. 2 das. nach der Gebührenordnung für Rechtsanwälte v. 7. VII. 79 in der Fassung der Bekanntmachung v. 20. V. 98 (RGBl. 692) und der Ges. v. 1. VI. 09 (RGBl. S. 475) und v. 22. V. 10 (RGBl. S. 767), die für Patentanwälte und andere Vertreter entsprechend der aufgewendeten Gesamttätigkeit festgesetzt. Für Schreibwerk und Postgebühren werden Pauschsätze entsprechend § 76 der genannten Gebührenordnung in Ansatz gebracht. Vgl. auch Gesetz über Kriegszuschläge zu den Gebühren der Rechtsanwälte und der Gerichtsvollzieher v. 1. IV. 18, RGBl. S. 173 und Gesetz über Teuerungszuschläge zu den Gebühren der Rechtsanwälte und Gerichtsvollzieher v. 18. XII. 19, RGBl. S. 2113. Eine Festsetzung des Wertes des Streitgegenstandes findet nicht statt, wenn der Erstattungsberechtigte durch einen Patentanwalt vertreten war, PA. 16. I. 06 (185), sondern nur bei Vertretung durch einen Rechtsanwalt, weil nur dieser gemäß der genannten Gebührenordnung nach einer bestimmten Wertstufe zu liquidieren hat.

§ 32.

Die Gerichte sind verpflichtet, dem Patentamt Rechtshilfe zu leisten. Die Festsetzung einer Strafe gegen Zeugen und Sachverständige, welche nicht erscheinen oder ihre Aussage oder deren Beeidigung verweigern, sowie die Vorführung eines nicht erschienenen Zeugen erfolgt auf Ersuchen durch die Gerichte.

Die Pflicht der Gerichte, dem Patentamt Rechtshilfe zu leisten, besteht auch außerhalb des Nichtigkeitsverfahrens. § 32 verpflichtet die Gerichte schlechthin. Die Rechtshilfepflicht erstreckt sich daher auch auf Beweiserhebungen am Orte des Amtssitzes des Patentamts. RG. 28. XII. 05 (06, 4.) In der Regel vernimmt jedoch das Patentamt die in Berlin und Umgegend wohnenden Zeugen und Sachverständigen selbst.

Die Rechtshilfe wird nach Titel XIII. Ger.Verf.Ges. v. 27. I. 77 (RGBl. 305) §§ 157ff. geleistet, RG. 19. IX. 94 (94/95, 15), 28. XII. 05 (06, 4), 11. X. 06 (07, 3). Zu § 165 (Kosten der Rechtshilfe) vgl. Kassenordnung für die Preuß. Justizbehörden v. 28. III. 07 § 12 Nr. 11B (Preuß. Just.Min.Bl. 07 S. 142 u. 143). Über Ersuchen an ausländische Gerichte vgl. die AllgVerf. des Preuß. Justizministers v. 16. VI. 10 (269).

Die Verpflichtung der Gerichte, dem Patentamt Rechtshilfe zu leisten, erstreckt sich auch darauf, daß das Gericht, in dessen Bezirk die zahlungspflichtige Partei ihren Wohnsitz hat, die Ausfertigungen der Kostenfestsetzungsbeschlüsse des Patentamts mit der Vollstreckungsklausel zu versehen hat. RG. 19. IX. 94 (94/95, 15), 11. X. 06 (07, 3). Die Bedeutung der Vollstreckungsklausel besteht darin, daß sie die notwendige Grundlage und damit einen wesentlichen Bestandteil des Vollstreckungsverfahrens bildet. Es fällt danach demjenigen Gericht, das im Wege der Rechtshilfe zur Vollstreckung berufen ist, in entsprechender Anwendung des § 158 Ger.Verf.Ges. auch die Erteilung der Vollstreckungsklausel zu.

Bei Festsetzung der Strafen gegen Zeugen hat das Gericht auch den Anlaß zur Bestrafung zu prüfen.

§ 33.

Gegen die Entscheidung des Patentamts (§§ 29, 30) ist die Berufung zulässig. Die Berufung geht an das Reichsgericht. Sie ist binnen sechs Wochen nach der Zustellung bei dem Patentamt schriftlich anzumelden und zu begründen.

Durch das Urteil des Gerichtshofs ist nach Maßgabe des § 31 auch über die Kosten des Verfahrens zu bestimmen.

Im übrigen wird das Verfahren vor dem Gerichtshof durch ein Regulativ bestimmt, welches von dem Gerichtshof zu entwerfen ist und durch Kaiserliche Verordnung unter Zustimmung des Bundesrats festgestellt wird.

1. **Rechtsmittel.** Gegen Beschlüsse der Nichtigkeitsabteilung ist die Beschwerde (§ 16), gegen Entscheidungen (§§ 29, 30) die Berufung zulässig. Über erstere entscheiden die Beschwerdeabteilungen des Patentamts, über letztere das Reichsgericht in dem durch § 33 in Verbindung mit der Verfahrensordnung gemäß Abs. 3 bestimmten Verfahren. Anschlußberufung ist nicht zulässig. RG. 24./31. III. 97 (148). Eine Wiederaufnahme des Verfahrens (§ 578 ZPO.) findet nicht statt. Vgl. § 28 Anm. 1.

2. **Einlegung der Berufung.** Die Berufung ist binnen sechs Wochen nach der Zustellung der Entscheidung bei dem Patentamt einzulegen. Für den Zeitpunkt der Einlegung ist der Eingang bei diesem maßgebend. Von der Zustellung an den Gegner ist die Rechtswirksamkeit der Berufungseinlegung nicht abhängig. RG. 24./31. III. 97 (147).

3. **Zulässigkeit der Berufung.**

a) Formelle Zulässigkeit. Formelle Erfordernisse der Berufung sind **I.** Schriftlichkeit (s. § 20 Vorbem.) und Abfassung in deutscher Sprache (§ 2 der Verordnung v. 6. XII. 91 s. II, 2), vgl. § 34, **II.** Stellung bestimmter Anträge, RG. 4. XII. 97 (98, 19); 5. XII. 14, M. u. W. 1914/15, 306, GR. UR. 1915 S. 67; Formulierung von als solchen bezeichneten Anträgen ist nicht nötig; es genügt, wenn deutlich erkennbar ist, was mit der Berufungseinlegung begehrt wird. RG. 23. VI. 15 (187), **III.** Rechtzeitigkeit. Die Berufungsschrift muß spätestens am letzten Tage der Frist dem Patentamt zugegangen sein (vgl. § 20 Anm. 3). Bezüglich der Zulässigkeit der Berufungseinlegung vor der Zustellung der angefochtenen Entscheidung gilt dasselbe, wie bei der Beschwerde, § 16 Anm. 3, § 26 Anm. 3.

Die Vorschrift, daß die Berufung binnen der Berufungsfrist zu begründen ist, ist nur instruktionell; die Zulässigkeit der Berufung ist von der rechtzeitigen Begründung nicht abhängig. RG. 4. XII. 97 (98, 19); 9. VII. 10, Leipziger Ztschr. für Handels-, Konkurs- u. Versicherungsrecht 1910 Nr. 10 S. 776.

Über die formelle Zulässigkeit der Berufung entscheidet nach §§ 2, 3 der Verordnung v. 6. XII. 91 zunächst das Patentamt. Der Berufungskläger kann auf die Entscheidung des Reichsgerichts antragen. Verneint das Patentamt die Zulässigkeit, so hat es die Berufung als unzulässig zu verwerfen. Hält es die Berufung für zulässig, so führt es die Äußerung des Gegners darauf herbei und legt dann die Sache dem Reichsgericht vor (§§ 3, 4 der Verordnung v. 6. XII. 91). Dieses kann in Abweichung von der Auffassung des Patentamts die Berufung als unzulässig verwerfen. RG. 16. XI. 03 (04, 14).

b) Über die materielle Zulässigkeit der Berufung entscheidet ausschließlich das Reichsgericht. Der Berufungskläger muß aktiv legitimiert sein. Einer von mehreren Patentinhabern kann nach den Grundsätzen der ZPO. über die notwendige Streitgenossenschaft (§ 62) mit Wirkung für die übrigen Berufung einlegen. RG. 22. V. 11 (248), Z. f. JR. 1911 S. 281; 4. VII. 14 (321). Nur wer durch die Entscheidung beschwert ist, kann sie anfechten, RG. 13. III. 97 (117); auf die Art der Begründung der Entscheidung kommt es hierfür nicht an. RG. 26. IX. 98 (254). Eine Sach- und Kostenentscheidung kann (entsprechend § 99 ZPO.) allein wegen der Kosten nicht angefochten werden. RG. 9. X. 09 (10, 115), Ziv. 41, 440, Z. f. JR. 1910, 41. Dagegen ist gegen eine bloß den Kostenpunkt betreffende Entscheidung die Berufung zulässig. RG. 17. II. 04 (242); 27. II. 09 (156); so schon RG. 1. XI. 90 (595) trotz § 94 ZPO. von 1877. Vgl. jetzt § 99 ZPO. von 1898. Früher anderer Ansicht RG. 20. XII. 81 (82, 25)

4. **Verzicht auf die Berufung und Zurücknahme** führen den Eintritt der Rechtskraft der Entscheidung des Patentamts herbei. Sie sind dem Patentamt gegenüber zu erklären, aber auch ihre Erklärung dem Reichsgericht gegenüber ist wirksam. Sie sind unwiderruflich. Die Zurücknahme der Berufung ist grundsätzlich in jedem Stadium des zweitinstanzlichen Verfahrens zulässig, ebenso die Zurücknahme der Klage.

5. **Das Verfahren vor dem Reichsgericht** ist gemäß § 33 Abs. 3 durch die Verordnung v. 6. XII. 91 (s. II, 2) geregelt. Es unterliegt denselben Grundsätzen wie das vor der Nichtigkeitsabteilung des Patentamts. Innerhalb der Grenzen der Berufungsanträge herrscht Offizialprüfung. In einer ungedruckten Entsch. v. 11. VII. 17 hat jedoch das RG. den Berufungskläger, weil er in dem Termin zur mündlichen Verhandlung nicht erschienen war, der Berufung für verlustig erklärt. Nur die innerhalb der Berufungsfrist gestellten Anträge sind maßgebend. RG. 25. IX. 93 (587). Innerhalb dieser Frist ist eine Ausdehnung des Klageantrages — ohne Änderung des Klagegrundes — zulässig, RG. 8. VII. 05 (232), Ziv. 61, 205, vgl. § 529 Abs. 2 ZPO. Neue Tatsachen und Beweismittel können von den Beteiligten bis zur mündlichen Verhandlung nachgebracht werden, in dieser nur noch insoweit, als sie durch das Vorbringen des Berufungsbeklagten in der Erklärungsschrift veranlaßt sind; das Reichsgericht kann jedoch, außer bei Überschreitung der fünfjährigen Frist des § 28 Abs. 3, unbeschränkt Tatsachen und Beweise berücksichtigen. RG. 2. VII. 10, M. u. W. 1910/11, 121, vgl. RG. 3. I. 10 (198). Das Reichsgericht läßt auch Zweckmäßigkeitsgründe zur Geltung kommen und hat in Fällen, in denen die zivilprozessualen Voraussetzungen fehlten, zwecks Prüfung in zwei Instanzen auf Zurückverweisung in die erste Instanz erkannt. RG. 8. X. 10 (Z. f. JR. 1911, 28, Ziv. 74, 209); 4. VII. 14 (321), M. u. W. 1915/16, 79

Die Beteiligten bedürfen in dem Verfahren vor dem Reichsgericht keines Vertreters. Wird ein solcher bestellt, so kann es nur ein zur Praxis bei dem Reichsgericht zugelassener Rechtsanwalt sein. Zur Einlegung der Berufung bei dem Patentamt ist sowohl ein solcher Rechtsanwalt, RG. 14. XI. 00 (01, 116), als auch jeder beliebige andere Bevollmächtigte befugt. Den Parteien und ihren Vertretern ist es gestattet, mit einem technischen Beistande zu erscheinen. § 14 Verordnung v. 6. XII. 91.

Demgemäß erachtet das Reichsgericht auch bei der Kostenfestsetzung nur das Honorar eines Reichsgerichts-Rechtsanwalts, nicht aber das eines andern Vertreters z. B. eines Patentanwalts, für erstattungsfähig, RG. 14. VII. 02 (206), JWSchr. 02, 447; 26. V. 09 (280).

§ 34.

In betreff der Geschäftssprache vor dem Patentamt finden die Bestimmungen des Gerichtsverfassungsgesetzes über die Gerichtssprache entsprechende Anwendung. Eingaben, welche nicht in deutscher Sprache abgefaßt sind, werden nicht berücksichtigt.

Wie die Gerichtssprache nach §§ 186ff. GVG., so ist auch die Geschäftssprache vor dem Patentamte die deutsche. Dies bezieht sich auf den gesamten schriftlichen und mündlichen Verkehr mit dem Patentamt. Vgl. bezüglich „Gerichtssprache" KG. 10. XII. 09 (DJZ. 15, 769).

Die Nichtberücksichtigung der nicht in deutscher Sprache abgefaßten Eingaben bedeutet ihre Rechtsunwirksamkeit. Eine fremdsprachige Anmeldung ist wirkungslos, und zwar nicht nur prozessualisch, sondern auch zivilistisch (§ 20 Anm. 1), d. h. sie begründet nicht den Anspruch auf die Erteilung des Patents (§ 3 Abs. 1), also nicht die Priorität. Anders PA. 18. III. 13, Mitteil. 1913, 177. Eine fremdsprachige Beschwerde ist als unzulässig zu verwerfen. Vgl. § 2 der Verordnung v. 6. XII. 91 (II, 2). Unter „Eingaben" sind nur Schriftstücke zu verstehen, die an das Patentamt gerichtet sind. Sonstige Schriftstücke, wie Beweis- oder andere Urkunden, die Eingaben als Anlagen beigefügt sind, insbesondere auch Prioritätsbelege sowie Vollmachten, unterliegen der Vorschrift nicht.

S. Bestimmungen über die Anmeldung von Erfindungen v. 21. XI. 19 § 6 Abs. 5 mit Zusatz gemäß Bestimmung v. 30. IV. 20 (s. II, 3), wonach allen Schriftstücken, die nicht in deutscher Sprache abgefaßt sind, eine von einem öffentlich bestellten Sprachkundigen angefertigte deutsche Übersetzung beizufügen ist. Dies gilt nicht für Prioritätsbelege; ob hier eine Übersetzung beizubringen ist, ist Sache der Entscheidung des Einzelfalls.

Vierter Abschnitt.

Strafen und Entschädigung.

§ 35.

Wer wissentlich oder aus grober Fahrlässigkeit den Bestimmungen der §§ 4 und 5 zuwider eine Erfindung in Benutzung nimmt, ist dem Verletzten zur Entschädigung verpflichtet.

Handelt es sich um eine Erfindung, welche ein Verfahren zur Herstellung eines neuen Stoffes zum Gegenstand hat, so gilt bis zum Beweise des Gegenteils jeder Stoff von gleicher Beschaffenheit als nach dem patentierten Verfahren hergestellt.

1. **Allgemeines.** Die objektiv widerrechtliche Benutzung einer patentierten Erfindung (Patentverletzung) begründet

1. ohne weiteres den Anspruch auf Unterlassung, s. § 4 Anm. 12;
2. bei Wissentlichkeit oder grober Fahrlässigkeit den Anspruch auf Entschädigung (§ 35);
3. bei Wissentlichkeit den Anspruch auf Strafe (§ 36).

Die Ansprüche zu 2. und 3. setzen also ein schuldhaftes Verhalten (Delikt) voraus.

Abgesehen von § 40 (Patentanmaßung) behandelt der 4. Abschnitt die zivil- und strafrechtlichen Folgen des Delikts der Patentverletzung.

Die Entschädigungspflicht ist in § 35 erschöpfend geregelt. RG. 19. II. 08 (161); RG. 22. XII. 13, JWSchr. 1914, 406; RG. 5. II. 86, Ziv. 15, 121, 132. Insbesondere können aus den Vorschriften des BGB. über Haftung aus unerlaubten Handlungen (§§ 823ff.) Entschädigungsansprüche nicht hergeleitet werden, RG. 31. XII. 98 (99, 106); 28. II. 00 (197); 28. I. 05 (148); 2. XII. 08 (10, 19). Auch für die Zeit nach Anstellung der Verletzungsklage bleiben die Voraussetzungen des § 35 ausschließlich maßgebend; der Beklagte haftet daher nach wie vor nur für Wissentlichkeit und grobe Fahrlässigkeit, RG. 8. XI. 05 (06, 165), Ziv. 62, 26, DJZ. 11, 261; RG. 28. VI. 13, GRUR. 1914, 152. Ein Anspruch auf Herausgabe der Bereicherung bei unverschuldeter Patentverletzung kann auf § 812 BGB. nicht gestützt werden, da diese zum Schadensersatz gehört, ein solcher aber nur bei Vorliegen der Voraussetzungen des § 35 gefordert werden kann. RG. 19. II. 08 (161); RG.Ziv. 15, 132; 22. XII. 13, JWSchr. 1914, 406; 2. V. 17, Z. f. JR. 1917, 136.

Abgesehen von den Entschädigungsansprüchen ist für die aus dem Tatbestand der Patentverletzung sich ergebenden Ansprüche das BGB. maßgebend. Denn die materiell-rechtlichen Bestimmungen des Patentgesetzes sind einer Ergänzung durch das allgemeine bürgerliche Recht fähig und bedürftig, RG. 24. I. 06 (221). Bezüglich des Anspruchs auf Rechnungslegung s. Anm. 3.

2. **Entschädigungsanspruch.** Der Anspruch auf Entschädigung hat zur Voraussetzung, a) daß der Gegenstand der Erfindung objektiv widerrechtlich benutzt worden ist, b) daß der Benutzer wissentlich oder grob fahrlässig gehandelt hat, c) daß ein Schaden entstanden ist.

a) Widerrechtliche Benutzung. Wer ohne ein Vorbenutzungsrecht (§ 5) oder die Erlaubnis des zur Ausübung des ausschließlichen Benutzungsrechts Berechtigten (§ 6) zu haben, eine Handlung vornimmt, die nach § 4 diesem allein zusteht, verletzt das Patent. Eine Verletzung kann also durch gewerbsmäßiges Herstellen, Inverkehr bringen, Feilhalten oder Gebrauchen des Gegenstandes der Erfindung begangen werden. Vgl. u. a. RG. 25. II. 95, Str 27, 51. Das Nähere hierüber s. § 4 Anm. 8. Durch eine konkrete Verletzungshandlung dieser Art wird der Entschädigungsanspruch in der Person des jeweiligen Berechtigten und unabhängig von dem späteren Schicksal des Patents begründet, RG. 25. VI. 08 (10, 306); 11. IV. 10 (313); 5. V. 14 (259). Der Berechtigte behält ihn also als selbständiges Vermögensrecht bei Übergang des Patents auf einen anderen; er kann ihn demgemäß anderen abtreten. Der Anspruch bleibt bei Endigung des Patentrechts durch Ablauf, Erlöschen oder Zurücknahme bestehen, kann also, obwohl ein Ausschließungsrecht nicht mehr vorhanden ist, geltend gemacht werden. Anders im Falle der Nichtigkeitserklärung. Da diese rückwirkende Kraft hat (§ 10 Anm. 5), so fällt mit ihr der Entschädigungsanspruch rückwärtshin in sich zusammen und die etwa angestellte Klage ist abzuweisen. RG. 30. XI. 04 (05, 27); 4. IV. 06 (271); 21. VI. 97 (173). (Wegen des Falles, daß die Nichtigkeitserklärung erst während Schwebens des Verletzungsstreits in der Revisionsinstanz ausgesprochen wird, s. § 4 Anm. 12.) Ist die Entschädigung bereits geleistet, so ist zurückzuzahlen (§ 812 BGB.). Auch auf Grund des einstweiligen Schutzes (§ 23 Abs. 1) kann auf Entschädigung geklagt werden. Die Versagung des Patents und die Zurücknahme der Anmeldung beseitigen ebenso, wie die Nichtigkeitserklärung, den Entschädigungsanspruch mit Rückwirkung (§ 27 Abs. 2), RG. 11. VII. 03 (229); 16. III. 07 (153). Mit Rücksicht hierauf kann unter Umständen das Verfahren im gerichtlichen Verletzungsstreit ausgesetzt werden, s. § 4 Anm. 12, § 23 Anm. 3.

b) **Wissentlichkeit. Grobe Fahrlässigkeit.** Wissentlichkeit besteht in dem Wissen der tatsächlichen Voraussetzungen des gesetzlichen Tatbestandes, RG. 17. X. 05 (287). Wissentlich handelt also, wer in Kenntnis vom Bestehen und Inhalt des Patentschutzes und im Bewußtsein, in ein fremdes Patentrecht einzugreifen, den Gegenstand des Patentes benutzt, RG. 17. V. 82 (89); 1. X. 94 (94/95, 225); 20. III. 05 (149); 27. IV. 09 (260).

Der Wissentlichkeit steht der dolus eventualis gleich. Dieser liegt vor, wenn der Benutzer zwar nicht gewußt hat, daß er in das Patent eingreift, aber die Möglichkeit eines Eingriffs erkannt und auch für diesen Fall die verletzende Handlung gewollt hat. RG. 5. XI. 86 (427); 1. XI. 86 (429); 7. XII. 99, Ziv. 33, 4; 12. X. 05 (293); 14. XI. 14 (15, 144).

Tatsächlicher Irrtum, nicht Rechtsirrtum, schließt die Wissentlichkeit aus. Ob er verschuldet ist und die Verletzung vermieden werden konnte oder nicht, ist unerheblich, vgl. RG. 12. XII. 08, JWSchr. 09, 114, Leipz. Ztschr. 09, 235; wohl aber kann unter Umständen bei unentschuldbarem Irrtum dolus eventualis angenommen werden. Rechtsirrtum ist der Irrtum über Bestehen, Sinn und Tragweite der Gesetzesvorschrift über das Delikt der Patentverletzung, also des § 35 und, da dieser die §§ 4 und 5 in seinen Tatbestand aufnimmt, auch dieser Vorschriften. Tatsächlicher Irrtum ist der Irrtum über das Vorhandensein von Tatumständen, die zum gesetzlichen Tatbestand der Patentverletzung gehören. (Vgl. § 59 StGB.) Irrtum über zivilrechtliche Fragen (z. B. über die Rechtswirkungen eines Lizenzvertrages, RG. 28. VI. 13, GRUR. 1914, 152) steht dem tatsächlichen Irrtum gleich; vgl. RG. 17. V. 82 (89); 21. X. 96 (322); 25. IX. 02 (03, 43); 21. XII. 05 (06, 166); 25. IX. 09, Str. 43, 397.

Fälle des tatsächlichen Irrtums: Über die Existenz des Patents (die Bekanntmachung der Erteilung begründet nicht die Vermutung des Bekanntseins des Patents); über Umfang und Auslegung des Patents, RG. 29. I. 94 (250); 21. XII. 05 (06, 166); 21. X. 96 (322); 27. IV. 09 (260); über die Tatsache der Vorbenutzung (§ 5); über das technische Verhältnis des angewandten zu dem patentierten Verfahren, RG. 3. XI. 16 (17, 7).

Fälle des Rechtsirrtums: darüber, daß ein gewerbsmäßiges Inverkehrbringen im Sinne des § 4 nicht vorliege, RG. 5. XI. 86 (427); darüber, daß der Benutzer auch nach Ablauf des Lizenzvertrages befugt sei, aus den vorher hergestellten Einzelteilen den patentierten Gegenstand zusammenzustellen, RG. 21. XII. 05 (06, 166); darüber, daß wegen Vorliegens der Voraussetzungen für die Nichtigkeitserklärung die patentierte Erfindung schon vor dieser unbeanstandet benutzt werden könne, RG. 20. IV. 82, Str. 6, 225; 21. VI. 97 (173); darüber, daß die nach der Benutzung dem Patentinhaber gemachte Anzeige das Delikt der Patentverletzung ausschließe, RG. 17. X. 05 (287).

Grobe Fahrlässigkeit begeht, wer die im Verkehr erforderliche Sorgfalt in besonders schwerer Weise außer acht läßt; vgl. § 276 BGB., RG. 9. XII. 99 (00, 235); 21. X. 96 (322). Fahrlässigkeit setzt immer einen Irrtum oder eine Unkenntnis voraus, die auf mangelnder Anspannung der Aufmerksamkeit beruhen, RG. 10. I. 12 (107). Ob die Verletzung vermeidlich war oder nicht, ist nicht unmittelbar entscheidend. Die Handlung kann zwar vermeidlich, aber trotzdem nicht grobfahrlässig gewesen sein, RG. 12. XII. 08, JWSchr. 09, 114, Leipz. Ztschr. 09, 235. Hat der Verletzer die Verletzung für möglich gehalten, es aber unterlassen, sich über die Möglichkeit zu vergewissern, so liegt in dem bloßen Unterlassen, ohne Au,nahme der eventuellen Verletzung in den Willen des Benutzenden, nicht dolus eventualis, sondern nur Fahrlässigkeit, RG. 12. X. 05 (293).

Auch der Tatbestand der ,ahrlässigen Patentverletzung wird nicht durch Rechtsirrtum, wohl aber durch tatsächlichen Irrtum ausgeschlossen, aber nur, wenn dieser nicht selbst auf grober Fahrlässigkeit beruht (StGB. § 59 Abs. 2), RG. 11. XII. 01 (03, 100); 21. V. 06 (222).

Warnungen, Drohungen und sonstige derartige Äußerungen des Berechtigten sind rechtlich nicht erforderlich, aber in tatsächlicher Hinsicht wesentlich, inso ern sie je nach Lage des Falles Wissentlichkeit, Eventualdolus oder Fahrlässigkeit au. seiten des Benutzenden begründen können, vgl. RG. 9. XII. 99 (00, 235); 24. XI. 11 (12, 9). Der Unternehmer eines Betriebes, gegen den der Anspruch auf Zahlung einer Lizenzgebühr mit der Begründung erhoben wird, daß sein Betrieb ein Patent verletze, hat sich davon zu überzeugen, ob die behauptete Patentverletzung vorliege; er handelt grobfahrlässig, wenn er nicht selbst (z. B. an der Hand der Patentschrift oder mit Hilfe eines unbeteiligten Fachmannes) untersucht, ob die gegnerische Behauptung zutreffend ist, RG. 11. XII. 01 (03, 100); vgl. RG. 10. IV. 11, Recht 1911, Rechtsprechung Nr. 2231.

c) Schaden. Der Entschädigungsanspruch setzt einen durch die Patentverletzung verursachten Schaden voraus. Ein Schaden ist dem Berechtigten regelmäßig erwachsen, sei es, daß sein Absatz oder sonst seine gewerbliche Stellung beeinträchtigt ist oder daß ihm ein Gewinn oder eine Lizenzgebühr für die Benutzung des Verletzers entgangen ist. Er ist sogar dann als geschädigt zu betrachten, wenn er selbst die Erfindung nicht hätte ausführen können, vgl. Anm. 3. Der Schaden braucht nicht in der Person des die Entschädigung Fordernden und Einklagenden entstanden zu sein; der zur Geltendmachung des Entschädigungsanspruchs ausschließlich legitimierte eingetragene Patentinhaber klagt bei Wechsel in der Inhaberschaft des Patents den dem materiellen Inhaber erwachsenen Schaden ein, RG. 30. XI. 07 (08, 164), Ziv. 67, 176, s. § 4 Anm. 12, § 19 Anm. 4.

3. **Entschädigung.** Die „Entschädigung" besteht in dem Ersatz des durch die Patentverletzung dem Berechtigten verursachten Vermögensschadens. Der Verletzer hat den Unterschied auszugleichen zwischen dem Stande des Vermögens des Verletzten, wie er nach der Verletzung ist, und dem Stande, wie er ohne diese sein würde (vgl. § 249 BGB.). Der Verletzte kann be-

anspruchen 1. Ersatz der Beeinträchtigung, die sein Vermögen (auch sein gewerblicher Ruf u. dgl.) durch die Tatsache, daß überhaupt eine Benutzung durch einen anderen geschehen ist, erlitten hat, einschließlich des entgangenen Gewinns (§ 252 BGB.), oder 2. Entschädigung für die Benutzung ohne seine Genehmigung (Lizenzgebühr) RG. 26. I. 12 (140), JWSchr. 1912, 407, Z. f. JR. 1912, 103 oder 3. Herausgabe des vom Verletzer erzielten Gewinnes. RG. 9. VI. 88 (339); 8. VI. 95 (94/95, 241), 31. XII. 98 (99, 106); Ziv. 43, 56, vgl. auch 7. II. 13 (158). Zu 2. ist in der Regel der Betrag maßgebend, der vermutlich als vertragliche Lizenzgebühr vereinbart worden wäre. Für die Berechnung der Lizenzgebühr ist nicht der Wert des ganzen mit der patentierten Einrichtung versehenen Gegenstandes, sondern nur der Wert dieser Einrichtung selbst in Betracht zu ziehen, RG. 29. III. 19 (130); 20. III. 18, Ziv. 92, 330. Lizenzgebühr oder Gewinnherausgabe kann der Verletzte ohne Nachweis eines Schadens im eigentlichen Sinne, daher selbst dann fordern, wenn er selbst die Erfindung nicht hätte ausführen können, RG. 8. II. 02 (134); 11. I. 02 (130), Ziv. 50, 115; 28. II. 00 (197, bes. 201), sowie 8. VI. 95 und 31. XII. 98 cit. Bezüglich der Feststellung und Bewertung des Schadens im gerichtlichen Verfahren s. § 287 ZPO.

Bezüglich des deliktischen Unterlassungsanspruchs vgl. RG. 28. IX. 11, Ziv. 77, 322; 15. III. 13, Ziv. 82, 64; 18. I. 13, M. u. W. 1912/13, 416.

Zur Vorbereitung der Entschädigungsforderung hat der Verletzte den Anspruch auf Rechnungslegung. Zu ihr ist der entschädigungspflichtige Verletzer nach Analogie der Grundsätze über Geschäftsführung ohne Auftrag (§§ 687 Abs. 2, 681, 666 BGB.) verpflichtet, RG. 3. II. 09 (304); 21. V. 13, Z. f. JR. 1913, 202; 14. XI. 14 (15, 144). Der Anspruch ist sowohl bei wissentlicher wie bei grobfahrlässiger Verletzung begründet, RG. 3. II. 09, Ziv. 70, 249, 253f. Es sind nicht nur die verletzenden Lieferungen nach Art und Zeit, sondern auch die Käufer anzugeben, RG. 14. XII. 18, Mitteil.

1918, 96. Bei unsorgfältiger Auskunft kann der Verletzter zur Eidesleistung gezwungen werden, §§ 242, 259, 261 BGB. RG. 4. IV. 10, JWSchr. 1910, 616. Nach Eröffnung des Konkurses über das Vermögen des Verletzers ist zur Rechnungslegung der Konkursverwalter verpflichtet, RG. 1. XII. 15 (16, 77). Wird die Klage auf Rechnungslegung mit der Schadensersatzklage verbunden, so kann die bestimmte Angabe der beanspruchten Leistungen bis zur erfolgten Rechnungslegung vorbehalten werden. § 254 ZPO. Vgl. RG. 9. I. 03, Ziv. 53, 254.

4. **Verletzter.** Verletzt, d. h. beschädigt ist derjenige, der zur Zeit der Eingriffshandlung zur ausschließlichen Benutzung der Erfindung befugt war, RG. 14. XI. 84 (97, 205); 5. V. 14 (259), Z. f. JR. 1914, 215, also im wesentlichen der Patentinhaber und der Inhaber einer ausschließlichen Lizenz, nicht der Inhaber einer einfachen Lizenz, s. § 6 Anm. 5. RG. 25. II. 84 (155); 16. I. 04 (220); 5. V. 14 cit. Zur gerichtlichen Geltendmachung des Entschädigungsanspruchs ist bei Wechsel in der Person des Patentinhabers der in der Rolle eingetragene ausschließlich berechtigt, s. Anm. 2c. Gehört das Patent einer Firma, so ist der jeweilige Inhaber der Verletzte, RG. 11. IV. 10 (313); vgl. RG. 11. V. 09 (213); 20. XII. 10 (11, 173). Gehört es einer Gesellschaft, so ist jeder einzelne Gesellschafter verletzt und entschädigungsberechtigt, RG. 25. VI. 08 (10, 306), Str. 41, 378. Der im Auslande wohnende Verletzte kann den Entschädigungsanspruch nur geltend machen, wenn er einen Vertreter im Inlande bestellt hat; anderseits ist der Inlandsvertreter zur Anstellung der Entschädigungsklage befugt. § 12 Anm. 2, 4.

5. **Verletzer.** Der Entschädigungsanspruch geht gegen denjenigen, der durch seine Handlung das Patent verletzt hat.

Haben mehrere Personen die Verletzung durch eine gemeinschaftlich, d. h. in bewußtem und gewolltem Zusammenwirken, begangene Handlung (also als Mittäter) verübt, so ist jeder einzelne zur Entschädigung verpflichtet, § 830 Abs. 1

BGB. Den Mittätern stehen hinsichtlich der zivilrechtlichen Haftung Anstifter und Gehilfen (§§ 48, 49 StGB.) gleich, § 830 Abs. 2 BGB. Voraussetzung für die Beihilfe ist, daß der Täter eine wissentliche oder grob fahrlässige Patentverletzung begeht. Nur wissentliche Beihilfe begründet die Entschädigungspflicht, RG. 22. VI. 12 (13, 122). Die Entschädigungspflichtigen haften als Gesamtschuldner, § 840 BGB. Die Verpflichtung ist bezüglich jedes einzelnen von dem Vorliegen der subjektiven Voraussetzung der Wissentlichkeit oder groben Fahrlässigkeit abhängig.

Juristische Personen haften für den Schaden, den ihr Vertreter in Ausführung der ihm zustehenden Verrichtungen verursacht hat, § 31 BGB. Dies gilt u. a. für Aktiengesellschaften und Gesellschaften mit beschränkter Haftung. Hat von einer offenen Handelsgesellschaft auch nur ein zur Vertretung der Gesellschaft befugter Gesellschafter für die Gesellschaft handelnd eine wissentliche oder grobfahrlässige Patentverletzung begangen, so haften für deren Folgen hinsichtlich der Schadensersatzpflicht die Gesellschaft und sämtliche Gesellschafter, RG. 30. IX. 99 (292). Der Geschäftsherr haftet aus § 831 BGB. nicht für Verschulden der Angestellten, RG. 2. XII. 08 (10, 19), DJZ. 09, 377, JWSchr. 09, 136. Er haftet nur bei eigener Wissentlichkeit oder grober Fahrlässigkeit. (Streitig.)

6. **Gerichtsstand.** Für Entschädigungsklagen aus Patentverletzungen ist — abgesehen von dem allgemeinen Gerichtsstand (des Wohnsitzes des Beklagten), §§ 12, 13 ZPO., und dem des Vermögens für nicht im Deutschen Reich wohnenden Personen, § 23 ZPO., § 12 Abs. 1 PG. — nach § 32 ZPO. auch das Gericht zuständig, in dessen Bezirk die verletzende Handlung begangen ist. Verteilen sich mehrere Einzeltatbestände der unerlaubten Gesamthandlung auf verschiedene Gerichtsbezirke, so ist die Zuständigkeit bei jedem der beteiligten Gerichte begründet. RG. 26. III. 13, M. u. W. 1913/14, 15.

Für die Unterlassungsklage ist dieser Gerichtsstand der unerlaubten Handlung nicht begründet, da ein schuldhaftes Verhalten des Beklagten für sie nicht Voraussetzung ist. Nach ständiger Praxis des KG. und des RG. ist jedoch auch die Erhebung der Unterlassungsklage hier zulässig, wenn sie mit der auf derselben Verletzungshandlung beruhenden Schadensersatzklage verbunden wird. KG. 4. I. 13, Z. f. JR. 1913, 44; 5. VII. 13, Mitteil. 1914, 12; RG. 19. X. 89, Ziv. 24, 394, JWSchr. 89, 430; 19. VI. 15 (229), JWSchr. 1915, 1023, M. u. W. 1915/16, 16, GRUR. 1916, 31, Mitteil. 1915, 82. Vgl. GRUR. 1915, 117.

7. **Beweis.** Der Kläger hat zu beweisen, daß die ihm patentierte Erfindung von dem Beklagten wissentlich oder grob fahrlässig benutzt worden ist. Macht er geltend, daß ein Erzeugnis unter sein Verfahrenspatent falle (§ 4 Satz 2), so muß er beweisen, daß es unter Benutzung des Verfahrens hergestellt ist. Von dieser Beweislast wird er befreit, wenn das Erzeugnis seines Verfahrens ein neuer, d. h. zur Zeit der Patentanmeldung noch nicht bekannter (— § 2 gilt hier nicht —) Stoff ist. Hat der verfolgte Stoff dieselben Eigenschaften wie dieser, so gilt er als nach dem patentierten Verfahren hergestellt. Der Beklagte kann den Anspruch durch den Beweis abwehren, daß der Stoff mittels eines anderen Verfahrens gewonnen ist.

Die Bestimmung dient vorwiegend dem Schutze der einheimischen chemischen Industrie. Sie erstreckt sich jedoch nicht nur auf chemische, sondern auch auf mechanische Verfahren.

Der Grundsatz des § 35 Abs. 2 gilt nur für das Zivilrecht, und zwar allgemein, nicht nur für Entschädigungsklagen. Auf das Strafrecht (§ 36) findet er nicht Anwendung.

§ 36.

Wer wissentlich den Bestimmungen der §§ 4 und 5 zuwider eine Erfindung in Benutzung nimmt, wird mit Geldstrafe bis zu fünftausend Mark oder mit Gefängnis bis zu einem Jahre bestraft.

Die Strafverfolgung tritt nur auf Antrag ein. Die Zurücknahme des Antrags ist zulässig.

Wird auf Strafe erkannt, so ist zugleich dem Verletzten die Befugnis zuzusprechen, die Verurteilung auf Kosten des Verurteilten öffentlich bekanntzumachen. Die Art der Bekanntmachung, sowie die Frist zu derselben ist im Urteil zu bestimmen.

1. **Öffentliche Strafe. Patentvergehen.** Die wissentliche Patentverletzung ist ein Vergehen (§ 1 Abs. 2 StGB.), das mit Geld- oder Gefängnisstrafe geahndet wird. Soweit nicht das Patentgesetz besondere Vorschriften enthält, greifen die Bestimmungen des StGB. und der StPO. Platz. Das Vergehen ist ein Antragsdelikt (vgl. §§ 61 ff. StGB.).

2. **Tatbestand.** Zum Tatbestand des Vergehens der Patentverletzung gehört a) die objektiv-widerrechtliche Benutzung der patentierten Erfindung, b) die Wissentlichkeit des Eingriffs. Zu a) s. § 35 Anm. 2a, zu b) dort Anm. 2b. Der Wissentlichkeit steht auch hier der dolus eventuglis gleich. Fahrlässige Verletzung ist nicht strafbar. Zum Tatbestand des Patentvergehens gehört nicht, daß ein Schaden entstanden ist; lediglich die Tatsache der Verletzung ist maßgebend. Auch der Wille des Täters braucht demgemäß nur auf den Eingriff, nicht auf Beschädigung gerichtet gewesen zu sein, RG. 19. XI. 08 (Seufferts Blätter für Rechtsanwendung Bd. 74, 246).

Die Strafbarkeit wird durch eine den Tatbestand des Patentvergehens erfüllende Handlung endgültig begründet. Die Verletzung kann daher auch nach dem Erlöschen oder der Zurücknahme des Patents strafrechtlich verfolgt werden. Nicht auch nach der Nichtigkeitserklärung. Tritt diese während eines schwebenden Strafverfahrens ein, so ergibt sich daraus die Freisprechung des Angeklagten. Dasselbe gilt bei Verletzung des einstweiligen Schutzes (§ 23) im Falle der Versagung des Patents oder der Zurücknahme der Anmeldung (§ 27), s. § 35

Anm. 2a f. Auf Antrag des Angeklagten ist das Verfahren bis zur Entscheidung über eine Nichtigkeitsklage oder im Falle des § 23 bis zur Entscheidung über die Patenterteilung auszusetzen, RG. 24. X. 82 (83, 97). Über die Frage der Aussetzung in der Revisionsinstanz s. § 4 Anm. 12. War der Angeklagte verurteilt, so findet bei Nichtigkeitserklärung bzw. Versagung des Patents oder Zurücknahme der Anmeldung Wiederaufnahme des Verfahrens statt (§ 399 Nr. 5 StPO.).

Die Strafvorschrift richtet sich nur gegen physische Personen. Vertreter von Personengesamtheiten kommen nur für ihre Person als Verüber der Straftat in Betracht. Vgl. RG. 27. IV. 09, IWSchr. 09, 527, Z. f. IR. 09, 233.

Strafbar ist der Verletzer, s. § 35 Anm. 5.

Häufig wird ein fortgesetztes Vergehen vorliegen. Das Wesen eines solchen besteht darin, daß die verschiedenen, zeitlich aufeinander folgenden Einzelhandlungen zu einer rechtlichen Einheit zusammengefaßt werden und infolgedessen ihre Selbständigkeit verlieren. Die Verübung dieses einen Vergehens dauert solange, als Einzelhandlungen solcher Art vorgenommen werden, s. u. a. RG. 27. IV. 09 cit.

3. **Strafantrag.** Die Strafverfolgung hängt von dem Antrage des Verletzten ab. Verletzt ist der zur ausschließlichen Benutzung der Erfindung zur Zeit des Eingriffs Befugte, s. § 35 Anm. 4. Zur Stellung des Strafantrags im eigenen Namen ist jeder, auch der von der Vertretung ausgeschlossene, Gesellschafter einer offenen Handelsgesellschaft, der das verletzte Patent gehört, berechtigt, RG. 14. X. 07, Str. 41, 103; 25. VI. 08 (10, 306), Str. 41, 378. Der Strafantrag kann von dem Rechtsnachfolger des eingetragenen Patentinhabers auch vor der Umschreibung in der Rolle gestellt werden, es ist jedoch die Nachholung der Umschreibung bis zum Erlaß der Entscheidung erforderlich, RG. 14. XI. 10 (11, 29), s. § 19 Anm. 4.

Die Antragstellung kann auch durch einen Bevollmächtigten erfolgen, RG. 24. I. 13 (266). Der gemäß § 12 bestellte Vertreter ist zur Stellung von Strafanträgen befugt. Ist ein solcher Vertreter bestellt, so kann auch der auswärtige Patentinhaber selbst den Antrag stellen, s. § 12 Anm. 2, § 35 Anm. 4.

Der Antrag ist frist- und formgerecht zu stellen. Also innerhalb dreier Monate seit dem Tage, an welchem der Antragsberechtigte, nicht sein Vertreter [RG. 17. XI. 03 (04, 368)], von der Patentverletzung, bei fortgesetztem Vergehen von der letzten der Einzelhandlungen, vgl. Anm. 2, und von der Person des Täters Kenntnis hatte (§ 61 StGB.); der Tag der Kenntniserlangung wird nicht mitgerechnet. RG. 7. II. 13 (158) nimmt im Gegensatz zu RGStr. 38, 39; 40, 319; 45, 128 an, daß unter besonderen Umständen der Strafantrag schon vor Begehung der Patentverletzung gestellt werden kann. Der Antrag ist zu stellen bei dem Gerichte oder der Staatsanwaltschaft schriftlich oder zu Protokoll, bei einer anderen zuständigen Behörde schriftlich (§ 156 Abs. 2 StPO.). In dem an die Staatsanwaltschaft gerichteten Ersuchen um Haussuchung liegt ein wirksamer Strafantrag. RG. 1. XII. 92 (93, 74).

Sind mehrere bei einem und demselben Patentvergehen als Mittäter, Anstifter oder Gehilfen beteiligt, so ist der bezüglich des einen von ihnen gestellte Strafantrag auch bezüglich der übrigen wirksam.

Der Strafantrag kann zurückgenommen werden, jedoch nur bis zur Verkündung eines auf Strafe lautenden Urteils (§ 64 StGB.). Eine Vereinbarung über die Zurücknahme ist rechtsgültig, RG. 23. II. 07, Recht 07, 463.

4. **Verjährung.** Die Strafverfolgung verjährt in fünf Jahren, § 67 Abs. 2 StGB. RG. 8. V. 86, Ziv. 16, 6. Vgl. § 39 (Verjährung der zivilrechtlichen Verletzungsklagen). Die Verjährung beginnt mit dem Tage der Begehung der Handlung; bei fortgesetztem Vergehen mit dem Tage der Begehung der letzten Einzelhandlung. Vgl. RG. 19. X. 96 (322); 24. I. 02 (199).

5. **Zuständigkeit.** Für die örtliche Zuständigkeit (Gerichtsstand) ist der Ort der begangenen Handlung (§ 7 StPO.)

und auch der Ort des Wohnsitzes des Angeschuldigten zur Zeit der Erhebung der Klage (§ 8 das.) maßgebend.

Die sachliche Zuständigkeit ist bei der Strafkammer des Landgerichts begründet (§ 73 GVG.). Überweisung an das Schöffengericht ist ausgeschlossen (§ 75 das.).

6. **Veröffentlichung der Verurteilung.** Die Erteilung der Befugnis zur Veröffentlichung der Verurteilung, d. h. des verfügenden Teiles des Urteils (Tenor), ist obligatorisch. Die Veröffentlichung kann durch Vermittlung der Strafvollstreckungsbehörde gemäß § 10 des Preßgesetzes v. 7. V. 74 (RGBl. 65) erzwungen werden.

7. **Einziehung.** Als Nebenstrafe kann die Einziehung der zu der strafbaren Handlung benutzten oder durch sie hervorgebrachten Gegenstände im Urteile angeordnet werden. Bei Unausführbarkeit der Verfolgung oder Verurteilung einer bestimmten Person kann die Einziehung auch selbständig erkannt werden. §§ 40, 42 StGB., §§ 477ff. StPO.

§ 37.

Statt jeder aus diesem Gesetze entspringenden Entschädigung kann auf Verlangen des Beschädigten neben der Strafe auf eine an ihn zu erlegende Buße bis zum Betrage von zehntausend Mark erkannt werden. Für diese Buße haften die zu derselben Verurteilten als Gesamtschuldner.

Eine erkannte Buße schließt die Geltendmachung eines weiteren Entschädigungsanspruchs aus.

1. **Buße. Voraussetzungen.** Im Strafverfahren kann neben der Strafe auf Verlangen des durch ein Patentvergehen Beschädigten auf eine an ihn zu zahlende Buße erkannt werden. Die Buße ist nicht Strafe, RG. 8. V. 86, Ziv. 16, 15 u. 16. Sie vertritt die Stelle der zivilrechtlichen Entschädigung. Sie kann also da auferlegt werden, wo die strafbare Patentverletzung

eine Schädigung herbeigeführt hat. In erster Linie kommt hier eine Vermögensschädigung in Betracht (§ 35 Anm. 2c). Die Buße hat aber weiterhin den Zweck, auch die durch die Patentverletzung erlittene Kränkung und Unbill auszugleichen, RG. 7. II. 13 (158); noch nicht so weitgehend RG. 15. II. 10, DJZ. 22. Spruchsammlung in Strafsachen 1910 S. 75. Die Voraussetzungen für die Auferlegung der Buße sind, abgesehen von dem Erfordernis des Vorliegens einer Schädigung, dieselben wie die für die Strafverurteilung (§ 36). Jeder einzelne, der wissentlich zur Herbeiführung des verletzenden Erfolges mitgewirkt hat, also auch der Gehilfe, kann zur Buße verurteilt werden, RG. 25. X. 05, Str. 38, 194. Mehrere Angeklagte dürfen zur Zahlung nur dann als Gesamtschuldner verurteilt werden, wenn sie an einer und derselben Verletzung eines Patents teilgenommen haben, RG. 12. XII. 99 (00, 254).

Der Strafrichter kann auf Buße erkennen. Das bedeutet nicht, daß es in seinem Belieben steht. Maßgebend ist das pflichtmäßige Ermessen; die Zuerkennung darf nur dann unterbleiben, wenn ein gesetzliches Hindernis entgegensteht, RG. 7. II. 13 (158).

2. **Anspruch auf Buße.** Die Buße steht dem Beschädigten zu, d. h. dem Verletzten im Sinne der §§ 35, 36, der einen Schaden (Anm. 1) erlitten hat. Vgl. RG. 25. VI. 08, Str. 41 378. Bei Verletzung eines einer offenen Handelsgesellschaft gehörenden Patents kann die Buße einem in seiner Eigenschaft als Gesellschafter auftretenden Nebenkläger zugesprochen werden, RG. 22. I. 18 (19, 14), M. u. W. 1918/19, 109. Der Anspruch haftet an der Person des Beschädigten. Er kann von dem Erben des Verletzten weder erhoben noch weiter verfolgt werden. Ist jedoch auf die Buße rechtskräftig erkannt, so besteht ein Rechtsanspruch, der auf die Erben übertragbar und gegen die Erben des Verurteilten verfolgbar ist. RG. 8. V. 86, Ziv. 16, 15 u. 16.

Hinsichtlich der Verjährung des Bußanspruchs gilt das Strafrecht. § 67 Abs. 2 StGB. (fünf Jahre seit Begehung der Patentverletzung). Vgl. § 39 Anm.

Das Verlangen des Verletzten auf Zuerkennung der Buße ist in Gestalt der Nebenklage, einer schriftlichen Anschlußerklärung zur öffentlichen Klage, bis zur Verkündung des Urteils erster Instanz zu stellen. Der Beschädigte hat den Betrag, welchen er als Buße verlangt, anzugeben, wenn auch nicht bestimmt nachzuweisen. Auf einen höheren als den beantragten Betrag der Buße ist nicht zu erkennen. Der Antrag kann bis zur Verkündung des Urteils zurückgenommen, ein zurückgenommener Antrag nicht erneuert werden. Wird der Angeklagte freigesprochen oder das Verfahren eingestellt, oder die Sache ohne Urteil erledigt, so gilt auch der Antrag ohne weitere Entscheidung für erledigt. §§ 435ff. und 443ff. StPO.

3. **Verhältnis der Buße zu dem Entschädigungsanspruch.** Die rechtskräftige Zuerkennung einer Buße schließt einen weiteren (zivilrechtlichen) Entschädigungsanspruch aus; eine anderweite Erledigung des Bußeantrags im Strafverfahren ist ohne Einfluß auf jenen Anspruch.

Dagegen ist der Bußeanspruch unabhängig von der zivilrechtlichen Entschädigung. Ist der Verletzer zu einer solchen verurteilt worden, so kann gleichwohl der Strafrichter eine Buße zusprechen, er wird aber regelmäßig die erlangte Entschädigung bei der Bemessung der Buße in Abrechnung bringen. Dasselbe gilt bei einer sonstigen Erledigung des Entschädigungsanspruchs, z. B. durch Vergleich.

§ 38.

In bürgerlichen Rechtsstreitigkeiten, in welchen durch Klage oder Widerklage ein Anspruch auf Grund der Bestimmungen dieses Gesetzes geltend gemacht ist, wird die Verhandlung und Entscheidung letzter Instanz im Sinne des § 8 des Einführungsgesetzes zum Gerichtsverfassungsgesetze dem Reichsgericht zugewiesen.

Die Entscheidung letzter Instanz in zivilrechtlichen Streitigkeiten über Ansprüche aus dem Patentrecht (§§ 4, 35) steht ausschließlich dem Reichsgericht zu. Durch Landesgesetz darf die Zuständigkeit einem obersten Landesgericht (wie es in Bayern besteht) nicht übertragen werden.

§ 39.

Die Klagen wegen Verletzung des Patentrechts verjähren rücksichtlich jeder einzelnen dieselbe begründenden Handlung in drei Jahren.

Die Bestimmung bezieht sich nur auf den zivilrechtlichen Entschädigungsanspruch des § 35; sie bezieht sich nicht auf andere zivilrechtliche Ansprüche (§ 4 Anm. 12), auch nicht auf die strafrechtliche Verfolgung von Patentverletzungen und somit auch nicht auf die von dem Strafverfahren nicht zu trennende Nebenklage auf Buße, rücksichtlich deren die fünfjährige Verjährungsfrist nach § 67 Abs. 2 StGB. Platz greift. RG. 8. V. 86, Ziv. 16, 6; 1. X. 94 (94/95, 225); 19. X. 96 (322).

Die Verjährung tritt rücksichtlich jeder einzelnen Handlung ein. Die Grundsätze über fortgesetztes Vergehen (§ 36 Anm. 5 und 6) sind daher nicht anwendbar. Anderer Ansicht M. u. W. 1917/18, 10ff.

Die Verjährung läuft nicht von dem Zeitpunkte ab, in welchem der Verletzte von der die Verletzung des Patentrechts begründenden Handlung und der Person des Täters Kenntnis hat, sondern von dem Augenblick der Vollendung der Handlung. RG. 8. V. 86, Ziv. 16, 6.

§ 40.

Mit Geldstrafe bis zu eintausend Mark wird bestraft:

1. wer Gegenstände oder deren Verpackung mit einer Bezeichnung versieht, welche geeignet

ist, den Irrtum zu erregen, daß die Gegenstände durch ein Patent nach Maßgabe dieses Gesetzes geschützt seien;

2. wer in öffentlichen Anzeigen, auf Aushängeschildern, auf Empfehlungskarten oder in ähnlichen Kundgebungen eine Bezeichnung anwendet, welche geeignet ist, den Irrtum zu erregen, daß die darin erwähnten Gegenstände durch ein Patent nach Maßgabe dieses Gesetzes geschützt seien.

1. **Vergehen der Patentanmaßung.** Die Patentanmaßung ist ein Vergehen, das mit Geldstrafe bestraft wird. Eine nicht beizutreibende Geldstrafe ist nach § 28 StGB. in Freiheitsstrafe umzuwandeln. Zur Strafverfolgung bedarf es nicht eines Antrages. Die Strafverfolgung verjährt in drei Jahren, § 67 Abs. 3 StGB. Die Strafvorschrift ist polizeilichen Charakters. Der Tatbestand des Vergehens verlangt nicht rechtswidrigen Vorsatz; es genügt Fahrlässigkeit, und zwar auch leichte. RG. 22. XI. 93 (672); 12. XI. 94 (94/95, 115); 10. II. 13 (159); 9. III. 15 (16, 151). And. Ans. Z. f. JR. 1914, 260. Zuständig zur Aburteilung ist die Strafkammer des Landgerichts; es kann Überweisung an das Schöffengericht erfolgen. §§ 73, 75 Nr. 14 GVG.

2. **Tatbestand.** Die Patentanmaßung wird verübt durch die Anbringung einer Bezeichnung, die geeignet ist, das Bestehen eines deutschen Patents vorzutäuschen, auf Gegenständen (Nr. 1) oder die Anwendung einer solchen Bezeichnung in öffentlichen Kundgebungen der angegebenen Art (Nr. 2).

Im Falle der Nr. 1 wird das Delikt begangen durch das „Versehen" des Gegenstandes mit der Bezeichnung, d. h. durch das Anbringen des Vermerks, zum Zweck des Inverkehrbringens. Hieraus folgt aber nicht, daß es immer nur auf den Akt des Anbringens ankommt. War er zulässig, weil damals der gekennzeichnete Schutz bestand, so ist gleichwohl die nach

Fortfall des Schutzes erfolgende Verbreitung der bezeichneten Ware unzulässig und strafbar, wenn Anbringung und Verbreitung eine einheitliche Tätigkeit derselben Person darstellen. Dagegen fällt die bloße Benutzung, insbesondere auch das Inverkehrbringen, der von einem andern mit dem Vermerk versehenen Ware nicht unter § 40 Nr. 1. RG. 29. IV. 05 (264). Anders bezüglich §§ 12 und 16 Gesetz zum Schutze der Warenbezeichnungen v. 12. V. 94. RG. 18. IV. 04 (428) und 7. X. 04 (05, 134).

Auch im Falle der Nr. 2 ist die strafbare Handlung die „Anwendung" der Bezeichnung in Anzeigen u. dgl. Strafbar ist, wer eine solche Kundgebung an die Öffentlichkeit richtet. Vgl. auch RG. 29. IV. 05 cit. Außer den Anzeigen, Aushängeschildern und Empfehlungskarten kommen solche Kundgebungen in Betracht, die nach ihren besonderen Eigenschaften, ihrer Gestaltung und Erscheinungsform Züge an sich tragen, welche mit den entsprechenden Merkmalen der im Gesetz speziell aufgeführten Arten wesentlich übereinstimmen, der betreffenden Kundgebung das gleiche charakteristische Gepräge verleihen (RG. 11. I. 94, Str. 25, 78).

Die Bezeichnung muß geeignet sein, das Bestehen eines deutschen Patentschutzes für den bezeichneten Gegenstand vorzutäuschen. Es muß also einerseits der Eindruck hervorgerufen werden, daß ein deutsches Patent besteht und den Gegenstand schützt, anderseits muß es an einem solchen Schutz fehlen. Die Vorschrift gilt also weder für Patentanmeldungen [auch nicht für bekanntgemachte (§ 23), PBl. 80 (109); 82 (75); RG. 10. II. 13, Str. 46, 429]; noch für ausländische Patente. Die Bezeichnung ist unzulässig sowohl, wenn das behauptete Patent überhaupt nicht bestanden hat, als auch, wenn es nicht mehr besteht.

Voraussetzung ist, daß die konkreten Gegenstände, die den Patentvermerk tragen, nicht unter dem Schutz des behaupteten Patents stehen. Es ist daher unstatthaft, Gegenstände, die nach den Angaben, aber in Verletzung des Patents, hergestellt sind, mit dem Patentvermerk zu versehen.

Das Gesetz will verhindern, daß ein Patentschutz behauptet wird, wo überhaupt kein Patent besteht. Besteht für den Gegenstand ein Patent, so ist es nach § 40 nicht strafbar, wenn der Gegenstand außer mit dem Hinweis auf dieses Patent auch noch mit den Hinweisen auf andere nicht bestehende Patente gekennzeichnet wird. RG. 14. XI. 95 (96, 1); 10. II. 13, Str. 46, 429.

Die Bezeichnung der durch ein patentiertes Verfahren unmittelbar gewonnenen Erzeugnisse (§ 4 Satz 2) als patentierte ist zulässig. RG. 14. XII. 97 (98, 11). Die Voraussetzung des § 4 Satz 2 kann z. B. auch vorliegen bezüglich eines Treibriemens, der nach einem patentierten Verfahren imprägniert ist, s. § 4 Anm. 11, anderer Ansicht RG. 15. X. 12 (13, 124).

Die Bezeichnungsberechtigung reicht so weit wie das Patent. Ist nur ein Teil eines Gegenstandes patentiert, so ist es zulässig, letzteren mit dem Patentvermerk zu versehen, wenn der Teil so wesentlich ist, daß er dem ganzen Gegenstand ein eigentümliches Gepräge verleiht, RG. 5. XII. 05 (06, 45); 15. X. 12 cit.

Als eine die deutsche Patentierung kundgebende Bezeichnung sind die Buchstaben D. R. P. nebst dem Datum, mit welchem das Patent begonnen, amtlich empfohlen. PA. 9. X. 77 (27).

Unzulässig sind Bezeichnungen, wie „patentamtlich geschützt" für Gegenstände, für die nur ein Warenzeichen- oder Gebrauchsmusterschutz besteht. LG. I Berlin 27. XI. 99 (00, 166); LG. Dresden 21. XI. 05 (06, 46); OLG. Hamm 24. X. 11 (314); „patentamtlich eingetragen" RG. 21. I. 08 (155); „D. R. P. A.", „D. R. P. Amt", „Deutsches Reichs-Patent-Amt", für den Gegenstand eines Gebrauchsmusterschutzes, LG. Dresden 5. I. 04 (395); LG. Hamburg 2. III. 03 (06, 46); „in den meisten Staaten patentiert" für einen in ausländischen Staaten, aber nicht im Deutschen Reich patentierten Gegenstand, LG. Zwickau 1. VI. 96 (339); „patented" für einen in Deutschland nicht patentierten Gegenstand, OLG. Hamburg 28. XI. 11, Z. f. JR. 1912, 139; „Patent" unter Anbringung eines Kreuzes davor für einen nur in der Schweiz patentierten Gegenstand, LG. Elberfeld 26. IV. 09, Z. f. JR. 1909, 244.

Der Vermerk: „D. R. P. a.", d. h. angemeldet, für den Gegenstand einer schwebenden Patentanmeldung ist in der Regel unzulässig, da er den Glauben erwecken kann, D. R. P. bedeute ein erteiltes Patent und das „a" eine geschäftliche Kennzeichnung (z. B. einer Sorte). Die Berufung auf einen Geschäftsgebrauch in dieser Richtung kann die Verurteilung nicht abwenden, da dieser sich als ein strafrechtlich zu ahndender Mißbrauch darstellen würde. RG. 9. VI. 98 (144); 12. XI. 94 (94/95, 115); 13. IV. 05, Goltdammer Archiv 52, 386; RG. 5. XII. 05 (06, 45), Str. 38, 245; OLG. Hamburg 16. III. 11, DJZ. 1912, 1304. Für Zulässigkeit wegen angeblicher Änderung der Verkehrsauffassung OLG. Dresden 3. XI. 09 (10, 117). Vgl. DJZ. 1912, 1464 (für Zulässigkeit), das. 1913, 92 (dagegen).

Zuweilen findet sich auf Gegenständen, Anzeigen usw. ein Vermerk, der zwar ein Patent behauptet, aber keine näheren Angaben (insbesondere durch Mitteilung der Nummer) macht. Dies widerspricht dem Interesse der Allgemeinheit, deren Förderung das erteilte Patent dient. Das Patentamt sucht, wenn ihm derartige Fälle bekannt werden, durch Nachforschung in der Patentrolle und gegebenenfalls durch Strafanzeige die nötige Aufklärung herbeizuführen. Über Inhalt, Nummer usw. darf das Zeugnis nicht verweigert werden, da ein Geheimnis im Sinne des § 384 Nr. 3 ZPO. nicht vorliegt. RG. 18. I. 07 (115).

3. **Zivilrechtliche Ansprüche. Gesetz gegen den unlauteren Wettbewerb.**

a) Nach dem allgemeinen Grundsatz, daß jeder auch nur objektiv-widerrechtliche Eingriff in ein vom Gesetz geschütztes Recht zu einer Klage auf Unterlassung berechtigt (vgl. z. B. RG. 26. XI. 06, JWSchr. 07, 48), ist aus der Verbotsvorschrift des § 40 herzuleiten, daß jeder, der ein Interesse daran hat, einer der Wahrheit widersprechenden Patentberühmung entgegenzutreten, auch einen privatrechtlichen Anspruch auf Unterlassung hat. Es genügt der Nachweis des objektiven Tatbestandes des § 40; Verschulden ist nicht erforderlich, RG. 28. XI. 00 (01, 117); 27. XI. 01 (02, 177); 26. XI. 06, JWSchr. 07, 48; Hanseat. OLG. 30. VI. 06 (327); LG. Crefeld 18. III. 09, M. u. W. 09/10, 66. Die betreffenden Kundgebungen können auch durch einstweilige Verfügungen verboten werden, RG. 6. XI. 96, JWSchr. 96, 709; Hanseat. OLG. 30. VI. 06 cit.

Ein Schadensersatzanspruch entspringt aus § 40 nicht. Demnach kann eine Buße nicht verlangt werden und der Geschädigte kann sich auch nicht der öffentlichen Klage als Nebenkläger anschließen, es müßte denn sein, daß zugleich eine Verletzung des § 4 UWG. vorliegt (s. unten c), RG. 12. XII. 01 (02, 6); 28. VI. 12 (13, 157).

Aus dem Tatbestand kann jedoch bei Verschulden ein Schadensersatzanspruch gemäß §§ 823ff. BGB. erwachsen.

b) Auch der § 1 der Gewerbeordnung begründet bei Patentanmaßung einen Anspruch auf Unterlassung, RG. 26. IX. 94 (94/95, 94); 25. XI. 99 (00, 186).

c) Endlich greift auch beim Vorliegen des Tatbestands des § 40 regelmäßig das Gesetz gegen den unlauteren Wettbewerb v. 7. VI. 09 (RGBl. S. 499) Platz. Die Vorschrift des § 1 (Generalklausel) trifft die Nr. 1 u. 2 des § 40, die des § 3 (unlautere Reklame u. a. durch unrichtige Angaben über geschäftliche Verhältnisse, die geeignet sind, den Anschein eines besonders günstigen Angebots hervorzurufen), die Nr. 2 des § 40, RG. 9. III. 15 (16, 151); vgl. auch 28. VI. 12 (13, 157). Nach Maßgabe der §§ 1, 3, 13 ist der Anspruch auf Unterlassung und Schadensersatz begründet. Das UWG. findet auch Anwendung auf die fälschliche Berühmung eines ausländischen Patents und einer inländischen Patentanmeldung (vgl. oben Anm. 2). Für den Erlaß einstweiliger Verfügungen gelten besondere Erleichterungsvorschriften (§ 25).

Geschieht die unlautere Reklame durch Patentanmaßung wissentlich, so tritt, auf Antrag (§ 22), Bestrafung ein (§ 4). Hier also unter Umständen Idealkonkurrenz mit Vergehen gegen § 40 PG., RG. 9. III. 15, 28. VI. 12 cit. Der Verletzte kann Buße verlangen (§ 26).

Bezüglich des Verhältnisses des § 40 zu dem UWG. bestand unter der Herrschaft des früheren Ges. v. 27. V. 96 Streit. Vgl. RG. 29. IV. 05 (264); 14. XII. 97 (98, 11); 5. XII. 05 (06, 45); LG. Crefeld 18. III. 09, M. u. W. 09 10, 66; KG. 29. IX. 08, Z. f. IR. 09, 192.

Artikel II.

Die Bestimmung im § 28 Absatz 3 des Artikels I findet auf die zurzeit bestehenden Patente mit der Maßgabe Anwendung, daß der Antrag mindestens bis zum Ablauf von drei Jahren nach dem Tage des Inkrafttretens dieses Gesetzes statthaft ist.

Artikel III.

Dieses Gesetz tritt mit dem 1. Oktober 1891 in Kraft.

II.
Ausführungsverordnungen und Bestimmungen.

1. Verordnung
zur
Ausführung des Patentgesetzes vom 7. April 1891 und des Gesetzes, betreffend den Schutz von Gebrauchsmustern, vom 1. Juni 1891.

Vom 11. Juli 1891 (RGBl. S. 349).[1])

Wir **Wilhelm**, von Gottes Gnaden Deutscher Kaiser, König von Preußen usw., verordnen auf Grund der Bestimmungen im § 17 des Patentgesetzes vom 7. April 1891 (Reichs-Gesetzbl. S. 79) und im § 14 des Gesetzes, betreffend den Schutz von Gebrauchsmustern, vom 1. Juni 1891 (Reichs-Gesetzbl. S. 290) im Namen des Reichs, nach erfolgter Zustimmung des Bundesrats, was folgt:

I. Patentangelegenheiten.

§ 1. Im Patentamt werden für die Patentanmeldungen vier[2]) Abteilungen gebildet, welche die Bezeichnung

Anmeldeabteilung

führen und durch den Zusatz I, II, III, IV unterschieden werden.

---

[1]) Wesentlich geändert durch die Bundesratsverordnung über Vereinfachungen im Patentamt v. 9. III. 17 s. § 14 Anm. 1ff.

[2]) Es gibt zurzeit 12 Anmeldeabteilungen.

Der Reichskanzler bestimmt, für welche Gebiete der Technik eine jede der Abteilungen zuständig ist.

Zu dem Geschäftskreis der Anmeldeabteilungen gehören auch die Beschlüsse über Eintragungen und Löschungen in der Patentrolle (§ 19 des Patentgesetzes) für das einer jeden Abteilung zugewiesene Gebiet der Technik.

§ 2. Für Beschwerden gegen die Beschlüsse der Anmeldeabteilungen und der Nichtigkeitsabteilung (§§ 16, 26 des Patentgesetzes) werden zwei Abteilungen gebildet, welche die Bezeichnung

Beschwerdeabteilung

führen und durch den Zusatz I und II unterschieden werden.

Die Beschwerdeabteilung I ist zuständig für Beschwerden gegen Beschlüsse der Anmeldeabteilungen I und II, sowie für Beschwerden gegen Beschlüsse der Nichtigkeitsabteilung. Die Beschwerdeabteilung II ist zuständig für Beschwerden gegen Beschlüsse der Anmeldeabteilungen III und IV.

Die Beschwerdeabteilungen sind außerdem, und zwar jede innerhalb des durch Absatz 2 festgesetzten Geschäftskreises, zuständig für die vom Patentamt abzugebenden Gutachten.

§ 3. Meinungsverschiedenheiten zwischen mehreren Abteilungen über die Zuständigkeit werden von dem Präsidenten entschieden.

Für Anträge oder Gesuche, welche andere als die in den §§ 1 und 2 bezeichneten Angelegenheiten betreffen, wird die Zuständigkeit von dem Präsidenten bestimmt.

§ 4. Die Geschäftsleitung in den Anmeldeabteilungen steht dem zum Vorsitz berufenen rechtskundigen oder technischen[1]) Mitgliede, die Geschäftsleitung in den Beschwerdeabteilungen und in der Nichtigkeitsabteilung dem Präsidenten zu. Über die Vertretung des Präsidenten im Vorsitz trifft der Reichskanzler Bestimmung.

§ 5. Die Zuweisung der Mitglieder an die Abteilungen erfolgt durch den Reichskanzler.

Im Falle des Todes, der Erkrankung oder der längeren Abwesenheit eines Mitgliedes können in die davon betroffene Abteilung, solange das Bedürfnis dieses erfordert, durch den Präsidenten Mitglieder anderer Abteilungen zur Aushilfe berufen werden.

§ 6. In den Abteilungen trifft der Vorsitzende die für den Fortgang der Sachen erforderlichen Verfügungen.

In den Anmeldeabteilungen bezeichnet er für jede Klasse der Anmeldungen im voraus das Mitglied, welchem die Vorprüfung (§ 21 des Patentgesetzes) obliegt, sowie einen weiteren Berichterstatter für das Verfahren nach Erlaß des Vorbescheides.

In den Beschwerdeabteilungen und in der Nichtigkeitsabteilung bezeichnet der Präsident für jede Klasse im voraus zwei Berichterstatter.

An Stelle der hiernach berufenen Mitglieder können für den einzelnen Fall andere Berichterstatter bezeichnet werden.

Die Berichterstatter halten den mündlichen Vortrag in der Sitzung und entwerfen alle Beschlüsse und Ent-

[1]) Abgeändert durch AV. v. 25. X. 99.

scheidungen. Der Vorsitzende prüft die Entwürfe und stellt sie fest. Über sachliche Meinungsverschiedenheiten beschließt die Abteilung.

§ 7. In den Anmeldeabteilungen bedarf es der Beratung und Abstimmung in einer Sitzung für Beschlüsse über die Bekanntmachung der Anmeldung, sowie für Beschlüsse, durch welche die Anmeldung oder ein Einspruch ganz oder teilweise zurückgewiesen wird.

Für die Beschlüsse der Beschwerdeabteilungen, durch welche eine auf Grund des § 16 des Patentgesetzes erhobene Beschwerde erledigt wird, sowie für die nach §§ 26, 29 und 30 des Patentgesetzes ergehenden Entscheidungen der Beschwerdeabteilungen und der Nichtigkeitsabteilung bedarf es der Beratung und Abstimmung in einer Sitzung. An den Entscheidungen nehmen außer dem Präsidenten und dem weiteren rechtskundigen Mitgliede die beiden für die Sache bestellten Berichterstatter und ein drittes von dem Präsidenten vorher bestimmtes technisches Mitglied teil. *Soweit über Beschwerden auf Grund des § 26 des Patentgesetzes zu entscheiden ist, kann die Vertretung des Präsidenten im Vorsitz auch einem technischen Mitgliede übertragen werden; in diesem Falle nehmen an der Entscheidung außer dem Vorsitzenden und den beiden Berichterstattern zwei rechtskundige Mitglieder teil*.

§ 8. Bei den Abstimmungen entscheidet die absolute Mehrheit der Stimmen, bei Stimmengleichheit die Stimme des Vorsitzenden.

Ist eine Anhörung der Beteiligten (Patentgesetz § 25, § 26 Absatz 3, § 30 Absatz 2) vorhergegangen, so kann ein

— eingefügt durch Verordnung v. 29. IV. 04.

Mitglied, welches hierbei nicht zugegen gewesen ist, an der Abstimmung nicht teilnehmen.

§ 9. Dem Präsidenten liegt es ob, auf eine gleichmäßige Behandlung der Geschäfte und auf die Beobachtung gleicher Grundsätze hinzuwirken. Zu diesem Behufe ist er befugt, den Beratungen aller Abteilungen beizuwohnen, auch sämtliche Mitglieder zu Plenarversammlungen zu vereinigen und die Beratung des Plenums über die von ihm vorgelegten Fragen herbeizuführen.

§ 10. Die Sitzungen der Abteilungen finden der Regel nach an bestimmten Tagen und zu bestimmten Stunden statt. Die Verfügung darüber steht dem Präsidenten zu.

§ 11. Die Ausfertigungen der Beschlüsse und Entscheidungen der Abteilungen erhalten die Unterschrift:

Kaiserliches Patentamt[1])

und zusätzlich die vorschriftsmäßige Bezeichnung der Abteilung.

§ 12. Für das Zustellungswesen gelten folgende Vorschriften:

1. Zustellungen, welche den Lauf der im § 26 Absatz 1 des Patentgesetzes bezeichneten Frist bedingen, sowie Zustellungen in dem Verfahren vor der Nichtigkeitsabteilung erfolgen durch die Post. Auf diese Zustellungen finden die Vorschriften der Zivilprozeßordnung mit nachstehenden Maßgaben Anwendung.

---

[1]) Das Patentamt hat die Amtsbezeichnung „Reichspatentamt" erhalten, s. Blatt 1919, 17.

Der vom Präsidenten bestimmte Beamte trägt für die Bewirkung der Zustellung Sorge und beglaubigt die zu übergebenden Abschriften. Er übergibt die Schriftstücke in einem verschlossenen, mit der Adresse der Person, an welche zugestellt werden soll, sowie mit der Geschäftsnummer versehenen Briefumschlag der Post zur Zustellung. Auf den Briefumschlag wird der Vermerk gesetzt: „Vereinfachte Zustellung". Eine Bescheinigung der Übergabe an die Post (Zivilprozeßordnung §§ 177, 179) ist nicht erforderlich.

Die von dem Postboten aufzunehmende Zustellungsurkunde muß die Adresse und die Geschäftsnummer des Briefes, den Ort und die Zeit der Zustellung, sowie die Person, welcher zugestellt ist, und wenn die Zustellung nicht an den Adressaten persönlich erfolgt ist, den Grund hiervon angeben. Die Urkunde ist von dem Postboten zu unterschreiben. Abschrift der Zustellungsurkunde wird nicht übergeben. Der Tag der Zustellung ist von dem Postboten auf dem Briefumschlag zu vermerken.

2. Zustellungen, welche den Lauf sonstiger Fristen bedingen, erfolgen mittels eingeschriebenen Briefes.

Kann in den Fällen der Nr. 1 und 2 eine Zustellung im Inlande nicht erfolgen, so wird sie durch Aufgabe zur Post nach Maßgabe der §§ 161, 175[1]) der Zivilprozeßordnung bewirkt.

[1]) Da nach der Bestimmung des § 1 Abs. 2 des Gesetzes betr. die Ermächtigung des Reichskanzlers zur Bekanntmachung der Texte verschiedener Reichsgesetze v. 17. V. 98 (RGBl.

§ 13. Zeugen und Sachverständige erhalten Gebühren nach Maßgabe der Gebührenordnung vom 30. Juni 1878 (Reichs-Gesetzbl. S. 173).

§ 14. Zu den Kosten des Verfahrens, über welche das Patentamt nach § 26 Absatz 5 und § 31 des Patentgesetzes zu bestimmen hat, gehören außer den aus der Kasse des Patentamts bestrittenen Auslagen diejenigen den Beteiligten erwachsenen Kosten, welche nach freiem Ermessen des Patentamts zur zweckentsprechenden Wahrung der Ansprüche und Rechte notwendig waren.

§ 15. Ist eine Patentgebühr (§ 8 Absatz 2 des Patentgesetzes) nicht innerhab sechs Wochen nach der Fälligkeit entrichtet, so benachrichtigt das Patentamt hiervon den Patentinhaber [2]).

Aus dem Umstande, daß der Patentinhaber eine Benachrichtigung nicht erhält, erwachsen Rechtsfolgen nicht.

S. 342), soweit in Reichsgesetzen auf Vorschriften der ZPO. verwiesen ist, die entsprechenden Vorschriften des neuen Textes (20. V. 98, RGBl. S. 410ff.) an ihre Stelle getreten sind, so muß nunmehr statt des ehemaligen § 175 der neue § 213 ZPO. als in § 12 Abs. 2 V. in Bezug genommen gelten. Danach bedarf es nicht mehr der vom Kanzleidiener ausgestellten Zustellungsurkunde. Es genügt, daß der absendende Kanzleidiener auf der Urschrift des zuzustellenden Bescheides vermerkt: „Aufgegeben zur Post am “ und diesen Vermerk mit Namen und Amtsbezeichnung unterschreibt

[2]) Nach § 2 der zu dem Gesetz betr. eine verlängerte Schutzdauer bei Patenten und Gebrauchsmustern usw. v. 27. IV. 20 erlassenen Ausführungebestimmungen v. 8. V. 20 (s. III, 7) ist bei Patenten, die erloschen und nach gesetzlicher Vorschrift wieder in Kraft getreten sind, bis auf weiteres von der Benachrichtigung abzusehen.

§ 16. Die Orte außerhalb Berlins, an welchen eine Auslegung der Patentanmeldungen erfolgen soll, sowie die Art und Zeitdauer dieser Auslegung werden vom Reichskanzler bezeichnet. Wenn eine Auslegung an diesen Orten unterbleibt, so wird dadurch ein Mangel des Verfahrens nicht begründet.

§ 17. Der Präsident verfügt im Einvernehmen mit der für die Anmeldung zuständigen Abteilung über Modelle und Proben, deren Rückgabe nicht binnen sechs Monaten nach endgültiger Abweisung der Anmeldung oder nach der Bekanntmachung von der Erteilung des Patents (§ 27 Absatz 1 des Patentgesetzes) beantragt ist.

§ 18. Soweit für Patentangelegenheiten aus der Zeit vor dem 1. Oktober 1891 Übergangsbestimmungen erforderlich sind, werden dieselben vom Reichskanzler erlassen.

II. Angelegenheiten des Gebrauchsmusterschutzes.

§ 19. Für Anträge in Sachen des Schutzes von Gebrauchsmustern wird in dem Patentamt eine besondere Anmeldestelle errichtet.

Die Leitung dieser Stelle liegt einem von dem Reichskanzler bezeichneten rechtskundigen Mitgliede ob.

Im Falle einer Verhinderung dieses Mitgliedes kann der Präsident einem anderen rechtskundigen Mitgliede die Vertretung übertragen.

§ 20. Die Verfügungen der Anmeldestelle erhalten die Unterschrift:

Kaiserliches Patentamt,
Anmeldestelle für Gebrauchsmuster.

§ 21. Über Vorstellungen gegen die Verfügung der Anmeldestelle befindet der Präsident.

§ 22. Änderungen in der Person des Eingetragenen oder des nach § 13 Absatz 2 des Gesetzes vom 1. Juni 1891 bestellten Vertreters, welche in der Rolle vermerkt werden sollen, sind in beweisender Form zur Kenntnis des Patentamts zu bringen.

§ 23. Nach der Eintragung in der Rolle erhält der Eingetragene eine Ausfertigung des Eintragungsvermerks.

§ 24. Der Präsident verfügt über Modelle, deren Rückgabe nicht binnen vier Jahren nach Ablauf der Schutzfrist beantragt wird.

III. Gemeinschaftliche Bestimmungen.

§ 25. Die Einrichtung der Bureaus, die Verwaltung der Kasse, der Bibliothek und der Sammlungen werden durch den Präsidenten geordnet. Der Präsident erläßt die erforderlichen Geschäftsanweisungen.

§ 26. Die Leitung und Beaufsichtigung des gesamten Geschäftsbetriebes steht dem Präsidenten zu. Er verfügt in allen Verwaltungsangelegenheiten.

§ 27. Sämtliche eingehende Geschäftssachen werden, ohne Rücksicht auf ihren verschiedenen Inhalt, nach der Zeit ihres Eingangs mit einer laufenden Nummer, als Geschäftsnummer, und mit dem Datum bezeichnet.

Geschäftssachen, welche während der Dienststunden eingehen, sind alsbald, andre Geschäftssachen bei dem Wiederbeginn der Dienststunden von dem dazu bestimmten Beamten hiernach zu bezeichnen. Wenn die Reihe des Eingangs nicht feststeht, so sind sie nach der

Reihe, in welcher sie von dem Beamten übernommen werden, mit der Bezeichnung zu versehen.

Von zwei an demselben Tage an das Patentamt gelangten Geschäftssachen gilt diejenige als später eingegangen, welche die höhere Geschäftsnummer trägt.

§ 28. Vertreter in Patentangeglegenheiten und in Angelegenheiten des Gebrauchsmusterschutzes haben dem Patentamt gegnüber ihre Bevollmächtigung durch eine Vollmacht nachzuweisen.

Die Vollmachten müssen auf prozeßfähige, mit ihrem bürgerlichen Namen bezeichnete Personen lauten.

Sind mehrere Personen bevollmächtigt, so gelten dieselben für befugt, sowohl gemeinschaftlich als auch einzeln die Vertretung wahrzunehmen. Eine abweichende Bestimmung dürfen die Vollmachten nicht enthalten.

§ 29. Das Patentamt kann nach seinem Ermessen von den bei ihm beruhenden Eingaben und Verhandlungen, soweit die Einsicht in dieselben gesetzlich nicht beschränkt ist, an jedermann Abschriften und Auszüge gegen Einzahlung der Kosten erteilen.

§ 30. Das Siegel des Patentamts enthält in der Mitte den Reichsadler und in der Umschrift die Worte „Kaiserliches Patentamt“ [1]).

---

[1]) Jetzt „Reichspatentamt“.

2. Verordnung,
betreffend
das Berufungsverfahren beim Reichsgericht in Patentsachen.

Vom 6. Dezember 1891 (RGBl. 1891, Nr. 28, S. 389).

Wir **Wilhelm,** von Gottes Gnaden Deutscher Kaiser, König von Preußen usw. verordnen auf Grund des § 33 des Patentgesetzes vom 7. April 1891 (Reichs-Gesetzbl. S. 79) im Namen des Reichs, nach erfolgter Zustimmung des Bundesrats, was folgt:

§ 1. Die in Gemäßheit des § 33 Absatz 1 des Patentgesetzes vom 7. April 1891 bei dem Patentamt einzureichende Berufungsschrift muß die Berufungsanträge sowie die Angabe der neuen Tatsachen und Beweismittel enthalten, welche der Berufungskläger geltend machen will.

§ 2. Ist die Berufungsschrift nicht rechtzeitig eingegangen oder nicht in deutscher Sprache abgefaßt oder enthält sie nicht die Berufungsanträge, so hat das Patentamt die Berufung als unzulässig zu verwerfen.

Der Berufungskläger kann binnen einer Woche nach Zustellung dieses Beschlusses auf die Entscheidung des Reichsgerichts antragen.

§ 3. Ist die Berufung zulässig, so wird die Berufungsschrift von dem Patentamt dem Berufungsbeklagten mit der Auflage mitgeteilt, seine schriftliche Erklärung innerhalb eines Monats nach der Zustellung bei dem Patentamt einzureichen.

Die Erklärung muß die Gegenanträge sowie die Angabe der neuen Tatsachen und Beweismittel enthalten, welche der Berufungsbeklagte geltend machen will.

§ 4. Das Patentamt legt die Verhandlungen nebst den Akten erster Instanz dem Reichsgericht vor und benachrichtigt hiervon die Parteien unter Mitteilung der Gegenerklärung an den Berufungskläger.

§ 5. Das Reichsgericht trifft nach freiem Ermessen die zur Aufklärung der Sache erforderlichen Verfügungen.

Beweiserhebungen können durch Vermittlung des Patentamts erfolgen.

§ 6. Das Urteil des Reichsgerichts ergeht nach Ladung und Anhörung der Parteien.

Die Ladungsfrist beträgt mindestens zwei Wochen.

§ 7. Die Geltendmachung neuer Tatsachen und Beweismittel im Termin ist nur insoweit zulässig, als sie durch das Vorbringen des Berufungsbeklagten in der Erklärungsschrift veranlaßt wird.

Das Gericht kann auch Tatsachen und Beweise berücksichtigen, mit welchen die Parteien ausgeschlossen sind.

Auf eine noch erforderliche Beweisaufnahme findet die Bestimmung im § 5 Anwendung.

Soll das Urteil auf Umstände gegründet werden, welche von den Parteien nicht berührt sind, so sind diese zu veranlassen, sich hierüber zu äußern.

§ 8. Von einer Partei behauptete Tatsachen, über welche die Gegenpartei sich nicht erklärt hat, können für erwiesen angenommen werden.

Erscheint im Termin keine der Parteien, so ergeht das Urteil auf Grund der Akten.

§ 9. Das Reichsgericht kann zu der Beratung Sachverständige zuziehen; dieselben dürfen an der Abstimmung nicht teilnehmen.

§ 10. Zu den Kosten des Verfahrens, über welche das Reichsgericht nach § 33 Absatz 2 des Patentgesetzes zu bestimmen hat, gehören außer den aus der Klasse des Patentamts zu bestreitenden Auslagen diejenigen den Parteien erwachsenen Auslagen, welche nach freiem Ermessen des Gerichtshofes zur zweckentsprechenden Wahrung der Ansprüche und Rechte notwendig waren.

§ 11. In dem Termin ist ein Protokoll aufzunehmen, welches den Gang der Verhandlung im allgemeinen angibt.

Das Protokoll ist von dem Vorsitzenden und dem Gerichtsschreiber zu unterschreiben.

§ 12. Die Verkündung des Urteils erfolgt in dem Termin, in welchem die Verhandlung geschlossen ist, oder in einem sofort anzuberaumenden Termin.

Wird die Verkündung der Entscheidungsgründe für angemessen erachtet, so erfolgt sie durch Verlesung der Gründe oder durch mündliche Mitteilung des wesentlichen Inhalts.

Die Ausfertigungen des mit Gründen zu versehenden Urteils werden durch Vermittlung des Patentamts zugestellt.

§ 13. Wird beantragt, daß in Abänderung der Entscheidung des Patentamts die Zurücknahme des Patents auf Grund des § 11 Nr. 2 des Patentgesetzes ausgesprochen werde, so findet die Vorschrift des § 30 Absatz 3 dieses Gesetzes entsprechende Anwendung.

§ 14. Die zur Praxis bei dem Reichsgericht zugelassenen Rechtsanwälte sind befugt, im Berufungsverfahren in Patentsachen die Vertretung zu übernehmen.

Den Parteien und deren Vertretern ist es gestattet, mit einem technischen Beistande zu erscheinen.

§ 15. Im übrigen ist für das Berufungsverfahren in Patentsachen das den Geschäftsgang beim Reichsgericht normierende Regulativ maßgebend.

---

3. Bestimmungen
über die
Anmeldung von Erfindungen
vom 21. November 1919.

Auf Grund des § 20 Abs. 2 des Patentgesetzes vom 7. April 1891 werden die nachfolgenden Bestimmungen über die Erfordernisse einer Patentanmeldung erlassen. Sie treten vom 1. Januar 1920 ab an die Stelle der Bestimmungen vom 22. November 1898.

§ 1. Die Anmeldung einer Erfindung behufs Erteilung eines Patents geschieht in der Form eines an das Reichspatentamt zu richtenden, schriftlichen Gesuchs, dem die sonst erforderlichen Stücke als Anlagen beizufügen sind.

§ 2. Das Gesuch muß enthalten:

a) die Angabe des Vor- und Zunamens, bei Frauen außerdem des Familienstandes und des Geburtsnamens, des Wohnortes oder des Sitzes des Anmelders; bei größeren Städten auch die Angabe von Straße und Hausnummer der Wohnung; bei ausländischen Orten auch die Angabe des Staates und Bezirkes. Durch diese Angaben muß jeder Zweifel auch darüber ausgeschlossen sein, ob das Patent von einzelnen Personen oder von einer Gesellschaft, von dem Inhaber einer Firma auf seinen bürgerlichen Namen oder von einer Firma nachgesucht wird;

b) eine für die Veröffentlichung (§ 23 Abs. 2 des Patentgesetzes) geeignete Benennung der Erfindung;

c) die Erklärung, daß für die Erfindung ein Patent nachgesucht wird. Bei Zusatzanmeldungen ist die Angabe des älteren Patents nach Gegenstand und Nummer oder der älteren Anmeldung nach Gegenstand und Aktenzeichen erforderlich;

d) falls der Anmelder einen Vertreter bestellt hat, die Angabe der Person, der Berufsstellung und des Wohnorts des Vertreters. Als Anlage ist eine Vollmacht beizufügen, die nach § 28 der Verordnung vom 11. Juli 1891 (RGBl. S. 349) auf prozeßfähige, mit ihrem bürgerlichen Namen bezeichnete Personen (nicht also z. B. auf eine Firma) auszustellen ist.

Eine Beglaubigung der Unterschrift des Anmelders unter der Vollmacht ist auf besonderes Erfordern des Patentamts beizubringen;

e) falls mehrere Personen ohne Bestellung eines gemeinsamen Vertreters anmelden, die Benennung derjenigen Person, der die amtlichen Verfügungen zugesandt werden sollen;

f) die Unterschrift des Anmelders (der Anmelder) oder des Vertreters.

Anmerkung: Nach den Bestimmungen des Art. II des Gesetzes zur Ausführung der revidierten Pariser Übereinkunft vom 2. Juni 1911 zum Schutze des gewerblichen Eigentums vom 31. März 1913 (RGBl. S. 236ff.) und der Bekanntmachung des Reichskanzlers, betr. die Geltendmachung des im Art. 4 dieser Übereinkunft vorgesehenen Prioritätsrechts, vom 8. April 1913 (RGBl. S. 241) ist die im Art. 4 Abs. d der Übereinkunft vorgesehene Prioritätserklärung über Zeit und Land der Voranmeldung bei der Anmeldung des Patents abzugeben; andernfalls wird der Prioritätsanspruch für diese Anmeldung verwirkt.

§ 3. Die Beschreibung und etwaige Nachträge sind in zwei Ausfertigungen einzureichen. Die Schriftstücke, die die Beschreibung bilden, müssen sowohl am Rande als auch zwischen den Zeilen ausreichenden Raum für Zusätze und Änderungen freilassen.

Maße, Gewichte sowie elektrische Einheiten müssen nach den gesetzlichen Vorschriften[1]), Temperaturen nach Celsius angegeben werden. Bei chemischen Formeln sind die in Deutschland üblichen chemischen Zeichen der Elemente, deren Atomgewichte und Molekularformeln anzuwenden.

Die Aufnahme bildlicher Darstellungen in die Beschreibung ist unzulässig. Im Patentanspruche sind allgemeine Hinweise auf die Zeichnung oder die Beschreibung, z. B. „wie gezeichnet und beschrieben", un-

---

[1]) Vgl. Gesetz vom 1. Juni 1898, betreffend die elektrischen Maßeinheiten (RGBl. S. 905), Gesetz vom 30. Mai 1908 betreffend Maß- und Gewichtsordnung (RGBl. S. 349) und Bundesratsverordnung vom 14. Dezember 1911, betreffend Abkürzung der Maß- und Gewichtsbezeichnungen.

zulässig. Die Ansprüche sind mit fortlaufenden arabischen Ziffern zu versehen.

§ 4. Die zur Veranschaulichung erforderlichen Zeichnungen sind regelmäßig in zwei Ausfertigungen einzureichen.

a) Für die Druckzeichnung ist weißes, starkes und glattes Zeichenpapier zu verwenden.

Das Blatt der Druckzeichnung soll der üblichen Papiergröße (zurzeit 33 cm hoch und 21 cm breit) entsprechen. Die Aktenzeichnung darf von beliebiger Breite sein, doch darf das Höhenmaß das der üblichen Papiergröße (zurzeit 33 cm) nicht überschreiten. Für die Druckzeichnung wie für die Aktenzeichnung ist die Verwendung mehrerer Blätter zulässig.

b) Die Druckzeichnung muß sich zur Verkleinerung im Lichtdruckverfahren eignen.

Die Darstellungen und Schriftzeichen sind in tiefschwarzen, kräftigen, scharf begrenzten und unverwischbaren Linien nach den Regeln des technischen Zeichnens auszuführen. Auf der Druckzeichnung sind Querschnitte entweder tiefschwarz anzulegen oder durch Schrägstriche in tiefschwarzen Linien zum Ausdruck zu bringen. Ist ausnahmsweise, z. B. zur Darstellung unebener Flächen, eine Schattengebung erforderlich, so darf sie ebenfalls nur in tiefschwarzen Linien ausgeführt werden. Die Anwendung bunter Farben ist bei der Druckzeichnung unzulässig.

Die Druckzeichnungen dürfen weder gefaltet noch gerollt werden, sondern sind in glattem Zustande vorzulegen.

Als Aktenzeichnung ist die auf Zeichenleinwand gefertigte Durchzeichnung der Druckzeichnung einzureichen. Zulässig sind statt dieser auch auf gewöhnlicher Leinwand gefertigte oder aufgezogene Pausen, aber keine Lichtpausen.

c) Die einzelnen Darstellungen müssen durch einen angemessenen Zwischenraum voneinander getrennt sein.

d) Sie sind nach ihrer Stellung fortlaufend und ohne Rücksicht auf die Anzahl der Blätter mit Zahlen zu versehen.

e) Alle auf den Zeichnungen angebrachten Schriftzeichen müssen einfach und deutlich sein.

Für die einzelnen Teile der Darstellungen sind Bezugszeichen nur soweit zu verwenden, als ein Hinweis auf die Darstellung des betreffenden Teiles in der Beschreibung zum Verständnis der Erfindung erforderlich ist.

Dieselben Teile müssen in allen Darstellungen gleiche Bezugszeichen erhalten, die mit den Bezugszeichen der Beschreibung genau übereinstimmen müssen. Für verschiedene Teile dürfen die gleichen Bezugszeichen nicht verwendet werden, auch wenn die Darstellungen auf verschiedenen Blättern stehen.

f) Erläuterungen sind in die Zeichnung nicht aufzunehmen. Ausgenommen sind kurze Angaben wie „Wasser", „Dampf", „Schnitt nach A B (Abb. 3)" sowie Inschriften, die auf den dargestellten Gegenständen angebracht werden sollen, z. B. „offen", „zu".

Alle Angaben müssen in deutscher Sprache erfolgen.

g) In der rechten unteren Ecke jedes Blattes ist der Name des Anmelders anzugeben.

h) Druckzeichnungen, die sich bei der Herstellung der Patentschrift als mangelhaft erweisen, sind auf Anfordern durch fehlerfreie Zeichnungen zu ersetzen.

Anmerkung: Aus Anlaß des Krieges sind bezüglich der Zeichnungen folgende Erleichterungen zugelassen worden, die bis auf weiteres in Kraft bleiben:

1. Für die Aktenzeichnung ist die Verwendung von Leinwand nicht erforderlich, vielmehr ist eine Zeichnung auf starkem Pauspapier (Glaspapier) oder ein Lichtbild in schwarzen Linien auf weißem Grunde oder in weißen Linien auf braunem Grunde ausreichend.

2. Als Druckzeichnung genügt bis zum Beschluß über die Bekanntmachung der Anmeldung ein zweites Stück der Aktenzeichnung.

(Bekanntmachung vom 4. Januar 1917 im Blatt für Patent-, Muster- und Zeichenwesen S. 1.)

3. Die Druckzeichnung ist bis zum Beschlusse über die Bekanntmachung der Anmeldung nur dann vorzulegen, wenn das Patentamt es fordert. Handelt es sich um einen Gegenstand einfacherer Art, so genügt für die Aktenzeichnung zunächst eine ohne Einhaltung der Regeln des technischen Zeichnens gefertigte Darstellung (Handskizze).

(Bekanntmachung vom 22. Januar 1918 im Blatt für Patent-, Muster- und Zeichenwesen S. 3.)

4. Zur Herstellung der Druckzeichnung kann außer Pausleinen, Zeichen- und Ölpapier auch gutes weißes Schreibpapier benutzt werden.

§ 5. Die für die Veranschaulichung der Erfindung bestimmten Modelle und Probestücke brauchen nur in einer Ausführung eingereicht zu werden.

Proben sind stets einzureichen zu den Anmeldungen, welche die Herstellung neuer chemischer Stoffe betreffen. Ausgenommen sind leicht entzündliche Stoffe und solche mit Sprengwirkung; ihre Einsendung ist nur auf besondere Aufforderung zulässig.

Bildet ein chemisches Verfahren von allgemeiner Anwendbarkeit, nach dem ganze Gruppen von Stoffen hergestellt werden können, den Gegenstand der Anmeldung, so sind Proben der Vertreter der Gruppen einzureichen. Werden jedoch besondere Ausführungsformen eines chemischen Verfahrens unter Aufzählung der einzelnen nach ihnen entstehenden Stoffe beansprucht, so sind die Stoffe sämtlich mit Proben zu belegen. Bei Farbstoffen sind außerdem Ausfärbungen auf Wolle, Seide oder Baumwolle in je einer Ausführung beizufügen.

Über die Beschaffenheit der Modelle und Probestücke gilt folgendes:

a) Modelle und Probestücke, die leicht beschädigt werden können, sind in festen Hüllen einzureichen. Gegenstände von kleinem Umfange sind auf steifem Papier zu befestigen.

b) Proben von giftigen, ätzenden, sprengenden oder leicht entzündlichen Stoffen sind auf der Umhüllung und, soweit möglich, auf dem Gegenstande selbst durch eine deutliche Aufschrift als solche zu kennzeichnen.

c) Proben chemischer Stoffe sind in Glasflaschen ohne vorspringenden Fuß von etwa 3 cm äußerem Durchmesser und 8 cm Gesamthöhe einzureichen; die Flaschen sind mit einem haltbaren Siegel zu verschließen und mit einer dauerhaft befestigten Inhaltsangabe zu versehen. Den Proben ist ein nach der Beschreibung oder dem Patentanspruche geordnetes Verzeichnis beizulegen.

d) Ausfärbungen müssen möglichst flach auf steifem Papier in der üblichen Größe (zurzeit 33 cm hoch und 21 cm breit) dauerhaft befestigt und mit genauen, den Angaben der Beschreibung entsprechenden Aufschriften versehen sein. Den Ausfärbungen ist eine Beschreibung des angewendeten Färbeverfahrens beizulegen mit genauen Angaben über den Gehalt der Flotte an Farbstoff, die etwa gebrauchten Beizen, die Temperatur usw., sowie auch darüber, ob die gebrauchte Flotte erschöpft war oder erheblichere Mengen von Farbstoff zurückgehalten hat.

§ 6. Die Anlagen des Gesuches müssen mit einer ihre Zugehörigkeit zur Anmeldung kennzeichnenden Aufschrift versehen sein. Dasselbe gilt für Modelle und Probestücke.

Schriftstücke, die anderen Personen mitzuteilen sind, oder die mehrere Anmeldungen betreffen, sind in der dazu erforderlichen Zahl von Ausfertigungen einzureichen.

Zu allen Schriftstücken ist dauerhaftes, nicht durchscheinendes weißes Papier, zu Schriftstücken, die Anträge enthalten oder zur Beschreibung der Erfindung gehören, Papier in der üblichen Seitengröße (zurzeit 33 cm zu 21 cm) zu verwenden.

Alle Schriftstücke müssen unverwischbar, leicht lesbar sein und dürfen nicht abfärben. Die Schriftzüge müssen in dunkler Farbe ausgeführt sein. Schriftstücke, besonders die mittels der Schreibmaschine hergestellt sind, müssen zwischen den einzelnen Wörtern und Zeilen einen angemessenen Zwischenraum aufweisen.

Allen Schriftstücken, die nicht in deutscher Sprache abgefaßt sind, ist eine von einem öffentlich bestellten Sprachkundigen angefertigte deutsche Übersetzung beizufügen. Die Unterschrift des Übersetzers sowie die Tatsache, daß dieser für derartige Zwecke öffentlich bestellt ist, bedarf auf Erfordern des Patentamts der urkundlichen Beglaubigung. * Diese Vorschrift findet keine Anwendung auf die Prioritätsnachweise gemäß der revidierten Pariser Übereinkunft vom 2. Juni 1911 zum Schutze des gewerblichen Eigentums. Ob für einen solchen Nachweis eine Übersetzung beizubringen ist, wird im Einzelfalle durch die zuständige Dienststelle bestimmt.*

Auf den später eingereichten Anmeldestücken ist der Name des Anmelders und das Aktenzeichen anzugeben.

Die Sendungen an das Patentamt müssen kostenfrei eingehen.

---

4. Bekanntmachung

zur

Erläuterung der Bestimmungen über die Anmeldung von Erfindungen

vom 21. November 1919.

Durch Bekanntmachung vom heutigen Tage hat das Reichspatentamt neue Bestimmungen über die

— Zusatz gemäß Bestimmung vom 30. April 1920.

Anmeldung von Erfindungen erlassen. Im Anschluß an diese Bestimmungen werden die nachstehenden Erläuterungen herausgegeben, die den Beteiligten einen weiteren Anhalt für die Anfertigung und Einreichung einer Patentanmeldung darbieten sollen. Sie stellen nicht Vorschriften dar, die zur Vermeidung der Zurückweisung der Anmeldung befolgt werden müssen, sondern nur Ratschläge, deren Befolgung im eigenen Interesse der Beteiligten liegt.

1. Gebühr.

Die Anmeldegebühr kann unmittelbar bei der Kasse des Reichspatentamts (Berlin SW 61, Gitschiner Straße 97—103) eingezahlt werden. Die Barzahlung ist jedoch nicht erwünscht. Vielmehr wird zur Förderung des bargeldlosen Verkehrs von den Bank- oder Postscheckkontoinhabern Zahlung durch Überweisung erbeten. Die Kasse hat Reichsbank-Girokonto und besitzt das Postscheckkonto Berlin Nr. 2. Schecks sind zweckmäßig mit dem Vermerk: „Nur zur Verrechnung" zu versehen. Nichtkontoinhaber können die Gebühr auf das Postscheckkonto der Kasse mittels Zahlkarte bei jedem Postamt im Gebiete des Deutschen Reiches einzahlen.

In allen Fällen ist der Verwendungszweck des Geldes anzugeben.

Die Beifügung baren Geldes als Anlage der Schriftstücke ist zu vermeiden.

2. Gesuch.

(a) Ein Antrag auf Aussetzung der Bekanntmachung § 23 Abs. 4 des Patentgesetzes) wird entweder in einem besonderen Schriftstück einzureichen oder, falls er mit dem Anmeldegesuch oder mit anderen Erklärungen verbunden wird, augenfällig, z. B. durch Unterstreichen oder in Rotschrift, hervorzuheben sein.

Für die Aussetzung der Bekanntmachung auf länger als drei Monate bedarf es einer Begründung. Es empfiehlt sich, die Begründung erst gegen Ende der ersten Frist beizubringen.

b) Falls der Anmelder den Schutz auf Grund des Gesetzes vom 18. März 1904, betreffend den Schutz von Erfindungen und Mustern und Warenzeichen auf Ausstellungen (RGBl. S. 141), in Anspruch nimmt, soll ein entsprechender Antrag in das Gesuch aufgenommen werden.

c) Soll für den Fall der Zurückweisung einer Patentanmeldung derselbe Gegenstand in die Rolle für Gebrauchsmuster eingetragen werden, so bedarf es hierzu einer besonderen an das „Reichspatenamt, Anmeldestelle für Gebrauchsmuster" zu richtenden Anmeldung.

3. Beschreibung.

a) Die Beschreibung soll alle nicht streng zur Sache gehörigen Ausführungen vermeiden, mithin sich auf dasjenige beschränken, was zur Erläuterung der Erfindung und zur Rechtfertigung des Inhalts des Patentanspruchs unbedingt erforderlich ist. — Sie beginnt am besten mit der Bezeichnung des mit der Erfindung verfolgten Zweckes unter kurzer Angabe des Standes der Technik. Im Anschlusse hieran ist das technische Problem anzugeben, das durch die Erfindung gelöst werden soll. Nunmehr if die

Problemlösung im einzelnen, soweit erforderlich, an der Hand der Zeichnung zu erläutern, wobei soviel wie möglich auf die zusammenhängende Darlegung des Arbeitsgangs oder der Wirkungsweise Bedacht zu nehmen ist. Soweit hierbei an sich bekannte Einzelheiten Verwendung finden, wird dies ausdrücklich zu erwähnen sein. Endlich wird unter Angabe des gewerblichen Anwendungsgebiets der Erfindung auszuführen sein, worin der mit der Erfindung erzielbare, die Patentfähigkeit begründende wesentliche Fortschritt gegenüber dem Bekannten liegen soll.

b) Ergibt sich die Einheit der Erfindung im Sinne des § 20 Abs. 1 Satz 2 PG. nicht von selbst, so soll in der Beschreibung angegeben werden, daß und weshalb das der Erfindung zugrunde liegende Problem einheitlich ist, und daß und weshalb alle Erfindungsteile für die Problemlösung notwendig oder doch förderlich sind (vgl. Entscheidung der BA. I vom 24. September 1913, Blatt für Patent-, Muster- und Zeichenwesen S. 292ff.).

4. Zeichnung.

a) Auf den Aktenzeichnungen sind in der Regel die Darstellungen und Bezeichnungen so zu stellen, daß für den Beschauer die 33-cm-Kante aufrecht steht. Am linken und rechten Rande ist ein mindestens 3 cm breiter Raum frei zu lassen.

b) Bei Zusatzanmeldungen werden für Teile, die bereits in dem älteren Patente sich vorfinden, die dort für diese Teile gewählten Bezugszeichen beizubehalten sein.

Für die Bezugszeichen sind die kleinen lateinischen Buchstaben (a, b, c) in einfacher, leicht lesbarer Schrift zu verwenden. Sind mehr als 25 Zeichen nötig, so sind arabische Ziffern zu verwenden. Zur Bezeichnung von Schnittlinien dienen die großen lateinischen Buchstaben. Winkel sind mit kleinen griechischen Buchstaben (α, β, γ) zu bezeichnen.

Die Beifügung von Strichen, Häkchen oder Ziffern zu den Bezugszeichen ist zu vermeiden. Nur wenn innerhalb derselben Darstellung ein Teil in mehreren Stellungen gezeichnet wird, ist unter Beibehaltung desselben Zeichens für alle Stellungen, die Unterscheidung durch oben rechts angebrachte Striche oder Ziffern herbeizuführen.

Ist unmittelbar bei den dargestellten Teilen kein genügender Raum für die Bezugszeichen vorhanden, so sind die Teile mit den möglichst nahe zu setzenden Zeichen durch geschwungene Linien zu verbinden.

Bewegungsrichtungen sind durch Pfeile anzudeuten, falls dadurch das Verständnis erleichtert wird.

Projektions- und Mittellinien sind in der Regel wegzulassen.

5. Anspruch.

Der Patentanspruch soll in einem einzigen geschlossenen Satze nach Art einer logischen Begriffsbestimmung abgefaßt werden; wo dies sachliche oder sprachliche Schwierigkeiten bereitet, können auch mehrere Sätze gebildet werden (vgl. Entscheidung der BA. II vom 28. Januar 1913, Blatt für Patent-, Muster- und Zeichenwesen S. 35ff.).

Der Anspruch geht in seinen einleitenden Worten zweckmäßig von der dem Erfundenen nächst übergeordneten, bekannten oder geschützten Gattung technischer Gebilde aus. Dieser „Oberbegriff" des Anspruchs soll auch für die zur Veröffentlichung bestimmte Benennung — wörtlich oder abkürzungsweise — Verwendung finden.

Im Anspruch einer Zusatzanmeldung ist auf das ältere Patent oder die ältere Anmeldung Bezug zu nehmen und weiterhin anzugeben, was am Gegenstande der früheren Erfindung durch die zusätzliche Erfindung eine Verbesserung oder sonstige weitere Ausbildung erfahren soll.

Es sollen nur so viele Bestimmungsmerkmale in den Anspruch aufgenommen werden, als zur Kennzeichnung des Wesens des Erfindungsgegenstandes nötig sind. Nur wenn hierzu der Zweck gehört, ist auch er im Anspruch zu erwähnen. Von unbestimmten Verallgemeinerungen („oder dgl.", „usw."), sowie von Zweckmäßigkeitsangaben ist im Anspruch abzusehen.

Unteransprüche sollen den sachlichen Zusammenhang mit dem Hauptanspruch oder mit anderen Unteransprüchen erkennen lassen. Sachliche Wiederholungen sind in Unteransprüchen zu vermeiden.

In allen Ansprüchen sind die auf die Zeichnung verweisenden Bezugszeichen (Buchstaben oder Zahlen) stets in Klammern zu setzen. Im Oberbegriff der Ansprüche sind Bezugszeichen zu unterlassen.

6. Modelle und Probestücke.

Bei der Einreichung von Modellen und Probestücken ist zu erklären, ob sie im Falle der Entbehrlichkeit zurückgegeben werden sollen oder vernichtet werden können.

Haben Modelle oder Probestücke einen besonderen Wert, so ist in dem Anschreiben hierauf hinzuweisen. Können sie schon durch ein unvorsichtiges Auspacken leicht beschädigt oder durch die Einwirkung von Licht, Feuchtigkeit u. dgl. verdorben werden, so ist die Umhüllung mit der deutlichen Aufschrift zu versehen: „Ungeöffnet in den Geschäftsgang."

7. Verschiedenes.

a) In allen Schriftstücken sind entbehrliche Fremdwörter zu vermeiden.

b) Schriftsätze, die mehrere Seiten umfassen, sind mit Seitenzahlen zu versehen. In allen Schriftsätzen ist ein ausreichender Heftrand und an der linken Seite ein Raum von mindestens 5 cm Breite für amtliche Vermerke frei zu lassen.

c) In allen Eingaben, zu denen Anlagen gehören, insbesondere im Gesuche, sind die Anlagen nach Nummer und Inhalt besonders aufzuzählen.

d) Empfangsbescheinigungen werden in der Regel nur über Anmeldungen[1]) erteilt, und zwar nur in

---

[1]) Außerdem werden auf Verlangen auch über die Einreichung von Schriftsätzen im Laufe des Verfahrens, insbesondere in Fällen, in denen Fristen zu wahren sind, von der Annahmestelle Empfangsbescheinigungen erteilt, wenn vorbereitete Bescheinigungen vorgelegt werden.

Die Anordnung erstreckt sich auch auf Postsendungen, denen vorbereitete Bescheinigungen und gebührenfreie Briefumschläge für die Rücksendung beiliegen.

Die Quittungsleistung geschieht durch Aufdruck des Tagesstempels der Annahmestelle auf die Bescheinigung.

einer Ausfertigung. Die Erteilung der Bescheinigung erfolgt nur dann, wenn ein Schriftstück mit folgendem Wortlaut eingesandt wird:

„Ihre Patentanmeldung vom

oder

„Die Patentanmeldung von

W. Reuter

vom ....

auf Meßinstrument

ist am .... hier eingegangen und unter dem Aktenzeichen .... in den Geschäftsgang gegeben worden."

Wird die Empfangsbescheinigung nicht auf der Rückseite einer Postkarte vorbereitet, so ist ein mit der Aufschrift des Empfängers versehener Briefumschlag beizufügen.

Über Gebührenbeträge wird nur auf besonderen Antrag des Einzahlers eine Quittung erteilt. Im übrigen wird wegen des Zahlungsverkehrs mit dem Patentamt auf Ziffer 1 verwiesen.

---

5. Verzeichnis der Patentklassen[1])

(ohne Unterklassen).

1. **Aufbereitung von Erzen und Brennstoffen.**
2. **Bäckerei.**
3. **Bekleidung.**

---

[1]) Das Verzeichnis der deutschen Patentklassen und ihre Einteilung in Unterklassen und Gruppen ist im Verlage von Bernhard Paul, Berlin SW 48, Wilhelmstr. 22a, erschienen. Die Bezeichnungen der Klassen sind teilweise gekürzt

4. Beleuchtung (außer elektrischer Beleuchtung) und Brenner aller Art.
5. Bergbau.
6. Bier, Branntwein, Wein, Essig, Hefe.
7. Blech-, Metallrohr- und Drahterzeugung und -bearbeitung sowie Walzen von Metall.
8. Bleicherei, Wäscherei, Färberei, Zeug- und Tapetendruck und Appretur.
9. Borstenwaren, einschließlich Pinsel, Bürsten, Besen und Griff- und Stielbefestigungen für dieselben.
10. Brennstoffe.
11. Buchbinderei, Alben, Briefordner und Sammelmappen.
12. Chemische Verfahren und Apparate.
13. Dampfkessel nebst Ausrüstung, sowie Dampfleitung.
14. Dampfmaschinen, auch für Lokomotiven und Schiffe, sowie Expansionsmaschinen.
15. Druckerei, Liniermaschinen, Schreibmaschinen, Stempel.
16. Düngerbereitung und Tierleichenverarbeitung.
17. Eis- und Kälteerzeugung, Eisaufbewahrung, Wärmeaustausch, Verflüssigung schwer kondensierbarer Gase und Gasgemische, wie Luft, auf mechanischem Wege.
18. Eisenerzeugung.
19. Eisenbahn-, Straßen- und Brückenbau.
20. Eisenbahnbetrieb.
21. Elektrotechnik.
22. Farben, Firnisse, Lacke, Anstriche, Klebmittel.
23. Fett- und Ölindustrie.
24. Feuerungsanlagen.
25. Flechten, Herstellung von Spitzen, Wirken und Posamentieren.
26. Gasbereitung.
27. Gebläse und Lüftungsmaschinen.
28. Gerberei, Behandlung der Felle, Lederbearbeitung und Lederverarbeitung.
29. Gespinstfasern.

30. Gesundheitspflege, auch Tierheilkunde.
31. Gießerei (Metallgießerei) einschl. der zugehörigen Formerei.
32. Glas.
33. Hand- und Reisegeräte.
34. Hauswirtschaftliche Maschinen, Geräte und Gegenstände aller Art, sowie Möbel.
35. Hebezeuge.
36. Heizungs- und Lüftungsanlagen in Gebäuden.
37. Hochbauwesen.
38. Holzbearbeitung und -konservierung.
39. Horn, Elfenbein und andere Schnitzstoffe, Kautschuk Guttapercha und andere plastische Massen.
40. Hüttenwesen, Legierungen.
41. Hutherstellung und Filzen.
42. Instrumente.
43. Kontrollvorrichtungen und Selbstkassierer.
44. Kurzwaren, Rauch-, Schnupf- und Priemgeräte.
45. Land- und Forstwirtschaft, Gärtnerei, Weinbau und Obstkultur, Molkerei, Tierzucht und -pflege, Tierfang und -vertilgung, Hufbeschlag.
46. Luft- und Gasmaschinen, Feder- und Gewichtskraftmaschinen.
47. Maschinenelemente.
48. Metallbearbeitung, chemische.
49. Metallbearbeitung, mechanische.
50. Müllerei, einschließlich Vorbereitung des Mahlens, sowie allgemein verwendbare Zerkleinerungsvorrichtungen für gewerbliche Zwecke.
51. Musikinstrumente.
52. Näherei und Stickerei.
53. Nahrungs- und Genußmittel.
54. Papier- und Pappenerzeugnisse und -verarbeitung, sowie Reklamewesen.
55. Papier- und Pappenherstellung.

56. Pferdegeschirre und Geschirre für andere Tiere.
57. Photographie.
58. Pressen.
59. Pumpen und andere Flüssigkeitshebewerke.
60. Regler für Kraftmaschinen.
61. Rettungswesen.
62. (Fehlt.)
63. Sattlerei und Wagenbau, Motorwagen und Fahrräder.
64. Schankgeräte.
65. Schiffbau und Seewesen.
66. Schlächterei und Fleischverarbeitung.
67. Schleifen und Polieren.
68. Schlossereierzeugnisse, sowie Geldschränke.
69. Schneiderwerkzeuge, einschließlich Hieb- und Stichwaffen.
70. Schreib- und Zeichengeräte.
71. Schuhwerk.
72. Schußwaffen, Geschosse, Verschanzung.
73. Seilerei.
74. Signalwesen.
75. Skulptur, Malerei, Oberflächenverzierung.
76. Spinnerei.
77. Sport, Spiele, Spielzeuge, Volksbelustigung, Luftschiffahrt.
78. Sprengstoffe, sowie Sprengen mittels Explosivstoffen, Zündwarenherstellung.
79. Tabak, Zigarren, Zigaretten.
80. Tonwaren, Steine, Kalk, Zement, Gips, Asphalt, auch Brikettpressen.
81. Transport und Verpackung.
82. Trocknerei, auch Darren, Kaffeebrenner, Schleudern (für allgemeine Verwendung).
83. Uhren.
84. Wasser- und Grundbau.
85. Wasser, Wasserreinigung, Wasserversorgung und Kanalisation.

86. **Weberei.**
87. **Werkzeuge und Arbeitsgeräte, auch pneumatische Werkzeuge für allgemeine Verwendung.**
88. **Wind- und Wasserkraftmaschinen.**
89. **Zucker- und Stärkegewinnung.**

---

6. Veröffentlichungen des Patentamts.

1. Das amtliche Blatt, welches in Gemäßheit des § 19 des Patentgesetzes herauszugeben ist, sind das Patentblatt und die zugehörigen Patentschriften.

Das **Patentblatt**

ist zunächst für die durch das Patentgesetz vorgeschriebenen, auch in dem Reichsanzeiger zu veröffentlichenden Bekanntmachungen bestimmt. Demgemäß finden darin Aufnahme: alle Bekanntmachungen über die Anmeldung von Erfindungen behufs Erlangung eines Patentes, über die Zurückziehung der Anmeldung, über die Erteilung oder Versagung des Patents, über den Anfang, den Ablauf, das Erlöschen, die Erklärung der Nichtigkeit und Zurücknahme, die Übertragung der Patente.

Ferner enthält das Patentblatt die auch im Reichsanzeiger zu veröffentlichenden amtlichen Bekanntmachungen des Patentamts in Angelegenheiten des Gebrauchsmusterschutzes.

Vierteljährlich erscheint je ein „Alphabetisches Namenverzeichnis" zu den im verflossenen Vierteljahr erfolgten Patent- und Gebrauchsmusterveröffentlichungen.

Der Verlag des **Patentblattes** ist der Verlagsbuchhandlung Carl Heymanns Verlag, Berlin W 8, Mauerstr. 43/44, übertragen.

Neben dem Patentblatte erscheinen die

Patentschriften[1])

in besonderen Heften, welche, nach Klassen, Unterklassen und Gruppen getrennt, je nach der Fertigstellung ausgegeben werden. Dieselben enthalten — für jedes Patent besonders — die vollständigen Beschreibungen und Zeichnungen, auf Grund deren die Erteilung der Patente erfolgt ist.

Die Patentschriften sind durch das Kaiserliche Patentamt unter folgenden Bedingungen zu beziehen:

1. **Preis.**

Der Preis der Patentschriften beträgt bei der Bestellung:	Für das Inland Stück M	Für das Inland Stück ₰	Für das Ausland Stück M	Für das Ausland Stück ₰
a) von weniger als 20 Stück von einer Nummer....	2	—	5	—
b) von mindestens 20 Stück einer einzelnen Nummer	1	—	2	50
c) von Patentschriften aus einer bestimmten Klasse, Unterklasse oder Gruppe, wenn mindestens 40 hintereinanderfolgende Schriften bestellt werden	1	–	2	50

---

1) Ausländische Patentschriften sind durch den Buchhandel, unter anderen von Carl Heymanns Verlag, Berlin W 8, Mauerstraße 43/44, und von der Verlagsbuchhandlung W. H. Kühl, Berlin SW 11, Königgrätzer Straße 82, zu beziehen. Auch

2. Bestellung.

Die Bestellungen sind an das Kaiserliche Patentamt in Berlin SW 61, Gitschiner Straße 97/103, zu richten. Die Bestellung kann auf dem Abschnitt einer Postanweisung erfolgen; vgl. unter 3c. Postanweisungsformulare mit vorgedruckter Adresse werden vom Patentamt unentgeltlich verabfolgt.

In der Bestellung ist außer der genauen Adresse des Bestellers anzugeben:

a) **Bei der Bestellung von Patentschriften, einzelner Nummern in mehr oder weniger als 20 Stück:** die Nummer der Patentschrift (die stets mit der Nummer des Patents übereinstimmt) und die gewünschte Stückzahl.

Wird eine Bestellung auf Grund der Bekanntmachung der Patenterteilung im Reichsanzeiger oder Patentblatt gemacht, so empfiehlt es sich, die Bestellung spätestens innerhalb 14 Tagen nach der Bekanntmachung an das Patentamt gelangen zu lassen, damit sie noch bei Feststellung der Höhe der ersten Auflage berücksichtigt werden kann.

b) **Bei der Bestellung der sämtlichen Patentschriften aus einer bestimmten Klasse, Unterklasse oder Gruppe:**

---

können die ausländischen Patentschriften in der Auslegehalle des Reichspatentamts an den Wochentagen während der Dienststunden unentgeltlich eingesehen, und es kann den Beteiligten, soweit die Patentschriften im Buchhandel nicht zu erhalten sind, auf Antrag Abschrift derselben nebst Zeichnung gegen vorherige Einzahlung der in jedem Falle besonders zu berechnenden Kosten vom Reichspatentamt zugefertigt werden.

Nummer und Titel der Klasse, Unterklasse oder Gruppe, aus der die Patentschriften gewünscht werden, und gegebenenfalls der Zeitpunkt, von welchem ab die Lieferung erfolgen soll.

3. Bezahlung.

a) Die Beträge für die nach Nummern bestellten Patentschriften sind gleichzeitig mit der Bestellung zu entrichten.

b) Bei Bestellungen auf fortlaufende Lieferung der in einer bestimmten Klasse, Unterklasse oder Gruppe erscheinenden Patentschriften sind mindestens 20 M. im voraus zu zahlen. Die Zusendung der Patentschriften erfolgt bis zur Erschöpfung des eingezahlten Betrages. Für rechtzeitige Ergänzung der Einzahlung ist Sorge zu tragen. Zur Erleichterung des Bezuges von beliebigen Patentschriften ist es statthaft, den gleichen Betrag zu hinterlegen.

c) Die Beträge sind entweder bei der Entnahme der Patentschriften bar einzuzahlen, durch Postanweisung an die Kasse des Patentamts einzusenden, dem Girokonto der Kasse bei der Reichsbank oder dem Postscheckkonto des Amts zuzuführen. Auch die Einsendung von Schecks ist zulässig.

d) Die Bestimmung des Geldes ist in jedem Falle auf dem Abschnitte der Postanweisung zu vermerken.

e) Die Bezahlung der Patentschriften durch Einsendung von Postfreimarken ist nicht gestattet.

4. Sonstiges.

a) Unvollständige Bestellungen oder Bestellungen, die vor der Veröffentlichung der Patenterteilung eingehen, werden nicht berücksichtigt. Die derartigen Bestellungen beigegebenen Gelder werden gegebenenfalls portopflichtig zurückgesandt.

b) Alle Sendungen an das Kaiserliche Patentamt sind zu frankieren.

2. Auszüge aus den Patentschriften.

Dieselben erscheinen alsbald nach Ausgabe der betreffenden Patentschriften.

Zweck der Auszüge ist, die beteiligten Kreise alsbald und in leichter Weise von dem wesentlichen Inhalt der neuen Erfindungen in Kenntnis zu setzen; sie sollen einem jeden die Prüfung erleichtern, ob sein Interesse durch die erteilten Patente berührt wird, und ob er daher von den vollständigen Patentschriften Einsicht zu nehmen veranlaßt ist. Abbildungen der zu den Patentschriften gehörigen Zeichnungen werden auf die zum Verständnisse unerläßlichen Teile beschränkt.

Die Auszüge werden als Anhang des Patentblattes veröffentlicht und sind durch die Verlagsbuchhandlung Carl Heymanns Verlag, Berlin W 8, Mauerstr. 43/44, zu beziehen.

3. Verzeichnis der im Vorjahre erteilten Patente, mit alphabetischem Namen- und Sachregister. Es erscheint alljährlich in Carl Heymanns Verlag. Systematisch und chronologisch geordnet, Der Bezugspreis für den Jahrgang richtet sich nach der Stärke.

4. Verzeichnis der deutschen Patentklassen und ihre Einteilung in Unterklassen und Gruppen.

Der Verlag dieses Werkes, welches den Einblick in die einzelnen Erfindungsgebiete erleichtern und die

Möglichkeit gewähren soll, sich über die Patentschriftenliteratur beliebiger Industriezweige Kenntnis zu verschaffen, ist der Buchhandlung von Bernhard Paul, Berlin SW 48, Wilhelmstr. 22a, übertragen. Das Werk liegt auch bei den Patentschriften-Auslegestellen (vgl. II, 7, S. 340) zur unentgeltlichen Einsichtnahme aus.

5. Alphabetisches Stichwörterverzeichnis zum Verzeichnis der deutschen Patentklassen und ihre Einteilung in Unterklassen und Gruppen,

welches dazu dienen soll, die Auffindung der Klasse, Unterklasse oder Gruppe zu ermöglichen, in welchen ein beliebiges Erfindungsgebiet im Patentamt bearbeitet wird.

Erschienen in Carl Heymanns Verlag, Berlin W 8, Mauerstr. 43/44. Das Werk liegt auch bei den Patentschriften-Auslegestellen (vgl. II, 7, S. 340) zur unentgeltlichen Einsichtnahme aus.

6. Nummernliste der deutschen Patentschriften nach 8000 Gruppen sachlich geordnet.

In jeder der 8000 Gruppen sind die Nummern derjenigen Patentschriften angegeben, die sich auf das betreffende technische Spezialgebiet beziehen.

Erschienen in Carl Heymanns Verlag. Das Werk liegt auch bei den Patentschriften-Auslegestellen (vgl. II, 7, S. 340) zur unentgeltlichen Einsichtnahme aus.

7. Verzeichnis der deutschen Patentschriften nach der laufenden Nummer geordnet, mit Angabe der zugehörigen Klassen und Gruppen.

Ebenfalls erschienen in Carl Heymanns Verlag, auch bei den Patentschriften-Auslegestellen (II, 7, S. 340 unentgeltlich einzusehen.

Die unter 6 und 7 genannten Werke werden durch alljährlich erscheinende Nachträge vervollständigt.

8. Blatt für Patent-, Muster- und Zeichenwesen.

Es erscheint in mehrwöchigen Zwischenräumen und bezweckt die Mitteilung von Vorgängen auf den Gebieten des Patent-, Muster- und Warenzeichenrechts, einschließlich des Geschmacksmusterrechts, welche für die beteiligten gewerblichen Kreise und für die juristische Wissenschaft und Praxis ein Interesse darbieten, insbesondere von Gesetzen und Verordnungen, Entscheidungen und Verfügungen des In- und Auslandes, internationalen Verträgen, statistischen Zusammenstellungen, auch Abhandlungen usw.

Der Verlag dieses Blattes ist der Verlagsbuchhandlung Carl Heymanns Verlag, Berlin W 8, Mauerstr. 43/44, übertragen.

Den Abnehmern des Patentblattes oder des Warenzeichen-Blattes wird das Blatt für Patent-, Muster- und Zeichenwesen für den laufenden Jahrgang kostenfrei nachgeliefert.

Die vorgenannten Druckschriften können im Dienstgebäude des Kaiserlichen Patentamts, SW 61, Gitschinerstraße 97/103, in der **Auslegehalle** in der Zeit von 9 bis 3 Uhr **unentgeltlich eingesehen** werden, desgleichen:
- die veröffentlichten Patentanmeldungen,
- die Anmeldungen der eingetragenen Gebrauchsmuster nebst den zugehörigen Modellen,
- die Patentrolle und die Rolle für Gebrauchsmuster,
- die Namen- und Klassenregister für Patente und Gebrauchsmuster,

die Mitteilungen der Anmeldestelle für Gebrauchsmuster 1891—1894,

der Katalog, die Bücher und Zeitschriften der Bücherei, insbesondere auch die Veröffentlichungen der ausländischen Patentbehörden,

der Reichsanzeiger.

Geschäftsstunden im Reichspatentamt.

Es sind geöffnet:

die Kasse von 8—1 Uhr,

die Annahmestelle von 8—4 Uhr,

die Auslegehalle von 9—3 Uhr,

die Patentschriften-Vertriebsstelle von 8½ bis 3 Uhr.

---

7. Bekanntmachung

betreffend

die Patentschriftenauslegestellen im Deutschen Reich, sowie die Ordnung der Patentschriften nach Spezialgebieten.

Um den beteiligten Kreisen die Einsicht der deutschen Patentschriften zu erleichtern, sind innerhalb des Deutschen Reichs an Orten, die als Mittelpunkt größerer gewerblicher Betriebe anzusehen sind oder den Sitz eines allgemeineren gewerblichen oder wissenschaftlichen Lebens bilden, Patentschriftenauslegestellen eingerichtet worden, denen vom Kaiserlichen Patentamt die Patentschriften entweder sämtlicher Klassen oder aus denjenigen Klassen fortlaufend überwiesen werden, die für die örtlichen Bedürfnisse hauptsächlich in Betracht kommen.

Die vorhandenen Auslegestellen, sowie die Klassen der daselbst niedergelegten Patentschriften sind aus nachstehendem Verzeichnis ersichtlich. Die Auslegestellen sind verpflichtet, an bestimmten, öffentlich bekanntzumachenden Tagen und zu bestimmten Tageszeiten die Auslegeräume offen zu halten und jedermann die Einsicht der Patentschriften unentgeltlich, unter Umständen auch außerhalb der Auslegeräume, zu gestatten.

In der Auslegehalle des Kaiserlichen Patentamts in Berlin ist eine nach 8000 Gruppen sachlich geordnete Sammlung der deutschen Patentschriften zur öffentlichen Einsichtnahme bereitgestellt. Diese Sammlung wird durch die neu erscheinenden Patentschriften fortlaufend ergänzt. Die Gruppen der Sammlung geben an der Hand dieser Patentschriften ein Bild von der Entwicklung und dem Stande der Technik auf jedem der 8000 Spezialgebiete.

Die Gruppensammlung kommt in erster Linie für die in Berlin ansässigen Interessenten in Betracht. Um indessen die Vorteile der Gruppenordnung auch weiteren Kreisen, insbesondere aber auch den Patentschriftenauslegestellen im Reiche zugänglich zu machen, hat das Kaiserliche Patentamt eine Nummernliste der deutschen Patentschriften nach 8000 Gruppen sachlich geordnet[1]) herausgegeben, die den Auslegestellen zugegangen ist. In dieser Liste, die von den Auslegestellen laufend geführt wird, sind in jeder der 8000 Gruppen mit möglichster Vollständigkeit die Nummern der bisher erschienenen Patentschriften angegeben, die sich auf das betreffende technische Spezial-

[1]) S. II, 6, S. 338 (c).

gebiet beziehen. Man ist also in der Lage, sich nach dieser Liste die für irgend einen technischen Gegenstand in Betracht kommenden Patentschriften in den Auslagestellen vorlegen zu lassen, soweit diese die Patentschriften der betreffenden Klassen geliefert erhalten.

Um die Feststellung, in welche Unterklasse und Gruppe eine bestimmte, nur der Nummer nach bekannte Patentschrift gehört, zu ermöglichen, hat das Kaiserliche Patentamt weiterhin ein Verzeichnis der deutschen Patentschriften, nach der laufenden Nummer geordnet, mit Angabe der zugehörigen Klassen und Gruppen[1]) herausgegeben. Beide Werke werden durch alljährlich erscheinende Nachträge auf dem laufenden erhalten.

Verzeichnis
der
Behörden, Vereine usw., welche die Patentschriften erhalten und zur unentgeltlichen Einsichtnahme auslegen[1]).

Aachen ....., Technische Hochschule (Bibliothek).

Altona .... Preußische höhere Maschinenbauschule.

Arnstadt i. Th. Gewerbe-Akademie. (Klassen 4, 6a—e, 10, 12—14, 17—22, 24, 26, 35, 37, 42, 46—49, 59, 60, 84, 85, 87, 88.)

Augsburg Handels- und Gewerbekammer für Schwaben und Neuburg.

---

[1]) S. II 6, S. 338 (d).

Diejenigen Auslegestellen, bei denen Klassen nicht angegeben sind, erhalten die Patentschriften aller Klassen.

Barmen	Stadtbibliothek.
Berlin	Reichspatentamt.
„	Berg-Akademie. (Klassen 1, 5, 12e, 18, 19f,
„	Berg-Akademie. (Kla en 1, 5, 12e, 18, 19f, 21h, 40, 42c, 50c, 78e, 84c.)
……	Hygienisches Institut der Universität. (Klassen 30, 61.)
	Preußisches Landes-Ökonomie-Kollegium. (Klassen 2, 4, 6, 10, 12, 16, 30, 38, 45, 50, 53, 56, 63, 81, 85, 89.)
Beuthen (O.-Schl.).	Bezirksverein deutscher Ingenieure (Stadthaus).
Bochum ……	Westfälische Berggewerkschaftskasse.
Bonn	Handelskammer.
Braunschweig .	Technische Hochschule (Bibliothek).
Bremen	Gewerbekammer.
Breslau	Magistrat (Stadtbibliothek, Lesehalle IV).
Cassel	Gewerbehalle.
Charlottenburg	Technische Hochschule (Bibliothek).
Chemnitz	Direktion der technischen Staats-Lehranstalten
Clausthal ….	Bergakademie. (Klassen 1, 4, 5, 7, 10, 12—14, 17—21, 24, 26, 31, 35, 40, 42, 46—50, 57, 59, 60, 74, 77h, 78, 80, 81, 88.)
Coblenz	Stadtbibliothek. (Klassen 1, 4—8, 12—14, 17, 18, 21, 23, 24, 26—28, 30—32, 34—42, 45—49, 51, 53—55, 57, 63, 65, 67a, 68, 75, 80, 84, 85, 87, 89.)
Cöln	Bibliothek der Cölner Hochschulen. (Auslegestelle: Maschinenbauschule, Ubierring 48.)
Cöthen	Städtisches Friedrichs-Polytechnikum.
Crefeld	Direktion der Preußischen höheren Fachschule für Textilindustrie. (Klassen 3, 4, 8, 10, 12—14, 20, 21, 22, 24—26, 29, 36, 42, 46—49, 52, 59, 60, 75, 76, 82, 85, 86, 88.)

Danzig-Langfuhr. Technische Hochschule (Bücherei).

Darmstadt Technische Hochschule.

„ ... Zentralstelle für die Gewerbe.

Dessau ...... Bezirksverein deutscher Ingenieure. (Auslegestelle: Städtische Lesehalle.)

Dortmund Wilhelm-Auguste-Viktoria-Bücherei.

Dresden Technische Hochschule.

„ ..... Städtische Bücherei und Lesehalle.

Düsseldorf Verein deutscher Eisenhüttenleute (Bibliothek, Breite Straße 27).

Duisburg Bezirksverein deutscher Ingenieure. (Auslegestelle: Maschinenbau- und Hüttenschule, Bismarckstraße.)

Erfurt Handelskammer.

Essen Handelskammer. (Klassen 1, 2, 4—10, 12—15, 17—21, 24—28, 30, 31, 33—40, 42, 44—51, 53, 56, 59, 63—68, 72, 74, 75, 77, 78, 80—87.)

Flensburg .... Handelskammer. (Klassen 4, 13, 14, 17, 20, 21, 24, 31, 34, 37, 38, 45—47, 49, 53, 54, 63, 65, 66, 75, 80.)

Frankfurt a. M. Freih. Carl v. Rothschildsche öffentl. Bibliothek.

Freiberg i. S. Berg-Akademie. (Sämtliche Klassen, ausschließlich 29, 69, 83, 89.)

„ Deutsche Gerberschule. (Klasse 28.)

Freiburg i. Breisgau. Handelskammer. (Klassen 6a, b, e, f, 12r, 13, 14, 16, 18, 19, 22b, 23b, 28, 29, 31, 36, 38, 44, 47, 51, 54, 55, 57b, 58, 59, 64, 68, 71, 76, 79, 80, 86a, b, c, g, h, 88.)

Furtwangen Badische Uhrmacherschule. (Klassen 21a, e—g, 42m, n, p, 51d, 74a, 83.)

Geestemünde Handelskammer. (Klassen 10, 13, 14, 17, 24a—c, f, g, 37, 38a—f, 42a, 46, 47, 60, 65a—c, 68, 73, 74, 76, 77h, 79.)

Gera .... Handelskammer. (Klassen 8a—d, f, i—n, 13, 24, 28, 34i, 36, 37, 49a—g, 51a—d, 53b, c, e, k, 67, 76, 79, 85b—f, h, 86a—d, g, h.)

Görlitz Handelskammer für die Preußische Oberlausitz. (Klassen 4, 6, 8, 12—15, 17, 19—21, 23a, 24—26, 29, 32, 34—38, 42, 45—50, 52, 55, 57, 59—61, 63, 75, 80, 81a, e, 82, 84—86.)

Gotha .... Bibliothek. (Klassen 5, 7, 12—15, 21, 22, 24, 26, 30, 31, 34, 37—39, 45, 47—49, 52, 57, 58, 60, 61, 63, 64, 72, 77, 79, 80, 85, 88.)

Göttingen Universitätsbibliothek. (Klassen 5, 8, 11, 12—15, 18, 20, 21, 28—30, 35, 37, 40, 42, 45, 46, 48, 49, 54, 55, 57, 65, 67, 76, 77h, 78, 83—88.)

Halle a. S. ... Bezirksverein deutscher Ingenieure. (Auslegestelle bei der Handelskammer.)

Hamburg Gewerbekammer.

Hannover Technische Hochschule (Bibliothek).

Hildesheim Industrieverein. (Auslegestelle: Einumerstraße 10 I.) (Klassen 1a, 2, 4, 5, 8, 10, 12—19, 24, 26—28, 31, 32, 34—38, 39a 8—13, 39b 1—3, 40, 42f, 45—50, 53b—k, 55, 58—60, 67, 68, 74a, b, 80, 81a, c, e, 82, 84a, c, d, 85—89.)

Hof i. B. Bayerische Landesgewerbe-Anstalt, Nebenstelle.

Ilmenau ..... Direktion der Präzisionstechnischen Anstalten. (Klassen 12a, d, f—h, 21, 24e, 27, 30a, c, d, f, g, i, k, 32, 40b, c, 42, 64a, c, 80.)

Jena Öffentliche Lesehalle. (Klassen 4a, b, 21, 24a—c, e, 31, 32, 38, 42, 47, 49a—c, f, 57, 67a, 77h.)

Kaiserslautern Pfälzisches Gewerbemuseum.

Karlsruhe Technische Hochschule.
Landesgewerbeamt.

Kiel Handelskammer. (Klassen 2—4, 6, 10, 12—15, 17, 19—27, 29—31, 33—38, 40, 42, 44—54, 56, 57, 59—61, 63—65, 68, 70, 72, 74, 76—78, 80—85, 87, 88.)

Königsberg i. Pr. Gewerblicher Zentralverein der Provinz Ostpreußen (Kunstgewerbliches Museum).

Konstanz ..... Handelskammer. (Klassen 2—4, 6b—f, 7c—f, 8a—k, m, n, 9—11, 12a, b, e, f, o, r, 13, 14a, b, g, h, 15a, b, d—k, 17a—e, 19b, c, e, 21a, c, d, f, h, 22a, b, f—h, 23a—c, e, f, 24a—c, f—l, 25, 26a—d, 27a, b, 28—31, 33, 34a—e, g—l, 35, 37, 38a—d, f, h, 42e—i, l, n, 43, 44, 45a, b, f, h, k, 46a—d, 49a—g, 50, 52, 53a—c, e, h, k, l, 54a—d, g, 55a, b, f, 57, 59—61, 63, 64a, 65c, 67a, 68—71, 73, 75a, 76, 77a, b, g, 79, 80, 81a—c, 82, 83a, 84a, d, 85a, b, e, h, 86a—d, g, h, 87a—c, 88a.)

Leipzig ...... Handelskammer.

Ludwigshafen a. Rh. Pfälzische Handels- und Gewerbekammer. (Klassen 2, 4, 8a, k, 12—15, 17, 18, 20, 22, 24a, f, 31, 34a, b, 36, 37a 39, 42, 45f, l, 49, 50, 53a—d, h, k, 54, 55, 57c, 59, 67, 69, 72, 80—82, 85a—e.)

Lübeck .... Gewerbekammer.

Magdeburg Stadtbibliothek.

Mainz ...... Stadtbibliothek.

Mannheim .. Handelskammer.

Markneukirchen. Stadtrat. (Auslegestelle im Gewerbemuseum.) (Klasse 51.)

Mühlhausen i. Th. Preußische Fachschule für Textilindustrie. (Klassen 8a—c, f, i, k, m, n, 25a—d, 29, 76, 86.)

München ..... Technische Hochschule.

Polytechnischer Verein, Brienner Straße 8/1, IV. Aufgang (Luitpoldblock).

München-Gladbach. Höhere Fachschule für Textilindustrie. (Klassen 3, 4, 6—9, 11—15, 17, 19—24, 29, 31, 35—37, 46, 47, 49, 51, 52, 59, 60, 74, 76, 85, 86, 87.)

Nürnberg .... Bayerische Landesgewerbeanstalt.

Offenbach Handelskammer.

Pforzheim Handelskammer. (Klassen 12a—g, 15a—f, h, k, l, 22, 26, 27, 33b, 34a, g—k, 39, 40b, 42e, h, k, 44, 48, 49a—f, h, i, 50, 54a, d, 55, 67, 68e, 70a, b, e, 74a—c, 75a, 80, 83a, c.)

Plauen i. V. ... Kunstschule für Textilindustrie. (Klassen 3, 8, 25, 29, 52, 76, 86.)

Regensburg Bayerische Landesgewerbeanstalt, Nebenstelle.

Reichenbach i. V. Höhere Web- und Spinnschule. (Klassen 8, 23, 25b—d, 29, 76, 86.)

Remscheid .... Bergischer Fabrikantenverein. (Klassen 7c, d, 18c, 31, 34a—c, 38a, e, 42b, 45e, 47—49, 63a, 67—69, 71c, 75, 77b, 80a, d, 87.)

Reutlingen Technikum für Textilindustrie. (Klassen 7, 8, 25, 29, 52, 55, 76, 86.)

Rostock Chemisches Universitäts-Laboratorium. (Klassen 6a—e, 12a—d, g—r, 22, 53c—f, h, k, 89c, d, h, i, k.)

Roßwein i. S. .. Deutsche Fachschule für Eisenkonstruktion, Bau-, Kunst- und Maschinenschlosserei. (Klassen 18c, 21, 37a—d, 47, 49a—g, 68, 87.)

Saarbrücken Pfalz-Saarbrücker Bezirksverein deutscher Ingenieure. (Auslegestelle in der Handelskammer.)

Schweidnitz ... Handelskammer. (Klassen 1, 4, 5, 7—10, 12—14, 16—22, 24, 25b, 26, 27, 28b, 29a, 30—32, 34—38, 39b, 40, 42, 44—50, 55, 58—61, 64, 67—69, 74—77, 80—83, 85—89.)

Schwenningen Württembergische Fachschule für Feinmechanik. (Klassen 21, 38, 42, 43, 48, 49, 58, 67, 74, 83.)

Solingen	Handelskammer. (Klassen 31, 63c—k, 67, 68a—d, 69.)
Soran	Preußische höhere Fachschule für Textilindustrie. (Klassen 3e, 8, 12, 14, 22, 25, 29, 45d, 46d, 47, 52b, 73, 76, 86.)
Stuttgart	Württembergische Zentralstelle für Handel und Gewerbe.
"	Technische Hochschule.
Suhl	Magistrat. (Klassen 7c, 15g, 28a, 31, 42, 47, 49, 63d—i, 69, 72, 78c—e, 80a—c.)
Trier	Direktion der Handwerker- und Kunstgewerbeschule.
Wiesbaden	Gewerbeverein (Gewerbeschule). (Klassen 3, 4, 6, 8, 12, 13, 15—17, 19—24, 26, 30, 31,) 34—38, 42, 44—49, 53—55, 57—59, 63—65, 68, 70, 72, 74, 75, 77, 80, 81, 85, 88.
Würzburg	Direktion des Polytechnischen Zentralvereins für Unterfranken und Aschaffenburg (Maxstraße 2).
Zittau	Direktion der höheren Webschule. (Klassen 8, 29, 86.)
	Handelskammer. (Klassen 3b, 6a—c, 8a—c, k, n, 10a, b, 13, 22a—e, 24a, b, f, g, i, k, l, 25c, 29, 31c, 32, 36a, 38a—c, 41, 42m, 43a, 47a—d, 48c, 51a, b, 55, 76b—d, 86a—c, f—h.)

III.
Vorschriften aus Anlaß des Krieges[1]).

1. Bundesrats-Verordnung
betreffend
vorübergehende Erleichterungen auf dem Gebiete des Patent-, Gebrauchsmuster- und Warenzeichenrechts,
vom 10. September 1914 (RGBl. 1914 S. 403).

Der Bundesrat hat auf Grund des § 3 des Gesetzes über die Ermächtigung des Bundesrats zu wirtschaftlichen Maßnahmen usw. vom 4. August 1914 (RGBl. S. 327) folgende Verordnung erlassen:

§ 1. Das Patentamt kann bis auf weiteres einem Patentinhaber, der infolge des Krieges außerstand gesetzt worden ist, die nach § 8 Abs. 2 des Patentgesetzes vom 7. April 1891 (RGBl. S. 79) fällige Jahresgebühr zu zahlen, auf Antrag die Gebühr bis zum Ablauf von längstens neun Monaten vom Beginne des laufenden Patentjahrs an stunden und die Zuschlagsgebühr (§ 8 Abs. 3 a. a. O.) erlassen. Die Entscheidung des Patentamts ist unanfechtbar.

Für Patente, die am 31. Juli 1914 noch nicht erloschen waren, ist die Stundung auch dann zulässig, wenn sie

---

[1]) Die hier abgedruckten, während des Krieges ergangenen Verordnungen haben auch noch für die Friedenszeit bis auf weiteres Gültigkeit und Bedeutung.

nach Ablauf der gesetzlichen Zahlungsfristen (§ 8 Abs. 3 a. a. O.) beantragt ist.

§ 2. Wer durch den Kriegszustand[1]) verhindert worden ist, dem Patentamt gegenüber eine Frist einzuhalten, deren Versäumung nach gesetzlicher Vorschrift einen Rechtsnachteil zur Folge hat, ist auf Antrag wieder in den vorigen Stand einzusetzen. Die Wiedereinsetzung muß innerhalb einer Frist von zwei Monaten beantragt werden; im übrigen sind die Bestimmungen der §§ 233ff. der Zivilprozeßordnung entsprechend anzuwenden.

§ 3. Die Vorschriften der §§ 1, 2 finden zugunsten von Angehörigen ausländischer Staaten nur dann Anwendung, wenn in diesen Staaten nach einer im Reichsgesetzblatt enthaltenen Bekanntmachung den deutschen Reichsangehörigen gleichartige Erleichterungen gewährt werden.

§ 4. Diese Verordnung tritt mit dem Tage der Verkündung in Kraft.

Bemerkung: Verkündet am 11. Sept. 1914.

---

2. Bundesrats-Verordnung
betreffend
weitere Erleichterungen auf dem Gebiete des Patent- und Gebrauchsmusterrechts,
vom 31. März 1915 (RGBl. 1915 S. 212).

Der Bundesrat hat auf Grund des § 3 des Gesetzes, betreffend die Ermächtigung des Bundesrats zu wirt-

---

[1]) Durch Art. II des Gesetzes betreffend eine verlängerte Schutzdauer bei Patenten und Gebrauchsmustern sowie die

schaftlichen Maßnahmen usw., vom 4. August 1914 (RGBl. S. 327) folgende Verordnung erlassen:

§ 1. Die durch § 1 der Verordnung, betreffend vorübergehende Erleichterungen auf dem Gebiete des Patent-, Gebrauchsmuster- und Warenzeichenrechts, vom 10. September 1914 (RGBl. S. 403) dem Patentamt erteilte Befugnis zur Stundung von Gebühren wird auf die im § 8 Abs. 1 des Gesetzes, betreffend den Schutz von Gebrauchsmustern, vom 1. Juni 1891 (RGBl. S. 290), vorgesehene Gebühr ausgedehnt. Die Stundungszeit beginnt mit dem Ablauf der gesetzlichen Schutzfrist.

§ 2. Die gestundeten Gebühren für Patente und Gebrauchsmuster können mit Wirkung vom Ablauf der Stundungszeit auf Antrag weiter gestundet werden, wenn die Löschung noch nicht erfolgt ist. Der Reichskanzler setzt fest, wann die ohne genauere Zeitbestimmung bis nach der Beendigung des Krieges gestundeten Gebühren spätestens gezahlt werden müssen.

§ 3. Über die Anträge auf Stundung oder Erlaß von Gebühren entscheidet der Präsident des Patentamts. Die Entscheidung des Präsidenten ist endgültig.

§ 4. Die Zeit, für welche die Bekanntmachung der Patentanmeldung ausgesetzt werden kann (§ 23 Abs. 4 des Patentgesetzes vom 7. April 1891, RGBl. S. 79), wird um ein Jahr verlängert.

Wiedereinsetzung in den vorigen Stand im Verfahren vor dem Reichspatentamt vom 27. IV. 1920 (S. 371) ist hinter „Kriegszustand" eingefügt: „oder durch Naturereignisse oder andere unabwendbare Zufälle".

Der Anspruch des Patentsuchers auf die Aussetzung fällt weg, wenn der Präsident des Patentamts erklärt, daß sie nicht dem öffentlichen Interesse entspricht; hierüber befindet der Präsident endgültig.

§ 5. Diese Verordnung tritt mit dem 7. April 1915 in Kraft.

Der Reichskanzler bestimmt, wann diese Verordnung und die Verordnung vom 10. September 1914 außer Kraft treten.

---

3. Bundesrats-Verordnung
über
Erleichterungen im Patent-, Gebrauchsmuster- und Warenzeichenrechte,

vom 13. April 1916 (RGBl. 1916 S. 278).

Der Bundesrat hat auf Grund des § 3 des Gesetzes über die Ermächtigung des Bundesrats zu wirtschaftlichen Maßnahmen usw. vom 4. August 1914 (RGBl. S. 327) folgende Verordnung erlassen:

§ 1. Im § 2 der Verordnung, betreffend vorübergehende Erleichterungen auf dem Gebiete des Patent-, Gebrauchsmuster- und Warenzeichenrechts, vom 10. September 1914 (RGBl. S. 403) wird Satz 2 gestrichen und folgender Absatz 2 angefügt:

Die Wiedereinsetzung muß innerhalb einer Frist von zwei Monaten nach dem Wegfall des Hindernisses beantragt werden. Der Reichskanzler bestimmt, von welchem Zeitpunkt an der Antrag nicht mehr zulässig ist. Im übrigen sind die Bestimmungen der §§ 236 ff. der Zivilprozeßordnung entsprechend anzuwenden.

§ 2. Die Bekanntmachung der Patentanmeldung kann nach Ablauf der im § 4 Abs. 1 der Verordnung, betreffend weitere Erleichterungen auf dem Gebiete des Patent- und Gebrauchsmusterrechts, vom 31. März 1915 (RGBl. S. 212) vorgesehenen Zeit weiter ausgesetzt werden. Der Reichskanzler bestimmt, bis zu welchem Zeitpunkt die Aussetzung dauert.

§ 3. Diese Verordnung tritt mit dem Tage der Verkündung in Kraft. Der Reichskanzler bestimmt den Zeitpunkt des Außerkrafttretens.

Bemerkung: Verkündet am 15. April 1916.

---

4. Bundesrats-Verordnung über den Ausschluß der Öffentlichkeit für Patente und Gebrauchsmuster,

vom 8. Februar 1917 (RGBl. 1917 S. 121).

Der Bundesrat hat auf Grund des § 3 des Gesetzes über die Ermächtigung des Bundesrats zu wirtschaftlichen Maßnahmen usw. vom 4. August 1914 (RGBl. S. 327) folgende Verordnung erlassen:

§ 1. Die Erteilung eines Patents findet ohne jede Bekanntmachung statt, wenn das Patentamt nach Anhörung der Heeres- und der Marineverwaltung die Geheimhaltung der Erfindung im Interesse der Landesverteidigung oder der Kriegswirtschaft für erforderlich erachtet.

Entsprechendes gilt für die Eintragung eines Gebrauchsmusters.

Das Patent wird in einem besonderen Band der Patentrolle, das Gebrauchsmuster in einen besonderen Band der Gebrauchsmusterrolle eingetragen (Kriegsrolle) Der Inhalt der Kriegsrolle wird nicht veröffentlicht. Die Einsicht der Kriegsrolle sowie der Anmeldestücke, auf Grund deren das Patent erteilt oder das Gebrauchsmuster eingetragen wurde, ist, vorbehaltlich der Vorschriften des § 2, nicht gestattet.

§ 2. Der Heeres- und der Marineverwaltung steht die Einsicht der Kriegsrolle sowie der Akten über die Anmeldung von Erfindungen und Gebrauchsmustern, welche die Interessen der Landesverteidigung oder der Kriegswirtschaft berühren, frei.

Anderen kann die Einsicht der Kriegsrolle sowie der Akten über die gemäß § 1 erteilten Patente und eingetragenen Gebrauchsmuster auf Antrag mit Zustimmung der Heeres- und der Marineverwaltung von dem Patentamt gestattet werden.

§ 3. Erachtet das Patentamt nach Anhörung der Heeres- und der Marineverwaltung die Geheimhaltung des Patents oder des Gebrauchsmusters nicht mehr für erforderlich, so richtet sich das weitere Verfahren nach den allgemeinen gesetzlichen Vorschriften.

§ 4. Wer unbefugt die Einsicht in die Kriegsrolle oder in die Anmeldestücke, auf Grund deren gemäß § 1 ein Patent erteilt oder ein Gebrauchsmuster eingetragen ist, sich oder einem andern verschafft oder von ihrem Inhalt einem andern Kenntnis gibt, wird mit Gefängnis bis zu einem Jahre und mit Geldstrafe bis zu fünftausend Mark oder mit einer dieser Strafen bestraft.

Der Versuch ist strafbar.

§ 5. Diese Verordnung tritt mit dem Tage der Verkündung in Kraft. Der Reichskanzler bestimmt den Zeitpunkt des Außerkrafttretens.

Bemerkung: Verkündet am 9. Februar 1917.

---

5. Gesetz
über
den Friedensschluß zwischen Deutschland und den alliierten und assoziierten Mächten.

Vom 16. Juli 1919 (RGBl. 1919 S. 687ff.).

Die verfassunggebende Deutsche Nationalversammlung hat das folgende Gesetz beschlossen, das nach Zustimmung des Staatenausschusses hiermit verkündet wird:

Artikel 1.

Dem am 28. Juni 1919 unterzeichneten Friedensvertrage zwischen Deutschland und den alliierten und assoziierten Mächten und dem dazugehörenden Protokolle sowie der am gleichen Tage unterzeichneten Vereinbarung über die militärische Besetzung der Rheinlande wird zugestimmt.

Der Friedensvertrag, das Protokoll und die Vereinbarung werden nachstehend veröffentlicht.

Artikel 2.

Dieses Gesetz tritt mit dem Tage der Verkündung in Kraft.

Die Vereinigten Staaten von Amerika, das Britische Reich, Frankreich, Italien und Japan, die in dem gegenwärtigen Vertrage als die alliierten und assoziierten Hauptmächte bezeichnet sind,

Belgien, Bolivien, Brasilien, China, Cuba, Ecuador, Griechenland, Guatemala, Haiti, Hedschas, Honduras, Liberia, Nicaragua, Panama, Peru, Polen, Portugal, Rumänien, der serbisch-kroatisch-slovenische Staat, Siam, die Tschecho-Slowakei und Uruguay,

die mit den obenbezeichneten Hauptmächten die alliierten und assoziierten Mächte bilden,

einerseits

und Deutschland

andererseits,

in Anbetracht,

daß auf den Antrag der Kaiserlich Deutschen Regierung am 11. November 1918 Deutschland von den alliierten und assoziierten Hauptmächten ein Waffenstillstand mit dem Ziel demnächstigen Friedensschlusses bewilligt worden ist,

daß die alliierten und assoziierten Mächte gleichfalls den Wunsch haben, an die Stelle des Krieges, in den sie nacheinander unmittelbar oder mittelbar verwickelt worden sind und der in der Kriegserklärung Österreich-Ungarns an Serbien vom 28. Juli 1914, in den Kriegserklärungen Deutschlands an Rußland vom 1. August 1914 und an Frankreich vom 3. August 1914 sowie in dem Einfall in Belgien seinen Ursprung hat, einen festen, gerechten und dauerhaften Frieden treten zu lassen.

Zu diesem Zweck sind die Hohen vertragschließenden Teile, die wie folgt, vertreten sind: über folgende Bestimmungen übereingekommen:

Mit dem Inkrafttreten des gegenwärtigen Vertrags nimmt der Kriegszustand ein Ende. Von diesem Augenblick an werden unter Vorbehalt der Bestimmungen des gegenwärtigen Vertrags die amtlichen Beziehungen der alliierten und assoziierten Mächte mit Deutschland und dem einen oder anderen der deutschen Staaten wieder aufgenommen.

Teil III.

Politische Bestimmungen über Europa.

Abschnitt V.

Elsaß-Lothringen.

Artikel 76.

Die Fragen des gewerblichen, literarischen und künstlerischen Eigentums der Elsaß-Lothringer regeln sich nach den allgemeinen Bestimmungen des Abschnitts VII Teil X (Wirtschaftliche Bestimmungen) des gegenwärtigen Vertrags, und zwar mit der Maßgabe, daß die Elsaß-Lothringer, denen derartige Rechte nach der deutschen Gesetzgebung zustehen, den vollen und unbeschränkten Genuß dieser Rechte im deutschen Gebiete behalten.

Abschnitt XIV.

Rußland und russische Staaten.

Artikel 116.

— — — — —

Gemäß den Bestimmungen der Artikel 259 und 292 Teil IX (Finanzielle Bestimmungen) und Teil X (Wirtschaftliche Bestimmungen) des gegenwärtigen Vertrags erkennt Deutschland endgültig die Aufhebung der Verträge von Brest-Litowsk sowie aller anderen Verträge,

Vereinbarungen und Übereinkommen an, die es mit der maximalistischen Regierung in Rußland abgeschlossen hat.

Kapitel V.

Allgemeine Bestimmungen.

Abschnitt II.

Staatsverträge.

Artikel 286.

Das internationale Pariser Übereinkommen vom 20. März 1883 zum Schutze des gewerblichen Eigentums, revidiert in Washington am 2. Juni 1911, und das internationale Berner Übereinkommen vom 9. September 1886 zum Schutze von Werken der Literatur und Kunst, revidiert in Berlin am 13. November 1908 und vervollständigt durch das Berner Zusatzprotokoll vom 20. März 1914, erlangen vom Inkrafttreten des gegenwärtigen Vertrags ab erneute Geltung und Wirksamkeit, soweit sie nicht durch die in letzterem vorgesehenen Ausnahmen und Einschränkungen betroffen und abgeändert werden.

Abschnitt VII.

Gewerbliches Eigentum.

Artikel 306.

Die gewerblichen, literarischen und künstlerischen Eigentumsrechte im Sinne der im Artikel 286 bezeichneten internationalen Abkommen von Paris und Bern werden unter Vorbehalt der Bestimmungen des gegenwärtigen Vertrags zugunsten der Personen, die bei Beginn des Kriegszustandes in ihrem Genuß standen, oder zugunsten ihrer Rechtsnachfolger mit dem Inkrafttreten des gegenwärtigen Vertrags in den Gebieten der Hohen vertragschließenden Teile wieder in Kraft gesetzt oder wiederhergestellt. Desgleichen werden Rechte, die, wenn es nicht zum Kriege gekommen wäre, während des Krieges zufolge eines Gesuchs um Schutz gewerblichen Eigentums oder zufolge der Veröffentlichung eines literarischen oder künstlerischen Werkes hätten erlangt werden können, mit dem Inkrafttreten des gegenwärtigen Vertrags zugunsten der Personen, die sie zu beanspruchen gehabt hätten, anerkannt und begründet.

Sind indes während des Krieges durch eine gesetzgebende, ausführende oder verwaltende Stelle einer alliierten oder assoziierten Macht hinsichtlich der Rechte deutscher Reichsangehöriger auf dem Gebiete des gewerblichen, literarischen oder künstlerischen Eigentums Sondermaßnahmen ergriffen worden, so behalten die auf Grund derselben getroffenen Anordnungen weiterhin ihre Gültigkeit und volle Wirksamkeit.

Wegen der Ausnutzung von gewerblichen, literarischen oder künstlerischen Eigentumsrechten, die während des Krieges durch die Regierung einer alliierten oder assoziierten Macht oder durch irgendeine Person für Rechnung oder mit Zustimmung dieser Regierung erfolgt ist, sowie wegen des Verkaufs, des Feilbietens und des Gebrauchs irgendwelcher Erzeugnisse, Geräte, Sachen oder Gegenstände, die unter diese Rechte fielen, stehen Deutschland und deutschen Reichsangehörigen keinerlei Ersatzansprüche oder Klagen zu.

Geldbeträge, die auf Grund irgendeiner in Ausführung der in Absatz 1 dieses Artikels genannten Sondermaßnahmen getroffenen Anordnung oder Maßregel geschuldet werden oder gezahlt worden sind, werden, falls die bei Unterzeichnung des gegenwärtigen Vertrags geltende Gesetzgebung einer der alliierten oder assoziierten Mächte nicht anders darüber verfügt hat, in gleicher Weise wie die anderen Forderungen der deutschen Reichsangehörigen nach den Bestimmungen des gegenwärtigen Vertrags verwendet; die Geldbeträge, die durch besondere, von der deutschen Regierung hinsichtlich der gewerblichen, literarischen oder künstlerischen Eigentumsrechte von Staatsangehörigen der alliierten oder assoziierten Mächte ergriffene Maßnahmen aufgebracht worden sind, werden wie alle übrigen Schulden der deutschen Reichsangehörigen angesehen und behandelt.

Haben deutsche Reichsangehörige nach der Gesetzgebung einer alliierten oder assoziierten Macht vor dem Kriege oder in seinem Verlaufe gewerbliche, literarische oder künstlerische Eigentumsrechte erworben oder erwerben sie solche künftig, so bleibt der betreffenden alliierten oder assoziierten Macht die Befugnis vorbehalten, diese Rechte (soweit es sich dabei nicht um Fabrik- oder Handelsmarken handelt) in der für notwendig erachteten Weise zu begrenzen, an Bedingungen zu knüpfen oder einzuschränken. Solche Beschränkungen dürfen im Interesse der Landesverteidigung oder um des Gemeinwohls willen oder zu dem Zweck auferlegt werden, auf deutscher Seite eine gerechte Behandlung der gewerblichen, literarischen oder künstlerischen Eigentumsrechte der betreffenden fremden Staatsangehörigen auf deutschem Gebiet sicherzustellen; ferner auch zu dem Zwecke, die vollständige Erfüllung aller Verpflichtungen aus diesem Vertrage durch Deutschland zu verbürgen. Die gedachten Beschränkungen erfolgen in der Form, daß die betreffende alliierte und assoziierte Macht die eingangs bezeichneten deutschen Rechte entweder selbst ausübt oder Lizenzen für ihre Ausübung erteilt oder die Ausübung weiterhin unter ihrer Überwachung hält oder in sonst einer anderen Form. Bei den nach Inkrafttreten des gegenwärtigen Vertrags erworbenen gewerblichen, literarischen oder künstlerischen Eigentumsrechten darf die vorstehend den alliierten und assoziierten Mächten vorbehaltene Befugnis nur ausgeübt werden, wenn die Begrenzungen, Bedingungen und Einschränkungen im Interesse der Landesverteidigung oder des Gemeinwohls notwendig erscheinen.

Gelangen die vorstehenden Bestimmungen seitens der alliierten und assoziierten Mächte zur Anwendung, so werden angemessene Entschädigungen oder Vergütungen gewährt, die in der gleichen Weise wie alle anderen den deutschen Reichsangehörigen geschuldeten Summen gemäß den Bestimmungen des gegenwärtigen Vertrags verwendet werden.

Jede der alliierten oder assoziierten Mächte behält sich die Befugnis vor, jede seit dem 1. August 1914 vollzogene und jede künftige Abtretung oder Teilabtretung oder jede Einräumung gewerblicher, literarischer oder künstlerischer Eigentumsrechte, die die Anwendung der Bestimmungen dieses Artikels vereiteln könnte, als null und nichtig anzusehen.

Die Bestimmungen dieses Artikels finden auf die gewerblichen, literarischen oder künstlerischen Eigentumsrechte von Gesellschaften oder Unternehmungen, deren

Liquidation von den alliierten oder assoziierten Mächten entsprechend den Kriegsausnahmegesetzen vorgenommen worden ist oder auf Grund des Artikel 297 Absatz b noch vorgenommen wird, keine Anwendung.

Artikel 307.

Soweit Staatsangehörige eines jeden der Hohen vertragschließenden Teile bereits vor dem 1. August 1914 gewerbliche Eigentumsrechte besaßen oder solche, wenn es nicht zum Kriege gekommen wäre, auf Grund eines vor oder im Verlauf des Krieges angebrachten Gesuches seitdem hätten erwerben können, wird ihnen zur Erhaltung oder zum Erwerb dieser Rechte eine Mindestfrist von einem Jahre nach Inkrafttreten des gegenwärtigen Vertrags gewährt, um ohne jeden Aufschlag oder irgendwelche Strafgebühr jede Handlung nachzuholen, jede Förmlichkeit zu erfüllen, jede Gebühr zu entrichten, überhaupt jeder Verpflichtung zu genügen, die die Gesetze oder Verwaltungsverordnungen des einzelnen Staates vorschreiben. Das gleiche gilt für die Geltendmachung eines Widerspruchs gegen solche Rechte. Indessen verleiht dieser Artikel kein Recht auf die Wiedereröffnung eines Interferenzverfahrens in den Vereinigten Staaten von Amerika, in dem die Schlußverhandlung stattgefunden hat.

Gewerbliche Eigentumsrechte, die infolge der Nichtvornahme einer Handlung, der Nichterfüllung einer Förmlichkeit oder der Nichtbezahlung einer Gebühr verfallen sind, treten wieder in Kraft. Haben jedoch dritte Personen Patente oder Muster, während sie verfallen waren, verwertet oder benutzt, so bleibt jeder alliierten oder assoziierten Macht die Befugnis vorbehalten, die Anordnungen zu treffen, die sie zur Wahrung der Rechte dieser dritten Personen billigerweise für geboten erachtet. Ferner unterliegen die Patente und Muster, welche deutschen Reichsangehörigen zustehen und hiernach wieder in Kraft treten, hinsichtlich der Lizenzbewilligung auch weiterhin den Vorschriften, die während des Krieges auf sie Anwendung fanden, sowie allen Bestimmungen des gegenwärtigen Vertrags.

Der Zeitraum zwischen dem 1 August 1914 und dem Inkrafttreten des gegenwärtigen Vertrags wird auf die für die Ausübung eines Patents oder für den Gebrauch von Fabrik- oder Handelsmarken oder von Mustern vorgesehene Frist nicht angerechnet; auch wird vereinbart, daß ein Patent, eine Fabrik- oder Handelsmarke oder ein Muster, das am 1. August 1914 noch in Kraft war, wegen bloßer Nichtausübung oder bloßen Nichtgebrauchs nicht vor Ablauf einer Frist von zwei Jahren nach Inkrafttreten des gegenwärtigen Vertrags verfällt oder für ungültig erklärt werden darf.

Artikel 308.

Die Prioritätsfristen, die im Artikel 4 des im Jahre 1911 in Washington revidierten internationalen Pariser Abkommens vom 20. März 1883 oder in irgendeinem anderen geltenden Abkommen oder Gesetze für die Einreichung oder Eintragung der Gesuche um Verleihung von Patenten, um Schutz von Gebrauchsmustern, Fabrik- oder Handelsmarken, Mustern und Modellen vorgesehen sind und die am 1. August 1914 noch nicht abgelaufen waren, sowie diejenigen, die während des Krieges begonnen haben oder, wenn es nicht zum Kriege gekommen wäre, hätten beginnen können, werden durch jeden der Hohen vertragschließenden Teile zugunsten der Staatsangehörigen der anderen Hohen vertragschließenden Teile bis zum Ablauf einer Frist von sechs Monaten nach Inkrafttreten des gegenwärtigen Vertrags verlängert.

Diese Fristverlängerung läßt jedoch die Rechte jedes Hohen vertragschließenden Teils oder jeder Person unberührt, die sich bei Inkrafttreten des gegenwärtigen Vertrags im gutgläubigen Besitze von gewerblichen Eigentumsrechten befindet, welche mit den unter Beanspruchung der Priorität nachgesuchten Rechten in Widerspruch stehen; sie behalten den Genuß ihrer Rechte für ihre Person oder in der Person von Vertretern oder Lizenzinhabern, denen sie diese Rechte vor dem Inkrafttreten des gegenwärtigen Vertrags eingeräumt haben, und dürfen dieserhalb in keiner Weise als Nachahmer in Anspruch genommen oder verfolgt werden.

Artikel 309.

Deutsche Reichsangehörige oder in Deutschland wohnende oder dort ihr Gewerbe treibende Personen einerseits und Staatsangehörige der alliierten oder assoziierten Mächte oder im Gebiete dieser Mächte wohnende oder dort ihr Gewerbe treibende Personen anderseits sowie Dritte, denen die bezeichneten Persönlichkeiten etwa während des Krieges ihre Rechte abgetreten haben, können auf Grund von Vorgängen auf dem Gebiete des anderen Teils in der Zeit zwischen der Kriegserklärung und dem Inkrafttreten des gegenwärtigen Vertrags, in denen Verletzungen der zu irgendeinem Zeitpunkt während des Krieges geltenden oder der gemäß den vorstehenden Artikeln 307 und 308 wiederhergestellten gewerblichen, literarischen oder künstlerischen Eigentumsrechte erblickt werden könnten, keine Klage erheben und keinerlei Anspruch geltend machen.

Sind des ferneren in der Zeit zwischen der Kriegserklärung und der Unterzeichnung des gegenwärtigen Vertrags Erzeugnisse oder Gegenstände hergestellt oder literarische oder künstlerische Werke veröffentlicht worden, so gibt weder ihr Erwerb noch ihre Benutzung oder Verwendung durch Dritte den vorbezeichneten Personen jemals ein Klagerecht wegen Verletzung von gewerblichen oder künstlerischen Eigentumsrechten: auch der Verkauf und das Feilbieten begründet ein solches Klagerecht nicht, wenn dieser Verkauf und dieses Feilbieten während eines Jahres nach der Unterzeichnung des gegenwärtigen Vertrags in den Gebieten der alliierten und assoziierten Mächte einerseits oder Deutschlands anderseits stattfindet. Diese Bestimmung findet jedoch keine Anwendung, wenn die Berechtigten ihren Wohnsitz oder ihre gewerbliche oder Handelsniederlassung in den von Deutschland im Laufe des Krieges besetzten Gebieten hatten.

Dieser Artikel gilt nicht im Verhältnis zwischen den Vereinigten Staaten von Amerika einerseits und Deutschland anderseits.

Artikel 310.

Lizenzverträge über Ausübung von Rechten des gewerblichen Eigentums oder über Vervielfältigung von literarischen oder künstlerischen Werken, die vor der

Kriegserklärung zwischen Staatsangehörigen der alliierten oder assoziierten Mächte oder in ihrem Gebiete wohnenden oder dort ihr Gewerbe treibenden Personen einerseits und deutschen Reichsangehörigen anderseits geschlossen sind, gelten vom Zeitpunkt der Kriegserklärung zwischen Deutschland und der alliierten oder assoziierten Macht ab als aufgelöst. In allen Fällen hat jedoch der auf Grund eines solchen Vertrags ursprünglich Lizenzberechtigte das Recht, binnen einer Frist von sechs Monaten nach Inkrafttreten des gegenwärtigen Vertrags von dem Inhaber der Rechte die Einräumung einer neuen Lizenz zu verlangen. Die Bedingungen der neuen Lizenz werden mangels einer Einigung zwischen den Parteien von dem zuständigen Gerichte des Landes, unter dessen Gesetzgebung die Rechte erworben sind, festgesetzt, es sei denn, daß die Lizenzen auf Rechten beruhen, die unter deutscher Gesetzgebung erworben sind; in diesem Fall werden die Bedingungen durch den in Abschnitt VI dieses Teiles vorgesehenen Gemischten Schiedsgerichtshof festgesetzt. Der Gerichtshof kann alsdann gegebenenfalls den Betrag der ihm angebracht erscheinenden Vergütung für die Ausnutzung der Rechte während des Krieges festsetzen.

Lizenzen für gewerbliche, literarische oder künstlerische Eigentumsrechte, die kraft der besonderen Kriegsgesetzgebung einer alliierten oder assoziierten Macht verliehen sind, werden von der Fortdauer einer schon vor dem Kriege bestehenden Lizenz nicht berührt, sondern behalten ihre volle Gültigkeit und Wirksamkeit. Ist eine solche Lizenz dem auf Grund eines vor dem Kriege abgeschlossenen Lizenzvertrags ursprünglich Lizenzberechtigten verliehen, so gilt sie als an die Stelle der früheren Lizenz getreten.

Sind auf Grund eines vor dem Krieg abgeschlossenen, auf Ausübung von Rechten des gewerblichen Eigentums oder Vervielfältigung oder Aufführung literarischer dramatischer oder künstlerischer Werke gerichteten Vertrags oder auf Grund einer vor dem Krieg erteilten, Lizenz solchen Inhalts während des Krieges Geldsummen gezahlt worden, so finden sie die gleiche Verwendung wie dem gegenwärtigen Vertrag zufolge die sonstigen Schulden oder Forderungen der deutschen Reichsangehörigen.

Dieser Artikel gilt nicht im Verhältnis zwischen den Vereinigten Staaten von Amerika einerseits und Deutschland anderseits.

Artikel 311.

Die Einwohner der auf Grund des gegenwärtigen Vertrags von Deutschland abgetrennten Gebiete behalten ungeachtet dieser Trennung und des sich daraus ergebenden Wechsels der Staatsangehörigkeit in Deutschland den vollen, uneingeschränkten Genuß aller gewerblichen literarischen und künstlerischen Eigentumsrechte, deren Inhaber sie nach der deutschen Gesetzgebung zur Zeit dieser Trennung waren.

Die gewerblichen, literarischen und künstlerischen Eigentumsrechte, die in den nach Maßgabe des gegenwärtigen Vertrags von Deutschland abgetrennten Gebieten zur Zeit der Abtrennung dieser Gebiete von Deutschland in Kraft sind oder zufolge Artikel 306 des gegenwärtigen Vertrags wiederhergestellt werden oder in Kraft treten, werden von dem Staate, auf den das Gebiet übergeht, anerkannt und bleiben in diesem Gebiete solange in Kraft, wie dies nach deutschem Rechte der Fall ist.

Teil XV.

Verschiedene Bestimmungen.

Der gegenwärtige Vertrag, dessen französischer und englischer Wortlaut beide maßgebend sind, soll ratifiziert werden.

Die Niederlegung der Ratifikationsurkunden soll so bald wie möglich in Paris erfolgen.

Den Mächten mit Regierungssitz außerhalb Europas steht es frei, sich auf die Mitteilung an die Regierung des französischen Freistaats durch ihren diplomatischen Vertreter in Paris zu beschränken, daß ihre Ratifikation erteilt ist. In diesem Falle sollen sie die Ratifikationsurkunde darüber so schnell wie möglich übermitteln.

Ein erstes Protokoll über die Niederlegung der Ratifikationsurkunden wird errichtet, sobald der Vertrag von Deutschland einerseits und von drei alliierten und assoziierten Hauptmächten anderseits ratifiziert ist.

Mit der Errichtung dieses ersten Protokolls tritt der Vertrag zwischen den Hohen vertragschließenden Teilen, die ihn auf diese Weise ratifiziert haben, in Kraft. Dieser Zeitpunkt gilt zugleich als der Zeitpunkt des Inkrafttretens bei Berechnung aller in dem gegenwärtigen Vertrage vorgesehenen Fristen.

In jeder anderen Hinsicht tritt der Vertrag für jede Macht mit der Niederlegung ihrer Ratifikationsurkunde in Kraft.

Geschehen zu Versailles am 28. Juni 1919.

Anmerkung. Der Friedensvertrag ist am 10. Januar 1920 nachmittags 4 Uhr 15 Minuten in Kraft getreten. Er gilt zurzeit (31. V. 20) zwischen Deutschland und dem Britischen Reiche, Frankreich, Italien, Japan, Belgien, Bolivien, Brasilien, Guatemala, Peru, Polen, Siam, der Tschecho-Slowaei, Uruguay, Cuba, dem Serbisch-Kroatisch-Slowenischen Staat, Griechenland und Portugal.

---

6. Ausführungsgesetz zum Friedensvertrage.

Vom 31. August 1919 (RGBl. 1919 S. 1530ff.).

III. Abschnitt.

Gewerbliche Schutzrechte.

§ 15. Die gesetzlichen Fristen für die Vornahme der zur Begründung oder Erhaltung gewerblicher Schutzrechte erforderlichen Handlungen werden, soweit sie nicht schon am 1. August 1914 abgelaufen sind oder erst nach Inkrafttreten des Friedensvertrags begonnen haben, bis zum Ablauf eines Jahres nach Inkrafttreten des Friedensvertrags verlängert. Zuschlags- oder Nachholungsgebühren sind bei Zahlungen, die hiernach rechtzeitig geleistet werden, nicht zu entrichten.

Gewerbliche Schutzrechte, die nach den bisher geltenden Vorschriften infolge Nichtvornahme einer Handlung in der Zeit vom 1. August 1914 bis zum Inkrafttreten des Friedensvertrags erloschen sind, treten wieder in Kraft.

§ 16. Der Zeitraum zwischen dem 1. August 1914 und dem Inkrafttreten des Friedensvertrags wird auf die im § 11 Abs. 3 des Patentgesetzes vorgesehene Frist für die Zurücknahme eines Patents nicht angerechnet.

Vor Ablauf von zwei Jahren nach Inkrafttreten des Friedensvertrags können Patente, die am 1. August 1914 in Kraft waren, nicht zurückgenommen werden.

§ 17. Die Vorschriften der §§ 15, 16 finden zugunsten von Angehörigen ausländischer Staaten nur Anwendung, wenn in diesen Staaten nach einer im Reichs-Gesetzblatt enthaltenen Bekanntmachung den deutschen Reichsangehörigen gleichartige Vorteile gewährt werden[1]).

VIII. Abschnitt.

Aufhebung von Kriegsmaßnahmen.

§ 27. Die Reichsregierung wird ermächtigt zu bestimmen, wann und in welcher Weise die während des Krieges gegen das bisher feindliche Ausland erlassenen Ausnahmevorschriften außer Kraft treten.

Sie wird ferner ermächtigt festzustellen, wann im Sinne bestehender reichsrechtlicher Vorschriften der Kriegszustand als beendet anzusehen ist.

Soweit die Reichsregierung nicht ein anderes bestimmt, werden die in den Abs. 1, 2 bezeichneten Befugnisse von jedem Reichsminister für seinen Geschäftsbereich selbständig ausgeübt.

X. Abschnitt.

Schlußvorschrift.

§ 29. Dieses Gesetz tritt, soweit nicht im § 3 ein anderes bestimmt ist, gleichzeitig mit dem Friedensvertrag in Kraft.

---

[1]) Bis jetzt außer den Staaten, die den Friedensvertrag ratifiziert haben, Schweiz und Österreich.

7. Gesetz,
betreffend
eine verlängerte Schutzdauer bei Patenten und Gebrauchsmustern sowie die Wiedereinsetzung in den vorigen Stand im Verfahren vor dem Reichspatentamt.

Vom 27. April 1920 (RGBl. S. 675ff.).

Die verfassunggebende Deutsche Nationalversammlung hat das folgende Gesetz beschlossen, das mit Zustimmung des Reichsrats hiermit verkündet wird:

Artikel I.
Verlängerung der Schutzrechte.

Wenn ein Patent oder ein Gebrauchsmuster während des Krieges nicht in einer seiner wirtschaftlichen und technischen Bedeutung entsprechenden Weise hat ausgenutzt werden können, kann seine gesetzliche Dauer nach Maßgabe der folgenden Vorschriften verlängert werden.

§ 1. Unter der bezeichneten Voraussetzung wird die Dauer eines Patents oder die Schutzzeit eines Gebrauchsmusters auf Antrag des Inhabers derart verlängert, daß der Zeitraum vom 1. August 1914 bis einschließlich 31. Juli 1919, soweit er in die gesetzliche Dauer fällt, nicht auf sie angerechnet wird.

Fällt der Anfangstag in die angegebene Zeit, so gilt bei Patenten der Zeitabschnitt bis zum Beginne des auf den 31. Juli 1919 folgenden nächsten Jahrestags des Anfanges als erstes Patentjahr, bei Gebrauchsmustern der Zeitabschnitt bis zum Beginne des auf den 31. Juli 1919 folgenden dritten Jahrestags des Anfanges als Zeitraum von drei Jahren.

§ 2. Der Antrag ist bei Patenten oder Gebrauchsmustern, die zur Zeit des Inkrafttretens dieses Gesetzes erloschen sind, innerhalb einer Frist von zwei Monaten, im übrigen innerhalb einer solchen von sechs Monaten nach Inkrafttreten des Gesetzes beim Reichspatentamt einzureichen. Mit dem Antrag ist eine Gebühr von sechzig Mark an die Kasse des Reichspatentamts einzuzahlen; erfolgt die Zahlung nicht, so gilt der Antrag als nicht gestellt.

§ 3. Der Antrag muß die Angabe der die Verlängerung begründenden Tatsachen und die Mittel zu ihrer Glaubhaftmachung enthalten.

§ 4. Zur Entscheidung über die Anträge auf Verlängerung werden beim Reichspatentamte für jedes Fachgebiet besondere Ausschüsse gebildet. Sie bestehen aus je drei Mitgliedern, von denen mindestens zwei auf dem in Betracht kommenden Gebiete der Technik sachverständig sein müssen. Eines der technischen Mitglieder braucht nicht Mitglied des Reichspatentamts zu sein.

Die Entscheidung erfolgt nach freiem Ermessen des Ausschusses. Der Antragsteller ist, falls er dies beantragt, vor der Entscheidung zu hören.

Das Verfahren ist geheim; die zugezogenen Sachverständigen sind zur Geheimhaltung der ihnen hierbei bekannt werdenden Tatsachen verpflichtet.

§ 5. Die Entscheidung des Ausschusses ist endgültig.

Die Verlängerung ist im Reichsanzeiger zu veröffentlichen.

§ 6. Wird die Verlängerung eines Schutzrechts beschlossen, so ist die in der Zeit vom 1. August 1914 bis einschließlich 31. Juli 1919 eingetretene Fälligkeit einer

Gebühr (§ 8 Abs. 2 des Patentgesetzes) ohne Wirkung. Schutzrechte, die wegen Nichtzahlung einer Gebühr oder durch Zeitablauf innerhalb dieses Zeitraums erloschen sind, treten wieder in Kraft. Eine Gebühr, die für ein in dieser Zeit begonnenes Patentjahr gezahlt worden ist, wird auf das in der Zählung entsprechende Patentjahr der Folgezeit angerechnet; die Rückzahlung ist ausgeschlossen. Gebühren, die hiernach zwischen dem 31. Juli 1919 und dem Tage der Zustellung der Entscheidung fällig geworden, aber nicht gezahlt sind, sind innerhalb sechs Wochen nach dieser Zustellung oder innerhalb weiterer sechs Wochen mit einem Zuschlag von 10 Mark zu zahlen.

§ 7. Wer vor dem 1. April 1920 die Erfindung, nachdem das Schutzrecht erloschen war, im Inland in Benutzung genommen oder wer vor diesem Tage im Inland die zur Benutzung erforderlichen Veranstaltungen getroffen hat, ist auch nach der Verlängerung berechtigt, die Erfindung für die Bedürfnisse seines eigenen Betriebs weiter zu benutzen. Das Weiterbenutzungsrecht kann nur mit dem Betriebe vererbt oder veräußert werden.

Wurden die im Abs. 1 bezeichneten Veranstaltungen getroffen, bevor das Schutzrecht erloschen war, so ist dem Patentinhaber eine angemessene Vergütung zu gewähren.

§ 8. Lizenzverträge über Patente oder Gebrauchsmuster, die im Zeitpunkt des Eintritts der Verlängerung noch nicht erloschen waren, laufen mit der ursprünglichen gesetzlichen Dauer des Schutzrechts ab, falls sich aus dem Vertrage kein früherer Ablauf ergibt.

Der Lizenznehmer kann jedoch eine Verlängerung der Lizenz verlangen; die Bestimmungen über Leistung und Gegenleistung werden, falls sich die Beteiligten nicht einigen, im Rechtsweg festgesetzt. Das gleiche gilt für den Fall, daß das verlängerte Schutzrecht erloschen war. Der Anspruch kann nur bis zum Ablauf von drei Monaten nach der Veröffentlichung (§ 5) geltend gemacht werden.

§ 9. Der Reichsminister der Justiz kann Bestimmungen zur Ausführung dieses Gesetzes erlassen. Er kann auch bestimmen, daß vorübergehend

1. die im § 15 der Verordnung zur Ausführung des Patentgesetzes usw. vom 11. Juli 1891 (RGBl. S. 349) vorgesehene Benachrichtigung unterbleibt,
2. die Vorschrift des § 8 Abs. 5 des Patentgesetzes außer Anwendung bleibt.

Artikel II.

Wiedereinsetzung.

Im § 2 Satz 1 der Verordnung, betreffend vorübergehende Erleichterungen auf dem Gebiete des Patent-, Gebrauchsmuster- und Warenzeichenrechts vom 10. September 1914 (RGBl. S. 403) werden hinter den Worten „durch den Kriegszustand" folgende Worte eingefügt:

„oder durch Naturereignisse oder andere unabwendbare Zufälle".

Anmerkung. Das das Gesetz enthaltende Reichsgesetzblatt ist in Berlin am 30. April 1920 ausgegeben worden. Das Gesetz ist demgemäß nach Art. 71 der Reichsverfassung am 14. Mai 1920 in Kraft getreten.

Ausführungsbestimmungen
zu
dem Gesetze, betreffend eine verlängerte Schutzdauer bei Patenten und Gebrauchsmustern usw., vom 27. April 1920.

Vom 8. Mai 1920.

Auf Grund des Artikel I § 9 des Gesetzes, betreffend eine verlängerte Schutzdauer bei Patenten und Gebrauchsmustern sowie die Wiedereinsetzung in den vorigen Stand im Verfahren vor dem Reichspatentamt, vom 27. April 1920 (RGBl. S. 675), wird hierdurch bestimmt:

§ 1. Der Präsident des Reichspatentamts trifft die Anordnungen zur Bildung der im § 4 des Gesetzes vorgesehenen Ausschüsse und regelt den Geschäftsgang.

§ 2. Bei Patenten, die erloschen und nach Vorschrift wieder in Kraft getreten sind, ist bis auf weiteres von der im § 15 der Verordnung zur Ausführung des Patentgesetzes usw. vom 11. Juli 1891 (RGBl. S. 349) vorgesehenen Benachrichtigung des Inhabers abzusehen.

§ 3. Die Vorschrift des § 8 Abs. 5 des Patentgesetzes über die Zulässigkeit der Zahlung von Gebühren vor Eintritt der Fälligkeit bleibt bis auf weiteres außer Anwendung.

Anordnungen des Präsidenten des Reichspatentamts, betreffend die Bildung der Ausschüsse zur Entscheidung über Schutzdauerverlängerung. Vom 18. Mai 1920.

Auf Grund der Vorschrift des § 1 der Ausführungsbestimmungen zu dem Gesetze, betreffend eine verlängerte Schutzdauer bei Patenten und Gebrauchsmustern usw., vom 8. Mai 1920 (Reichs-Gesetzbl. 1920 S. 916) ordne ich folgendes an:

§ 1. Zur Entscheidung über die Anträge auf Verlängerung der Schutzdauer werden bei dem Reichspatentamt zunächst zwei Ausschüsse gebildet.

Die Entscheidungen der Ausschüsse erhalten die Unterschrift

Reichspatentamt

Ausschuß . . . für Schutzdauerverlängerung.

§ 2. Der Ausschuß I ist zuständig für die Fachgebiete Elektrotechnik und Physik, Textilindustrie, Papierverarbeitung und Druckerei, Landwirtschaft, Bauwesen, der Ausschuß II für die Fachgebiete Maschinenbau und Schiffbau, Chemie, Hüttenwesen.

§ 3 Der Ausschuß entscheidet in der Besetzung von einem rechtskundigen und zwei technischen Mitgliedern.

§ 4. Die Geschäftsleitung in den Ausschüssen steht dem Präsidenten zu. Er trifft über seine Vertretung im Vorsitz Bestimmung. Die Zuweisung der Mitglieder an die Ausschüsse erfolgt durch den Präsidenten.

IV.
Völkerrechtliche Verträge.

1. Pariser Verbandsübereinkunft

vom

20. März 1883 zum Schutze des gewerblichen Eigentums, revidiert in Brüssel am 14. Dezember 1900 und in Washington am 2. Juni 1911.

Vom 2. Juni 1911[1]) (RGBl. 1913 S. 209ff.).

Artikel 1.

Die vertragschließenden Länder bilden einen Verband zum Schutze des gewerblichen Eigentums[2]).

Artikel 2.

Die Untertanen oder Bürger der vertragschließenden Länder sollen in allen übrigen Ländern des Verbandes in betreff der Erfindungspatente, der Gebrauchsmuster, der gewerblichen Muster oder Modelle, der Fabrik- oder Handelsmarken, der Handelsnamen, der Herkunftsbezeichnungen und der Unterdrückung des unlauteren Wettbewerbes die Vorteile genießen, welche die betreffenden Gesetze den Staatsangehörigen gegenwärtig

---

[1]) S. Denkschrift zu der Übereinkunft v. 2. VI. 11 (13 170ff.).

[2]) Verzeichnis der gegenwärtig (31. V. 20) dem Verbande (Union) angehörenden Staaten S. 394. Deutschland ist beigetreten mit Wirkung vom 1. Mai 1903.

gewähren oder in Zukunft gewähren werden. Demgemäß sollen sie denselben Schutz wie diese und dieselbe Rechtshilfe gegen jeden Eingriff in ihre Rechte haben, vorbehaltlich der Erfüllung der Förmlichkeiten und Bedingungen, welche den Staatsangehörigen durch die innere Gesetzgebung auferlegt werden. Die Verpflichtung, einen Wohnsitz oder eine Niederlassung in dem Lande zu haben, wo der Schutz beansprucht wird, darf den Verbandsangehörigen nicht auferlegt werden.

Artikel 3.

Den Untertanen oder Bürgern der vertragschließenden Länder werden gleichgestellt die Untertanen oder Bürger der dem Verbande nicht beigetretenen Länder, welche im Gebiet eines der Verbandsländer ihren Wohnsitz oder tatsächliche und wirkliche gewerbliche oder Handelsniederlassungen haben.

Artikel 4[1]).

a) Derjenige, welcher in einem der vertragschließenden Länder ein Gesuch um ein Erfindungspatent, ein Gebrauchsmuster, ein gewerbliches Muster oder Modell, eine Fabrik- oder Handelsmarke vorschriftsmäßig hinterlegt, oder sein Rechtsnachfolger soll zum Zwecke der Hinterlegung in den anderen Ländern während der unten bestimmten Fristen und vorbehaltlich der Rechte Dritter ein Prioritätsrecht genießen.

b) Demgemäß soll die hiernächst in einem der übrigen Verbandsländer vor Ablauf dieser Fristen bewirkte

---

[1]) S. § 3 PG. Anm. 4.

Hinterlegung durch inzwischen eingetretene Tatsachen, wie namentlich durch eine andere Hinterlegung, durch die Veröffentlichung der Erfindung oder deren Ausübung, durch das Feilbieten von Exemplaren des Musters oder Modells, durch die Anwendung der Marke nicht unwirksam gemacht werden können.

c) Die oben erwähnten Prioritätsfristen sollen zwölf Monate für Erfindungspatente und Gebrauchsmuster und vier Monate für gewerbliche Muster oder Modelle und für Fabrik- oder Handelsmarken betragen.

d) Wer die Priorität einer vorhergehenden Hinterlegung in Anspruch nehmen will, hat eine Erklärung über die Zeit und das Land dieser Hinterlegung abzugeben. Jedes Land bestimmt, bis wann die Erklärung spätestens abgegeben werden muß[1]). Die Angaben sind in die von der zuständigen Behörde ausgehenden Veröffentlichungen, insbesondere in die Patenturkunden und die zugehörigen Beschreibungen, aufzunehmen. Die vertragschließenden Länder können von demjenigen, welcher eine Prioritätserklärung abgibt, fordern, daß er die frühere Anmeldung (Beschreibung, Zeichnungen usw.) in einer Abschrift vorlegt, die von der Behörde, welche die Anmeldung empfangen hat, als übereinstimmend bescheinigt ist. Diese Abschrift soll von jeder Legalisation befreit sein. Es kann gefordert werden, daß ihr eine von dieser Behörde ausgestellte

[1]) S. Ges. v. 31. III. 13 (S. 396) u. Bek. des Reichskanzlers v. 8. IV. 13 (S. 397).

Bescheinigung über die Zeit der Hinterlegung und eine Übersetzung beigefügt wird. Andere Förmlichkeiten für die Prioritätserklärung dürfen bei der Hinterlegung des Gesuchs nicht gefordert werden. Jedes vertragschließende Land wird die Folgen der Außerachtlassung der durch den gegenwärtigen Artikel vorgesehenen Förmlichkeiten bestimmen, jedoch dürfen diese Folgen über den Verlust des Prioritätsrechts nicht hinausgehen[1].

e) Später dürfen andere Nachweisungen gefordert werden.

Artikel 4b.

Die Patente, deren Erteilung in den verschiedenen vertragschließenden Ländern von den zur Wohltat der Übereinkunft nach Maßgabe der Artikel 2 und 3 verstatteten Personen beantragt wird, sollen von den für dieselbe Erfindung in anderen zum Verbande gehörenden oder nicht gehörenden Ländern erteilten Patenten unabhängig sein.

Diese Bestimmung ist ohne jede Einschränkung zu verstehen, insbesondere in dem Sinne, daß die während der Prioritätsfrist angemeldeten Patente sowohl hinsichtlich der Gründe der Nichtigkeit und des Verfalls als auch hinsichtlich der gesetzmäßigen Dauer unabhängig sind.

Sie findet auf alle zur Zeit ihres Inkrafttreten bestehenden Patent Anwendung.

---

[1]) S. Ges. v. 31. III. 13 (S. 396) u. Bek. des Reichskanzlers v. 8. IV. 13 (S. 397).

Für den Fall des Beitritts neuer Länder soll es mit den im Zeitpunkt des Beitritts auf beiden Seiten bestehenden Patenten ebenso gehalten werden.

Artikel 5.

Die durch den Patentinhaber bewirkte Einfuhr von Gegenständen, welche in einem oder dem anderen Verbandsland hergestellt sind, in das Land, in welchem das Patent erteilt worden ist, soll den Verfall des letzteren nicht zur Folge haben.

Gleichwohl soll der Patentinhaber verpflichtet bleiben, sein Patent nach Maßgabe der Gesetze des Landes, in welches er die patentierten Gegenstände einführt, auszuüben, jedoch mit der Einschränkung, daß der Verfall eines Patents wegen Nichtausübung in einem Verbandsland erst nach Ablauf von drei Jahren seit der Hinterlegung des Gesuchs in diesem Lande und nur dann ausgesprochen werden kann, wenn der Patentinhaber Gründe für seine Untätigkeit nicht dartut.

Artikel 6.

Jede im Ursprungslande vorschriftsmäßig eingetragene Fabrik- oder Handelsmarke soll so wie sie ist in den anderen Verbandsländern zur Hinterlegung zugelassen und geschützt werden.

Es können jedoch zurückgewiesen oder für ungültig erklärt werden:

1. Marken, die geeignet sind, Rechte zu verletzen, die von Dritten in dem Lande, wo der Schutz beansprucht wird, erworben sind.
2. Marken, die jeder Unterscheidungskraft entbehren oder ausschließlich aus Zeichen oder Angaben zu-

sammengesetzt sind, die im Verkehre zur Bezeichnung der Art, der Beschaffenheit, der Menge, der Bestimmung, des Wertes, des Ursprungsorts der Waren oder der Zeit der Erzeugung dienen können, oder die in der üblichen Sprache oder in den redlichen und ständigen Verkehrsgepflogenheiten des Landes, wo der Schutz beansprucht wird, gebräuchlich geworden sind.

Bei der Würdigung der Unterscheidungskraft einer Marke sind alle Tatumstände zu berücksichtigen, insbesondere die Dauer des Gebrauchs der Marke.

3. Marken, die gegen die guten Sitten oder die öffentliche Ordnung verstoßen.

Als Ursprungsland soll das Land angesehen werden, in welchem der Hinterlegende seine Hauptniederlassung hat.

Liegt die Hauptniederlassung nicht in einem der Verbandsländer, so soll als Ursprungsland dasjenige angesehen werden, welchem der Hinterlegende angehört.

Artikel 7.

Die Natur des Erzeugnisses, auf welchem die Fabrik- oder Handelsmarke angebracht werden soll, darf in keinem Falle die Hinterlegung der Marke hindern.

Artikel 7b.

Die vertragschließenden Länder verpflichten sich, Marken, die Verbänden gehören, deren Bestehen dem Gesetze des Ursprungslandes nicht zuwiderläuft, auch dann zur Hinterlegung zuzulassen und zu schützen, wenn diese Verbände eine gewerbliche oder Handelsniederlassung nicht besitzen.

Es steht jedoch jedem Lande zu, frei darüber zu bestimmen, unter welchen besonderen Bedingungen ein Verband zum Schutze seiner Marken zugelassen werden kann.

Artikel 8.

Der Handelsname soll in allen Verbandsländern, ohne Verpflichtung zur Hinterlegung, geschützt werden, gleichviel, ob er den Teil einer Fabrik- oder Handelsmarke bildet oder nicht.

Artikel 9.

Jedes widerrechtlich mit einer Fabrik- oder Handelsmarke oder mit einem Handelsnamen versehene Erzeugnis ist bei der Einfuhr in diejenigen Verbandsländer, in welchen diese Marke oder dieser Handelsname Recht auf gesetzlichen Schutz hat, zu beschlagnahmen.

Läßt die Gesetzgebung eines Landes die Beschlagnahme bei der Einfuhr nicht zu, ist die Beschlagnahme durch das Verbot der Einfuhr zu ersetzen.

Die Beschlagnahme ist auch in dem Lande vorzunehmen, wo die widerrechtliche Anbringung stattgefunden hat, oder in dem Lande, wohin das Erzeugnis eingeführt worden ist.

Die Beschlagnahme erfolgt gemäß der inneren Gesetzgebung jedes Landes auf Antrag entweder der Staatsanwaltschaft oder einer anderen zuständigen Behörde oder einer beteiligten Partei, sei diese eine Einzelperson oder eine Gesellschaft.

Die Behörden sollen nicht gehalten sein, die Beschlagnahme im Falle der Durchfuhr zu bewirken.

Läßt die Gesetzgebung eines Landes weder die Beschlagnahme bei der Einfuhr noch das Einfuhrverbot noch die Beschlagnahme im Inland zu, so sind diese Maßnahmen durch diejenigen Klagen und Rechtsbehelfe zu ersetzen, die das Gesetz dieses Landes im gleichen Falle den Staatsangehörigen sichert.

Artikel 10.

Die Bestimmungen des vorigen Artikels sollen auf jedes Erzeugnis anwendbar sein, welches als Bezeichnung der Herkunft fälschlich den Namen eines bestimmten Ortes trägt, wenn diese Bezeichnung einem erfundenen oder einem zum Zwecke der Täuschung entlehnten Handelsnamen beigefügt wird.

Als Beteiligter gilt jeder Produzent, Fabrikant oder Kaufmann, welcher die Produktion oder die Fabrikation des Erzeugnisses oder den Handel mit demselben betreibt und in dem fälschlich als Herkunftsort bezeichneten Orte oder in der Gegend, in der dieser Ort liegt, seine Niederlassung hat.

Artikel 10b.

Alle vertragschließenden Länder verpflichten sich, den Angehörigen des Verbandes einen wirksamen Schutz gegen unlauteren Wettbewerb zu sichern.

Artikel 11.

Die vertragschließenden Länder werden den patentfähigen Erfindungen, den Gebrauchsmustern, den gewerblichen Mustern oder Modellen sowie den Fabrik- oder Handelsmarken für Erzeugnisse, welche auf den im Gebiet eines von ihnen veranstalteten, amtlichen oder amtlich anerkannten internationalen Ausstellungen zur

Schau gestellt werden, in Gemäßheit der Gesetzgebung jedes Landes einen zeitweiligen Schutz gewähren[1]).

Artikel 12.

Jedes der vertragschließenden Länder verpflichtet sich, eine besondere Behörde für das gewerbliche Eigentum und eine Zentral-Hinterlegungsstelle zur Mitteilung der Erfindungspatente, der Gebrauchsmuster, der gewerblichen Muster oder Modelle und der Fabrik- oder Handelsmarken an das Publikum einzurichten[2]).

---

[1]) Ges. v. 18. III. 04 (S. 410).

[2]) Die demgemäß eingerichteten Behörden sind:

Belgien: Ministere de l'Industrie et du Travail. Direction de l'Industrie, Brüssel.

Cuba: Secretaria de Agricultura, Comercio y Trabaho, Habana.

Dänemark: Patentkommission, Niels-Brocksgade 14, Kopenhagen. Kontoret for Registrering af Varemaerker, Kopenhagen.

Frankreich: Office National de la Propriété Industrielle, rue Saint-Martin 292 (3e arrondissement), Paris.

Großbritannien: Patent Office, 25 Southampton Buildings, London W. C.

Italien: Ufficio della Proprieta Industriale, Ministero di Agricoltura, Industria e Commercio, Rom.

Japan: Patentamt Tokio.

Niederlande: Bureau voor den industrieelen eigendom, Haag.

Norwegen: Styret for det Industrielle Retsvern, Christiania.

Österreich: Österr. Patentamt, Wien VII, Siebensterngasse 14.

Polen: Patentamt in Warschau Królewska 23.

Dieses Amt wird nach Möglichkeit eine amtliche Zeitschrift herausgeben.

Artikel 13.

Das unter dem Namen „Internationales Bureau zum Schutze des gewerblichen Eigentums" zu Bern errichtete internationale Amt ist der hohen Autorität der Regierung der Schweizerischen Eidgenossenschaft unterstellt, die seine Einrichtung regelt und seine Geschäftsführung überwacht.

Das internationale Bureau hat die auf den Schutz des gewerblichen Eigentums bezüglichen Mitteilungen

---

Portugal: Ministerio das Obras Publicas, Commercio e Industria, Lissabon.

Schweden: Kungl. Patent- och Registreringsverket, Stockholm.

Schweiz: Bureau fédéral de la propriété intellectuelle! Bern.

Spanien: Negociado de Registro de la Propiedad Industrial y Comercial del Ministro de Agricultura, Industria, Comercio y Obras públicas, Madrid.

Staatenbund von Australien: Patent Office, Melbourne.

Tschecho-Slowakischer Staat: Patentamt in Prag.

Tunis: Bureau de la propriété industrielle, Dar el Bey! Tunis.

Ungarn: Ungar. Patentamt, Budapest.

Vereinigte Staaten von Amerika: United States Patent Office, Washington.

Vereinigte Staaten von Brasilien: Ministerium für Landwirtschaft, Handel und öffentliche Arbeiten, Rio de Janeiro.

Vereinigte Staaten von Mexiko: Oficina de Patentes y Marcas, Mekico.

aller Art zu sammeln und in einer allgemeinen Statistik zu vereinigen, welche an alle Regierungen zu verteilen ist. Es hat sich mit gemeinnützigen Studien, welche für den Verband von Interesse sind, zu beschäftigen und mit Hilfe des ihm von den verschiedenen Regierungen zur Verfügung gestellten Aktenmaterials ein periodisches Blatt in französischer Sprache zu redigieren, welches die den Gegenstand des Verbandes betreffenden Fragen behandelt.

Die Nummern dieses Blattes sowie alle von dem internationalen Bureau veröffentlichten Schriftstücke sind auf die Regierungen der Verbandsländer im Verhältnis der Zahl der unten erwähnten Beitragseinheiten zu verteilen. Die außerdem von den genannten Regierungen oder von Gesellschaften oder Privatpersonen etwa beanspruchten Exemplare und Schriftstücke sind besonders zu bezahlen.

Das internationale Bureau hat sich jederzeit zur Verfügung der Verbandsmitglieder zu halten, um ihnen über die auf die internationale Verwaltung des gewerblichen Eigentums bezüglichen Fragen die besonderen Mitteilungen zu machen, deren sie bedürfen könnten. Über seine Amtsführung hat es jährlich einen Bericht zu erstatten, welcher den Mitgliedern des Verbandes mitzuteilen ist.

Die Amtssprache des internationalen Bureaus soll die französische Sprache sein.

Die Ausgaben des internationalen Bureaus werden gemeinsam von den vertragschließenden Ländern getragen. Sie dürfen in keinem Falle die Summe von 60000 Franken jährlich übersteigen.

Um den Beitrag jedes Landes zu dieser Gesamtsumme der Kosten zu bestimmen, werden die vertragschließenden Länder und diejenigen, welche dem Verbande später beitreten möchten, in sechs Klassen geteilt, von denen jede im Verhältnis einer bestimmten Zahl von Einheiten beiträgt, nämlich:

die 1. Klasse	25 Einheiten,
„ 2. „	20 „
„ 3. „	15 „
„ 4. „	10 „
„ 5. „	5 „
„ 6. „	3 „

Diese Koeffizienten werden mit der Zahl der Länder jeder Klasse multipliziert, und die Summe der so erhaltenen Produkte bildet die Zahl von Einheiten, mit der die Gesamtausgabe zu dividieren ist. Der Quotient ergibt dann den Betrag der Ausgabeeinheit.

Jedes der vertragschließenden Länder wird bei seinem Beitritt die Klasse angeben, welcher es zugeteilt zu werden wünscht.

Die Regierung der Schweizerischen Eidgenossenschaft wird die Ausgaben des internationalen Bureaus überwachen, die nötigen Vorschüsse leisten und die Jahresrechnung aufstellen, welche allen anderen Regierungen mitgeteilt wird.

Artikel 14.

Die vorliegende Übereinkunft soll periodischen Revisionen unterzogen werden, um Verbesserungen herbeizuführen, welche geeignet sind, das System des Verbandes zu vervollkommnen.

Zu diesem Zwecke werden der Reihe nach in einem der vertragschließenden Länder Konferenzen zwischen den Delegierten der genannten Länder stattfinden.

Die Regierung des Landes, in welchem die nächste Konferenz tagen soll, hat mit Hilfe des internationalen Bureaus die Arbeiten dieser Konferenz vorzubereiten.

Der Vorsteher des internationalen Bureaus hat den Sitzungen der Konferenzen beizuwohnen und an den Verhandlungen ohne beschließende Stimme teilzunehmen.

Artikel 15.

Man ist einverstanden, daß die vertragschließenden Länder sich das Recht vorbehalten, einzeln miteinander besondere Abmachungen zum Schutze des gewerblichen Eigentums zu treffen, sofern diese Abmachungen den Bestimmungen der vorliegenden Übereinkunft nicht zuwiderlaufen.

Artikel 16.

Die Länder, welche an der vorliegenden Übereinkunft nicht teilgenommen haben, sollen auf ihren Antrag zum Beitritt zugelassen werden.

Dieser Beitritt ist auf diplomatischem Wege der Regierung der Schweizerischen Eidgenossenschaft und von dieser den übrigen anzuzeigen.

Er hat mit voller Rechtswirkung den Anschluß an alle Bestimmungen und die Zulassung zu allen Vorteilen zur Folge, welche in der vorliegenden Übereinkunft vereinbart sind, und tritt einen Monat nach der Absendung der Anzeige durch die Regierung der Schweizerischen Eidgenossenschaft an die übrigen Verbandsländer in Kraft, sofern das beitretende Land nicht einen späteren Zeitpunkt angibt.

Artikel 16b.

Die vertragschließenden Länder haben das Recht, der gegenwärtigen Übereinkunft jederzeit für ihre Kolonien, Besitzungen, abhängigen Gebiete und Protektorate oder für einzelne von ihnen beizutreten.

Sie können zu diesem Zwecke entweder eine allgemeine Erklärung abgeben, durch die alle ihre Kolonien, Besitzungen, abhängigen Gebiete und Protektorate in den Beitritt einbegriffen werden, oder ausdrücklich diejenigen nennen, welche darin einbegriffen sind, oder aber sich darauf beschränken, diejenigen anzugeben, welche davon ausgeschlossen sind.

Diese Erklärung soll schriftlich der Regierung der Schweizerischen Eidgenossenschaft und von dieser allen übrigen bekanntgegeben werden.

Die vertragschließenden Länder können in gleicher Weise die Übereinkunft für ihre Kolonien, Besitzungen, abhängigen Gebiete und Protektorate oder für einzelne von ihnen kündigen.

Artikel 17.

Die Ausführung der in der vorliegenden Übereinkunft enthaltenen gegenseitigen Verbindlichkeiten unterliegt, soweit nötig, der Erfüllung der Förmlichkeiten und Vorschriften, welche die verfassungsmäßigen Gesetze derjenigen vertragschließenden Länder erfordern, die deren Anwendung herbeizuführen gehalten sind, was sie in möglichst kurzer Frist zu tun sich verpflichten.

Artikel 17b.

Die Übereinkunft soll auf unbestimmte Zeit bis zum Ablauf eines Jahres vom Tage der Kündignng ab in Kraft bleiben.

Diese Kündigung soll an die Regierung der Schweizerischen Eidgenossenschaft gerichtet werden. Sie erstreckt ihre Wirkung nur auf das Land, welches sie ausspricht; für die übrigen vertragschließenden Länder bleibt die Übereinkunft wirksam.

Artikel 18.

Die gegenwärtige Akte soll ratifiziert und die Ratifikationen sollen in Washington spätestens am 1. April 1913 hinterlegt werden. Sie tritt in den Ländern, welche sie ratifiziert haben, einen Monat nach Ablauf dieser Frist in Kraft[1]).

Diese Akte mit ihrem Schlußprotokoll tritt in den Beziehungen zwischen den Ländern, die sie ratifiziert haben, an Stelle folgender Akte: Pariser Übereinunft vom 20. März 1883, Schlußprotokoll dazu, Madrider Protokoll vom 15. April 1891, betreffend die Ausstattung des Internationalen Bureaus, und Brüsseler Zusatzakte vom 14. Dezember 1900. Jedoch bleiben die angeführten Akte in den Beziehungen zu denjenigen Ländern in Kraft, welche die gegenwärtige Akte nicht ratifiziert haben[2]).

Artikel 19.

Die gegenwärtige Akte wird in einem einzigen Exemplar unterzeichnet, das im Archiv der Regierung der

---

[1]) Die Washington-Akte ist demgemäß für Deutschland am 2. Mai 1913 in Kraft getreten.

[2]) Für die Staaten, die die Washington-Akte nicht ratifiziert haben, gilt hiernach zwar das bisherige Unionsrecht. Aber die Bestimmung des Art. II des Ges. v. 31. III. 13 (S. 396) und die Bek. des Reichskanzlers v. 8. IV. 13 (S. 397) gelten für alle Unionsangehörige.

Vereinigten Staaten hinterlegt werden wird. Eine beglaubigte Abschrift wird von dieser den Regierungen der Verbandsländer übermittelt werden.

Zu Urkund dessen haben die betreffenden Bevollmächtigten die gegenwärtige Akte unterzeichnet.

Geschehen zu Washington in einem einzigen Exemplar am 2. Juni 1911.

(Folgen die Namen.)

Schlußprotokoll.

Im Begriffe, die Unterzeichnung der am heutigen Tage abgeschlossenen Akte zu vollziehen, sind die unterzeichneten Bevollmächtigten über Nachstehendes übereingekommen:

Zu Artikel 1.

Die Worte „gewerbliches Eigentum" sollen in ihrer weitesten Bedeutung verstanden werden; sie umfassen jede Produktion auf dem Gebiete der Landwirtschaft (Wein, Getreide, Früchte, Vieh usw.) und der Gewinnung der Bodenschätze (Mineralien, Mineralwässer usw.).

Zu Artikel 2.

a) Unter der Bezeichnung „Erfindungspatente" sind die von den Gesetzgebungen der vertragschließenden Länder zugelassenen verschiedenen Arten gewerblicher Patente, wie Einführungs-, Verbesserungs- usw. Patente einbegriffen, und zwar sowohl für Verfahren als auch für Erzeugnisse.

b) Es besteht Einverständnis, daß die Bestimmung des Artikel 2, welche die Verbandsangehörigen von der

Verpflichtung eines Wohnsitzes und einer Niederlassung befreit, auslegender Art ist und daher auf alle Rechte Anwendung finden muß, die auf Grund der Übereinkunft vom 20. März 1883 vor dem Inkrafttreten der gegenwärtigen Akte entstanden sind.

c) Es besteht Einverständnis, daß die Gesetzgebung der vertragschließenden Länder über das Verfahren vor den Gerichten und die Zuständigkeit dieser Gerichte sowie die Vorschriften der Gesetze, betreffend Patente, Gebrauchsmuster, Marken usw. über die Wahl des Wohnsitzes oder die Bestellung eines Vertreters durch die Bestimmungen des Artikel 2 in keiner Weise berührt werden.

Zu Artikel 4.

Es besteht Einverständnis, daß, wenn in einem Lande ein gewerbliches Muster oder Modell unter Inanspruchnahme eines auf die Anmeldung eines Gebrauchsmusters gegründeten Prioritätsrechts hinterlegt wird, die Prioritätsfrist nur diejenige sein wird, die der Artikel 4 für gewerbliche Muster und Modelle bestimmt hat.

Zu Artikel 6.

Es besteht Einverständnis, daß die Bestimmungen des ersten Absatzes des Artikel 6 nicht die Befugnis ausschließt, vom Hinterlegenden eine von der zuständigen Behörde ausgestellte Bescheinigung der ordnungsmäßigen Eintragung im Ursprungslande zu verlangen.

Es besteht Einverständnis, daß der Gebrauch von öffentlichen Wappen, Abzeichen oder Ehrenzeichen, der nicht durch die zuständigen Stellen gestattet wurde, oder der Gebrauch der in einem Verbandsland eingeführten amtlichen Prüfungs- und Gewährzeichen und -stempel als gegen die öffentliche Ordnung verstoßend im Sinne der Nr. 3 des Artikel 6 angesehen werden kann.

Es sollen jedoch Marken nicht als gegen die öffentliche Ordnung verstoßend angesehen werden, wenn sie mit Ermächtigung der zuständigen Stellen die Darstellung von öffentlichen Wappen, Abzeichen oder Ehrenzeichen enthalten.

Es besteht Einverständnis, daß eine Marke nicht schon deshalb als gegen die öffentliche Ordnung verstoßend angesehen werden kann, weil sie einer Vorschrift des Markenrechts nicht entspricht, es sei denn, daß diese Bestimmung selbst die öffentliche Ordnung betrifft.

Das gegenwärtige Schlußprotokoll, welches gleichzeitig mit der am heutigen Tage geschlossenen Akte ratifiziert werden soll, soll als wesentlicher Teil dieser Akte angesehen werden und dieselbe Kraft, Gültigkeit und Dauer haben.

Zu Urkund dessen haben die betreffenden Bevollmächtigten das gegenwärtige Protokoll unterzeichnet.

Geschehen zu Washington in einem einzigen Exemplar am 2. Juni 1911.

Verzeichnis der gegenwärtig (31. Mai 1920) dem Verbande der Pariser Übereinkunft vom 20. März 1883 zum Schutze des gewerblichen Eigentums, revidiert in Brüssel am 14. Dezember 1900 und in Washington am 2. Juni 1911, angehörigen Staaten.

Belgien,
Brasilien,

Cuba,
Dänemark nebst Faröer-Inseln,
Deutsches Reich,
Dominikanische Republik,
Frankreich und Algerien nebst Kolonien,
Großbritannien nebst
Australischem Staatenbund, Ceylon, Neuseeland, Trinidad und Tobago,
Italien,
Japan,
Marokko (Gebiet des französischen Protektorats),
Mexiko, Vereinigte Staaten von,
Niederlande nebst Niederländisch-Indien, Surinam und Curaçao,
Norwegen,
Österreich,
Polen,
Portugal nebst Azoren und Madeira,
Schweden,
Schweiz,
Serbien,
Spanien,
Tschecho-Slowakei,
Tunis,
Ungarn,
Vereinigte Staaten von Amerika.

Cuba, der Australische Staatenbund und Serbien haben die Washington-Akte vom 2. Juni 1911 noch nicht ratifiziert. Es gelten also für diese Staaten noch die Bestimmungen des Unionsvertrages von 1883 in der zu Brüssel am 14. Dezember 1900 revidierten Fassung.

1a. Gesetz
zur
Ausführung der revidierten Pariser Übereinkunft vom 2. Juni 1911 zum Schutze des gewerblichen Eigentums.

Vom 31. März 1913[1]) (RGBl. 1913 S. 236ff.).

Artikel II.

Der Reichskanzler bestimmt, bis wann für die Anmeldung eines Patents, eines Gebrauchsmusters, eines Musters oder Modells, eines Warenzeichens die im Artikel 4 Abs. d der revidierten Pariser Übereinkunft vom 2. Juni 1911 zum Schutze des gewerblichen Eigentums vorgesehene Prioritätserklärung über Zeit und Land der Voranmeldung abzugeben ist, und ob die dort bezeichneten Beweisurkunden gleichzeitig mit der Prioritätserklärung beigebracht werden müssen. Wenn die Erklärung oder die Beweisurkunden nicht zu dem bestimmten Zeitpunkt eingereicht werden, so wird der Prioritätsanspruch für die Anmeldung verwirkt.

Artikel IV.

Dieses Gesetz tritt gleichzeitig mit der revidierten Pariser Übereinkunft vom 2. Juni 1911 zum Schutze des gewerblichen Eigentums in Kraft[2]).

---

[1]) S. Art. 18 UB. Anm. 2.

[2]) S. Art. 18 UB. Anm. 1.

1b. Bekanntmachung,

betreffend

die Geltendmachung des in Artikel 4 der revidierten Pariser Übereinkunft vom 2. Juni 1911 zum Schutze des gewerblichen Eigentums vorgesehenen Prioritätsrechts.

Vom 8. April 1913 (RGBl. 1913 S. 241).

Auf Grund des Artikel II des Gesetzes zur Ausführung der revidierten Pariser Übereinkunft vom 2. Juni 1911 zum Schutze des gewerblichen Eigentums, vom 31. März 1913 (RGBl. S. 236) wird bestimmt:

Die in Artikel 4 Abs. d der genannten Übereinkunft vorgesehene Prioritätserklärung über Zeit und Land der Voranmeldung ist bei der Anmeldung des Patents, des Gebrauchsmusters, des Musters oder Modells, des Warenzeichens abzugeben. Die gleichzeitige Beibringung der Beweisurkunden ist bis auf weiteres nicht erforderlich.

2a. Übereinkommen

zwischen

dem Reich und Italien über den gegenseitigen Patent-, Muster- und Markenschutz[1]).

Vom 18. Januar 1892 (RGBl. 1892 S. 293ff.).

Artikel 5.

Die Rechtsnachteile, welche nach den Gesetzen der vertragschließenden Teile eintreten, wenn eine Erfindung, ein Muster oder ein Modell nicht innerhalb einer bestimmten Frist ausgeführt oder nachgebildet wird, sollen auch dadurch ausgeschlossen werden, daß die Ausführung oder Nachbildung in dem Gebiete des anderen Teiles erfolgt.

Demgemäß soll auch die Einfuhr einer in den Gebieten des einen Teiles hergestellten Ware in die Gebiete des anderen Teiles in den letzteren den Verlust des auf Grund einer Erfindung, eines Musters oder eines Modells für die Ware gewährten Schutzrechts nicht zur Folge haben.

Artikel 7.

Handels- und Fabrikmarken, welche in dem Ursprungslande im freien Gebrauch stehen, können auch in den Gebieten des anderen Teiles nicht den Gegenstand ausschließlicher Benutzung bilden[2]).

---

[1]) Zu 2a und b.

Nach der Auffassung der Mächte, mit denen das Deutsche Reich sich im Kriege befunden hat, sind die Staatsverträge durch den Kriegsausbruch aufgehoben. Sie können binnen sechs Monaten nach dem Inkrafttreten des FV. (10. I. 20) durch einseitige Erklärung der betreffenden Macht an Deutschland wieder in Kraft gesetzt werden. Unterbleibt eine solche Erklärung, so bleiben sie aufgehoben. Art. 289 FV.

Bis zum 10. VII. 20 ist also das Schicksal der Übereinkommen mit Italien ungewiß.

[2]) Die übrigen Artikel sind durch das Abkommen vom 4. Juni 1902 (S. 399) aufgehoben.

2b. Abkommen
zwischen
dem Deutschen Reiche und Italien zur Abänderung des Übereinkommens vom 18. Januar 1892, betreffend den gegenseitigen Patent-, Muster- und Markenschutz[1]).

Vom 4. Juni 1902 (RGBl. 1903 S. 178)

Artikel 1.

Die Artikel 1 bis 4, 6 und 8 des Übereinkommens über den gegenseitigen Patent-, Muster- und Markenschutz vom 18. Januar 1892 werden aufgehoben.

Artikel 2.

In Artikel 5 des Übereinkommens wird dem Abs. 1 folgender Satz hinzugefügt:

„Durch diese Bestimmungen werden die Vergünstigungen, welche dem Inhaber eines Patents in Artikel 2 der Zusatzakte vom 14. Dezember 1900 zur internationalen Übereinkunft zum Schutze des gewerblichen Eigentums vom 20. März 1883 zugesichert sind, nicht berührt."

Artikel 3.

Für die in Deutschland als Gebrauchsmuster und in Italien als Erfindungen angemeldeten Gegenstände wird die durch Artikel 4 der Pariser Übereinkunft vom 20. März 1883 vorgesehene, durch die Brüsseler Zusatz-

---

[1]) Um mit Rücksicht auf den Beitritt des Deutschen Reichs zur Internationalen Union das Übereinkommen vom 18. Jan. 1892 den Bestimmungen des Unionsvertrages und der Brüsseler Zusatzakte anzupassen.

akte vom 14. Dezember 1900 modifizierte Prioritätsfrist, wenn die Anmeldung zuerst in Deutschland bewirkt ist, auf 4 Monate, wenn die Anmeldung zuerst in Italien gemacht ist, auf 12 Monate bemessen.

Artikel 4.

Das vorliegende Abkommen tritt mit dem Zeitpunkt in Kraft, zu welchem der Beitritt des Deutschen Reichs zu der in Paris am 20. März 1883 geschlossenen internationalen Übereinkunft zum Schutze des gewerblichen Eigentums nebst der Brüsseler Zusatzakte vom 14. Dezember 1900 wirksam wird.

Artikel 5.

Diejenigen Erfindungen, Muster und Modelle, Fabrik- und Handelsmarken, welche vor dem in dem vorstehenden Artikel 4 bezeichneten Zeitpunkt angemeldet sind, genießen ein Vorrecht entweder nach Maßgabe der Artikel 3 und 4 des Übereinkommens vom 18. Januar 1892 oder nach Maßgabe des Artikel 4 der Pariser Übereinkunft, je nachdem das eine oder das andere dem Anmeldenden günstiger ist.

3a. Übereinkommen

zwischen

dem Deutschen Reich und der Schweiz, betreffend den gegenseitigen Patent-, Muster- und Markenschutz.

Vom 13. April 1892 (RGBl. 1894 S. 511 ff.)

Artikel 5.

Die Rechtsnachteile, welche nach den Gesetzen der vertragschließenden Teile eintreten, wenn eine Erfindung, ein Muster oder Modell, eine Handels- oder Fabrikmarke nicht innerhalb einer bestimmten Frist ausgeführt, nachgebildet oder angewendet wird, sollen auch dadurch ausgeschlossen werden, daß die Ausführung, Nachbildung oder Anwendung in dem Gebiete des anderen Teiles erfolgt.

Die Einfuhr einer in dem Gebiete des einen Teiles hergestellten Ware in das Gebiet des anderen Teiles soll in dem letzteren nachteilige Folgen für das auf Grund einer Erfindung, eines Musters oder Modells oder einer Handels- oder Fabrikmarke gewährte Schutzrecht nicht nach sich ziehen.

Artikel 7.

Angehörige des einen der vertragschließenden Teile, welche ein Patent in dem Gebiete des anderen Teiles erlangt haben, sind in dem letzteren von jeder gesetzlichen Verpflichtung befreit, behufs Geltendmachung der aus dem Patent sich ergebenden Rechte, die nach dem Patent hergestellten Gegenstände oder deren Verpackung als patentiert zu kennzeichnen. Ist eine solche Kennzeichnung nicht erfolgt, so muß behufs Verfolgung des Nachahmers der Nachweis schuldhaften Verhaltens besonders geführt werden[1]).

[1]) Die übrigen Artikel sind aufgehoben durch das Abkommen vom 26. Mai 1902 (S. 402).

3b. Abkommen
zwischen
dem Deutschen Reiche und der Schweiz zur Abänderung des Übereinkommens vom 13. April 1892, betreffend den gegenseitigen Patent-, Muster- und Markenschutz[1]).

Vom 26. Mai 1902 (RGBl. 1903 S. 181).

Artikel I.

Die Artikel 1 bis 4, 6, 8 und 9 des Übereinkommens, betreffend den gegenseitigen Patent-, Muster- und Markenschutz, vom 13. April 1892, sowie das Schlußprotokoll und das Zusatzprotokoll zu diesem Übereinkommen werden aufgehoben.

Artikel II.

Dem Artikel 5 des Übereinkommens werden folgende Absätze hinzugefügt:

„Vorstehende Bestimmungen finden auf diejenigen Erfindungen nicht Anwendung, welche nach den Gesetzen eines der vertragschließenden Teile vom Patentschutz ausgeschlossen sind. Jedoch bleiben die Vergünstigungen, welche dem Inhaber eines Patents im Artikel 2 der Zusatzakte vom 14. Dezember 1900 zur internationalen Konvention zum Schutze des gewerblichen Eigentums vom 20. März 1883 zugesichert sind, unberührt.

Rechtsnachteile, welche nach den Gesetzen der vertragschließenden Teile bei Erfindungspatenten im Falle der

---

[1]) Um mit Rücksicht auf den Beitritt des Deutschen Reichs zur Internationalen Union das Übereinkommen vom 13. April 1892 den Bestimmungen des Unionsvertrages und der Brüsseler Zusatzakte anzupassen.

Lizenzverweigerung eintreten, werden durch die im zweiten Absatz enthaltenen Bestimmungen nicht ausgeschlossen."

Artikel III.

Das vorliegende Abkommen tritt mit dem Zeitpunkt in Kraft, zu welchem der Beitritt des Deutschen Reichs zu der in Paris am 20. März 1883 geschlossenen internationalen Konvention zum Schutze des gewerblichen Eigentums nebst der Brüsseler Zusatzakte vom 14. Dezember 1900 wirksam wird.

Artikel IV.

Für diejenigen Erfindungen, Muster und Modelle, Fabrik- und Handelsmarken, welche vor dem in dem Artikel 3 bezeichneten Zeitpunkt angemeldet worden sind, kommt eine Prioritätsfrist entweder nach Maßgabe der Artikel 3 und 4 des Übereinkommens vom 13. April 1892 oder nach Maßgabe des revidierten Artikel 4 der Pariser Konvention zur Geltung, je nachdem die eine oder die andere dem Anmeldenden günstiger ist.

Artikel V.

Das gegenwärtige Abkommen soll ratifiziert und die Ratifikationsurkunden sollen sobald als möglich in Bern ausgewechselt werden.

4. Übereinkommen
des
Deutschen Reichs mit Österreich und mit Ungarn, betreffend den gegenseitigen gewerblichen Rechtsschutz.

Vom 17. November 1908[1]) (RGBl. 1908 S. 655 u. 659).

Artikel 1.

Im gegenseitigen Verkehre zwischen dem Deutschen Reiche und Österreich (Ungarn) finden nach Beitritt Österreichs (Ungarns) zur Internationalen Übereinkunft zum Schutze des gewerblichen Eigentums vom 20. März 1883 und der diese Übereinkunft ergänzenden oder abändernden Zusatzakte in bezug auf den gewerblichen Rechtsschutz neben den Bestimmungen dieser Übereinkunft nachstehende Bestimmungen Anwendung.

Artikel 2.

Die Einfuhr einer in den Gebieten eines der vertragschließenden Teile hergestellten Ware in die Gebiete des anderen Teiles soll in den letzteren den Verlust des für diese Ware erworbenen Schutzrechts, auch soweit es ein Muster oder Modell betrifft, nicht zur Folge haben.

Artikel 3.

Öffentliche Wappen aus den Gebieten des einen vertragschließenden Teiles werden in den Gebieten des anderen Teiles nicht als Freizeichen angesehen werden.

---

[1]) Die beiden Abkommen mit Österreich und mit Ungarn haben fast durchweg denselben Wortlaut. Die wenigen Abweichungen sind in Klammern durch Abdruck in lateinischen Lettern hervorgehoben.

Dies gilt auch für solche Ausführungen der Wappen, welche Abweichungen von der amtlichen Ausführungsform aufweisen, sofern trotz dieser Abweichungen Verwechselungen im Verkehre zu erwarten sind.

Warenzeichen, welche solche Wappen als Bestandteile enthalten, soll, sofern diese Wappen nachweisbar berechtigterweise von dem Anmelder in dem Warenzeichen geführt werden, in den Gebieten des anderen Teiles die Eintragung in die Zeichenrolle (das Markenregister) wegen Führung solcher Wappen nicht versagt werden können.

Außer demjenigen, welcher die Berechtigung zur Führung solcher Wappen besitzt, hat niemand Anspruch auf Schutz dieser zusammengesetzten Warenzeichen.

Diese Bestimmungen finden insbesondere auch auf das österreichische Erblandswappen (die ungarische Sankt-Stephanskrone) Anwendung.

Warenzeichen, welche in den Gebieten eines der vertragschließenden Teile als Kennzeichen der Waren von Angehörigen eines bestimmten gewerblichen Verbandes, eines bestimmten Ortes oder Bezirkes Schutz genießen, sind, sofern die Anmeldung dieser Warenzeichen vor dem 1. Oktober 1875 in den Gebieten des anderen Teiles erfolgt ist, hier von der Benutzung als Freizeichen ausgeschlossen.

Außer den Angehörigen eines solchen Verbandes, Ortes oder Bezirkes hat niemand Anspruch auf Schutz dieser Warenzeichen.

Artikel 4.

Muster und Modelle, sowie Warenzeichen, für welche deutsche Angehörige in Österreich (Ungarn) einen Schutz erlangen wollen, sind bei der Handels- und Gewerbekammer in Wien (Budapest) oder bei der künftig an deren Stelle tretenden Registrierungsbehörde anzumelden.

Artikel 5.

Jeder der vertragschließenden Teile wird, soweit dies noch nicht geschehen ist, Bestimmungen gegen den Verkauf und das Feilhalten solcher Waren treffen, welche zum Zwecke der Täuschung in Handel und Verkehr unbefugterweise mit öffentlichen Wappen aus den Gebieten des anderen vertragschließenden Teiles oder mit Namen bestimmter, in den Gebieten des anderen Teiles gelegenen Orte oder Bezirke behufs Bezeichnung des Ursprunges versehen sind.

Artikel 6.

Im Falle einer der vertragschließenden Teile aus dem Verbande der Internationalen Union zum Schutze des gewerblichen Eigentums austreten sollte, hat er über die erfolgte Kündigung dem anderen Teile sofort Mitteilung zu machen und gleichzeitig die Verhandlungen behufs Revision des gegenwärtigen Übereinkommens einzuleiten.

Sollten diese Verhandlungen bis zu dem Zeitpunkt, in welchem laut Artikel 18 der Internationalen Übereinkunft vom 20. März 1883 der Austritt wirksam wird, nicht zum Abschlusse gelangen, so haben bis zum Zustandekommen eines neuen Übereinkommens auch weiterhin die Bestimmungen jener Übereinkunft nebst den sie ergänzenden oder abändernden Zusatzakten im gegenseitigen Verkehre der vertragschließenden Teile in Anwendung zu bleiben.

Artikel 7.

Für die im Deutschen Reiche als Gebrauchsmuster, in Österreich (Ungarn) hingegen als Erfindungen angemeldeten Gegenstände wird die im Artikel 4 der durch die Zusatzakte vom 14. Dezember 1900 abgeänderten Internationalen Übereinkunft vom 20. März 1883 gewährleistete Prioritätsfrist, wenn die Anmeldung zuerst im Deutschen Reiche erfolgte, auf vier Monate, wenn die Anmeldung zuerst in Österreich (Ungarn) erfolgte, auf 12 Monate bemessen.

Artikel 8.

Das gegenwärtige Übereinkommen tritt mit dem Zeitpunkt in Kraft, zu welchem der Beitritt Österreichs (Ungarns) zu der Internationalen Union zum Schutze des gewerblichen Eigentums wirksam wird[1]). Mit diesem Zeitpunkte treten vorbehaltlich der Bestimmung im Artikel 9 Abs. 1 des gegenwärtigen Übereinkommens die auf den gegenseitigen Patent-, Muster- und Markenschutz Bezug habenden bisherigen Vereinbarungen außer Kraft.

Dieses Übereinkommen bleibt bis zum Ablauf eines Jahres nach erfolgter Kündigung von seiten eines der vertragschließenden Teile in Kraft.

Artikel 9.

Diejenigen Erfindungen, Muster und Modelle, sowie Warenzeichen, welche vor dem Zeitpunkte des Inkrafttretens des gegenwärtigen Übereinkommens in den Gebieten des einen vertragschließenden Teiles angemeldet

[1]) 1. Januar 1909.

sind und innerhalb der Frist von drei Monaten nach diesem Zeitpunkt in den Gebieten des anderen Teiles angemeldet werden, genießen ein Vorrecht entweder nach Maßgabe der Artikel 3 und 4 des Übereinkommens vom 6. Dezember 1891[1]) oder nach Maßgabe des Artikel 4 der durch die Zusatzakte vom 14. Dezember 1900 abgeänderten Internationalen Übereinkunft vom 20. März 1883, je nachdem die eine oder die andere Vereinbarung dem Anmelder günstiger ist.

Die Bestimmungen des Artikel 3 finden auch auf diejenigen Warenzeichen Anwendung, für welche im Zeitpunkte des Inkrafttretens des gegenwärtigen Übereinkommens eine noch nicht endgültig erledigte Anmeldung zur Eintragung in die Zeichenrolle (das Markenregister) vorliegt.

---

5. Abkommen
zwischen
dem Deutschen Reiche und den Vereinigten Staaten von Amerika, betreffend den gegenseitigen gewerblichen Rechtsschutz.

Vom 23. Februar 1909[1]) (RGBl. S. 895).

Artikel 1.

Die in den geltenden oder den künftigen Gesetzen des einen der vertragschließenden Teile enthaltenen Vorschriften, wonach im Falle der Nichtausführung eines Patents, Gebrauchsmusters, Musters oder Modells die Zurücknahme oder eine sonstige Beschränkung des Rechts

---

[1]) Vgl. Bem. 1) zu IV, 2a u. b (S. 398).

vorgesehen ist, sollen auf die den Angehörigen des anderen vertragschließenden Teiles gewährten Patente, Gebrauchsmuster, Muster oder Modelle nur in dem Umfange der von diesem Teile seinen eigenen Angehörigen auferlegten Beschränkungen Anwendung finden. Die Ausführung des Patents, Gebrauchsmusters, Musters oder Modells in dem Gebiete des einen vertragschließenden Teiles wird der Ausführung in dem Gebiete des anderen Teiles gleichgestellt.

Artikel 2.

Das Abkommen tritt mit dem Tage seiner Verkündung[1]) in Kraft und bleibt bis zum Ablaufe von 12 Monaten nach erfolgter Kündigung von seiten eines der vertragschließenden Teile in Wirksamkeit.

---

[1]) Veröffentlicht im Reichs-Gesetzblatt am 1. August 1909.

V. Gesetz, betreffend den Schutz von Erfindungen, Mustern und Warenzeichen auf Ausstellungen.

Vom 18. März 1904 (RGBl. S. 141).

Erfindungen, Gebrauchsmustern, Mustern und Modellen, die auf einer inländischen oder ausländischen Ausstellung zur Schau gestellt werden, sowie Warenzeichen, die auf einer daselbst zur Schau gestellten Ware angebracht sind, wird ein zeitweiliger Schutz in Gemäßheit der nachfolgenden Bestimmungen gewährt:

1. Durch eine Bekanntmachung des Reichskanzlers im Reichs-Gesetzblatte wird im einzelnen Falle die Ausstellung bestimmt, auf die der zeitweilige Schutz Anwendung findet.
2. Der zeitweilige Schutz hat die Wirkung, daß die Schaustellung oder eine anderweitige spätere Benutzung oder eine spätere Veröffentlichung der Erfindung, des Musters oder des Warenzeichens der Erlangung des gesetzlichen Patent-, Muster- oder Zeichenschutzes nicht entgegenstehen, sofern die Anmeldung zur Erlangung dieses Schutzes von dem Aussteller oder dessen Rechtsnachfolger binnen einer Frist von sechs Monaten nach der Eröffnung der Ausstellung bewirkt wird. Die Anmeldung geht anderen Anmeldungen vor, die nach dem Tage des Beginns der Schaustellung eingereicht worden sind.

VI. Gesetz, betreffend die Patentanwälte.

Vom 21. Mai 1900 (RGBl. 1900 S. 233).

§ 1. Bei dem Kaiserlichen Patentamte wird eine Liste der Patentanwälte geführt. In die Liste werden Personen, welche andere in Angelegenheiten, die zum Geschäftskreise des Patentamts gehören, vor demselben für eigene Rechnung berufsmäßig vertreten wollen, auf ihren Antrag eingetragen.

§ 2. Die Eintragung ist nur zulässig, wenn der Antragsteller gemäß den §§ 3, 4 seine technische Befähigung und den Besitz der erforderlichen Rechtskenntnisse nachweist.

Im übrigen ist die Eintragung zu versagen

1. wenn der Antragsteller nicht im Inlande wohnt;
2. wenn er das fünfundzwanzigste Lebensjahr nicht vollendet hat;
3. wenn er in der Verfügung über sein Vermögen durch gerichtliche Anordnung beschränkt ist;
4. wenn er sich eines unwürdigen Verhaltens schuldig gemacht hat. Als ein unwürdiges Verhalten sind politische, wissenschaftliche und religiöse Ansichten oder Handlungen als solche nicht anzusehen.

Wird die Eintragung gemäß Abs. 2 Nr. 4 versagt, so ist ausschließlich eine Beschwerde nach Maßgabe der folgenden Bestimmungen zulässig. Die Beschwerde ist innerhalb eines Monats nach der Zustellung der Entscheidung schriftlich bei dem Patentamt anzumelden. Über die Beschwerde entscheidet das Ehrengericht. Auf das Verfahren finden die Vorschriften des § 9 Abs. 2, 3 und der der §§ 10, 11, 12 und 13 entsprechende Anwendung.

§ 3. Als technisch befähigt gilt, wer im Inland als ordentlicher Hörer einer Universität, einer technischen Hochschule oder einer Bergakademie sich dem Studium naturwissenschaftlicher und technischer Fächer gewidmet, alsdann eine staatliche oder akademische Fachprüfung bestanden, außerdem mindestens ein Jahr in praktischer gewerblicher Tätigkeit gearbeitet und hierauf mindestens zwei Jahre hindurch eine praktische Tätigkeit auf dem Gebiete des gewerblichen Rechtsschutzes ausgeübt hat.

Der Besuch ausländischer Universitäten oder Akademien und die Ausübung der praktischen Tätigkeit im Auslande kann durch Beschluß der Prüfungskommission (§ 4) als ausreichend anerkannt werden. Die Fachprüfung (Abs. 1) muß auch in diesem Falle im Inland abgelegt werden.

§ 4. Der Besitz der erforderlichen Rechtskenntnisse ist durch Ablegung einer Prüfung nachzuweisen. Zu derselben darf nur zugelassen werden, wer die technische Befähigung (§ 3) dargetan hat. Die Prüfung ist eine schriftliche und eine mündliche; sie ist insbesondere auch darauf zu richten, ob der Bewerber die Fähigkeit zur praktischen Anwendung der auf dem Gebiete des gewerblichen Rechtsschutzes geltenden Vorschriften besitzt.

Die Prüfung wird von einer Kommission abgelegt, in welche Mitglieder des Patentamts und Patentanwälte durch den Reichskanzler zu berufen sind.

Im Falle des Nichtbestehens kann die Prüfung nach Ablauf einer von der Prüfungskommission festzusetzenden Frist von mindestens sechs Monaten einmal wiederholt werden.

Die näheren Bestimmungen über die Zusammensetzung und den Geschäftsgang der Prüfungskommission und über das Prüfungsverfahren und die Prüfungsgebühr werden durch eine vom Bundesrate zu erlassende Prüfungsordnung getroffen.

§ 5. Der Patentanwalt ist verpflichtet, seine Berufstätigkeit gewissenhaft auszuüben und durch sein Verhalten in Ausübung des Berufs sowie außerhalb desselben sich der Achtung würdig zu zeigen, welche sein Beruf erfordert. Er wird auf die Erfüllung dieser Obliegenheiten durch Handschlag verpflichtet. Die Bestimmung des § 2 Abs. 2 Ziff. 4 findet Anwendung.

§ 6. Die Eintragung wird vom Patentamte gelöscht:

1. wenn der Eingetragene es beantragt;
2. wenn er gestorben ist;
3. wenn er keinen Wohnsitz im Inlande hat;
4. wenn er infolge gerichtlicher Anordnung in der Verfügung über sein Vermögen beschränkt ist.

§ 7. Die Eintragung ist ferner zu löschen, wenn nachträglich Tatsachen bekannt werden, welche nach § 2 Abs. 2 Nr. 4 die Versagung der Eintragung begründen, oder wenn der Eingetragene die ihm nach § 5 obliegenden Pflichten verletzt.

In leichteren Fällen der Pflichtverletzung kann statt der Löschung in der Liste als Ordnungsstrafe ein Verweis oder eine Geldstrafe bis zu dreitausend Mark verhängt werden. Geldstrafe kann mit Verweis verbunden werden.

§ 8. Die Entscheidung in den Fällen des § 7 erfolgt in einem ehrengerichtlichen Verfahren.

§ 9. Die Einleitung des Verfahrens wird vom Reichskanzler verfügt. Derselbe ernennt, falls er eine besondere Voruntersuchung für erforderlich hält, den untersuchungsführenden Beamten.

Der Angeschuldigte ist über die Anschuldigungspunkte zu hören.

In dem Verfahren kann jederzeit die Vernehmung von Zeugen und Sachverständigen angeordnet werden. Die Vorschriften der Strafprozeßordnung über die Beweisaufnahme und die Verteidigung finden entsprechende Anwendung. Als Verteidiger können Patentanwälte nicht zurückgewiesen werden.

§ 10. Zuständig zur Verhandlung und Entscheidung ist das Ehrengericht. Es besteht aus zwei Mitgliedern des Patentamts, einem rechtskundigen und einem technischen, sowie drei Patentanwälten. Den Vorsitz führt das rechtskundige Mitglied des Patentamts.

Zu der mündlichen Verhandlung der Sache ist der Angeschuldigte unter schriftlicher Mitteilung der Anschuldigungspunkte zu laden.

Die Vorschriften der Strafprozeßordnung über Ausschließung und Ablehnung der Gerichtspersonen finden entsprechende Anwendung.

Die mündliche Verhandlung ist nicht öffentlich. Das Ehrengericht kann die Öffentlichkeit der Verhandlung anordnen. Die Anordnung muß erfolgen, falls der Angeschuldigte es beantragt, sofern nicht die Voraussetzungen des § 173 des Gerichtsverfassungsgesetzes vorliegen.

§ 11. Die Entscheidung ist mit Gründen zu versehen, schriftlich auszufertigen und dem Angeschuldigten von Amts wegen zuzustellen.

Dem Angeschuldigten sind im Falle einer zu seinen Ungunsten ergehenden Entscheidung die baren Auslagen des Verfahrens zur Last zu legen.

§ 12. Gegen die Entscheidung steht dem Angeschuldigten die Berufung zu.

Die Berufung ist innerhalb eines Monats nach der Zustellung der Entscheidung schriftlich bei dem Patentamt einzulegen.

Über die Berufung entscheidet der Ehrengerichtshof. Er besteht aus drei Mitgliedern des Patentamts, von denen der Vorsitzende und ein Mitglied rechtskundig sein müssen, und vier Patentanwälten. Auf das Verfahren finden die Vorschriften des § 9 Abs. 2, 3 und der §§ 10, 11 entsprechende Anwendung.

§ 13. Stellt der Angeschuldigte vor rechtskräftiger Entscheidung den Antrag, seinen Namen in der Liste zu löschen, so ist das Verfahren einzustellen. Dem Angeschuldigten fallen die baren Auslagen des Verfahrens zur Last.

§ 14. Für jedes Jahr im voraus werden vom Reichskanzler diejenigen Mitglieder des Patentamts bestimmt, welche nach den §§ 10, 12 an dem Verfahren mitzuwirken haben, und zwanzig Patentanwälte bezeichnet, von welchen in einer öffentlichen Sitzung der Beschwerdeabteilung I des Patentamts für jede Spruchsitzung die erforderliche Anzahl von Beisitzern ausgelost wird.

§ 15. Die Eintragungen und Löschungen in der Liste der Patentanwälte sind zu veröffentlichen.

§ 16. Die Patentanwälte können für Personen, welche sie mit ihrer ständigen Vertretung im Verkehre mit dem Patentamte beauftragt haben, die Eintragung in eine besondere Spalte der Liste nachsuchen. Auf die Eintragung finden die Vorschriften der §§ 2 und 3 entsprechende Anwendung. Jedoch genügt es, wenn der Einzutragende das einundzwanzigste Lebensjahr vollendet und nach Ablegung der staatlichen oder akademischen Fachprüfung mindestens ein Jahr hindurch eine praktische Tätigkeit auf dem Gebiete des gewerblichen Rechtsschutzes ausgeübt hat. Im übrigen finden die Vorschriften der §§ 5 bis 13 auf diese Personen entsprechende Anwendung.

§ 17. Der Präsident des Patentamts ist befugt, Personen, welche, ohne in die Liste eingetragen zu sein, die Vertretung vor dem Patentamte berufsmäßig betreiben, von dem Vertretungsgeschäft auszuschließen. Auf Rechtsanwälte findet diese Vorschrift keine Anwendung.

§ 18. Die berufsmäßige Vertretung anderer Personen vor dem Patentamte darf Patentanwälten auf Grund der Vorschrift im § 35 Abs. 3 der Gewerbeordnung nicht untersagt werden.

§ 19. Mit Geldstrafe bis zu dreihundert Mark und im Unvermögensfalle mit Haft wird bestraft, wer, ohne als Patentanwalt eingetragen zu sein, sich als Patentanwalt bezeichnet oder sich einen ähnlichen Titel beilegt, durch den der Glaube erweckt wird, der Inhaber sei als Patentanwalt eingetragen.

§ 20. Auf diejenigen, welche zur Zeit des Inkrafttretens dieses Gesetzes das Vertretungsgeschäft für eigene Rechnung berufsmäßig betreiben, findet § 17 erst vom 1. April 1901 ab Anwendung. Wer von ihnen bis dahin die Erfüllung der im § 3 bezeichneten Voraussetzungen nachweist und die Zulassung zur Prüfung (§ 4) beantragt, kann, sofern nicht einer der im § 2 Abs. 2 bezeichneten Fälle vorliegt, bis zur endgültigen Entscheidung über seine Eintragung in die Liste vom Vertretungsgeschäfte nicht ausgeschlossen werden.

Wer zur Zeit des Inkrafttretens dieses Gesetzes das Vertretungsgeschäft für eigene Rechnung seit 1. Januar 1899 berufsmäßig betreibt, ist, sofern seine Geschäftsführung und sein Verhalten in Ausübung des Berufs sowie außerhalb desselben zu erheblichen Anständen keinen Anlaß gegeben hat, auf Antrag in die Liste der Patentanwälte einzutragen, auch wenn er die in den §§ 3 und 4 bezeichneten Voraussetzungen nicht erfüllt.

Der Antrag, über welchen die Prüfungskommission beschließt, ist spätestens bis zum 1. April 1901 zu stellen. Gegen eine den Antrag ablehnende Entscheidung steht dem Antragsteller die Beschwerde zu. Die Beschwerde ist innerhalb eines Monats nach der Zustellung der Entscheidung schriftlich bei dem Patentamt anzumelden. Über die Beschwerde entscheidet endgültig der Ehrengerichtshof (§ 12 Abs. 3). Auf das Verfahren finden die Vorschriften des § 9 Abs. 2 3 und der §§ 10, 11 entsprechende Anwendung. Bis zur endgültigen Entscheidung kann der Antragsteller vom Vertretungsgeschäfte nicht ausgeschlossen werden.

§ 21. Wer seit dem 1. Januar 1899 das Vertretungsgeschäft berufsmäßig, wenn auch nicht auf eigene Rechnung, betreibt oder wer als technischer Beamter im Patentamte mindestens zwei Jahre hindurch tätig gewesen ist, kann, sofern er durch seine Tätigkeit und sein Verhalten zu erheblichen Anständen keinen Anlaß gegeben hat, auf seinen Antrag das Zeugnis über die Befähigung als ständiger Vertreter eines Patentanwalts (§ 16) erhalten, auch wenn er die Voraussetzungen des § 3 nicht erfüllt. Auf den Antrag und das weitere Verfahren finden die Vorschriften des § 20 Abs. 3 Anwendung.

Wer das Zeugnis erhalten hat, ist auf Antrag eines Patentanwalts, der ihn mit seiner ständigen Vertretung beauftragt hat, in die besondere Spalte der Liste (§ 16) einzutragen. Auf seinen eigenen Antrag ist er zur Prüfung (§ 4) zuzulassen und im Falle des Bestehens der Prüfung, sofern nicht einer der im § 2 Abs. 2 vorgesehenen Hinderungsgründe vorliegt, als Patentanwalt einzutragen.

Eine Entbindung von der Prüfung kann durch einstimmigen Beschluß der Prüfungskommission erfolgen, wenn der Besitz der erforderlichen Kenntnisse durch die bisherige Tätigkeit dargetan ist. Ein hierauf bezüglicher Antrag ist spätestens bis zum 1. Oktober 1901 zu stellen.

§ 22. Dieses Gesetz tritt am 1. Oktober 1900 in Kraft.

Solange die zur Ausführung dieses Gesetzes erforderliche Anzahl von Patentanwälten in die Liste noch nicht eingetragen ist, werden an deren Stelle durch den Reichskanzler Personen bestellt, welche bisher andere in Angelegenheiten des gewerblichen Rechtsschutzes für eigene Rechnung berufsmäßig vertreten haben.

VII. Gesetz über patentamtliche Gebühren.

Vom 4. Juni 1920 (RGBl. 1920 S. 1135).

§ 1. Die in dem anliegenden Tarif angeführten Gebühren sind in Höhe der daneben angegebenen Beträge an das Reichspatentamt zu zahlen.

§ 2. Wird die tarifmäßige Gebühr für einen Antrag nicht gezahlt, so gilt der Antrag als nicht gestellt. Die Anmeldung eines Schutzrechts ist nicht als Antrag im Sinne dieser Vorschrift anzusehen.

§ 3. Führt die Anmeldung eines Gebrauchsmusters nicht zur Eintragung, so wird die Hälfte der tarifmäßigen Anmeldegebühr erstattet.

§ 4. Die Vorschriften im § 2 Abs. 3 Satz 2 und im § 24 b Abs. 2 Satz 2 des Gesetzes zum Schutze der Warenbezeichnungen vom 12. Mai 1894 in der Fassung des Gesetzes zur Ausführung der revidierten Pariser Übereinkunft vom 2. Juni 1911 zum Schutze des gewerblichen Eigentums vom 31. März 1913 (Reichs-Gesetzbl. 1894 S. 441; 1913 S. 236) finden auf die tarifmäßigen Anmeldegebühren keine Anwendung.

§ 5. In dem Beschlusse, durch den über einen Einspruch oder einen Widerspruch entschieden wird, kann das Reichspatentamt nach freiem Ermessen bestimmen, inwieweit einem Beteiligten im Falle des Unterliegens die Kosten des Verfahrens zur Last fallen.

Anmerkung: In Kraft getreten am 23. Juni 1920.

Gebührentarif.

Es beträgt die Gebühr:

I. Bei Patenten

(Patentgesetz vom 7. April 1891, Reichs-Gesetzbl. S. 79)

1. für die Anmeldung (§ 20 Abs. 3). . . . 80 Mark,
2. für das erste Patentjahr (§ 24 Abs. 1) . 80 „
3. für den Zuschlag bei Nachzahlung einer weiteren Jahresgebühr (§ 8 Abs. 3). . . 20 „
4. für die Einlegung der Beschwerde (§ 26 Abs. 1) . . . . 50 „
5. für den Antrag auf Erklärung der Nichtigkeit oder auf Zurücknahme oder auf Erteilung einer Zwangslizenz (§ 28 Abs. 4) 300 „
6. für die Erhebung des Einspruchs (§ 24 Abs. 2) . . . . 50 „
7. für die Anmeldung der Berufung (§ 33 Abs. 1) . . . . 500 „

II. Bei Gebrauchsmustern.

. . . .

III. Bei Warenzeichen.

. . . .

IV. Bei Patenten, Gebrauchsmustern und Warenzeichen

1. für den Antrag auf Wiedereinsetzung in den vorigen Stand . . . . 20 Mark,
2. für den Antrag auf Eintragung einer Änderung in die Rolle

a) bei einer Änderung in der Person des Inhabers . . . . 20 Mark,
b) bei einer Änderung anderer Art . 10 „

Anmerkung zu a und b.

1. Die Sätze gelten auch für einen Antrag, der mehrere, aber weniger als sechs in derselben Rolle eingetragene Schutzrechte betrifft. Sie erhöhen sich für jedes weitere Schutzrecht um fünf Mark.
2. Die Gebühr ist, wenn der Antrag sich auf mehrere Rollen erstreckt, für jede Rolle gesondert zu berechnen.
3. Wird der Antrag vor der Eintragung des Schutzrechts gestellt, so ermäßigt sich die Gebühr auf die Hälfte

3. für den Antrag auf Erteilung einer weiteren Ausfertigung der Urkunde über das eingetragene Schutzrecht. . . . 10 Mark,
4. für den Antrag auf Erteilung eines Rollenauszugs . . . 10
5. für den Antrag auf Ausfertigung eines Prioritätsbelegs . . . 20
6. für den Antrag auf Erteilung einer sonstigen Bescheinigung. 10

Sachregister.

(Die Zahlen bedeuten die Seiten.)

A.

F.

G.

U.

V.

W.

Z.

Gedruckt bei A. W. Hayn's Erben, Potsdam

Bänden noch ein Teuerungszuschlag des Verlages von 25 %.

Zu den aufgeführten Preisen tritt bei den vor 1920 erschienenen

Guttentagsche Sammlung Deutscher Reichsgesetze.

Von **A. Pfafferoth**. Fortgeführt von **L. Walch**. **11. Aufl.** Mit Nachtrag, enth. die Änderungen der Deutschen Gebührenordnung vom 16. Nov. 1916 und 1. April 1918 und der Preuß. Gebührenordnung vom 6. Juli 1918 nebst Tabellen. (Nachtrag apart 80 Pf.) 4,40 *M*

Nr. **18. Reichsstempelgesetz** vom 3. Juli 1913. (Börsen-, Lotterie-, Frachturkunden-, Fahrkarten-, Kraftfahrzeug-, Tantieme-, Scheck- und Grundstücksübertragungssteuer.) Mit den gesamten Ausführungsbestimmungen. Von Geh. Reg.Rat **G. Loeck**. **12. Aufl. — 1914. 8°.** 13,— *M*

Neue Auflage unter Berücksichtigung der inzwischen ergangenen Abänderungsbestimmungen befindet sich in Vorbereitung.

Nr **19.** Die **Seegesetzgebung.** Von Dr **W. E. Knitschky. 6. Aufl.** bearbeitet von Ober-L.G.Rat **O. Rudorff. — 1913.** 11,— *M*

Nr. **20. Krankenversicherungsgesetz (1883).** Von weil. Dr **E. von Woedtke. —** Neue Fassung **(1911)**, siehe **Nr. 107.**

Nr. **21.** Die **Konsulargesetzgebung.** Von Prof. Dr **Ph. Zorn. 3. Aufl.** von Dr **A. Zorn. — 1911.** 6,50 *M*

Nr. **22. Patentgesetz.** Nebst Ausführungsbestimmungen, völkerrechtlichen Verträgen und der Patentanwalts-Ordnung Von **R. Lutter**, Geh. Reg.Rat im Reichs-Patentamt. 8. Aufl. — 1920. Im Druck.

(**Kriegsvorschriften auf dem Gebiete des gewerblichen Rechtsschutzes.** Von R. Lutter. — 1917. 8° 2,50 *M*.)

Nr. **23. Gewerbe-Unfallversicherungsgesetz. (1884.)** Von weil. Dr **E. v. Woedtke.** — Neue Fassung **(1911)**, siehe **Nr. 108.**

Nr. **24. Aktiengesellschaft und Kommanditgesellschaften auf Aktien.** Von Dr **H. Keyßner** und Dr **H. Veit Simon. 6. Aufl.** von Amtsrichter **L. Keyßner. — 1911.** 4,40 *M*

Nr. **25. Brausteuergesetz** vom 15. Juli 1909. Von Oberzollrevisor **A. Düffe. 2. Aufl. — 1910.** 4,40 *M*

Nr. **26.** Die Reichsgesetzgebung über **Münz- und Notenbankwesen**, Papiergeld, Prämienpapiere und Reichsschulden. Von Dr **R. Koch. 6. Aufl. — 1910.** 5,25 *M*

Bänden noch ein Teuerungszuschlag des Verlages von 25%.

Guttentagsche Sammlung Deutscher Reichsgesetze.

Nr. 27. **Gesundheitswesen im Deutschen Reich.** Von Dr jur. **E. Goesch** und Dr med. **J. Karsten.** — 1888. 2,60 ℳ

Nr. 28. **Bau-Unfallversicherungsgesetz.** Vom 30. Juni 1900. Von **R. Chrzescinski.** Neue Fassung (1911), siehe Nr. 108.

Nr. 29. **Erwerbs- und Wirtschaftsgenossenschaften.** Von **L. Parisius** und Dr **H. Crüger.** 16. neu bearbeitete Aufl. von Dr **H. Crüger.** — 1920. 13,00 ℳ

Nr. 30. **Invalidenversicherungsgesetz** (1899). Von weil. Dr **E. v. Woedtke.** Neue Fassung (1911), siehe Nr. 108.

Nr. 31. **Gewerbegerichtsgesetz.** Von Stadtrat **L. Mugdan.** 7. Aufl. bearbeitet von Oberbürgermeister **W. Cuno.** — 1911. 3,65 ℳ

Nr. 32. Reichsgesetz, betr. die **Gesellschaften mit beschränkter Haftung.** Von **L. Parisius** und Dr **H. Crüger.** 14. Aufl. von Dr **H. Crüger.** — 1920. 7,00 ℳ

Nr. 33. **Vereins- und Versammlungsrecht.** Von Dr **E. Ball.** 2. Aufl. von Dr **F. Friedenthal.** — 1907. 3,65 ℳ

Reichs-Vereinsgesetz vom 19. April 1908, siehe Nr. 88.

Nr. 34. Die **Abzahlungsgeschäfte.** Gesetz vom 16. Mai 1894. 3. Aufl. von Land-G.Rat Dr **E. Wilke.** — 1910. 2,10 ℳ

Nr. 35. Die **Reichs-Eisenbahngesetzgebung.** Von Kaiserl. Amtsrichter **W. Coermann.** — 1895. 3,40 ℳ. S. auch Nr. 66.

Nr. 36. Gesetze, betr. die **privatrechtlichen Verhältnisse der Binnenschiffahrt und der Flößerei.** Von Geh. Justizrat **E. Löwe.** 5. Aufl. — 1915. 5,20 ℳ

Nr. 37. Gesetz gegen den **unlauteren Wettbewerb.** Von Justizrat **A. Pinner.** 6. Aufl. — 1912. 2,85 ℳ

Zu den aufgeführten Preisen tritt bei den v o r 1920 erschienenen

Guttentagsche Sammlung Deutscher Reichsgesetze.

Nr. 38/39. **Bürgerliches Gesetzbuch nebst Einführungsgesetz** von Dr **A. Achilles.** In Verbindung mit Prof. Dr **André,** Senatspräsident **Meyer,** Reichs-G.Rat Dr **Strecker,** Staatsrat Dr **v. Unzner.** Herausgegeben von Wirkl. Geh. Ob.J.Rat u. Ober-L.G.Präsident **Greiff. 9.** vermehrte **Aufl.** Mit Anhang: Änderungen des BGB. in Kriegs- und Übergangszeit. 8°. — 1920. 42,— ℳ

Einzelverkauf. Nachtrag zur 8. Auflage: **Bestimmungen über das Erbbaurecht** v. 15. Januar 1919. — 1919. —,80 ℳ

Nr. 40. Gesetz, betr. die **Pflichten der Kaufleute bei Aufbewahrung fremder Wertpapiere [Depotgesetz].** Von Min.-Dir. **F. Lusensky. 3. Aufl.** — 1916. 3,25 ℳ

Nr. 41. **Börsengesetz.** Von **Th. Hemptenmacher. 3. Aufl.** von Syndikus **O. Meyer.** — 1915. 5,20 ℳ

Nr. 42. **Grundbuchordnung** nebst p r e u ß. A u s f.-B e st. Von Prof. Dr **O. Fischer. 7. Aufl.** — 1920. 8,— ℳ

Nr. 43. **Zwangsvollstreckung in das unbewegliche Vermögen** im R e i c h e und in P r e u ß e n. Kosten- und Gebührentabellen. Von Dr **J. Krech** u. Dr **O. Fischer. 8. Aufl.** bearbeitet von Prof. Dr **O. Fischer.** — 1916. 8,90 ℳ

Nr. 44. Das Reichsgesetz über das **Auswanderungswesen.** Von Prof. Dr **F. Stoerk.** — 1899. 3,25 ℳ

Nr. 45. Das **Entmündigungsrecht** mit den für Preußen geltenden Vorschriften nebst Just.-Min.-Verfügung vom 28. Nov. 1899. Von Land-G.Rat Dr **P. Koll.** — 1900. 2,35 ℳ

Nr. 46. Die Gesetze des Reiches und Preußens über die **freiwillige Gerichtsbarkeit.** Von Amts-G.Rat **H. Jastrow. 5. Aufl.** — Vergriffen! — Neue Auflage in Vorbereitung.

Nr. 47. Das **deutsche Vormundschaftsrecht** und das preuß. Gesetz über die Fürsorgeerziehung Minderjähriger. Von Ober-Verw.G.Rat **M. Schultzenstein** u. Amts-G.Rat Dr **P. Köhne. 2. Aufl.** — 1901. 4,40 ℳ

Bänden noch ein Teuerungszuschlag des Verlages von 25 %.

Guttentagsche Sammlung Deutscher Reichsgesetze.

Nr. 48. Gesetze, betr. den **Drogen-, Gift- und Farbenhandel** außerhalb der Apotheken. Von Dr **J. Broh.** — **1899.** 1,95 ℳ

Nr. 49. Deutsche **Kolonialgesetzgebung.** Von Geh. J.Rat Prof. Dr **Ph. Zorn. 2. Aufl.** von G.Assessor Dr **Sassen.** — **1913.** 10,40 ℳ

Nr. 50. Der **Viehkauf [Viehgewährschaft] nach dem BGB.** Verordnung betr. die Hauptmängel und Gewährsfristen beim Viehhandel. Von Rechtsanwalt Dr **H. Stölzle** und Königl. Reg.- u. Vet.Rat **H. Weiskopf. 5. Aufl.** — **1913.** 8,45 ℳ

Nr. 51. **Hypothekenbankgesetz** vom 13. Juli 1899. Von Dr **H. Göppert. 2. Aufl.** bearbeitet von Geh. Reg.Rat Dr **Seidel.** — **1911.** 3,40 ℳ

Nr. 52. Gesetz, betr. die gemeinsamen **Rechte der Besitzer von Schuldverschreibungen.** Von Dr **H. Göppert. 2. Aufl.** bearbeitet von Amtsrichter Dr **E. Trendelenburg.** — **1915.** 2,60 ℳ

Nr. 53. **Reichspreßgesetz** vom 7. Mai 1874. Mit Kommentar von Bürgermeister **A. Born. 2. Aufl.** — **1911.** 3,10 ℳ

Nr. 54. Verkehr mit **Nahrungsmitteln, Genußmitteln** und **Gebrauchsgegenständen.** Von Dr **G. Lebbin,** Nahrungsmittelchemiker in Berlin. — **1909.** 3,25 ℳ

Nr. 55. Das Recht der **Beschlagnahme von Lohn- und Gehaltsforderungen.** Von Justizrat **G. Meyer. 5. Aufl.** — **1914.** 3,90 ℳ

Nr. 56. Gesetz, betr. die **Bekämpfung gemeingefährlicher Krankheiten.** Nebst Ausf.-Bestimmungen. Von Reg.Rat Dr **B. Burkhardt.** — **1909.** 2,10 ℳ

Nr. 57. **See-Unfallversicherungsgesetz (1887).** Von Ober-L.G.Rat Dr **M. Mittelstein.** — **Neue** Fassung **1911,** siehe **Nr. 108.**

Zu den aufgeführten Preisen tritt bei den vor 1920 erschienenen

Guttentagsche Sammlung Deutscher Reichsgesetze.

Nr. 58. Das Recht der unehelichen Kinder nach dem BGB. Von Amtsgerichtsrat. H. Jastrow. — 1901. 2,60 ℳ

Nr. 59. Reichsgesetz über die Beurkundung des Personenstandes und die Eheschließung. Von Amts-G.Rat Dr F. Fidler. 2. Aufl. — 1912. 8,65 ℳ

Nr. 60. Gesetz, betr. das Urheberrecht an Werken der Literatur und der Tonkunst. Von Geh. Ob.J.Rat D. Lindemann. 3. Aufl. — 1910. 2,35 ℳ

Nr. 61. Gesetz über das Verlagsrecht. Von Rechtsanwalt Dr B. Marwitz. 2. Aufl. — 1911. 2,60 ℳ

Nr. 62. Gesetz über private Versicherungsunternehmungen. Von Reichs-G.Rat H. Könige. 2. Aufl. — 1910. 5,85 ℳ

Nr. 63. Gesetzestafel des Deutschen Reichsrechts. Systematisch geordnete Nachweisung des z. Z. geltenden Reichsrechts. Von H. Bruhns. 2. Aufl. — 1913. 5,20 ℳ

Nr. 64. Gesetzsammlung betr. den Handel mit Drogen und Giften. Mit Anhang: landesgesetzliche Verordnungen sämtlicher Bundesstaaten. Von Rechtsanwalt H. Sonnenfeld, Syndikus der Berliner Drogisten-Innung. 2. Aufl. — 1912. 5,85 ℳ

Nr. 65. Das Weingesetz in der Fassung von 1909. Mit Ausf.-Bestimmungen von Dr G. Lebbin, Nahrungsmittelchemiker. 2. Aufl. — 1909. 8,65 ℳ

Nr. 66. Die Eisenbahn-Gesetzgebung. Von W. Pietsch, Rechn.Rat im Reichseisenbahnamt. 2. Aufl. — 1913. 5,20 ℳ

Nr. 67. Militär-Strafgesetzbuch für das Deutsche Reich. Von Wirkl. Geh. Kriegsrat Dr A. Romen und Kriegsgerichtsrat Dr C. Rissom. 3. Aufl. — 1918. 14,50 ℳ
— — Feldausgabe in 2 Bänden, gebunden 15,— ℳ

Nr. 68. Das Fleischbeschaugesetz. Vom 3. Juni 1900. Von Dr G. Lebbin u. Dr G. Baum. — 1903. 5,85 ℳ

Bänden noch ein Teuerungszuschlag des Verlages von 25%.

und Schutztruppe von Wirkl. Geh. Kriegsrat Dr A. Romen

a) I. Teil: Offizierpensionsgesetz. — 1907. 4,95 ℳ

b) II. Teil: Mannschaftsversorgungsgesetz mit Nachtrag, enth. Kapitalabfindungsgesetz vom 8. Juli 1916. — 1908. 4,95 ℳ

Militärversorgungsgesetze siehe auch Nr. 136.

Nr. 80. Reichsgesetzgebung über gerichtliche Registerführung. Von Geh. Ob.J.Rat O. Lindemann. — 1906. 4,40 ℳ

Nr. 81. Urheberrecht an Werken der bildenden Künste und der Photographie. Von Rechtsanwalt Dr L. Fuld. — 1907. 1,60 ℳ

Nr. 82. Reichsbeamtengesetz vom 18. Mai 1907 mit Ergänzungen von Geh.Rat Prof. Dr A. Arndt. — 1908. 4,40 ℳ

Nr. 83. Reichsgesetz über den Versicherungsvertrag nebst Einführungsgesetz. Von Dr P. Hager und Dr E. Bruck. 4. verm. u. verb. Aufl. — 1920. Im Druck.

Nr. 84. Sammlung kleinerer privatrechtlicher Reichsgesetze. Von Ober-L.G.Rat E. Müller. — 1908. 9,10 ℳ

Nr. 85. Scheckgesetz. Von Prof. Dr M. Apt. Vergriffen. Siehe Nr. 118.

Nr. 86. Die Auslieferungsverträge des Deutschen Reiches. Von Landrichter Dr A. Cohn. — 1908. 5,85 ℳ

Nr. 87. Gesetz zum Schutz der Warenbezeichnungen. Von Geh. Reg.Rat, Mitgl. des Kaiserl. Patentamts Dr Freund und Rechtsanwalt Magnus. 5. Aufl. — 1909. 5,20 ℳ

Nr. 88. Vereinsgesetz vom 19. April 1908. Von Wirkl. Geh. Kriegsrat Dr A. Romen. Mit den neuen Bestimmungen über Jugendliche und Gewerkschaften. 4. Aufl. — 1916. 4,55 ℳ

Nr. 89. Vogelschutzgesetz vom 30. Mai 1908 nebst den das Flugwild betr. Bestimmungen der Preuß. Jagdordnung. Von Dr L. v. Vorberger. — 1909. 1,60 ℳ

Bänden noch ein Teuerungszuschlag des Verlages von 25 %.

Guttentagsche Sammlung Deutscher Reichsgesetze.

Nr. 102. **Urheberrecht an Mustern und Modellen** und Ges. betr. **Schutz von Gebrauchsmustern.** Von Reg.Rat **J. Neuberg,** Mitgl. d. Kaiserl. Patentamts. — 1911. 3,40 M

Nr. 103. **Reichs-Viehseuchengesetz** vom 26. Juni 1909 nebst Ausführungsvorschriften u. dem preuß. Ausführungsgesetz. Von Landrat Dr **W. v. Hippel.** 2. Aufl. — 1912. 6,50 M

Nr. 104. **Versicherungsgesetz für Angestellte.** Von **O. Bernstein** u. Dr **J. Kupferberg.** 2. Aufl. — 1912. Vergriffen. (Siehe auch Nr. 144.)

Nr. 105. **Das Geldwesen in den deutschen Schutzgebieten.** Von **W. Hintze,** Geh. Sekr. im Reichskolonialamt. — 1912. 2,90 M

Nr. 106—109. **Reichs-Versicherungsordnung nebst Einführungsgesetz.** Herausgegeben von Direktor Dr **F. Caspar** und Geh. Ob.Reg.Rat **A. Spielhagen.** 4 Bände.

Nr. 106. I., V. u. VI. Buch. **Gemeinsame Vorschriften. — Beziehungen der Versicherungsträger zu einander und zu anderen Verpflichteten. — Verfahren.** Von Dr **K. Lippmann,** Senatspräsident im Reichs-Vers.Amt, Dr **L. Laß** und **H. Siefart.** — 1913. 8,45 M

Ergänzungen zum I. und VI. Buch. Von Dr. **K. Lippmann.** Einzeln 1 M

Nr. 107. II. Buch. **Krankenversicherung.** Von Geh. Reg.Rat **H. Siefart** u. Reg.Rat Dr **F. Sitzler.** — 1916. 9,75 M

Ergänzungen zum II. Buch. Bearbeitet von Dr. **K. Lippmann.** — 1920. Im Druck.

Nr. 108. III. Buch. **Unfallversicherung.** Von **A. Radtke,** Senatspräsident im R.Vers.Amt. — 1913. 11,— M

Nr. 109. IV. Buch. **Invaliden- und Hinterbliebenenversicherung.** Von Geh. Ob.Reg.Rat **B. Jaup** und **H. Follmann,** Senatspräsident im R.Vers.Amt. — 1912. Mit Nachtrag. 1914—1916. 5,85 M

Nr. 110. **Wehrbeitragsgesetz** mit Ausf.-Bestimmungen. Von Wirkl. Geh. Ob.Fin.Rat **A. Fernow.** 2. Aufl. — 1913. 2,90 M

Nr. 111. **Reichs- und Staatsangehörigkeitsgesetz.** Von Wirkl. Geh. Kriegsrat Dr **A. Romen.** — 1913. 3,25 M

Bänden noch ein Teuerungszuschlag des Verlages von 25 %.

Guttentagsche Sammlung Deutscher Reichsgesetze.

Nr. 112. **Kaufmannsgerichtsgesetz** mit Best. des Gewerbegerichtsgesetzes. Von Dr **H. Depène**, Vors. des Kaufmannsgerichts zu Berlin. — **1914.** 3,65 *M*

Nr. 113. **Postscheckgesetz.** Von Oberpostinspektor **J. Weiland.** — **1914.** Mit Nachtrag **1918.** 2,35 *M*

Nr. 113 a. **Postscheckordnung** mit Ausf.-Bestimmungen. Von **J. Weiland.** — **1914.** Mit Nachtrag **1918.** 2,35 *M*

Nr. 114. **Waffengebrauch und Festnahmerecht des Militärs.** Von Wirkl. Geh. Kriegsrat Dr **A. Romen** und Kriegsgerichtsrat Dr **C. Rissom.** — **1914.** 2,90 *M*

Nr. 115. **Das vertragliche Wettbewerbsverbot [Konkurrenzklausel].** Nebst Kommentar zum G. v. 10. Juni 1914. Von Rechtsanwalt Dr **G. Baum.** — **1914.** 4,40 *M*

Nr. 116. **Kriegs-Zivil- und -Finanzgesetze** vom 4. Aug. 1914 und den dazu erlassenen Verordnungen und Bekanntmachungen. 3. Aufl. — **1915.** 3,40 *M*

Nr. 116 a. Zweite Folge: **Das Jahr 1915.** — **1916.** Siehe auch Nr. **129.** 2,90 *M*

Nr. 117. **Darlehnskassengesetz.** Von Rechtsanwalt **Salomon** und Bankvorsteher **Bud.** — **1915.** 2,90 *M*

Nr. 118. **Militärhinterbliebenengesetz.** Von Rechn.Rat **Reh.** Mit Nachtrag, enth. das **Kapitalabfindungsgesetz** vom 11. Juli 1916. — **1915.** — (Siehe auch Nr. **136.**) 3,65 *M*

Nr. 119. **Kriegsleistungsgesetz.** Von Rechtsanwälten J.Rat **Heilberg** und **Schäffer.** — **1915.** 4,15 *M*

Nr. 120. **Telegraphenwegegesetz.** Von Postreferendar **Wolf.** — **1916.** 2,35 *M*

Nr. 121. **Direkte Kriegssteuer.** Gesetze z. Besteuerung der Kriegsgewinne. Von Ob.Verw.Gerichtsrat **A. Mrozek.** — **1916.** 5,85 *M*

Nr. 122. **Gesetz über den Belagerungszustand.** Von Kriegsgerichtsrat Dr **H. Bärschel.** — **1916.** 6,50 *M*

Nr. 123. **Warenumsatzstempel.** Von Geh. Ober-Justizrat **Lindemann.** — **1916.** 3,25 *M*

Umsatzsteuergesetze — **1918** u. **1919.** Siehe Nr. **182.** — (Ausgabe ohne Anmerkung S. 22.)

Zu den aufgeführten Preisen tritt bei den v o r 1920 erschienenen

Guttentagsche Sammlung Deutscher Reichsgesetze.

Nr. 124. **Todeserklärung Kriegsverschollener.** Von Prof. Dr. J. Partsch. — 1916. 3,90 M

Nr. 125. Das Gesetz über den **vaterländischen Hilfsdienst.** 3. vermehrte Aufl. — 1917. 1,50 M

Nr. 126. **Besitzsteuergesetz** mit Ausf.-Bestimmungen. Von Ob.Verw.Gerichtsrat A. Mrozek. — 1917. 6,— M

Nr. 127. Verordnung über die **Geschäftsaufsicht zur Abwendung des Konkurses** vom 14. Dez. 1916. Von Rechtsanwalt G. Klien, mit system. Einleitung von Geh. Hofrat Dr Ernst Jaeger ord. Prof. a. d. Universität Leipzig. — 1917. 2,— M

Nr. 128. Gesetz betr. die **Verhaftung u. Aufenthaltsbeschränkung** vom 4. Dez. 1916. Nebst Anhang, betr. Entschädigung unschuldig Verhafteter. Von Wirkl. Geh. Kriegsrat Dr A. Romen. — 1917. 2,50 M

Nr. 129. Kriegsgesetze auf dem Gebiete des **Zivil- und Prozeßrechtes,** für die gerichtliche Praxis zusammengestellt von Amtsrichter Dr Johannes Fischer. — 1918. 4,— M

Nr. 130. **Ersatzlebensmittelverordnung** nebst Ausführ. Vorschr. des Reichs und der wichtigsten Bundesstaaten. Verordnungen über **Schleichhandel, Preistreiberei und Papierhandel.** Von Heinz Emil Wendel, Polizeirat in Berlin. — 1918. 2,— M

Nr. 131 a. **Reichsfinanzgesetzgebung 1918.** Bd. I. **Getränkesteuern** (Bier, Branntwein, Wein, Schaumwein, Limonaden). Von Dr. G. Mayer. — 1918. 6,50 M

Nr. 131 b. **Reichsfinanzgesetzgebung 1918.** Bd. II. **Abgabe vom Einkommen, Umsatz, Kriegsgewinn** usw., **Steuerflucht.** Von Dr. G. Mayer. — 1919. 4,— M

Nr. 132. **Umsatzsteuergesetz** und Ausführungsbestimmungen. Von Geh. Ober-Justizrat Otto Lindemann, vortr. Rat im Justizministerium. — 1918. 5,50 M

Umsatzsteuergesetz vom 24. Dezember 1919. Im Druck.

Nr. 133. **Reichswuchergesetzgebung.** Von Reichsgerichtsrat Dr. Ad. Lobe. — 1918. 6,50 M

Nr. 134. **Die Friedensverträge** Von Dr. Karl Strupp. I. Die Ostfrieden. — 1918. 12,— M

Nr. 135. Verordnung über das **Erbbaurecht.** Von Landrichter Dr. Hermann Günther. 5,— M

Bänden noch ein Teuerungszuschlag des Verlages von 25%.

Guttentagsche Sammlung Deutscher Reichsgesetze

Nr. 136. **Militärversorgungsgesetze.** Von Landrichter Dr. **Hermann Günther.** — 1919. 6,50 M

Nr. 137. **Die neue Verfassung des Deutschen Reiches.** Von Prof. Dr. **A. Arndt.** — 1919. 6,— M

Nr. 138 a. **Arbeitsverfassung, Arbeitsrecht und Arbeitsschutz.** Von Prof. Dr. **A. Günther.** — 1920. 25,— M

Nr. 138 b. **Betriebsrätegesetz.** Von Prof. Dr. **A. Günther.** — 1920. 7,— M

Nr. 139. **Grunderwerbsteuergesetz.** Von Geh. Ober-Justizrat **Otto Lindemann.** — 1919. 6,— M

Nr. 140. **Die Siedelungsgesetzgebung im Reich und in Preußen.** Von Geh. Ob.-Justizrat **W. Holzapfel.** — 1920. 12,— M

Nr. 141. **Sozialisierungsgesetze.** Von Rechtsanwalt Dr. **Otto Meier.** — 1920. 10,— M

Nr. 142. **Wirtschaftliche Demobilmachung.** Von Geh. Reg.-Rat Dr. **Gg. Fischbach.** — 1920. 5,00 M

Nr. 143. **Reichsabgabenordnung** mit Einleitung. Von Rechtsanwalt Dr. **Friedmann.** — 1920. 9,00 M

Nr. 144. **Versicherungsgesetz für Angestellte.** Von Senatspräsident Dr. **Lippmann.** — 1920. 12,— M

Nr. 145. Gesetzgebung über **Steuer- und Kapitalflucht.** Von Rechtsanwalt Dr. **E. H. Meyer.** — 1920. 7,— M

Nr. 146. **Tabaksteuergesetz.** Von Rechtsanwalt Dr. **Wündisch.** 17,— M

Nr. 147. Gesetz über **Filmzensur.** Von Regierungsrat **Szczesny.** — 1920. 9,— M

Nr 148. **Reichsausgleichsgesetz.** Von Rechtsanwalt Dr. **Decke.** — 1920. 9,— M

☛ **Die neuen Steuergesetze siehe Seite 31 dieses Verzeichnisses.**

Zu den aufgeführten Preisen tritt bei den vor 1920 erschienenen

Guttentagsche Sammlung
Preußischer Gesetze.
Text-Ausgaben mit Anmerkungen. Taschenformat.

Nr. 1. Die **Verfassungs-Urkunde** für den Preußischen Staat. Mit Einleitung, vollständigem **Kommentar**. Von **Prof.** Dr **A. Arndt. 7. Aufl. — 1911.** 5,85 ℳ

Nr. 2. Preußische **Beamten-Gesetzgebung.** Enth. die wichtigsten Beamtengesetze in Preußen. Von **K. Pfafferoth. 5. Aufl. — 1916.** 3,90 ℳ

Nr. 3. **Aufnahme von Nottestamenten** durch die bestellten Urkundspersonen. Anweisung mit Musterbeispielen. Von Amts-G.Rat **E. Kurtz. — 1904.** 2,35 ℳ

Nr. 4. **Gebührenordnung** für **Notare** vom **25.** Juli 1910. **5. Aufl.** von Justizrat **Kausnitz. — 1917.** 5,— ℳ

Nr. 5. Gesetz vom **24. April 1854 [betr. die außerehel. Schwängerung].** Von Dr **Schulze. — 1873.** 1,— ℳ
Reichs-Recht siehe: Reichsgesetze **Nr. 58.**

Nr. 6. Die Preuß. **Ausführungsgesetze und Verordnungen zu den Reichs-Justizgesetzen.** Von **R. Sydow.**
Ersetzt durch **Busch-Eylau, Ausführungsgesetze.**

Nr. 7. Allg. **Gerichtsordnung** und Preuß. **Konkursordnung.** Von **F. Bierhaus.** Vergriffen.

Nr. 8. **Vormundschaftsordnung.** Von **F. Schultzenstein.**
Reichs-Recht siehe: Reichsgesetze **Nr. 47.**

Nr. 9. Die Preußische **Grundbuchgesetzgebung.** Von **Prof.** Dr **Fischer.** Vergriffen; siehe: Reichsgesetze **Nr. 42.**

Nr. 10. Einkommensteuergesetz. Von Wirkl. Geh. Ob.Finanzrat **A. Fernow. 8. Aufl. — 1913.** Vergriffen! — Neue Auflage nach Verabschiedung des angekündigten Abänderungsgesetzes.

Bänden noch ein Teuerungszuschlag des Verlages von 25%.

Guttentagsche Sammlung Preußischer Gesetze.

Nr. 11. **Gewerbesteuergesetz.** Von Wirkl. Geh. Ob. Fin. Rat **A. Fernow. 6., vermehrte Aufl. — 1915.** 6,25 ℳ

Nr. 12. **Allgemeines Berggesetz.** Mit seinen Novellen und Nebengesetzen. **3. Aufl.**, bearbeitet von den Oberbergräten **Schlüter** und **Hense. — 1913.** 10,40 ℳ

Nr. 13. **Ergänzungssteuergesetz** (Vermögenssteuergesetz). Von Wirkl. Geh. Ob. Fin. Rat **A. Fernow. 5. Aufl.** Mit Nachtrag, enth. Ges. betr. Erhöhung der Zuschläge vom 8. Juli 1916. — **1914.** 5,85 ℳ

Nr. 14. **Kommunalabgabengesetz.** Vom 14. Juli 1893 und Ges. wegen Aufhebung direkter Staatssteuern. Von Oberbürgermeister Dr **F. Adickes. 5. Aufl.** bearbeitet von Stadtrat Dr **Woell. — 1911.**

Vergriffen, neue Auflage in Vorbereitung.

Nr. 15. Die **Kreisordnungen** für den Preußischen Staat. Von Land-G. Rat **O. Kolisch. — 1894.** 5,50 ℳ

Nr. 16. **Konzessionierung gewerblicher Anlagen.** Von Geh. Reg. Rat Dr **W. v. Rüdiger. 2. Aufl. — 1901.** 2,60 ℳ

Nr. 17. Preußisches **Gerichtskostengesetz.** Vom 25. Juli 1910. Mit Kostentabellen. Von Kammer-G. Rat Dr **P. Siméon. 7. Aufl. — 1913.** Mit Nachtrag: Abänderungen vom 17. Febr. 1917. 5,85 ℳ

Nr. 18. Preußisches **Stempelsteuergesetz** vom 30. Juni 1909. Mit sämtlichen Ausf.-Bestimmungen. Von **P. Loeck. 8. Aufl.** von Reg. Rat **W. Seyffarth. — 1914.** 11,70 ℳ

Nr. 19. Das **Jagdscheingesetz.** Von Wirkl. Geh. Ob. Reg. Rat **F. Kunze. 2. Aufl. — 1899.** 3,90 ℳ

Nr. 20. Die **preußischen Erbschaftssteuergesetze.** Von Rechn. Rat **U. Hoffmann. — 1905.** 5,20 ℳ
(**Reichs**-Erbschaftssteuergesetz siehe **Reichsgesetze Nr. 77** und Seite 22.)

Nr. 21. **Gesetz** über die **Handelskammern.** Von Min.-Dir. **F. Lusensky. 2. Aufl. — 1909.** 4,40 ℳ

Guttentagsche Sammlung Preußischer Gesetze.

Nr. 22. Gesetz, betr. Anstellung und Versorgung der Kommunalbeamten. Von Dr **W. Ledermann. 2. Aufl.,** bearbeitet von Dr **L. Brühl. — 1914.** 3,10 M

Nr. 23. Ausführungsgesetz zum Bürgerlichen Gesetzbuche. Von Kammer-G.Rat Dr **P. Siméon. 3. Aufl. — 1914.** 3,10 M

Nr. 24. Die **Hinterlegungsordnung. (1879)** Von Reg.Rat Dr **E. Bartels. 2. Aufl. — 1908.** 2,60 M

——, Abänderungsgesetz vom 21. April 1913 siehe **Nr. 52.**

Nr. 25. Preußische Kommunalbeamtengesetzgebung. Von Mag.Assessor Dr **F. Kremski,** Berlin. **— 1901.** 4,40 M

Nr. 26. Gesetze über das **Diensteinkommen der Lehrer und Lehrerinnen, Ruhegehalt und Hinterbliebenenfürsorge.** Tabelle zur Berechnung der Ruhegehalts-, Witwen- und Waisenbezüge. Von Bürgermeister Dr **E. Cremer. — 1900.** 3,40 M

Nr. 27. Gesetz, betr. die **Warenhaussteuer.** Von Geh. Ob.Fin.Rat Dr **G. Strutz. — 1900.** 1,95 M

Nr. 28. Die **Fürsorgeerziehung Minderjähriger.** Von Geh. Justizrat Dr **P. F. Aschrott.** Mit Ausführungsbestimmungen und allen wichtigeren Ministerialerlassen. **2. Aufl. — 1917.** 5,— M

Nr. 29. Gesetz, betr. **die ärztlichen Ehrengerichte, das Umlagerecht und die Kassen der Aerztekammern.** Von Amts-G.Rat Dr **F. Fidler. — 1901.** 2,35 M

Nr. 30. Das **Preußische Staatsschuldbuch** und **Reichsschuldbuch.** Von Wirkl. Geh. Ob.F.Rat **J. Mücke. — 1902.** 2,60 M

Nr. 31. Die geltenden Preußischen Gesindeordnungen. Zwei Bände. Von Rechtsanwalt **St. Gerhard.**

31 a. Gesindeordnung für die altpreußischen Provinzen vom 8. Nov. 1810, unter Berücksichtigung der Ergänzungsgesetze, der Rechtsverhältnisse der Stellenvermittler und

Bänden noch ein Teuerungszuschlag des Verlages von 25 %.

Guttentagsche Sammlung Preußischer Gesetze.

Reichsversicherungsordnung, sowie die Gesindeordnungen für Neuvorpommern und Rügen und für die Rheinprovinz. 2. Aufl. — 1914. 4,40 ℳ

31 b. Gesindeordnungen für Hannover, Schleswig-Holstein, Hessen-Nassau und den Regierungsbezirk Hohenzollern. — 1902. 3,65 ℳ

Nr. 32. **Die Städteordnung für die sechs östlichen Provinzen Preußens.** Von Dr **W. Ledermann** u. Dr **L. Brühl.** 2. Aufl. — 1913. 9,75 ℳ

Nr. 33. **Rentenguts- und Anerbenrechts-Gesetzgebung in Preußen.** Von Land-G.Rat **M. Peltasohn** und Rechtsanwalt **B. Peltasohn.** — 1903. 4,40 ℳ

Nr. 34. Sammlung der wichtigsten **preußischen Strafgesetze** nebst Ges., betr. polizeil. Strafverfügungen vom 23. April 1883. Von Geh. Ob.J.Rat. **Lindemann.** 2. Aufl. — 1912. 4,70 ℳ

Nr. 35. **Geschäftsordnung für Gerichtsvollzieher.** Von **E. Exner.** — 1904. 4,55 ℳ

Nr. 36. **Polizeiverordnungen in Preußen.** Von Geh. Ob.J.Rat **O. Lindemann.** — 2. Aufl. 1912. 8,40 ℳ

Nr. 37. Gesetz, betr. **Enteignung von Grundeigentum** vom 11. Juni 1874. Von Ob.L.G.Rat **O. Meyer.** 2. Aufl. — 1911. 8,25 ℳ

Nr. 38. **Kreis- und Provinzial-Abgabengesetz** vom 23. April 1906. Von Gemeindevorsteher **F. Schmidt.** — 1906. 1,95 ℳ

Nr. 39. Gesetz, betr. die **Unterhaltung der öffentlichen Volksschulen.** Von Reg.Rat Dr **A. Marcks.** — 1906. 2,90 ℳ

Nr. 40. **Verwaltungsstrafverfahren** bei Zuwiderhandlungen gegen die Zollgesetze und indirekte Reichs- und Landesabgaben. Von Dr **R. Katzenstein.** — 1907. 5,20 ℳ

Zu den aufgeführten Preisen tritt bei den vor 1920 erschienenen

Guttentagsche Sammlung Preußischer Gesetze.

Nr. 41. Die **preußischen Jagdpolizeigesetze.** Von Wirkl. Geh. Ob.Reg.Rat **F. Kunze** und Rechtsanwalt **R. Kühnemann.** 2. Aufl. — 1907. 5,20 ℳ

Nr. 42. Die Gesetzgebung über die **Allgemeine Landesverwaltung und Zuständigkeit der Verwaltungs- und Verwaltungsgerichtsbehörden.** Von Dr **K. Friedrichs.** — 1908. 4,40 ℳ

Nr. 43. Gesetz, betr. die **Zulassung einer Verschuldungsgrenze** für land- und forstwirtschaftlich benutzte Grundstücke. Von Syndikus Dr **R. Leweck.** — 1908. 3,40 ℳ

Nr. 44. **Quellenschutzgesetz** nebst den Ausführungsbestimmungen. Von Geh. Bergrat **E. Voelkel.** — 1909. 1,60 ℳ

Nr. 45. **Rechtsverhältnisse der Juden in Preußen.** Von Rechtsanwalt Dr **M. Kollenscher.** — 1910. 3,40 ℳ

Nr. 46. Gesetz betr. **Austritt aus der Landeskirche** vom 14. Mai 1873. Von Ger.Assessor **H. Caro.** — 1911. 3,40 ℳ

Nr. 47. Gesetz, betr. die **Feuerbestattung.** Von Amts-G.Rat Dr **W. Lohmann.** — 1912. 2,10 ℳ

Nr. 48. **Zweckverbandsgesetz für Groß-Berlin** vom 19. Juli 1911 nebst Abdruck des allgemeinen Zweckverbandsgesetzes. Von den Magistratsräten Dr **L. Brühl,** Dr **K. Gordan** und Stadtrat Dr **W. Ledermann.** — 1912. 5,85 ℳ

Nr. 49. **Gesetze gegen die Verunstaltung landschaftlich hervorragender Gegenden** mit Ausf.-Anweisungen. Von Reg.Rat **O. Goldschmidt.** — 1912. 3,40 ℳ

Nr. 50. **Gesetz, betr. die Anlegung und Veränderung von Straßen und Plätzen in Städten und ländlichen Ortschaften.** Von Oberlandgerichtsrat **O. Meyer.** — 1913. 4,40 ℳ

Nr. 51. **Das preußische Disziplinargesetz für die nichtrichterlichen Beamten** und die **Privatdozenten.** Von Reg.Rat Dr **G. v. Dultzig.** — 1914. 6,25 ℳ

Bänden noch ein Teuerungszuschlag des Verlages von 25 %.

Zu den aufgeführten Preisen tritt bei den vor 1920 erschienenen

Guttentagsche Sammlung
von
Textausgaben ohne Anmerkungen mit Sachregister.

Betriebsrätegesetz.	2,00 M
Bürgerliches Gesetzbuch nebst **Einführungsgesetz. 12. Aufl.** — **1919/1920.**	12,— M
Erbschaftssteuergesetz v. 10. 9. 1919. **2. Aufl.** mit Ausführungsanweisung.	4,— M
Handelsgesetzbuch nebst **Einführungsgesetz** und **Seerecht. 9. Aufl. — 1919.**	5,— M
Konkursordnung mit **Einführ.ges. 3. Aufl. — 1915.**	1,30 M
Kriegsgewinnsteuer. — 1916.	0,80 M
Die Kriegssteuergesetze. 2. Aufl. — 1917.	2,00 M
Militärstrafgerichtsordnung m. **Einführ.ges. — 1901.**	1,95 M
Militär-Strafgesetzbuch. 2. Aufl. — 1916.	1,55 M
Reichseinkommensteuer — Körperschaftssteuer — Kapitalertragssteuer — Landessteuer.	7,— M
Reichsfinanzgesetze von 1909. — **1909.**	2,60 M
Reichsnotopfergesetz.	1,50 M
Reichsversicherungsordnung (Kranken-, Unfall-, Invaliden- u. Hinterbliebenenvers.). **20.—30. Tausend.**	6,— M
Strafgesetzbuch. — 1920.	5,— M
Strafprozeßordnung. 2. Aufl. — 1915.	1,95 M
Umsatzsteuergesetz. — 1920.	3,— M
Verkehrs- u. Kohlensteuer u. Kriegssteuerzuschlag. — 1917.	2,— M
Verfassung des Deutschen Reiches vom 11.8.1919. 2. Aufl.	6,— M
Versicherungsgesetz für Angestellte. — 1911.	Vergriffen.
Wechselordnung mit Anhang: **Wechselprozeß und Ausführungsanweisung. — 1908.**	3,— M
Wehrbeitrag und **Besitzsteuer. — 1913.**	1,30 M
Zivilprozeßordnung mit **Gerichtsverfassungsgesetz** und **Einführungsgesetzen.**	6,— M
Zuwachssteuergesetz. — 1911.	1,05 M
— — **Ausführungsbestimmungen. — 1911.**	0,80 M
Preuß. Ausf.-Anweis. zur Gewerbeordnung. — 1904.	2,90 M

Bänden noch ein Teuerungszuschlag des Verlages von 25%.

Schlagwort-Register

R. = Nummer der Sammlung Deutscher **Reichs**gesetze.
P. = Nummer der Sammlung **Preußischer** Gesetze.
S. = Seite.

Schlagwort-Register. (R. = Reichsgesetz, P. = preuß. Gesetz.)

Schlagwort-Register. (R. = Reichsgesetz, P. = preuß. Gesetz.)